U0686730

民國杭州史料輯刊

第三冊

杭州文史研究會、民國浙江史研究中心　編

國家圖書館出版社

第三冊目录

綠萍

杭州基督教公益社青年勵進會　編

杭州：基督教公益社，民国十八年(1929)鉛印本

謹以這小小的册子送給讀者：

杭州基督教公益社青年勵進會謹贈

1929.9.1

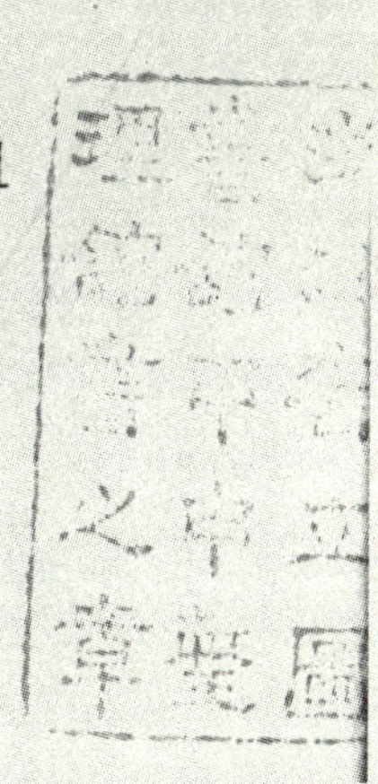

文藝股股長錢國賓先生

會長徐君錫先生

音樂股股長葛美麗女士

會計主任包惠中先生

體育股股長陳正簇先生

廣告協助陳鴻博先生

神佑堂教士

吳劍飛先生

公益社服務部部長喻義先生玉照

書記呂朝良先生

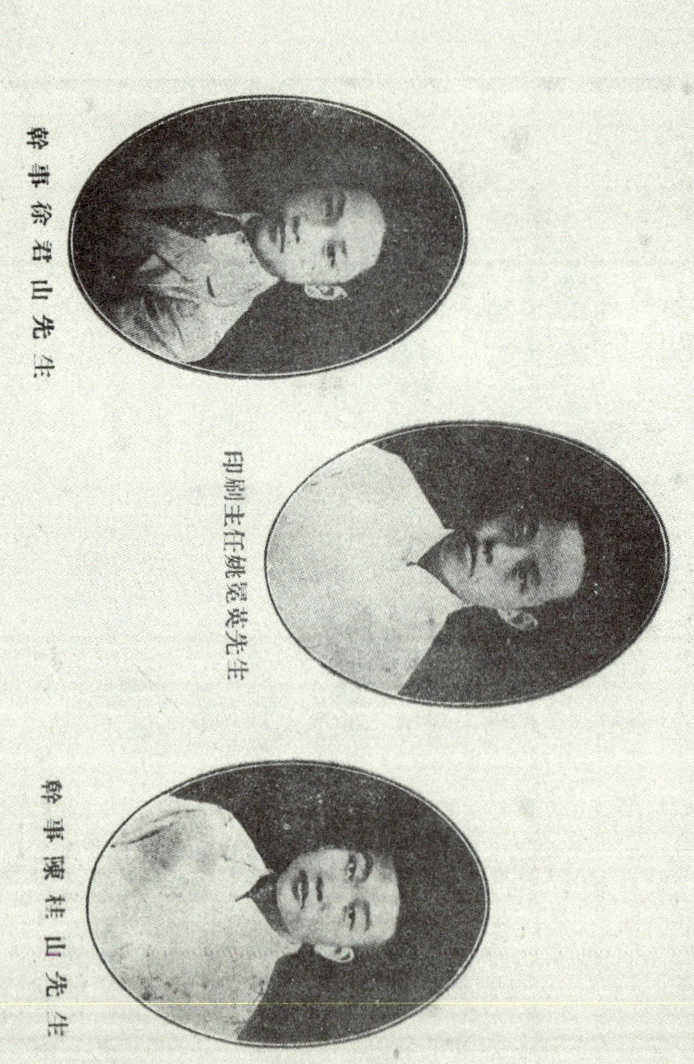

幹事徐君山先生

印刷主任姚冠英先生

幹事陳桂山先生

葛美麗　徐君山　呂朝良　錢國寶　徐君錫　陳正簇　包惠中　陳桂山

隊長陳鴻博　徐君山　陳鴻厚　股長陳正族　幹事徐君錫
姚漁村　姚冕英　姚應村　陳桂山

音樂股唱詩班攝影

徐君　祝德芳　包惠根　祝德安　包惠中　錢國寶　朱文耀　徐君山

徐君梅　錢素慧　劉美玉　葛美麗　葉和英　祝賢蘭

出版部

廣告協助　陳鴻博先生　　廣告主任　包惠中先生　　總務主任　徐君錫先生

出版部長　錢國寶先生　　印刷主任　姚冕英先生

廣告部

廣告主任　包惠中先生　　廣告協助　徐君錫先生　　廣告協助　陳鴻博先生

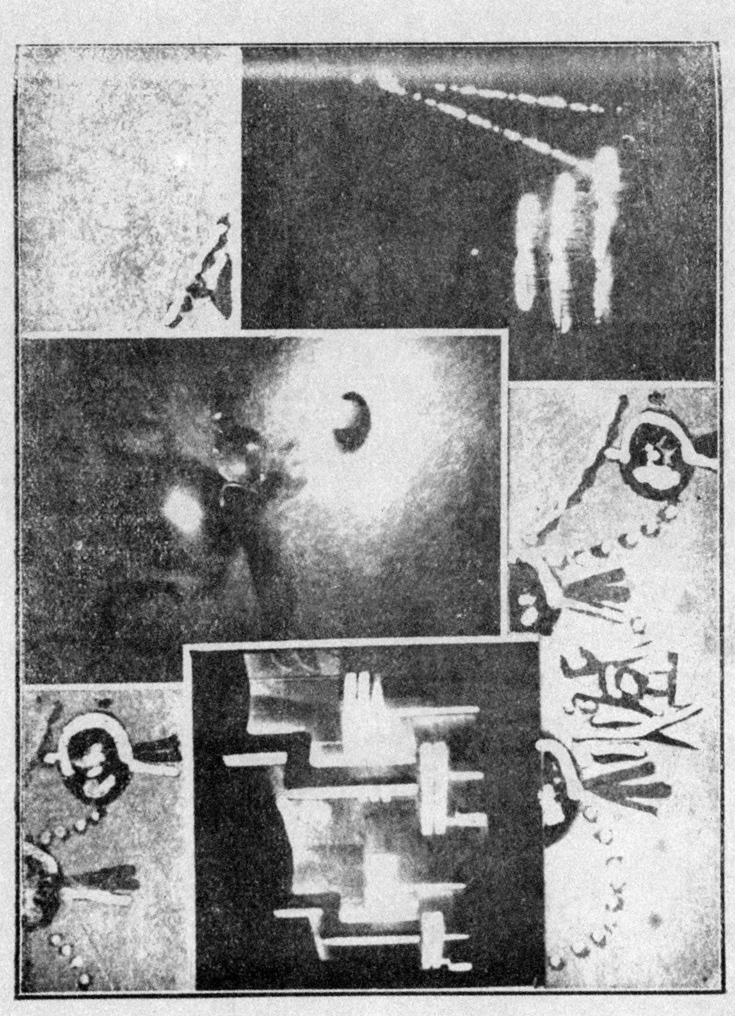

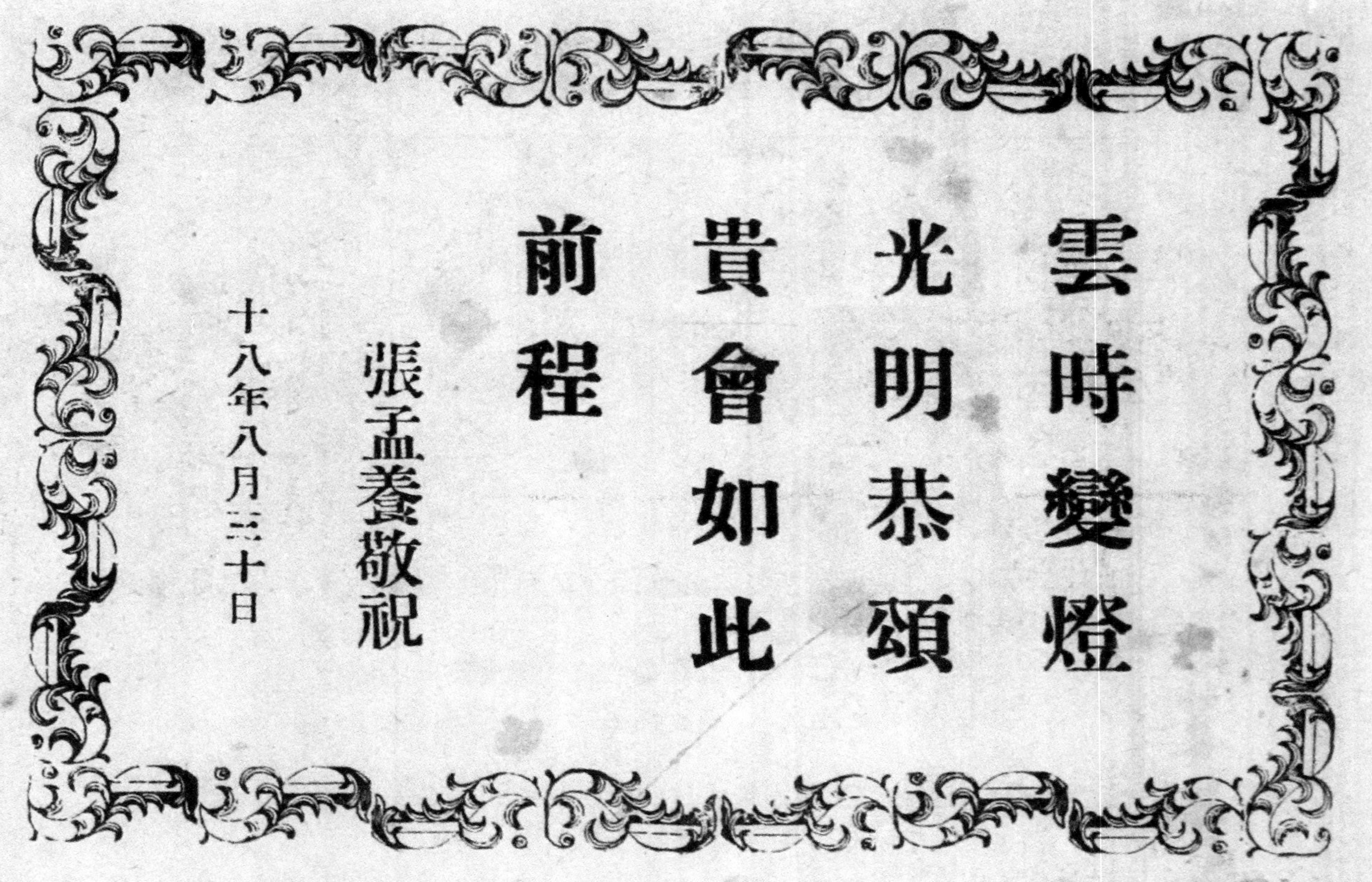
雲時變燈
光明恭頌
貴會如此
前程
張孟養敬祝
十八年八月三十日

討論

筱蘭

孫日新

杭州

最新製衣公司

新民路口

內設

西裝部制服部

西裝部採購歐美呢絨貨料聘請專門技師專製上等西裝

制服部一切材料均係上等國貨聘請各師特創新式衣樣製作合宜服裝凡蒙 賜顧不勝歡迎

本公司主人謹白

人的人，事的人，和人的事

立夫

最近的三四年，因爲中國國民黨領導的國民革命，進展甚速，所以大多數人，尤其是自命爲先知先覺的智識階級相革命青年，其視線及其活動範圍，都注集在政治一途，自然政治問題的解決，同着一般人的政治意識的喚起，是解決一切民生社會問題……的先決問題，但是多數優秀而有能力的份子其活動方向雖趨一致活動的範圍，却是沒有增大多少地位旣有限制，對於優秀而有能力的，自難充分容納，結果遂致純潔的動機，變成卑劣的奪取，範圍愈狹，爭奪愈烈，甚至可把從前加入政治的本意，——爲求民生社會……一切問題的解決的初衷，抛棄不顧，爲人爲世的抱負一變而爲自私自利的企圖，精神能力全消耗於應付環境，一切實際問題的研究再也沒有人想到的了，因之生產落後如故。民生困苦，反較從前有加無已，更無餘力談到建設，至於學術無進步，科學不發達，那更是意料中事就現有政治活動者的智識才力分析，未必各個人的天才和意向，都適合於政治的奪取，而政治事業的成功，又非有長久歷史，與確實表現者不能倖致，想做領袖的愈多，能做成的事業愈少，智識才力的相消，徒然使國家蒙着雙層的損失，領袖自領袖，事業自事業，循環奪取的結果，能夠做成領袖的，還是幾個能夠另創新局，有切實事業示人的極少數人，以奪取現成事業的心理，和求做領袖的慾望，充滿了人們的心目，結果在黨內造成了一時並起的小團體，在政治上則彼爭此奪，互相詐虞，其甚者並其個人過去不易獲得的革命歷史，亦不顧惜。小團體的領袖，因為受了佔有慾的支配，又無特殊才具，可以驚人，所以拉攏少數人做他奪取的工具，縱橫捭闔，以細微巧妙的心思，用在傾軋破壞的上面，結果人們看得見的，只是小團體的奪取，看不見小團體的事業，因為國人厭聞政治的心理，至今數得到的幾個小團體的領袖，已經成了大多數心理厭聞的名詞了！

我們決不非難人們想做領袖的心理，雖然不如英儒加徠爾那樣熱烈的崇拜領袖，(Herosf Herowo ship)說世界一切的事業文明，都是做領袖人留下的產品，但是最少可以承認的，是世界文明的推進者當中。有領袖資格的，確是負有重大責任的主力軍。其事業的出發點無非是為人，其受人追念的無非是他所遺下的為人的事業。我們不反對人們想做領袖而且贊成人們要從事業上去做永久的領袖。以反對人攻擊人利用人為達到個人領袖慾的卑鄙方法，則是我們所最反對的。實際上，今日中國的情形破壞之後，諸待草創，需要領袖，當較任何國家尤爲急切，一切事業幾乎都在那裏尋找領袖哩！

人們如果稍有觀察的常識，對於國內一切事業的幼稚，當不諱言，新邦始創，國人望治既殷，政府求治尤切，但是眞正能夠負起責任，稱得起政治家的，全國之內，聽有幾人。我們看見小團體領袖的活躍，輒覺人浮於事，恨無廣厦萬間，安插國內人才，但是稍經分析。能夠折衝樽俎，不辱使命，夠得稱做外交家的，又有幾人？財政紊亂，貪官汚吏，布滿中國，有幾人能夠拿出適合即有條理的整理辦法，使財政能遵循正軌，一切事業，能夠逐漸舉辦。實業界中，有幾處夠得稱做近代式的？有幾個專家？有幾個配稱領袖？至於其他一切事業無不如是，科學工藝不能與他國比較，那又更當別論了！

中國是需要領袖最切的國家，一般的生產落後，文化落後，以及爲帝國主義者壓迫的痛苦，俱待國人的努力，領袖的領導，去尋求民族民權民生主義的實現。革命的對象，不光是政治，是整個的人類社會。而且眞正幸福的得到，是要整個的社會文物制度，和政治的改善，同時並進。簡陋一無所有的中國，雖一草一木之微，都值得富有天才的人們，窮年經月的探求，我們不要就目前狹隘的當中，去爭奪，要運用創造的天才，去尋求廣博的新園地！

以政治爲對象，佔有慾畸形發展的人們，爲了急急地要做領袖，拉攏了少數無知無識的羣衆，做他巧奪利用的工具，因爲實際的政治在他們認爲是空洞的。從沒有的當中去爭奪結果誰也做不到領袖。即使得到偶然的勝利，也是毫無基礎。因爲人是活的，從人的方面去拉攏勾結，造成的結果，隨時要受別人的支配。而且遇着利害衝突的時候。立刻可以夫子之道，還諸夫子，所謂趙孟之所貴，趙孟能賤之。過去經驗之所示。號稱善於運用小團體的領袖們。有幾個能夠長久的擁有羣衆，不至受着羣衆的唾罵和打倒！我們深信「他是某某的人」這句話終有一天人們會覺悟到是「走狗」的代名詞。共誓不再做「人的人」了

我們盼望着富有天才的領袖們要有深入遠大的眼光，切實估計着自己的天才，朝着適合而可供發展的方向去努力奮鬭，以求滿足自己的慾望。因爲政治腐敗，所以社會事業，不能發展，亦惟社會事業，不能發展，所以優秀有爲的人才，都攢入政治，其中有不少的人，是根本不適宜於政治的，湊着熱鬧，因此埋沒了不少的天才，這是互爲因果的道理，各種天才得不到經濟的分配，是過去國家最大的損失，我們要有改變環境，開闢新路的決心，要從無的中間去創造，不

要從有的中間去奪取，惟有艱苦奮鬭，自己努力出來的成績，是永久屬於你的，亦惟事業上的成功，乃有穩固的基礎，因爲事業是永久的，做領袖的人們，要將利己的動機，去做利他的事。只有從事業上做工夫。才可滿足自己的領袖慾，而且可以解決他人的困難問題。我們不要小覷了科學家，而僅僅震眩於幾個政治舞台上的人物，巴斯得發現微菌的結果，（巴氏發明發酵釀酒後法國酒業一年的收入夠還德國全部的賠欵）奪去了十九世紀拿破崙歷史上的地位。愛迪生之造福人類，又何嘗次於威爾遜之倡導和平！

我們希望有志想做領袖的人們，將眼光放在民生急切的問題上，痛苦的工人農民已經認識了只有嘴的領袖，而正在尋求有頭腦的領導者，總理的建國方略，早巳指示我們以正當的途徑一切具體計畫，正待我們的努力，我們的嘴留待以後用吧！後今以後，我們不要從有的當中去奪取，要向無的當中去創造，我們固然要有加富兒凱瑪爾去改造救治，我們尤其要有巴斯德愛迪生去，造人類的工具。我們歡迎着人們放棄了先領袖而後事業的錯誤觀念，從先事業而後領袖的道路上努力，須知社會的進步就是從「人的人」而進至「事的人」亦惟有「人的事」才是我們的事，方興的中國，那一件事不在找人，那一件事不在尋找領袖！

綠萍

綠萍

六

我們綜合上面所說的幾點。得了以下的結論：

(一)從「無」的中間去創造，勿從「有」的中間去奪取

(二)空口的呼喚，決不能解除人民的痛苦，實際問題的解決，才是爲人民謀眞正的幸福。

(三)技能乃是促進社會的動力，不是作要挾社會的工具。

(四)爲人類而做的事業，永遠屬於你的，借人類而竊得的領袖，隨時可以爲人所奪去。

(五)一切事業所要尋找的領袖，決不是普通人所想像中的領袖。

(六)先事業而後領袖，則領袖自生，先領袖而後事業，則事業不舉。

中央黨務秘書長陳立夫先生見於今之青年屢喜爲「人的人」而竟忘「人的事」更不願作「事的人」乃作是稿規勸之觀其文，察其辭，念其論，思其意，莫不針針見血誠不愧糾正青年思想之良藥也。

一帆

青年的悲哀

呂朝良

天涯飄泊，舉目無親，客况蕭條，隻身有影，當這秋風瑟瑟，秋雨綿緜底時光，獨景生情，不覺悲從心來，哀由情

生；又碰到青年悲哀的題目：豈不是悲上加悲，哀上添哀？知誰人同聲相應？以解悲哀魔網！以救青年迷亡！以濟國家辛艱！所以在這含悲飲哀底當兒，把牠拿來討論一下子吧。

反過來講悲哀就是快樂底仇敵。悲哀這個名詞：是乎很時髦。甚實不然。在三千年以前已經有了，詩經說：「哀我斯人」，「女心傷悲」。又說：「鴻雁于飛」，「哀鴻嗷嗷」。這都含着悲哀底意義。悲哀，于人生大有妨碍的，如果一個有了牠，他做人的意義就會因之降落，甚至意志打消，「百事無興」，「坐困愁城」，以爲世無立足之地，空間充滿了百二十分的煩惱，覺得做人毫意思，好像死海橫前，被人排斥的老弱無能者了！咳！想在這「後生可畏」，「年富力強」，的青年；怎會發生這不幸的悲哀呢？怎會悲哀端端了生在青年人的中間呢？讓我們仔細底討論。

在什麼報紙上，雜誌上，小說上；什麼青年文藝上，或者來往書信上，就可看到悲哀的是多極了！大概有兩種：抱消極的；自殺，潛逃，失踪。和積極的；憂鬱，犧牲，狂痴。在社會死一個，不過「滄然一粟」，也無關緊要；死生由命，聽其自便，早晚一死，咳！青年！青年！可敬愛的青年男女！可憐的男女青年！誰來釀成這個大禍？這是因爲我們上了萬惡社會的大當了！煩悶！苦惱！造成了多悲哀。

青年是國家的新生命，社會的新細胞；國花的蓓蕾，人海的明珠，文化的引擎，所以無論國家社會什麼事情，正待青年去建設，改造，整頓，指導。啊！我們所負的使命多麼大啊！我們所擔的擔子多麼重啊！「老者已矣」我們國家社會，「又將誰依」？「又將焉屬」！這個問題，還請「三復思之」，自答吧！當這國勢飄搖，風雨頻急，事事如麻，內患未靖，邊驚迭告，革命尚未成功的新中國，雖說已到建設的時期，可是靜眼看來，所謂現代的青年，盡多成了悲哀的，灰色的，能有幾個是青色的，活潑的呢？啊！青年前途如此，國家前途何堪設想！豈不使人痛哭流涕，而與無窮的感慨嗎？

想到一個人從生到死，所經過一切歷程；遇到各種事實；在這種種底過去生命中，愉快底事當然是有的，而悲哀的事，恐也所免吧！不但在所不免；恐怕悲哀的經歷比較愉快的經歷來得多吧！這個問題，還須請教前輩老先生是否如此？

明白了青年悲哀的存在和意義讓我們拿客觀的眼光慎重的態度去研究牠的成思和結果，青年悲哀的成由：大概不外下列三種，(1)起自國家社，(2)起自家庭(3)起自個身；關於第三項：也分了三種，(A)起於金錢，(B)起於愛情，(C)起於環境的激刺。

(1)國家社會的：　像春秋時候的屈原汨羅投江，漢代賈誼長沙痛哭，揚子歧途興嗟，阮籍猖狂窮途，和近來五卅之犧牲，五三之奮鬥，都是爲國家社會而發，在旁觀者，以爲狂士，痴漢，實則這種積極的悲哀，是國家的幸福，社會的「晨鐘」。這都是因着國家社會腐敗，使着一般青年痛心，由痛心而生悲哀，由悲哀而生奮鬥，犧牲藉以喚起國人的迷夢！

(2)家庭的：　處在二十世紀的中國青年，家庭方面想大半還是舊式的吧！在這舊式家庭裏面的主人翁，雖說隨乎世界潮流，對子弟自由解放，可是一方面，「率由舊章」，「墨守陳規」不知改新的老頑固，迂舊的老頭腦，還是不少吧！血氣放剛的青年，處在舊家庭勢力之下，不免處處受着壓迫，日日盡在衝突。譬如有時青年的子弟想到外方去遊，列那些老頑說些什麼「父母在不遠遊」的話來阻止青年的前途，又說些什麼「眞學問從六經得來」，「潛心靜修」，何必到洋學堂裏學了一身洋氣，什麼研究科學，煞是胡鬧的話。即或應許恐身體受傷，常上函學校，禁止他的運動，不然也就「固守祖業」，埋沒村野·活潑的青年，不知成了多少「楚囚」。

(3)個人的：　關於個人的悲哀，可是更爲複雜；什麼經濟問題啊？婚姻問題啊！環境的影響啊！潮流的刺激啊！

(a)金錢的．這是受經濟的壓追，而發生了種種的悲哀。「金錢萬能」「多財多福」，「錢可通神」，「三錢帶着英雄漢，手裏無錢被人欺」，啊！牠的勢力何等大啊！啊！爲了金錢，爲非作惡，不知多少？啊！金錢，金錢！不知溝陷了多少青年，添了多少悲哀，想到人生勞碌奔波，那個不是被勢利驅使，求名求利，何嘗不是被祢的魔力吸引，缺少了祢，求學不能，謀事不成，吃飯的問題也大受祢的影響，可恨有許多大有作爲的青年男女青年，爲嗄要失學無業？許多生利的大事業，爲嗄要失敗？這都是受金錢支配的原故。啊金錢金錢！祢是墮落青年的罪犯，失敗的事業的惡棍，在祢勢力之下，不知造了多少冤魂，多少的悲哀。造成青年悲哀祢實是罪魁，那些「革履西裝」，「旗服高褲」，「出奴入僕」，「高樓洋房」，爲嗄得着，祢的安慰，祝福。

(B)愛情的：　自社交公開的聲浪東來，一般青年男女，莫不大談其愛情神聖，試問現代的青年，未涉足愛河的有幾？不逐鹿情場的有幾？於是男女，終日修飾裝美爲取媚之要素，「一肌一容」，「盡能極妍」，以博異性之視線，一旦愛情結晶，戀愛成功，倚紅偎翠，聲色自迷，携手湖畔，情語喁喁，一言相傾情書如梭，「夜以繼日」，「坐以待旦」。豈知樂極興悲，情濃則淡，處處受異種種的挫折，悲哀，終至「一失足成千古恨，再回頭巳百年身」。什麼自殺，投江，從軍，頹喪，憂鬱，各種花樣出來，至於學業的荒廢，光陰的虛度，金錢的耗費，精神的消磨，生命的犧牲，時勢的安危，這都是他不計不顧不問的，「英雄氣短，兒女情長」。但願相愛永年，他事何必追求？以致健全的青年，大多迷於花叢，看黃鶯作對，蛺蝶成雙，逐柳問鶯，前趨後躡。「發情制禮」，「坐懷不亂」，何處可見呢。這種現像，豈是國家的佳兆？人羣的幸福？更有因婚姻受家庭的支配，百事頹費，成了一個癡漢，還有什麼未得對方的同意，而同了一種單戀相思，也溝陷了不少的青年？咳！眞是言有盡，而意難終了，

(C)社會的刺激：人若到成年之後，暗地裏自己是會常常憂慮他的前途，怎樣處身社會，怎樣應付社會對他的要求，將來的家庭如何組織。雖說這部是「杞人憂天」，不關什麼痛癢，在這求學的時代，縱可渾渾噩噩，得過且過，可是青年能於及早覺悟，豈不是將來的幸福。倘若「得過且過」，任他「光陰荏苒」，「歲月虛度」•「老大無能」，「乞告無門」，也就悔之晚矣。這種悲哀却是正當的思想

吧！

青年悲哀，是茫無涯涘的，也無有窮盡的期限；更是所不能超過的，雖然我的學識菲薄不能盡量的詳細的說來。但是一方面想來，悲哀是青年前程的障礙，悲哀也是國家進步的障礙，所以消極的悲哀，與青年的前程和國家的強盛有極大關係的，總要用積極的方針去掉牠，那末我們青年的前途，還有無限的希望。我們應當怎樣除去牠呢！我想還是要有堅決不拔的志氣和愼重另清的目光判斷是是非非的能力才可以去掉我們青年的攔路石。

解除青年悲哀的方案，兄弟提出以下的幾點。

（一）堅決不拔的志氣：　志氣是人生進取的目標；是人類百事成功的基礎，觀其志氣如何，就可知到他的將來結果，「班超投筆」，「宗慤長風」，這就是實例子，所以要養成完全的人格，高尚的行爲，必定先養成堅決不拔的志氣。但是志氣怎樣才能養成呢？今把牠大概的舉出幾個例子來，作我們討論的材料。

明朝的王陽明先生說：「如果人志不立，天下沒有可成的事，雖是百工雜技手藝，沒有不是本着志氣；如果人志不立，就像沒有舵的船；和沒轡的馬一樣，漂搖奔跑，不知到什麼地步才能止呢！」梁任公先生的德育鑑上有一段說：「

立志以後，才能自拔於流俗……立志然後和他樣的事不相牽……立志以後學問前進，才能照常進步不會間斷……」看了這兩位先哲的話可以明白志氣對於我們青年的關係了。我們再看國父孫中山的演講集一段對於我們青年男女也很緊要，他說：「立志是讀書人最要緊的一件事…………」從此看來志氣是多麼要緊呢。我們豈可不當心嗎！

堅決不拔的志氣是什麼？簡而言之，就是遇見事體，抱了不屈不撓的精神，百折不回，大無畏的氣概，堅決自信的能力，來爲人群謀幸福，爲國家建設些事業。如果不拋去悲哀，來從科學，理論，文藝，政治上研究，求點眞實的學問，立志去建一番大事業，雖能立點志氣，也不能免除戀愛和各樣的悲哀，又何能談到精神快樂和安慰呢？如果要得着精神的愉快和安慰，非從堅決不拔的志氣着手不可，處處抱着「人皆可爲堯舜」，「日日鞭策」，志於聖賢齊名，「樂天知命」還有什麼大不了的來引起青年的悲哀呢？

(二)冷靜的眼光：　無論什麼事，不要盲從，必須『愼重其事」，不要「人云亦云」，「人非亦非」，「顚倒是非」，「混亂皂白」，』須具清楚的頭腦，果決的手段，應付社會一切的引誘，不然社會上的事事物物，都可引青年墮落，都能使你悲哀，則青年眞成了一個悲哀無盡期的人了，怎樣才能如此呢！這也有幾個例子，作我們的考證：

徐橫山先生說：「知所常選擇，則當立志堅定以趨之」梁任公先生又說：「無有自信的能力，則主見游移不定，雖你有十分才學，不過用處只得五分罷了」。劉蕺山先生也說：「見的是處，一定如此，雖有什麼精靈鬼怪，也不避他；如果見的不是，斷然不對，雖有千駟萬鐘的利祿不能體我心轉回」。（以上各典故均見十六，二，的學誌）我們看這些古人的訓話，我們凡事豈可不加考慮就去盲從麽？所以第二種除去悲哀的方法，不要盲從就是了。

如果以上所提各點，都能實行出來還有什麽悲哀發生呢？就碰到猶預不能立刻堅定把牠判斷的事，更當養起一種懷疑的態度，來考慮一下，三思而後行才可，更要像孟老夫子說「生我所欲也，義我所欲也二者不可兼者捨生而取義者也」。萬望靑年的同志，不要自稱聰明，誤解自非，弄到後來悲哀不可救藥，則國家社會幸矣！想到現在的中國，更非昔比，如果我們優秀的靑年男女，終日情惕逐鹿，愛河興波，置國事於不顧，自尋苦惱，痛哭流涕，自殺投河，作無謂的犧牲，則我們中國還有什麽希望？恐怕亡也亡在我們手裏了！我們靑年負了重大使命，還不奮起直追嗎？讀者豈眞甘願要一切學術，光陰，都置諸腦後，蹈了作絲自縛，爲山自止的危機嗎？最後還望諸位努力！奮鬥！除去青年的悲哀。

青年中國與中國青年

黃天禍

啊，值得崇拜的青年之神啊！你是世界創造者，要是沒有你，世界上一切的一切完全烏有了。你看，青春的花，何等地鮮明，青年的生物，何等的歡欣鼓舞。我敢武斷地說：世界上祇有青年時、是光明的，燦爛的；美麗的；要是過了青年時、，就變成凄凉的，灰黑的；冷酷的，啊，這眞值得我們紀念的一件事啊！

啊，值得咒詛的青年之神啊！你對於世界究竟要玩弄她到什麼地步呢？你使一般的萬物蓬蓬勃勃，那麼，爲什樣同時又要在萬物生命的中心，深深地栽植煩悶和悲哀呢？世界的歷史，簡直是悲哀的生產；萬物的活動，簡直是煩悶噓氣，要是仔細想起來，眞不禁要打着寒噤，全身發抖了！

崇拜和咒詛，蓬蓬勃勃悲哀煩悶，燦爛和凄凉……啊一些矛盾的字眼，不是一般詩人的口頭禪麼？曾受浸於智慧之泉的詩人哪！你們又爲什麼甘冒犯矛盾的毛病而不自覺啊！

不過，不過要想詩人承認他們本身犯了矛盾病，恐怕是不可能的了，因爲詩人所要描寫也不過是些宇宙界事實的表現啊！事實是如此，怎能禁錮着詩人，不這麼樣說呢！

這是一個事實：

中華民國年十八歲，十八以年，添得的新名詞，亦算多得可以了；政體是新的，讀的書是新的，住的房子是新的，婦女們的打扮是新的……總而言之，新中國的一切一切，不愧是說有萬象維新的氣象了。這不是我個人的意見是如此，全世界人說一句客氣一點的話，又誰會不贊成我的意見呢！是同時事實又告訴我們說：「新的中華民國」「青年的中華民國」的稱呼，不免有點冤枉而滑稽了。

你若看個清楚，你定會詫異，在這長成十八歲的中華民國身上隨時可以看見腐化和幼稚病。一方面她很做了一些三歲孩子不會做出來的舉動，另一方面她亦蔭襲着那壽長四千餘年的，老大帝國的暮氣沉沉地不合時代精神的政策呢！悲哀，煩悶，悽慘……以及字典上，還有很多的像這一類的字，你要是不怕流淚而有胆量的話，或許統可以給他們放在那不幸的「中華民國」四字之上了。我們能夠從事實上所得到矛盾的證明，就是如此如此。

我們感覺到最傷心的事，就是當這青年的中國，同時犯着幼稚病和腐化的時候，像英美法日意等國家，都正在牠們的黃金時代，都很有生氣地努力前進，並且都很虎視眈眈地，候在中國臥榻之旁，乘機扼她的，吮吸牠的精髓哩！有最古的歷史，有最廣的土地，有最富的出產，有最多的人口，有最高的文化，到了目前，却敵不過那在幾百年前還稱野蠻種族的小國，這不是一個笑話嗎？

不過說到這裏，話又說回來了。中國的弱，英美法日意的強，我們決不能說：命運中是注定如此的。再實說一句，辛亥年的革命，實實在在是中國重生的起點，十八年以來，更不少有自使中國興旺強盛的動力在內，與列強一樣有自強的機會。至於所苦的，就是中國自己不要興旺強盛，却偏向悲哀煩悶衰落失望中討生活，大約稍曾明白事理的人，總應作如是想吧。

我們理想中的青年中國，至少有左列這幾種標準：

(一)實行五權憲法，使政治上軌道，並訓練人民，以便監督政府。

(二)澄清吏政，建設廉潔的政府。

(三)實行總理所定的平均地權和節制資本兩大原則，改善國民生計。

(四)實使總理所訂訓政時期的大建設計劃。

(五)裁汰冗兵，訓練精兵，使一方面人民的負擔，可以減輕，一方面國家的主權，可以保存。

（六）廢除不平等條約，提高中國在國際上的地位。

（七）剷除社會上一切惡化及腐化的原動力。

（八）實行強迫教育，使全國人民，不論男女老幼，均有求學之機會，提高國民程度。

（九）建設新式的城市和農村，使工商業，同時有發展的機會。

（十）實行男女平等的原則，使兩萬萬女同胞與男子有同樣的保衛國家的能力。

曾經研究過生理學的人，一定知道一個人，當青春的時期，肌肉發達，器官健全，精神飽滿，行動活潑；這在一個青春的國家裏面，亦何獨不然呢。一切政治組織的設置，正如神經系的發號施令；一切人民的活動，正如各個細胞的多方發展。我以上所舉的十個標準，亦不過當作建設新中國的先決條件罷了，要說詳細，正還不知有多少事情，要一一的完成啊！

可憐我正在這樣說的當兒，旁人也許正在笑我說大話了。他們以為青年的中國無形中已犯了癆瘵之疾，病入膏肓了。即使自己要想興旺強盛，又那裏會有力量去做？其實這又不然，須知我們所嘗說的中國，也不過是一個由四萬萬人民所組織的大集團罷了。除開四萬萬人民，她就不成其為中國了•這樣一來，中國好，就是四萬萬人民好；中國壞，就是四萬萬人民壞•四萬萬人民是中國的軀殼，也就是中國的靈魂•人民自己不想把他們自己的大集團弄好，那才是要中國的命了•要是不然，衆志成城，誰又能阻擋中國的富強興旺呢！

退一步說：我們並不希望四萬萬同胞，全體動員，來把中國自強起來；我們不希望老病的同胞和腐化惡化的份子，對於建設新中國的工作上，有多大的貢獻，正如軍隊內，不願有老幼兵及強盜土匪羼入一樣，我們却實在希望青年中國的青年，一致起來，參加復興中國的工作•

說到中國的青年，我們的心裏，又不期然而然的失望了，你看全國青年中，受過教育的，能有多少？受過教育而有志於建設新中國的，能有多少？有志建設新中國，而不被領袖慾支配慾所沈醉的，能有多少？有新的眼光，新的智識，而不同化於東西洋奴教育的，能有多少？反轉來說：新青年中，不是大多數要做人上人麼？不是大多數要做官發財麼？不是大多數要摹仿洋化麼？唉！青年的本身，犯了癆瘵病，癱瘓病，却想依賴他們去復興那犯着癆瘵的，癱瘓的中國，這又不是一個大笑話麼？

算了吧！過去一切的一切統算了吧！！

全國的青年請聽：

我們青年，血氣方剛，一不當心，走入了歧路，並不是一椿希奇的事；我們因至走入歧路而燃着了悲哀，煩悶，殘酷的火，是更不值冷眼者的悼惜。然而惟其血氣方剛，雖在歧路之上，仍不少我們的回頭懺悔的機會。看喲！我們簇新的大集團——青年中國——犯着癆瘵病，癱瘓病了！看喲！兇如豺狠的赤白帝國主義者，正在升堂入室。明搶暗奪我們祖傳的土地和主權了！看喲？我們的敵人，正在下總動員令，環攻我們了！警醒呀！防備喲!!靜定我們的理智，撤開一切無謂的情感，利用我們各個人的才能；救自己，救同胞，救中國；強國我們的筋骨，不絕地向光明之路上奮鬬前去，因爲最值得世上人類的羨慕的寶貴的青年中國，依然還是我們的呀！

評厭世主義

丁垚

一、厭世主義之定義

厭世主義，又名厭世觀，在拉丁話中 Pessimus, 其意亦即惡劣之意義也，故抱此主張者，以爲人類祇有苦而無樂，有惡而無善者，終之，善與樂之不敵苦與惡者，明矣，因此吾人生存於世之無價值，即使含有價值之原素，則對方之價值，早已超過而占優勝，則其和必在零度之下，故曰，人生不若無生，况苦惡爲常事，而善樂則爲罕有，又樂爲消極者，而若爲積極者，其救濟之法，莫如拒絕生活意志，而另由知性方面，以求解脫。

二、樂觀與悲觀

抱樂觀主義者，以爲吾人之鵠的，乃所以發展吾人之官能，因人生之有價值，故知人生於世，善勝於惡，然抱悲觀主義者曰，人人於世，因目覩社會之惡勢力惡環境，絕無良善之可言，惟我一身，不染社會之惡習俗，因此而抱悲觀。

A.主觀的悲觀，悲觀又可分二種或曰非科學之悲觀，彼以一人之感覺，而定世上可愛之事少，可惡之事多，倍根曰：人生如朝露，自嬰孩以至於死，無非處景於憂愁與煩惱之中，莎士比亞亦曰：今日之世界，尤一荒蕪之田園也，第有力者，得亨其權利，然此等言語，皆詩人騷人偶發之辭，以目難耳，若此等思潮，流入國中，則危險立生，因若人生覺此種生活爲無聊，爲無值值，則世上之道德，將淪茫而無餘矣。

B.客觀的悲觀，或曰科學之悲觀，因彼人民生活之無價值，以及一般貪生惡死之無理彼厭世主義者，每曰人生之無幸福，但竟不能得其實證，以論定人之幸福與否，彼厭世主義者，必曰吾人終不能達其所希望之鵠的，(至善)故一般人，因此而謀避世，求解脫於世，其說亦然，而按之哲學家，則以樂觀，爲至善，之鵠矣。

三、知識上之悲觀主義

此說恆以知靈，爲最後之鵠的，(至善)其意因吾人知識爲有限，爲人一世，亦•徒勞，格代嘗曰：吾曾讀哲，法，醫及神道之學，雖日夜用心求其了解，而不可得，然抱樂觀主義者曰，不然，夫知識者，非吾人之正鵠，乃所以達吾人正鵠之作用，更非至善，而•至善之一部分，夫吾人所欲求者，除知識外，尙有情感，與意志二部分，使全部發達，不當取其一而捨其他兩部分，當求三部分之發展，況今日之智識日高，視今日人定勝於天者，日盛一日，科學益進步，由此可知，今日之知識，必勝于昔日，而將來之日，必勝於今日，可以了然。

四、情感上之悲觀主義

吾人之至善，乃幸福，快樂是也，人生因處世界之上，痛苦多於安樂，因此常至失敗之地步，而不能達到至善之目的，然反對派，則不以爲然，則言人生多快樂而少痛苦，今可由歸納，演繹以及統括三法以證明之。

A.歸納法——苦樂之事，豈吾人可權之，衡之乎，盍若可於日記中之事實，而定此爲苦，而彼爲樂，又誰能得苦樂之數量，以比較其多寡乎？今則一時一日之事，尙不能計，遑云人生之事實，一已尙不足記，則世人何由知之。

B.演繹法——叔本華以一己之經驗，以定人生苦樂之多寡，彼云：人生於世，無所希冀，然苦痛則反增，若快感，有時雖獲，但倏忽而逝，因此悲觀又生，故最後之目的，失望而已，叔氏又云：人之一生，無非競爭，然此競爭，終歸失敗，彼云：幸福爲負數，而苦痛則爲正數，蓋所謂有福之人，乃在健康，壯年，自由，三者，爲青年之至寶，但本身終不覺也，及至老年，則悲境立生，此幸福亦消滅，此負數也，壽氏Voltairy曰：幸福不過夢景，徒增悲傷，反對者曰：彼提倡厭世主義者，皆形容過分之談，叔氏之言，似非康健之人，所當言者，然則吾人不免有失望之時，故欲達目的，未必定入悲觀者：若無失望，無希望，則人生之價値何在，人若無競爭之心，失敗之事，則爲人亦有何趣味。

人生於世，不能無發育，苟人既有生，則不能無望，慾吾人不當以消極之態度，而享受幸福，如此則有生不若無生。

吾人可與上二點中，可得抱觀主義者，兩大錯謬之點其，一以爲至善者，乃不變永久之幸福也，其二，以爲吾人之一生，乃遂此正鵠之作用而已，欲知人之生一乃正鵠而非作用也，蒙荊棘之傷害，或受飢渴之苦，但實言之，不可謂之失敗也，人生於世，亦如此耳，無人無福，禍，苦痛，成，敗、憂，樂之事，吾人若能培養我良好之道德，則患難之歷程，亦不可少也，至於幸福為負數，近日心理學家，所否認者也，心理學家之言曰：幸福實為正數，如人無苦痛，幸福隨之而實現矣，此樂非正數乎？

C.統括法——叔本華以為知識，乃苦痛之母，故世界進步，人之需要增加，而苦痛亦隨之而生矣，因人知既開，彼必左思右想，日前失敗之事，既不能忘諸於懷，今後之事，又不能無憂愁之景，因之，人之苦痛，增加，夫文化進步，除肉體我之外，尚有精神與社會之我，若我與社會發生關係多，則所達鵠的難，而所受苦痛愈多，除此外尚有名譽之傷失，情場之失意，較之肉體我，所受苦痛。為更甚，反對派則以為不然，以為上述之論，實非普通人之論調也，人之知識進步，感覺發達，苦痛之感，因此增進，然而快樂之覺，豈不能望前直追乎？又文明進步，則慾望繁多，然而文明進步，則增進吾人解決慾望之法術，自益精美，故凡有一慾望，則同時必另生一動作，因有此動作，故吾人之新快樂，亦遂之而增進，又如吾人每預料將來之苦痛，然安知吾人不希望將來之快樂乎？況吾人之預想，往往抱有極大之希望者，將安生苦痛之景，又如回憶往事，每必回憶得意之事，雖有憂人之憂，但有時亦有樂人之樂。

由此可知，智識進步，苦痛快樂，亦同時增進，然快樂終多於苦痛則常與無益動作相連。

豈天下康健之人，多於殘廢之人，則世人必多樂，而少苦明矣，況生理學家又曰：凡抱快樂觀之動物，常勝天演之生物，其抱苦痛者，必不能勝天演而至滅亡，故吾人既能生存於世，則能戰勝天演，則快樂必較多於苦痛也。

五、倡厭世主義之自身環境

主張是派者，哲學家中，如叔本華，康德，霍布斯等類，此等皆厭世主義者之代表也，叔本華者，是派中之尤著者，彼德人也，於幼年喪父，又因彼西於惡劣環境之中，因此不能滿足彼之家庭生活，與希望，故與其道德前度，不無阻礙，彼嘗爲柏林大學哲學教授，時有同事，名黑智兒，其人者，爲該校學生所器重，叔氏因與之競爭，但竟不能敵，因此辭去柏林大學教授，晚年處景於零丁派苦之域，並受教習？惡少年，及婦女之輕蔑，因此而覺人生之無趣味，無價值，但苦痛而已，故叔氏之倡厭世學說者，亦無足怪也。

六、厭世原因……遠近因

a遠近……悲多歡少。

b近因……前年上海自殺人數，在醫院內之調查，一月中，自殺者，竟有973人之多，每日平均3人自殺，廿中以青年爲最，女子點了之一。

青年人之厭世原因

a從無發生此等問題者，如因戀愛而失敗，兵燹而毀家等。

b新生之一種環境，爲向來所無者，而竟行之。

由上二因，故由悲觀而厭世，由厭世而去世，（厭世者可分爲兩種）

a有形——男者爲和尙，而女者爲尼姑。

b無形——自殺。

七、何種人易引起悲觀（自殺）

a先天不足，或有疾病，（即父母有惡嗜好者）此等人祇可望其後代

b有疾病者，如頭痛，眼痛，心痛之人，易引起自殺觀念，因彼之精神不足，身體不強。

c在幼時無快樂——小孩在十五歲之前，父母早亡，在家中無快樂之事，使作苦工，故今之孤兒院，不但使兒童有事可做，且可得快樂，爲將來生活上，有健全之生活。

d學校之不快生活——敎師之辱駡，而每以升班或畢業等爲要挾學校之生活使兒童於其精神生活上有堅固之生活，必少活潑精神。

e不愛遊戲之人——易起自殺觀，如戲院，俱樂部，使吾人得精神上之衞生，得心賞意，若少遊戲，則彼方之童子有百萬之資亦必使其子弟，往工廠工作，在外國廢人，亦使其於工作中得快樂。

f不愛工作的人——工作亦爲一種遊戲，在外國父兄雖

g對人無興趣——如凡不喜交友，又如不喜與人講話之人，因彼所得之樂寡吾人必導之與同樂。

h不愛遊歷者——有遊歷機會，而不願去者，即易自殺，夫厭世，即厭環境之謂也，故換環境，如換世界相同，如政客，厭世時，即出洋，亦所以換環境也。

i守舊之人——我去適應環境，還是環境來適應我呢？易厭世者，適應環境而不願，環境於我同時能適應環境是有趣味的，故有改造社會者，必能適應環境。

j多讀愛情，悲觀，哀情等小說者——因愛情小說容易動人，筆墨美觀，又如中國詩多悲哀之辭，彼作者，不過令人賞心悅目而已。

k情場失意之人——因一時雙方，濫行使用愛情，終則

悔悟，故青年人，不可隨時相戀，更不宜隨意拋棄，或決裂，萬勿以情場爲試驗品。

1抱獨身主義者——即從未愛人之人，亦從未受人愛過者，若一旦走入情場，方卿卿我我之時，若忽被彼方拋棄他去，則此人必受猛烈之刺戟，恆至於厭世自殺之地步。

八、厭世主義挽救的方法

a不要害怕——多存預期希望的心，而減少預料的危險，除去變態式的，與無理性的怕，如怕房屋之將傾，頭之將破等事。

b不要發怒——如暫時的瘋狂發怒時，生理上有特別之變化，若用愛克斯光景照之，乃所以停止消化。

c不要憂愁——憂愁乃想象的痛苦。

是篇參考去年張耀翔博士在杭州青年會之演說辭及各種論理學書籍。

醫生與病人

錢國寶

醫生對病人道：「這瓶藥水，共有十二格你每飯前食一格，四天食完，你的病包好了！」

病人道：「醫生！我每飯前食兩格，那末二天食完，病不是好得更快麼？」

藝文

五洲大藥房支店

DIRECT INPORTER OF

Chemicals. Pharmaceutical anh Biological Products. Surgical Instruments. Hospital Furnitures. Laboratory Apparatus.

MANUFACTURERS OF

Household Remedies. Pharmaceutical Preparations. Soaps. Disinfectants. Naphthaline.

SUPPLIERS TO

Retail Druggists, Army and Navy, Provincial Governors. Hospitals, Missioneries and Red Cross Societies.

****

本藥房營業逐年增加原有房屋不敷應用爰就太平坊原址自建三層樓洋房專售歐美各國原料藥品各種優等化粧香品醫科器械照相材料發行本公司各種藥品固本家用皂化粧香皂零售躉批定價克己並聘有富有經驗之藥劑師專配各國醫師所開方劑謹慎迅速特請杭城最負盛譽醫師常川設診以惠病家倘蒙各界惠臨參觀無任榮幸

杭州太平坊

正洲大藥房支店謹啓

吏箴

謝迺績

國家設官。原以爲民。官能愛民。乃爲盡職。民間疾苦。地方官當關切如一家。全縣之事。何等繁重。每日所爲。非關人民身家性命。卽關地方風俗人心。其中詐僞百出。機變多端。小心翼翼。猶慮錯誤。惟日孳孳。猶恐不及。豈可厭苦憚煩。敷衍從事。看案立讞。當斟酌審愼。透明原委。自有主宰。庶胥役不敢朦混。人民得免苦累。蓋居官而有意擾民。當不至此。但鄉民蠢蠢。地方甚廣。一人之耳目難周。奸胥猾吏。所在皆有。偶疏防檢。卽足以擾害鄉民。出票拘提。需索生焉。傳訊問話。詐嚇生焉。卽不坐刑罹罪。而躭驚受怕。損失匪細。苦無可訴矣。必須詳細審察。一秉大公。上達下情。下宣上意。官民一體。庶少此弊。至言興革利害。爲地方官本分內事。須合士民之議。衆見僉同。再經一已之考慮。博訪詳求。罔弗攸宜。然後施行。卽或有陰相阻撓。亦必毅然行之不顧。以利爲千萬人所共。而不便乃爲一二人所獨。凡百事體。豈能盡如人意。始事或難。觀成則易。朱子所以有七分利三分害。或利久而害暫。則當行之。三分利七分害。或害久而利暫。則不當行之之說。好事喜功。固屬非是。而視世間無一可爲之事。因噎廢食。畏葸不前。國家焉用此尸位素餐者。又居官所恃者在廉。其所以能廉者在儉。際茲政體刷新。文物燦爛。非纖徵省嗇所能濟事。左支右絀。必至之勢。亦當以制節謹度。期於濟事而止。非義之財。一介不取。平素守正不阿。人自不敢以非理相浼。若素常詭隨。不自檢束。臨事豈能謝絕。是宜慎之於始。待同僚宜和厚。關於公務。或有抗論是非。必其中有所見。當加意採擇。只期事理得當。有益民生。他非所計。若矜智恃才。堅執己意。乃下愚小器。適以自害。總之縣令責任綦重。自應守法奉公。擴充天良。爲地方謀利益。爲一己展猷爲。應興則興。應革則革。循正軌。洽輿情。以副國家慎簡賢能之至意。庶乎可焉。

新年中的漫遊

錢國寶

在舊歷年關的幾天，我們都感着悶坐在家中，生活是多麼的枯燥，無味。所做的，無非翻看幾本現代名人的著作，畫畫幾張浪漫畫，啊！終覺得一切都是無喜樂的。

忽然的得着H的電話，他告訴我說：邀我明天去漫遊，啊！我聽了，怎不使我這寂寞無聊的人喜樂，我是答應他了。

風是習習的流着，H是不失約，多邀了他的弟妹M．S

•我亦是多邀了我的弟妹Y•W•我們坐在那一葉輕舟上，任那風向，神速的向着西南蕩去•坐在船上，S還買了一束小砲，烨烨的放着，幸而船已蕩入湖心，本來如說在湖邊，岸上必又圍着許多人，這不是很麻煩的嗎？

我的眼睛一瞬，船已搖近了三潭印月，Y道：「啊！三潭印月已是到過又臨了，三潭印月的意義，無非是三隻潭吧了！喂！到三隻潭上去，贊成不？」我首先的附議，船老二爲了飯碗問題，只好把我們六個人，分立在那三隻潭上，M同Y是最怕，看着水如泉的流着，不覺叫說聲來，幸而船慢慢的已划入他們的眼前。

她們是安心了，坐在船中。他們說：「啊！哥哥！潭在動呢！」。船又往着西方划去。「啊！極樂世界！極樂世界！」H道：早已有人喊止停船了。我們上了岸，一看四圍的墻，哈！都是我不識同胞的名字，有些人倘要做起不通的詩來，我一想，啊！寫的人，畫的人，未免太無人格了，喂！你如何忍心畫下去呢！我的心是惆悵，我不覺向着天，深深的嘆着。

進了寺內，正中坐着相傳的月下老人•H要我求，我要Y求，只是大家都不肯求，啊！S的詭計來了，他立在我後面，輕輕的向我一推，我只得望前面一跌，他們是笑我，我心中想，我終有一個機會，來報復你們管寺的老嫗•聽見了這種吵氣，不由得向着我們走來。瞪着眼，她的心中必是這樣的想，「啊！這六個吵人！」可是我們是不理他，管自己的在說在吵，我們走出了極樂世界，上了船，船老二道：「哥子們！九耀山到了，你們可去玩玩嗎？」H是不贊成，W是贊成，既然有反對有贊成，我就爲他們作個暫時主席，我道：「附表決了！當心。」贊成去九耀山的幾票；「一•…二•…三•…四•…五…」贊成不去的幾票？啊！只有一票，玩皮的M帶着嘲笑的口氣道：「H吃虌」•他是不作聲了……………上去！上去！努力啊！一座峭山上，坐着六位人，我們已是費了三牛二虎之力，達到了目的地，這時候太陽的面孔，已變成了緋紅色，沉落在那西邊，小鳥們立在樹梢上奏着他新婚之曲，這時候再遠望湖中的船，已變成了極微細的昆虫，在這湖面上浮着•我們看了這美麗的景子，眞是喜不可言•可惜我不是那騷客詩人，本來不是可以做幾首詩來表表他的情麼？從山下望下去，見有一鄉下的女子，負抬着雜柴，後面跟着八九歲的小孩，M道：「這女子是神聖的，是活潑的，是美麗的，」諸君亦知其意了。

舟子調着回家的方向，H道：「在清明的時候，我們從S埠來，想定一隻船，你肯去麼？」他道：「那是很好的。

」我們問他道：「要多少錢呢，」我們望着他的面孔，紅了！紅了！他模糊的道：「要問我內人的。」我們聽了這段話，不禁笑出口來，想他這個人，必是怕老婆中之一了，他亦笑了。

這時候黑神已是罩住了大地，只有我們一只微小的船，飄盪在這深湖的上面，我們的心是虛驚，是祖祛。可惜一回味我們的漫遊，我們的心又改爲喜欣，啊！喜笑的聲浪又充滿了！雖然這黑暗是畏怕，可是我們都是青年，有勇敢的心，前進！前進！望着那光明的旗營進吧！

一九二九・八，廿六・脫於W・B・S・

浮萍

思琴

獨自飄泊在湖心；
感着我孤寂的此生！
唉！湖心兒裏呀；
祇有一片孤流的浮萍！

☆　☆　☆

微風將吹進我的心？
水浪將沾溼我的心？
死灰的命運籠罩着哪；

那能喚起我憔悴的心靈！

☆　☆　☆

昔時湖山給我的舊恨未消，
舊地重臨又添受些無名的怨愁；
啊！閃閃的在流動着的水波，
默默的回憶起伊人的雙眸！

無恥

皐農

（本月十二日，余旅至湖，夜，在開明大戲院看演劇．劇場以內，觸目有感；因此作了這篇「無恥」．）

廟宇式的廳中，皮椅子上，躺着無恥．他手撚髭鬚，一聲不作的沈吟道：

『我暮夜乞憐，費盡心血，好容易到此．
我門角鉤心，擺布逢迎，好容易盤據此．
我一生榮貴，合家富厚，不消說全靠此．
我寧願含羞忍恥！我那能去此？』

這時候廳外的罵聲：不「不怕羞，不要臉，忘人，狗……漸漸的高了．人格正色厲聲的來和無恥說道：

『你該自決了！
你該尊重公義，犧牲私利』！

無恥媚着臉答道：

『我嗎？「笑罵由他笑罵，好官我自爲之」！』

一九二九、八、二六、作於燈下。

旅行雜感

謝仁愈

西湖博覽會場

金碧樓台炫夕陽，儘教西子作濃妝，英雄畢竟輸兒女，秋女坟邊粉黛塲。

石屋洞

百仞峯巒斧鑿開，構山架壑起層台，誰知佛國清涼境，也要黃金布地來。

九溪十八澗

嫋嫋松風拂袖輕，相邀女伴共深行，空山寂寞無人處，偏有流泉訴不平。

湖上

繞堤垂柳綠依依，晨起看山到夕輝，尚有餘情抛不得，扁舟滿載明月歸。

八卦

錢國寶

「何謂八卦？」先生問。

王生道：「東瓜，南瓜，西瓜，北瓜，黃瓜，金瓜，白瓜，壽瓜。」先生聽了，怒道：啊！讀了三年書，連八卦都不曉得。

詩

世瑾

（一）

皎潔的月兒籠罩下：
我獨坐在幽寂的境界！
忽然間一陣涼風慘悲入我的心；
心靈裏頓現着伊別時的倩影！

❀ ❀ ❀

記得她臨去的時候叮嚀我；
哥哥啊！我們時常通通信吧！
我記住了！
我記住了我妹妹那臨別的哀音；
可是小小的心兒哪！
已刻着一條難忘的深痕！

但後她這淺淺的雙頰的笑渦裏啊！
更滃蓄着無限的傷感！

❀ ❀ ❀

仰望着悽寂的月兒啊！
訴不盡我心兒的苦衷！
無名的悲痛一陣的滲入心懷：
懷切月兒的明眸啊；
祇不過沒有瞧見我臉上的淚痕吧！

（二）

我的心啊！
你昨天告訴我；
要我天天的快樂；
要我天天的歡笑；

她臉上雖勉強露出微笑的說
着：
我的心啊！
你今天告訴我；
要我天天的哀痛；
要我天天的哭泣；
這樣：好把淚兒灑遍人間！

◎ ◎ ◎

唉！我的心啊！
矛盾的心！
詐僞的心！
我將如何能信任你？

（三）

今天不要悲傷！
今天也不能悲傷了
因爲夢神遙掮着那方！
分明已引示我將去的途向！

◎ ◎ ◎

今天不能悲傷！
今天也不能悲傷了！

綠萍

這樣：好把喜氣充滿人間！

◎ ◎ ◎

（四）

將雨的湖畔；
天際滿佈着烏雲；
忽然狂風猛烈的括來；
把柳枝間的小烏都驚散了！
啊！我才微微的領受了；

◎ ◎ ◎

灣灣的小溪邊；
一個少女在那裏浣衣！
她忽然低下頭去；
淚兒已滴滴的掉在水裏！
啊！我才深深的的覺悟了！

（五）

我回到那已逝的年華！
正好比是一朵的殘花！
瞧着我今日的命遵；
那堪再在人世榮誇！

（六）

因爲往昔遺存的哀怨哪；
已經飄流向恐怖的海洋！
晚風一陣陣的拂過；
分明是留着可愛的清新！

⊛　⊛　⊛

足尖輕輕踏着岸邊的石級；
魚兒驚得竄入水裏！
美妙湖畔的薰醉啊！

朝霧籠罩着遠遠的青山；
只瞧得見些糢糊的淺影！
頓腦恨那笙歌之夜的恍味！

⊛　⊛　⊛

燕兒從柳枝間突然的飛去；
只瞥見一刹那間的逝影！
幾許時候啊；
還不曾聽得它飛來的音訊！

姚漁村

青年

神聖寶貴的青年！
快樂活潑的青年！
身負了重大的責任，
將來的希望無限。
日日犧牲！奮鬥！
無時可以斷剪，
覺爲了萬惡的社會改變。
青年的光陰最爲寶貴。
青年的光陰更易辜負。
可憐的青年！
無形的變成了老，病，死滅。
唉！神聖寶貴的青年！
快樂活潑的青年！
一九二九・八・二十四

應村

西湖

湖上的山，湖裏的水，湖邊環繞着垂陽，垂陽裏面，夾著幾朵桃花，半開半放，想是怕洩漏春光，纔這般隱藏，沒拘束的魚兒，在水中游泳，沒拘束的鳥兒，在林中鳴歌，你看他們，是何等的自由，你看他們，是何等歡暢。

還有那女俠的秋瑾，英雄的岳王，都留著一堆黃土，供人弔望，曾然綴得湖山生色，敎遊人不住的響往，不住的景仰，

猜謎兒

應村

噹噹噹四點鐘到了，全校同學東往西散的出校，冷清清的敎室裏，只剩下彬姊和蔭弟兩人，他們携手出來，伸着脖子遠望正是小雨初晴，天上顯出清淡的顏色，樹葉上留着些小雨珠，被那冷淡的太陽照着，好像桂花初開，操場上一個人也沒有，除郤姊弟倆散步的聲音外，只有樹上小鳥兒，你問我答的叫個不止，好像笑他們一笑不響呆呆看什麼呢？不一會彬姊說『蔭弟我有一謎兒請你猜』蔭弟諾諾連聲彬姊便說『有一種動物，早晨沒有脚，午時兩隻脚，傍晚有三隻脚，這是甚麼？』蔭弟約略思索一回就說『這是人呀！早晨沒有脚，譬喻初生的小孩，要父母保抱，午時生兩隻脚，譬喻中華強壯時代，傍晚有三隻脚，那是譬喻老人走路要柱着枴杖的

麼？』彬姊說『妙呀一些也不錯』

蔭弟說『姐姐我也有個謎兒，一株樹有十二個椏枝，一枝上有三十張樹葉子，葉背是暗的，葉面是亮的，你知道麼？』

彬姊說『這很容易明白，其實樹枝上，不一定有三十張樹葉子的啊！』蔭弟笑着說『姐姐已經知道了！畢竟是聰明人。

妙對

朝良

從前有一個才女，懸絕對以求匹配。一時名望動後，無一中選者。一天，忽有一個鳩形面孔的討飯花子，鵠立門前，求女出對以續之。女很討厭之但也無法，遂不得已出一對說：「雲中白鶴，」討飯花子不假思索遂即對說：「簍中青蛇。」女又指棋秤而給一對說：「紅白未非，此去不知南北。」討飯花子說：「青黃不接，特來要點東西。」女很希奇，正好有隻貓在女脚前，女即戲踢貓說：「踢貓三寸足。」討飯花子說：「打狗一條棒。」女大笑不可仰，見桌子盌上停有蒼蠅好像墨圈，遂說道：「桌上蒼蠅佈陣。」花子說：「腰中白虱操兵。」女以爲天才，遂款之以盛筵。女謙恭說：「有酒無肴君莫怪，」花子即接着道：「剩粥剩飯我不嫌。」後來這位才女，就嫁給這位貧而有才討飯花子了。

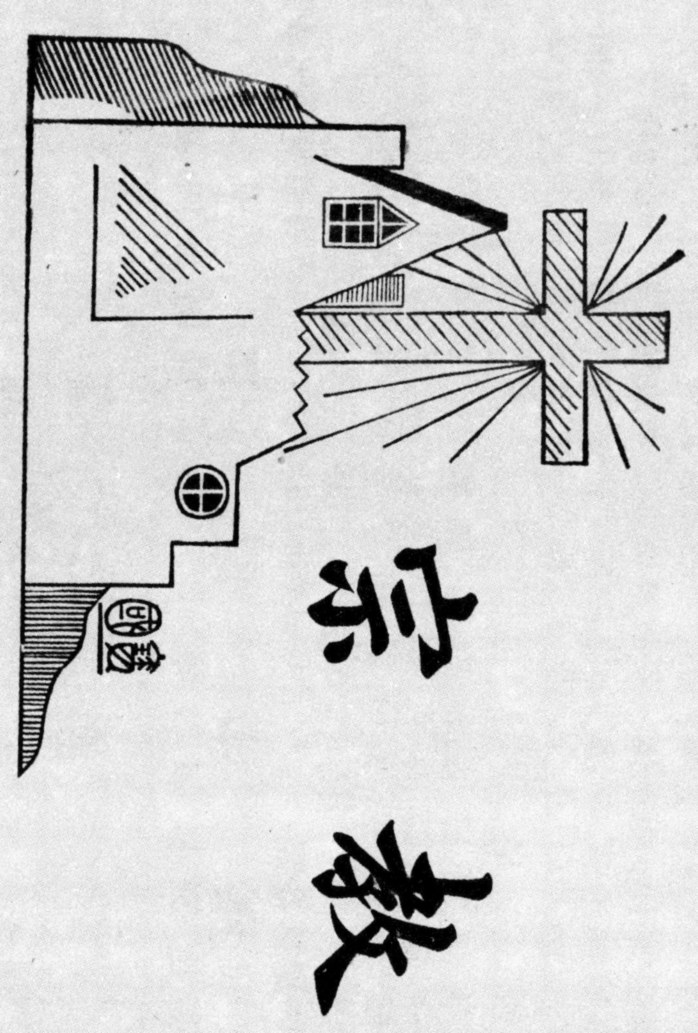
宗教

註冊商標

愛用國貨的民衆們　請提倡國貨的食品

冠生園出品

是著名的國貨食品　是有意識的好食品　是值得提倡的食品

出品種類

陳梅牛果粗乾糖素玩品名包花全旅體名宜
皮果肉子細精果璿具中點果式居行欵貴
製汁鮮露餅美菫頭食西麵醬萬家送客相

新出之食品

中秋月餅種類｜蓮蓉　豆蓉　豆沙　棗泥　杏蓉　椰蓉　火腿　鷄絲　五仁甜肉　五仁咸肉｜百果小月餅　每個二分

總公司上海南京路　支店棋盤街　老店九畝地　工廠斜橋

外埠支店　杭州薦橋大街　漢口中山路　天津馬家口四號路

參加西湖博覽會售品部　在環湖路葛莊隔壁

我國民族的宗教觀

伯詢

(一)玄想與實質的問題：——我們中國人的宗教觀念弟一個便抱了個『功利主義』和『自私主義』(不是個人主義)的實行，這問題的對象，就是人生哲學裏所說的『生，老，病，死；』和『苦與樂』或『生與滅』……。這些對於我們此後所要革命的基督教，應如何處置，亦是不可不先決的呢？

(二)神與人關係的問題：——雖然，我們中國民族抱負了『功利主義』的宗教觀念是間接的，是隔膜的，是有時間性，空間性的不同的。舉個例罷，我們中國人的『來世觀念』，『死後的歸宿』，『人神通化』，『神鬼關係』……都把一切神與人的關係解得清清楚楚，那麼！再看我們所要求的本色教會的實行上，應如何行使我們中國民族族宗教觀念化的基督教，和基督化中的我國民族的宗教觀念呢？

(三)來世與今世的信仰問題：——我們中國人的『因果觀』，『來世觀』，『神仙觀』，『祭祖觀』，『地獄觀』，……我覺得在世界諸民族中是出奇的，是特別的。比如人死了爲什麼要和尚誦經，道士畫卦……等等，來化費金錢精神，又比如今生十二分願意吃苦——比如吃素——到底爲了些什麼？種種的今生來世的觀念，在佛教思想未入我國之先是否如此？既入之後，又是如何改革了，那麼；我們今次要有本色教會的實現，又當如何把這些宗教觀在新中國裏出類拔萃的顯出一點科學的宗教觀來和革命的宗教觀來呢？

（四）上帝觀的問題：莊子天下篇裏的『古之所謂道術者，果惡乎在，曰，無乎不在，曰，神何由降，明何由出，——聖有所生，王有所成，皆原於一。』的宗教觀，和『泛神論』中『一神論』中『多神論』中的宗教觀是否相合？我們中國人民的『以農立國』的宗教觀到底是合於何者爲近？這種問題，我們做宗教革命工作的人，那可忽而不視的呢？

（五）信仰的問題：——胡適之先生說『我們中國人，無論接受那一種思想，都是平平安安，順順流流的容納的，決沒有像歐美那樣甚至於爲了達爾文的進化論和宗教界裏抱上帝創造人爾論的事而打起幾十年甚至於一世紀的官司來的。』這句話照我看來的確有是有點道理，我們看佛教的傳入中國，經過了多少的反對？回教的傳入，起了多少的反對，同樣基督教的傳入，又有什麼樣的反抗，不要說別的，基督教沒一百年的成績，現在巳有了四十餘萬的同道者了，固然宗教信仰是在於質一方面，而這麼大的數月，在這新刺激中國裏，在這短的時間中，能夠實現，亦是個可驚的記錄了。同時，我們中國人的信仰，是『馬虎』的，是『隨便』的，……這一切的一切，無論對敎外說，無論是對敎內講，都得革命者三思後方可實行呢？

(六)我國人的道德觀：——宗敎，道德，德育，人格，顯然是各不同道的東西，而思想過敏的我國人，往往要把他們混在一起看，比如有的人道德很高，德育很健，人格很良的，未必他一定是宗敎裏的敎徒，或某人顯是個宗敎徒，而他的道德，人格未必一定是高的。因爲，這個問題的不清，所以人們往往要把基督徒的弱點，就以爲基督敎不好，就以爲基督的不法。於是引起人們一種極力的反對，這些事，我們宜特別的注意他，決不可輕忽視之，以引起敎外，敎內，的評論。而把我們所要做的工作沉擱了！

(七)形式問題：——我們還有個重要的問題，不可不討論的，這個問題便是宗敎的形式問題，有的人，以爲這個問題在科學進步的時代裏可以免去的，而有的人以爲宗敎太無精神上的形式上的色彩，太不成個體統，所以又有分歧而行的趨勢了。在這點，我們要看到我們民族性的一種，——太隨便——來了，因爲太隨便，所以才有以爲形式可去，以爲形式應改中華化，以爲形式必宜保存，和以爲形式必宜像西人傳入我國一樣的傳下去，而不可改變一絲一毫；這個問題我們再看到佛敎，道敎，裏的情形如何！他們對於形式如何？再看到新式的先生們的對於這些的態度如何？我們再把他們綜合起來，得一個極公平的答案；以爲是怎樣？

宗敎

陳正鏣

未討論這問題以前，先有幾句申明；就是說無論甚麼批評，都要存客觀的眼光，和局外者的態度，不可存一點主觀的成見，那方纔稱爲有價値的公平的評論。

現代社會上的一般人，都以爲科學一日發達一日，則宗敎就一日淘汰一日；這是未加思索的論調；他們所以有這種見解，因爲他們未澈底的明了宗敎的意義和內容，不過在表面上懂點皮毛。以爲上古人民是未開化，所以有種種宗敎發生，現在科學昌明，人智發達，那可還同上古時代未開化民族一樣的有宗敎呢！若解釋這個問題，先拿道德來研究一下，就能了解宗敎是不能滅絕的；換句話說，科學昌明一日，人智發達一日，則宗敎不能缺少一日。

道德兩字，人所共認爲必需；無論高低社會的人們，都知道道德是重要的，是不可少的，就不要得到他們的答覆，在日常生活中，習慣中，言語中，就曉得他們對於道德的要求：既然承認道德是必需，我們再將宗敎與道德之關係，來研究一下，也就明白宗教是必需的。

道德與宗教，有必不可離的關係；我們先考歷史上，社會所以有法律有規條，有各種良好秩序，可以說完全由宗教而來；因爲一有宗教，則生道德．有道德則生法律規條而後有人們的安甯和快樂。

何以科學昌明，人智發達，那宗教愈覺需要呢？因爲科學日進，則一部份也能使罪惡的行爲日進，就是有極嚴格的法律，也不能約束那罪惡，非有宗教來維持不可；所以法律道德宗教三者，都能判別人的是非，指引人的曲直，使人人向那正道上前進，達到一個完美高上的地方，那就是佛教中所謂佛地，基督教中所謂天國了；我們就此明白宗教，非但不能滅絕，而且日益重要起來。

我們旣曉得宗教爲必需，那末應當信仰一種宗教，在選擇研究各種宗教時，就要有客觀的考慮，和科學的眼光，和你到底有否密切的關係，是否你在要求之中，這幾點是宜注意的。

捨身救世而寄跡人間的基督耶穌

吳慧

「從來沒有人看見上帝，只有在父懷裏的獨生子，將他表明出來」（翰第一章十八）

「人看見我，就是看見那差我來的」（翰第十二章四十五）

「人看見了我，就是看見了父，」（翰第十四章九）

「父在我裏面，我在父裏面，」（翰第十章三十八）

「到那日你們就知道我在父裏面，你們在我裏面，我也在你們裏面，」（翰第十四章二十）

「你們要常在我裏面，我也常在你們裏面。」（翰第十五章四）

人類的價值，上帝的實在，於此可見！

基督教的優良，於此可見！

上帝與世人相聯絡的交點，集中在基督耶穌身上，於此可見！

現在請研究基督耶穌：先概括地陳述一個觀念，然後再分條疏證。基督耶穌，是基督徒的信仰所推戴的基督，也是歷史所記載的耶穌；他貢獻其身爲全世界的救主；在自己的言行上訓練子弟；以生活的方法，指導人，勉勵人，而向人表現上帝；爲慈愛而行神迹；爲救贖世人而死在十字架上，由死復活向個人或羣衆顯現十二次；保持其無罪的人生，離世升天。

更分八條把上列的意義略略地申明出來；

一、基督是歷史的人：基督教是基督所建設的。他生於羅馬紀元七百四十九年十二月二十五日、就是中國西漢孝平帝初年；後來從他降生的那一年算起，這下現在所用的西曆紀元，至今年算到了一千九百二十五年；將來還是萬壽無疆，各國所通行的紀元，竟以他的產期爲始，可知他與世界歷史有極大的關係了。 他的民族是希伯來，籍隸敘利亞的帕勒斯聽；他爲世人贖罪而死的地方耶路撒冷，此地的行政長官，是本丟彼拉多；此時羅馬國的皇帝是提庇留。 關於古代的歷史，基督降世，是徵實上帝的應許，在這民族中，降生一位教人的領袖，就是「彌賽亞，」希臘人說話，稱爲基督，華文譯作救主，這應許已經古先知傳說過；希伯來人因亡了國，情殷光復，尤其是盼望這位救主快來。 參考創，三章十五節；太，一章；太，十一章；路，二十四章二十五節；約，四章二十五節；行傳二十六章六至七節； 關於當代的歷史，保羅對加拉太人說：「及至時候滿足上帝就差遣他的兒子，爲女子所生……」（加四章四）可知他降世正是恰當的時候，各事多預備齊全，只須基督來到。 在本族各處皆有會堂，以備他講道之用：在羅馬有因軍國主義所修治平坦的道路，留傳下來供他游行佈道之用；在希臘就貢獻了希利尼文，爲當代應用的普通語言；在巴比倫，波斯正以唯物的哲學，不足厭望，掉轉頭來接受宗教。 不先不後，基督此時降臨，眞是好時候啊！　關於後代的歷史，就是說他貽留這高尙的宗教給後人，他是教主，是新生活和神聖生活的表率。他沒有時間的限制，從他的弟子之時，以至今日，他仍然是人的救主，表現宇宙間一個最高的生命；人也如此承認他。　如有人覺得他的宗教生活，進步遲遲，就能得着基督的提携。　基督又無疆域的限制，他是全世界的救主，已從希伯來民族解放出來，向全體人類傳上帝的使命。

二、基督的人生：基督的人生，自孩童以至成立，孝養父母，交結朋友，服從法律，增長智慧，屢受罪惡和邪慝的勾引，處處如同常人。　同時他在一切的情況上，流露他的天才，又有常人所不及的覺悟，能自知其本身是上帝的表現，世人的救主，是天國的元首，他一生堅白，不爲罪惡所誘，不爲邪慝所汙，貧賤不移，富貴不淫，威武不屈。　罪惡和邪慝去勾引他，不成；反倒給了他一個機會，藉此能體察人間的苦難，因而規定救贖的計畫。　參考希伯來書二章十七——十八節；太四章一至十節；

三、對上帝的關係：古今多少人和上帝有關係，却無一人比得上基督這樣與上帝親密的。　從沒有人向世人表現過上帝，有之，只是基督；從沒有人在極敬虔的信仰中生活過，有之，自基督始；從沒有人站在上帝和人的中間，有之，也只是基督。按馬可二章一至十二節所記，在他的名義之下，罪得赦免。按路加十章二十二節所記，他是這位獨一無二的，能使人認識上帝。按馬太七章二十一至二十七節，又二十五章三十一至四十六節所說，他執行審判，是關於人類之運命的。約翰福音，尤其能把這關係說得顯豁。十六章二十八節所記，他是從上帝而來。五章三十節，十章二十七至三十九節，十四章十節所記，他在精神上，目的上，斷不與上帝相同，甚至於一切行動，悉遵上帝的旨意而作，從未攜貳。八章十九節，十四章六至九節所記，他就是上帝的眞表現。一章十八節三章十八節所說，他是上帝的獨生聖子。在他與上帝的這些關係中，可覺得出他的人生，除了那與常人相同的一部分之外，尙有這與上帝的關係，是人所難能的。

四、工作：大約基督在三十歲之時，離了家鄉，出外作工，經歷三年半或未及此數之歲月，遽遭害而死。他的工作分三個綱領言之——

(一)實踐至善的言行，在純粹的恩愛中爲人們祝福，而特別地施恩愛給罪人。這是處於當時環境之中的工作。

(二)句以色列人接洽，以大好的機會給他們，使其知道他就是以色列人所朝夕酷望的「基督」，而容納他。這是徵實古代預言之工作。

(三)還有一種工作，是爲將來的預備所必需的，就是爲未來的事業起見，要集合弟子而訓練之。他將眞理教授他們，坐而言，起而行，師生之間，有如良友相對，親愛無匹。他貽留這個小團體在世界上，即是孳乳後世各教會的胚胎。這是他爲後世而設的工作。

五、教訓的梗概：基督是各時代，各民族的宗師，他講授的言論雖少，而他的教訓，是從上帝而來的眞理，故含蓄了極豐富的意義，足以傳流萬古，與日月河山，同垂不朽，亦足以「光被四表」適用於全世界。其教訓的重要部分，是發明上帝的父職。「上帝是愛」，他把「爲人父者」所用的最慇懃公允之恩情，交付他所創造的人類，眷念每個人的靈魂，這就是福音的基礎。這個眞理，雖經古代先知講過，他們多把這上帝的父職，限制在以色列人身上，基督却大大地從而推廣之，擴充到人類全體，每個人的靈魂，尤其是用那特別的力量，以求適合罪惡中人的需要。上帝對人有父職，這是人類一切希望的頂點，神人之間，最高的事情。馬太所記，基督有五次直接地說上帝是我們的父，(六章四，六，八節十章二十，二十九節，)有一次很清楚地告訴我們，要怎樣纔能作上帝的兒子(五章四四，四五節；)約翰所記，基督以其本身，代表這父職，（八章十九十四章七節）；又明指他的父——上帝，就是我們的父——上帝，（二十章十七節；）當代的宗教家，坦然以上帝爲父（翰八章四十一節）保羅亦繼續基督而努力，宣佈吾人爲上帝的兒女（行傳十七章二十八加拉太四章五六節；）想要知道這位父親的心腸，請一讀一讀浪子回頭的比喻，想要知道爲上帝之兒女的品格，請讀一讀登山寶訓；如此就更明白這眞理了。 其教誨中的第二部，就是基督對以色列人犧牲本身；他很瞭解他作工的意義，他促成那險惡的時機，而泰然就難；又從各方面表示他降臨的宗旨。 就各部福音而觀，他對人是慷慨激昂地聲明他所爲的工作，實有不能以言語形容的價值，倘人類不歡欣容納，他來訊鞫人類之時，就判定他們應受的懲罰。 此中大部分，是宣佈「彌賽亞」降臨並解釋之。 其教誨中的第三部，就是爲後來的工作而訓練弟子。 他實現純正的人類生活，而講論眞理，實行眞理。 表明眞實的靈，頒佈天國的憲章；從拘守虛文的那一派，和靠自己的功德得救的那些主義中，解放出來；把這個混合神人兩性的宗教教授他們，教他們信托上帝，親愛上帝，對人又要如兄弟姐妹，互相親愛。 登山寶訓，使我們知道天國的原則，爲全體人類所仰望的標準，最後他有言論使我們知道宗教生活的精義。他所指示天國的性質，愛和犧牲的方法，以及那使聖靈相助而引人皈依的應許，皆是萬古不磨的教訓。

六、神迹：神迹是一位超絕而與世界密切相關的神，運用常人所無的力量，在人生範圍，合乎道德之目的而做的非常之事。　基督教的神迹，正表明上帝的實在，他對於人類，意氣濃厚，極力庇護。　基督爹最大的神迹，就是向人們輸貫基督的人生，使之成爲「基督化」。　至於基督所行的，記在四福音中，每福音所獨載，不相雷同的馬太兩件，馬可兩件，路加六件，約翰六件；兩福音並載而相同的，各有五件，三福音並載而相同的，各有十一件：四福音並載而相同的，各有一件；統計三十四件。　在這些事的効驗上，顯明基督能控制疾病，死亡和魔鬼；證明基督是有忍耐而能勞苦的人，他能周周到到地體恤人。　從這些事的執行方面說，有的是行在自然界，而很多的是行在人事界，如醫治病症，驅逐邪慝等。　除了咒詛無花果樹（太二十一章十八，十九節）以外，沒有一件事不是爲慈悲的同情心所驅策，不忍不做的。　基督做這些事的態度，猶之乎常人行常事，自己是毫不希奇；亦不假手於什麼傾助，只本着自身的生活堅強的信心，就指揮如意了。　若說他是有特權的，所以能做這些事；不如說他執行神迹，乃是愛的衝動。

七、救贖：最出人意料之外的，就是以色列人對於久候未到的「彌賽亞」，既已「惠然肯來」却又拒絕他，害他致死，在天地之間，留下這一幕大可痛恨的悲劇，使後世爲他們追悔不止。　此中的曲折，全是以色列人被他們所原有之拘守虛文，和自以爲是的各種主義所蒙蔽，以致於辨不出基督即是上帝使之降世的「彌賽亞」。　他們以爲所想望的，「彌賽亞」，必別有一番作爲，與基督所表現的不同；他們的眼光，因爲亡了國，要求「彌賽亞」來光復，所以專集中在政治革命，和物質的建設上；基督却注重宗教與精神，豈不是整個的不同嗎。　基督作工的初期，人頗歡迎；後來他們見着他的言行，不與他們所責望的相合，就對他反目，而辜恩負義，忍心害理，非把他置之死地不可。「自古皆有死」，基督耶穌豈能獨免！　不過像他這樣的人，春秋未滿三十五度，死於非命，眞是人類中的一段慘史了。　他雖在法庭受過訊鞫，這叫做「掩耳盜鈴」，因爲這件案情，是操縱於他的反對黨之手，就是那些在野的「文士」和法利賽人；至於當時的官僚，平常既多行不義，藉此就假冒着尊重民意的牌子，允許文士等請求，把他判決，釘在十字架上。　這證明基督的威力太大，曾有五千人擁立他爲王，他雖不做，頗令那些反對黨有所藉口；兼之他是要改正猶太國舊式的敎派，而別創新教，那些伏在舊派勢力之下的民衆，極其樂從，而舊派的領袖，却立即下此毒手，表示他們的妒忌和羞憤。　然而基督却以死爲最後的忍耐，他爲義受害，替世人的罪，而受相當的懲治；萬方有罪，在他一人，爲無量數的人，擔當了刑罰，使世人能挽回其與上帝的親善，這正是他降世的目的。　他來被害之先，拚命佈道，常常被舊派的領袖，向他掣肘，他雖有回天之力，爭奈舊派的成見，積重難返，我覺得基督的精神上，早已痛苦不堪了，那末；實逼處此，非再忍耐痛苦，大大地布施不可，就是捨掉他的身體，高懸十字架上，苦苦地死去，藉此做一個「靑天霹靂」的手段，把上帝的兒女，個個驚醒，促其回轉頭來，仍向着天父的懷中直跑。　他從上帝而來，爲救護上帝的兒女而捨，這斗做孝義兩全，眞是萬古一人！　基督實在是死過了　然而他的價值是永遠常存，不爲那死刑的宣告所限。

八、基督復活：各福音皆記載，基督被害後三日的黎明，從死復活，離開墳墓，先後十二次與門徒及衆人相見；但是他的生活，與前不同，只是顯給人看，與人交談、有時不給人看見，却在人左右；末齊與各門徒同在一塊兒住宿：如此四十日，當大衆升天去了；基督教就開闢了一個新時代，使聖靈降臨。　復活的教義，在舊約中沒有精細地陳述，那時候雖不以人對一死，萬事皆休，却以一死是拋棄了各種辛福，也離別了上帝，死後並無來生可說，（詩六章五，八十八章五，十二賽，三十八章一八）；那些「作善降之百祥，作不善降之百殃」的因果禍福，都當做了眼前的報應，（申，二十八章）。 但是上帝却漸漸地把復活和來生的觀念，貫輸給他們；（一）使他們與上帝交通，就覺悟着一死並不是萬事皆休（詩，七十三章二四，二六），（二）使人要披露上帝的公義，表明義人和罪人，各有不同的結局，不得不希望復活而有來生；先知以賽亞曾說到世人復活的事，（賽，二十六章一九，）但以理曾說到每人復活的事（但，十二章二）。 到了基督的時代，這樣的希望更大，法利賽人保持復活之說，撒都該人雖反對之，終不能推倒，可知當時的趨勢了。 基督自身，眞把死打破了，把不朽的生命影顯了，（提後一章十）。 令我們的確知道，他是上帝的表示（羅，一章四），他死，爲的是要替我們贖罪，他復活，我們纔能稱爲無罪的人，（羅四章二五）。 又藉着他的死和復活，使我們得着新生命 羅，六章四 ，保證我們也必復活（林後，四章十四羅，十八章十一）。

基督復活以後的身體如何；是否如同未死以前的血肉之軀？是否如同埋在墓中的白骨？抑或上帝爲他另外創造了一

副身體呢？或者是他的精神，死後爲他自己凝結了一種屬乎精神界的身體呢？這種精神界的身體，當他活着之時，是否與他同存？　對於這樣的問題，我贊成保羅的主張，他說：「……復活的——身體——是不朽壞的……是榮耀的……是強壯的……是靈性的身體（林前十五章三五—四九）。　從此討論：（一）復活的身體，是精神界的身體，不屬於物質，不是能毀滅的了。　精神果的身體，正足以適合精神上的需要，應付他的墨遇。　（二）基督復活了的身體，是以那物質的身體作爲張本，被一種能迅速改造，能消滅而再生，並且能破除時空之常律的能力，把牠變化而成。　所以保羅以栽種麥子相比，撒些子粒，落在土中，就會發生新的出來；豈不是由腐爛而死，變爲蓬勃而生！　惟死與生中間的經歷，則非我們所能知了，因爲我們還未曾嘗試過。

讀路加二十四章全章，注重四十三節；約翰，二十章全章，注重二十七節，又知道復活了的身體，也能接受食物，也能令人認識，但以他願意與人交通的時機爲限（路，二十四章一五，一六，三一，）；祢的神秘之行動，能穿門入戶，通過各西，而不爲物體所隔閡；保羅在腓立比，三章二十一節，說：「他要按着那能萬有歸服自己的大能，將我們卑賤的身體，改變形狀，和他自己榮耀的身體相似」，可知復活，就是從物質的身體上着手，改變爲精神的身體，我們亦必須經此一番改變的；那末復活的身體，與生前的身體，不是絕無關係，但是生前的身體，必停止牠的運動，靈性的身體，就從物質的限制中解放出來，過那無量壽的生活。這個變化遲早是要來的，我們大家快準備罷。

尾聲：我眞需你我需你，
時也刻也需你！
切求我主莫離我，
我來就你。

（頌主詩歌一五六首副歌）

十一號汽車

錢國寶

某甲在路上走路，一不留心，衝到了一幼年小孩，六歲的阿寶看見了，連忙跑到警岡處，對警察道：「警察先生！不好了！」警察問他作甚麼？阿寶道：「啊！十一號汽車衝倒了一個小孩。」

司空慣見的泥塑木雕

呂朝良

閒嘗至乎吳山天竺之間，見夫寺觀林立，神像環列；獰惡森嚴，不禁驚駭者久之。然推而不動，問而不語，摩挲查視，知爲木雕巳耳，泥塑巳耳。然木之雕。誰雕之，人雕之也；

泥之塑，誰塑之，人塑之也。試思人既有權以施於神，神安有權以施於人哉！彼祈福禳禍者，屈膝神前，焚香楮，炸爆竹；雖損血汗金錢而不顧。癡者！愚乎！何迷信之入人如是之深耶！當此革命成功之秩，吾儕自謂先覺份子，豈努力破除之，而作民衆之先導乎？

會
務
P.

廣東聚賢中西大菜館

杭州西湖最精美之飲食處

館設新市場花市路七十一至七十三號

中西大菜　各色麵點　掛爐燒鴨
廣東臘味　龍鳳禮餅　喜慶全猪
東西洋酒　糖果罐頭　廣洋雜貨
無美不備　客座寬敞　精雅清潔
宴會小酌　均甚合宜　游杭佳客
盍興乎來

中秋月餅

椒鹽月餅　金腿月餅　椰絲月餅
五仁咸肉　荳沙素月　荳蓉肉月
棗坭月餅　什錦咸肉　鳳凰肉月
五仁甜肉　玫瑰荳月　蓮蓉素月

電話西字四一四四號

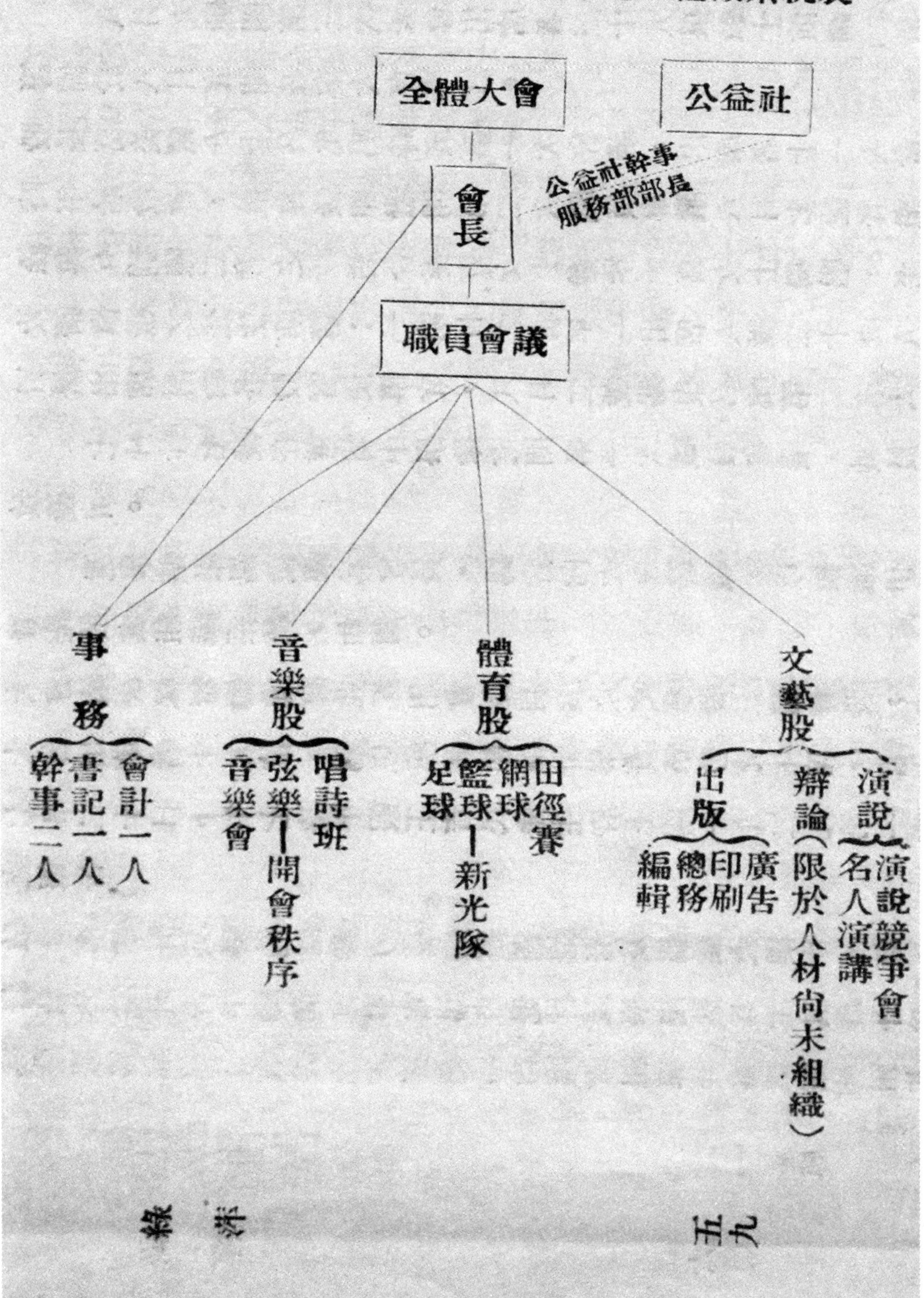
杭州基督教公益社夏令青年勵進會組織系統表
全體大會
公益社
公益社幹事
服務部部長
會長
職員會議
事務
會計一人
書記一人
幹事二人
音樂股
唱詩班
弦樂—開會秩序
音樂會
體育股
田徑賽
網球
籃球—新光隊
足球
文藝股
演說
演說競爭會
名人演講
辯論（限於人材尚未組織）
出版
廣告
印刷
總務
編輯
綠洲
五九

會務報告

一帆

辱蒙服務部部長喩義先生雅囑錫爲臨時組織幹事織織杭州基督教公益社青年勵進會事宜錫自覺材疏學淺然爲主其理計爲教會事業計只得勉強盡力茲將經過情形及組織大綱作一簡單之報告

七月二十日下午七時半假王吉民先生府上開一九二九第一次大會出席者十九位，錫以臨時組織幹事資格暫充主席，當由大會議決保留勵進會並採用會長制設立文藝股，體育股，及音樂股其組織系統，如圖。

選舉結果錫被舉爲會長・錫當向大會辭職，以組織伊始致挽留。

七月廿七號在蕙蘭中學徐宅開第一次職員會議，職員均冒暑出席討論各股實使事宜，八月二號錫復召集第二次大會敦請愼微之先生演講：「明日之青年」出席人數二十九人，餘興有劉陳二君之絃樂合奏方女士奏琴，葛女士獨唱，至十時半始散會，散會後卽繼開第二次職員會議八月七號音樂股股長葛美麗女士召集唱詩班第一次會議，出席者十一人當即籌備於八月底開音樂大會事宜。

八月九號開第三次大會出席者三十八人吳叙士演講「道德

有無客觀的標準」各股均報告，文藝股股長錢君提積極籌備出版案當由大會公推廣告主任及印刷主任各一人散會後即開音樂股第二次會議並練習歌詠。

八月十三號音樂股假王吉民先生府上第三次練習，各股員冒雨抵會音樂股顧問王吉民先生親爲指導尤爲感謝。

爲練習演說材能計文藝有演說競爭會之舉，八月十六號男青年會演說廳於百餘人之中行此盛禮，各演說員均有充分預備娓娓動聽，

體育股之籃球素稱雄於城垣，陳君鴻博投籃之標確，陳君正簇之活潑與陳鴻博之守衞尤爲出色，十七號下午四時在青年會健身房與武林健兒全白隊作友誼比賽，銀笛一鳴我方冲鋒陷陣敵方不支，全半時以五分居光，檔檬時過敵方添生力軍向我方猛攻，爲變更戰略乃取守勢，結果負三分蓋勝負無家常事，

赤帝當空，炎日之下，時見包君惠中，陳君鴻博至各商店招覽廣告，設辦公室於粵香，是書之問世包陳二君之功也，

蟾圓二度，勵進忽於廿三日女青年會行嚴重之閉幕典禮，出席者達二百人，儀式純係基督敎，閉幕禮後即有音樂會及游誼會至十時盡興而散，

勵進會雖限於夏令然「久合必離」「久離必合」一九三十之勵進會定遠超今年之勵進會斯余之望也，

體育股報告

陳正鏃

本會自成立迄今，已一月有餘，而體育事務，則毫無成績，實深慚愧，蓋鄙人缺少辦事經驗，及天氣炎熱之故，會員不能準時到塲，因以各項運動，多難進行，致記錄無多，以作報告之資料，玆將經歷情形，述之於后，

（一）運動塲地及器具——本會於七月廿七日，開第一次職員會議，議決運動場地及器具，向蕙蘭中學商借，後得函覆允准，

（二）運動項目——本股設有籃球，網球，田徑賽，等三項，其餘如足球，排球，因會員不多，難以組合，

（三）運動時間——每逢星期一三五三天，下午四時至六時，爲運動時間，

（四）運動人數——因天氣炎熱 故路遠會員，不便參加，田徑，網球，祇一二人練習而已，籃球因場地不平，余邀會員數人，至城市青年會練習，成績較爲可觀，

（五）組織球隊——田徑，網球，因參加人數不多，故無球隊組織，籃球則人數較齊，得有完備組織，取隊名曰『新

光」，隊員名單列后，

隊長—陳鴻博—幹　事—包惠中—徐君錫

隊員—陳桂山—徐君山—陳鴻博—姚冕英—姚漁材—姚應村—陳正鏃

(六)友誼比賽——本會籃球隊，我八月十七日，約城市全白籃球隊，作友誼賽於城市青年會，是日往觀者七八十人，本會隊長陳鴻博君，因事未至，故實力較弱，結果卅八比卅一敗於全白，然査該隊人才，有全杭籃球隊一人，商校籃球隊長一人，及蕙蘭隊員兩人，誠攻守齊備之良好球隊，負此七分，亦云幸矣，

(七)籃球隊攝影——於八月二十二日，本會新光籃球隊攝影，以留紀念，

文藝股一覽

錢國寶

青年勵進會規定文藝股分以下三種：一・演講股・二・辯論股・三・出版股・

對於演講股，業已於八月十六日開第一次演說競爭會，地點在青年路男青年會二層樓演說廳・時間於下午七時半，當時來賓擠擠，以及會務會員，不下一二百人，並請周源生先生以及謝印三先生爲評判員，錢徐二女士爲計時員，講員

共計四人，現分述於下：

陳正鏃君——宗教的研究

徐君錫君——我們的思想

呂朝亮君——青年的悲哀

邱寶華君——愛

至七時半即按時開會，首由主席錢國寶君報告開會辭次即各位演說員相繼演講，演畢由評判員退舉周源生先生報告演說結果，並勉勵各位講員，評判結果，乃徐君錫君第一，後即由王吉民夫人給獎散會，

對於出版一項：現已與會長商妥，並經執行委員議決，出版「綠萍」一册，當時推選包惠中君爲廣告主任並陳鴻博君爲副主任，再姚冕英君爲印刷股主任，當時我們抱一種思想，我們出版的經費問題，是一無所着；天然是要在廣告多着些，這樣還可達到此目的，我們預算的數目是八十元公益社津貼我們青年勵進會的二十元亦在內，不意得着廣告主任的報告，廣告已達到一百餘元，這是已高超出預算了，我們覺得很榮幸，一方面想到一句諺語「有志者事竟成」這句話眞不錯啊。

夏令青年勵進會之由來及盛況

猛如虎烈如火的炎夏是使人何等煩悶和焦急但我們青年不能因有一點阻礙而就中流抵柱了我們須具有百折不回的志去奮鬥一切再仔細想想現在中國國難當外侮日迫的時候我們就不應該終日緘默忍受下去自甘菲薄永遠沉淪在那萬刦不復的地獄裏必須想一個方法預備一切所以青年勵進會目的就是互相砥礪連絡感情使養成服務社會及辦事的能力而最要的就是利用消費的光陰雖在最短期內而各方面所得成效不少這是使我們應該祝頌的

快如梭去如水的時序中不多幾天各人將要分離向要走的路而去所以青年勵進會不久閉幕了同時舉行了一個歌舞會以示歡送當開此會地在女青年會約八時鈴聲振起銀幕兩分會長首先報告開會宗旨行禮如儀請鮑哲慶博士演講先生學識豐富思想清切聲朗明亮使聽者易於領悟後爲錢女士與倪女士合湊鋼琴彈調純熟非久練者不得此屆時邵女士已翩翩而出獨舞「春曉曲」嬌小玲瓏歌藝不凡繼爲胡邵女士合舞「蝶戀花」徐女士之合演「可憐的秋香」羅女士之「因爲你」亦復博得掌聲不少周五君京劇登台所唱之罵毛延壽斬黃袍武家坡與葉蔓社社長黃君之京胡節節聲調相符周黃二君眞可謂棋逢敵手將遇良才後該會之唱詩班唱歌歌畢散會而斯時之來賓尚大有留戀不捨去之意聽該會在最短期間內尚有出版一刊以留紀念其中約分四大類(一)討論(二)文藝(三)宗教評論(四)會務報告但此書在未出版時而取兜之廣告費約一百八十餘元可見該會

辦事熱忱是值得欽佩而記述的

一九二九，八，二五，

徐阜農作記

音樂股報告

葛美麗女士述
徐君錫事記

八月七號音樂股召集第一次大會於女青年會，股員赴會者達十一人當選定Close of Day一曲，

九號下午九時在女青年鋼琴室練習唱詩，股員出席者十位，

十一號在平海路王吉民先生住宅練習，是日天公不美，大雨傾盆然各股員均冒雨出席，良可欽佩，顧問王吉氏氏親爲指導尤爲感激，

本會之組織原係公益社所發起故於星期日先在蕙蘭音樂室練習，「計算福氣」繼在禮拜堂讚美聖神，

因籌備音樂會事宜復在蕙蘭開第五次會議，

八月廿二日在朱光華先生府上練習對於音樂會秩序亦多討論，

廿三在女青年會於閉幕典禮後即開音樂會有合奏有有唱形形色色，雖不能稱爲「完善」，但但「尙可」當之無愧矣，

八月廿五湖山堂請敝唱詩班唱詩，各股員亦均出席歌詠，

八月卅日練習Years of Peoce 預備星期日至湖山堂唱詩，地點在西大街草營弄錢宅，錢君畫地主誼茶點豐富並佐以美肴，

杭州

三元坊馬路

九綸

綢緞洋貨商店

搜羅國產
綢緞統辦
絲織物品
定價劃一
從廉如蒙
各界賜顧
歡迎駕臨
參觀

電話一千零六十九號

本公司創設杭垣歷有年所出品之精良貨料之繁多價格之公道定期之不悞早蒙各界贊許毋庸贅述前被鄰居失慎致遭回祿現已新屋落成照常營業特

欲製精美西裝者注意

請至壽安坊大馬路日新橋拐角

鑫大西裝軍服公司去

往海上採辦應時各貨聘請超等技師悉心研究精益求精如蒙各界惠顧請認明本號招牌庶不致悞

本公司謹佈

本發行所分設杭垣迄有五載所出各種物品、係國貨早蒙紳商學仕女各界同聲贊美敝館主人進益求精悉心研究現在新出綢葛更為出色特將名稱列下

毛葛	雲霞緞	色錦葛
錦緞	印花綢	色中綢
彩綢	綉花綢	中華紗
絲帶	絲鈕扣	寬緊帶
紗邊	綉花邊	袖口邊
裙邊	牙口邊	絲褲帶
手帕	絲圍巾	羢圍巾
珠花	珠蝴蝶	珠織邊

種類繁多不盡細載而各種出品花樣新奇顏色美麗閨閣用品應有盡有所定價格特別底廉以副仕女界熱心惠顧之雅意也

上海中華工業廠駐杭發行所謹啓

地址杭州保佑坊大街
電話七三九號

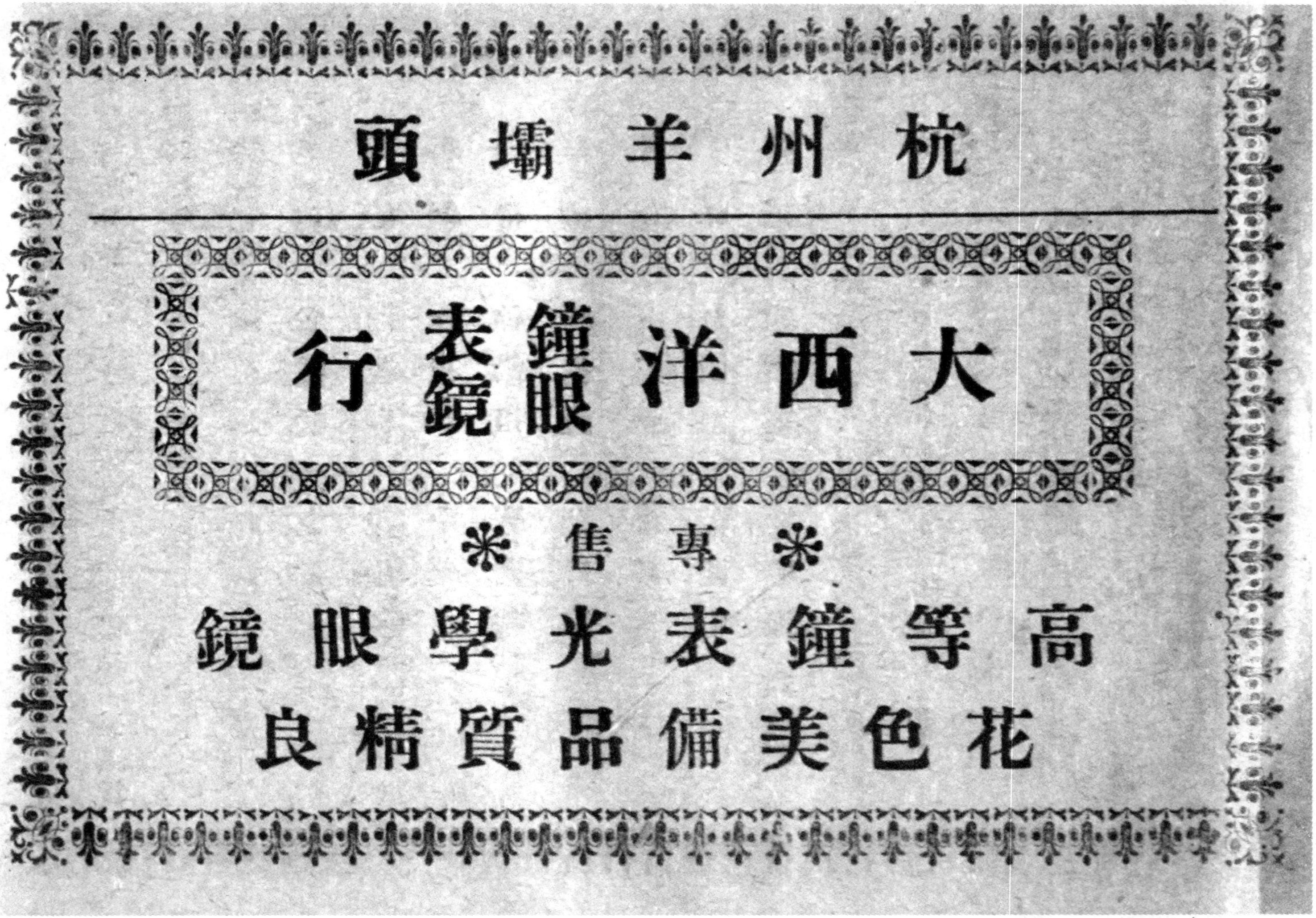

杭州羊壩頭

大西洋鐘表眼鏡行

專售

高等鐘表光學眼鏡

花色美備品質精良

弘文印刷公司廣告

本公司開辦以來成績卓著現因擴充營業添置材料延聘高等技師專責整理印刷事業承接書籍報章招紙喜帖講義文憑鈔票債劵訃聞商標照相銅版等各種印件出品精良約期迅速兼售鉛字書邊代澆鉛版如蒙惠顧無任歡迎恐未[illegible]知特此布告

杭州太平坊金波橋弄

電話三五三號

李星泉李郁文父子牙醫局

牙科專家

統理牙科

電機治療

時　間

上午　九時至十二時

下午　一時至五時

星期日休息

電話西四五三號

西華父子眼鏡公司

唯一完備的眼鏡專家

驗目配光

製造眼鏡

患近視眼花斜光散光者必須戴鏡

欲避免害目的強光狂風灰塵者必須戴鏡

杭州迎紫路六號

永順祥

軍學製服商店

新民路皮市巷口

本號設有西裝及制服二部一切採購歐美呢絨布料聘請高等技師製造新式衣樣服裝合宜如蒙賜顧無任歡迎

本公司主人謹白

至聖水

是夏令之衛生顧問
是常備之急救聖藥

二十餘年的老牌

無

論中暑中寒霍亂吐吐瀉等症均有藥到病除之功
甚至癘疫急痧神志昏迷諸病亦有起死回生之效

家居旅行 有備無患 每瓶
購濟貧病 造福無量 洋一角

各埠藥房百貨商店均有代售

總發行所 上海 震寰藥廠啓

杭州經理協興公司

新水漾橋電話八百九十三號

杭州保佑坊

振興織造廠

振全球足見我精神　興中華當惟以實業

本廠在中國發明最早　爲中國襪業之始祖

自造鋼鐵織襪機器　織造男女大小　粗細

厚薄　各色線襪　絲襪　紗襪　創辦以來

織工數千人　全國二十二省　無省不通行

同胞愛國貨　人人皆配用　無論全國各

省　名都大邑　邊疆遠地　城鎮市鄉　欲

購本廠之襪　均可直接郵滙來購　郵費稅

餉　貴客自認　世界各國　均可向本廠直

接定貨　欲知詳細價目　及分銷章程　函

索立即寄奉

發明創辦人　吳根福謹啟

開設　保佑坊

嘉祿鞋廠

最時歐美皮鞋

新式男女舞鞋

鋼板彈璜皮鞋

各式仕女翻鞋

承蒙賜顧無任

歡迎

貓牌手電筒

是國產的明星

是舶來品的勁敵

駐杭總經理 華明電料公司

電話八二九號

地址新水漾橋路

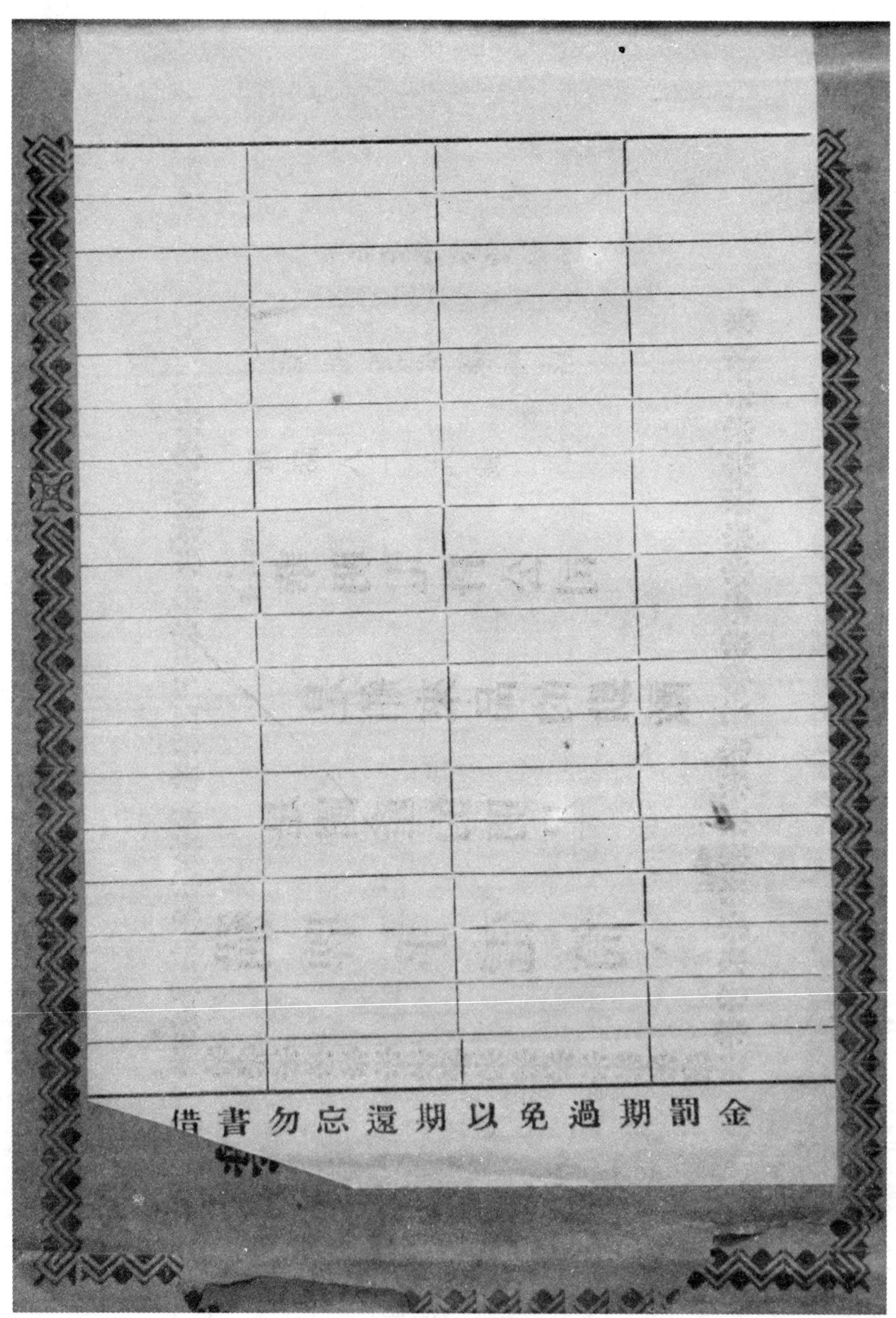

借書勿忘還期以免過期罰金

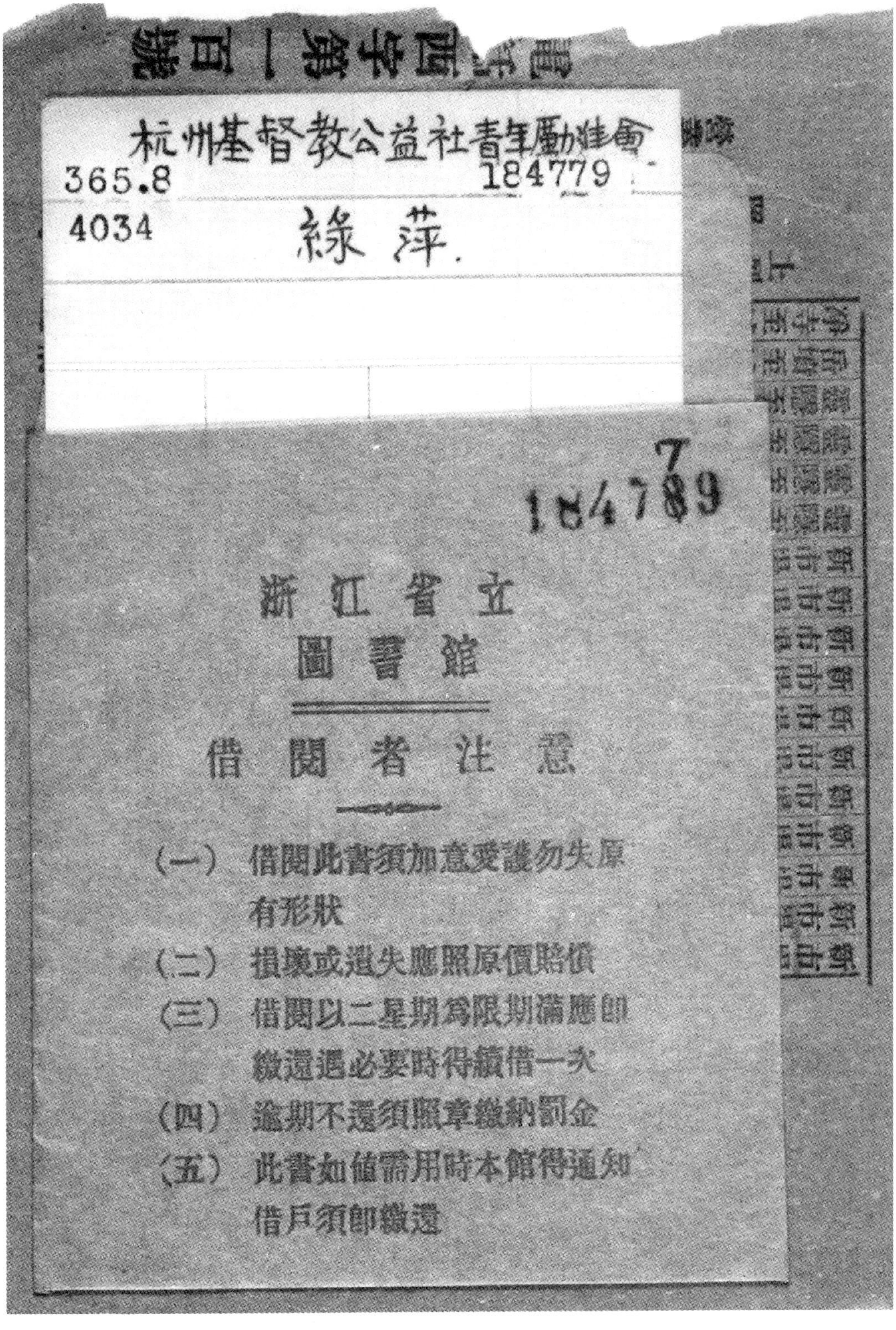
杭州基督教公益社青年勵進會
365.8
184779
4034
184789
浙江省立
圖書館
借閱者注意
（一）借閱此書須加意愛護勿失原有形狀
（二）損壞或遺失應照原價賠償
（三）借閱以二星期爲限期滿應即繳還遇必要時得續借一次
（四）逾期不還須照章繳納罰金
（五）此書如値需用時本館得通知借戶須即繳還

獅吼

獅吼文藝社杭州分社　編

杭州：獅吼文藝社杭州分社，民国二十二年(1933)鉛印本

狮吼文艺社
杭州分社
杭州 王诰巷五十八号
总社 上海山东路
二八〇号晨报社内

獅吼

本刊已呈請登記
全年五十二期
國內連郵一元國外三元
零售每份大洋二分
每星期六出版

第一卷 第四五期合刊 民國二十二年三月十八日出版

斯德林特堡及其代表作「到大馬士革去」

二 郎

瑞典文學自從在十九世紀轉入了自然主義的[illegible]以後，文學又無形地改變了一個傾向；在這新潮流的澎湃下，瑞典的文學，已一躍底誇上[illegible]世紀文藝之國的最高峯。在這裏，我們又不[illegible]不來介紹這位當代首席文豪斯德林特堡(Strin[illegible]erg, Johan August)。

斯德林特堡是努力着現代瑞典文學的復興；[illegible]的作品偉大的成功，也就是象徵着整個的瑞典[illegible]學。他不但是一個享有盛名的小說家和劇作家[illegible]而且更是一個對于科學極有研究的人。在那時[illegible]他與挪威的怪傑易卜牛(Ibsen, Henrik)並稱北歐的兩大巨人。於此，我們便可曉得在當時的瑞典文壇上，斯氏的確是佔着一員很重要的位置。

斯氏，生于一八四九年，父親是一個極無聊的商人，母親給一家咖啡店裏當侍女。家裏經濟的缺乏，自然是不消說了。他入烏普撒拉大學的時候是一八六七年。但後來因爲經濟的關係，也曾一度失學；直到一八七〇年始繼續求學，他的學校生活是非常的慘淡；卒業後，也曾充當過小學敎師和伶工，以後他又去做新聞記者。他的一八七九年的名著紅屋(Roda Rummet)便是記述那時候的情形。他的處女劇 Master Olof, 曾經被當局禁止過；但他仍不以成敗而灰心，仍就不屈不撓底努力他的創作，而終久是成功了一代的文豪。這種大無畏的精神，是值得來使我們欽仰的。

斯氏的一生，約略底可分爲三期，因此他的作品，也跟着人生觀而轉變。在最初期——斯氏青年的時候。他純以現實主義的傾向爲特徵，所

注 意

本刊特別啓事……………………31

內 容 提 要

以斯氏那時的作品，差不多都是這樣以此爲根據的。

在次期斯氏成年的時期，文思突然地猛變，把青年浪漫主義的幻影完全褪下，而超人主義和自然主義，以及他本有的個人主義，一點點的狂洒在他的作品上。

末期，也可以稱作斯氏的晚期，在這十五六年間，因爲受了神祕家瑞登堡(Swedenborg, Emanuer)的神祕思想的同化，因之而有象徵的傾向。

斯氏首期的作品，關于知的分子比較少一點。所出的劇本有會的祕密(GilIets HemIight)，和朋格脫的妻 (Herr Bengt's Hustru)。小說則有紅屋，新王國 (Det Ngariket) 等。都是斯氏早期的作品。

到了成年的時候，斯氏的一切現象，要追究其原因的洞察與現照的傾向，因此都十分的猛烈了。在那時他的作品有幽麗小姐(Froken JuIie)，島上農夫 (SkarkarIseif)，在海邊 (I Hafsbandet)，以及自叙傳的小說結婚 (Giftas)，和一八八七年成功的偉作父(Faden)等，都是斯氏次期的重要作品。

晚年，斯氏因爲受到了不幸的結婚的緣故，思想多憎厭女人的傾向。後來因爲受了法國小說家尤思曼 (Husjsmans, Joris KarI) 影響的緣故，而得到宗教的解放。在這期中的重要作品有地獄，不和，孤獨和黑旗等，劇本有寫靈肉衝突的到大馬士革去(TiIl Damascus)，電光，幽靈曲，以及討論兩性爭鬥的死的舞蹈 (Dance Of Deach) 等，都是非常偉大而又精采的傑作，現在我們且看他的名劇到大馬士革去：

到大馬士革去 (TiIl Damascus) 爲斯氏生平巨作之一。是一本三部的作戲劇。劇本的主題，是純粹描寫着靈與肉的衝突。在第一部裏，說一個主人公的某人，在街上遇到一位女主人公的「夫人」這位主人公的某人是因爲負了債而逃在街上，却不料這位醫生的妻子「夫人」會同情他，由同情更躍爲戀愛，於是，二人便相偕出奔，可是不幸在逆旅中感到經濟的困乏，受了虐待；因此「夫人」便決定回母家去求助。在行途中，二人受盡了披星戴月的辛勞，好容易的到了目的地。但是因爲「某人」的品行不端，而且又有危險的思想，因此人家待他不十分好。後來「夫人」因爲種種的關係，以致不別而走；等到「某人」曉得了，趕快追踪的跑來，但是某人因爲害了病的緣故，而已被山中的救護者救去；直到他病愈了從救護所出來，再到「夫人」的母家去探視的時候，才知「夫人」因爲追尋自己而行縱杳然。於是他再從原路回到醫生家裏，却又遭了威脅的被迫着出來。然而上帝也眞爲巧安排人間的事情，在幾日後的原來會見的街上，他倆又不期然的遇見。……………………」

這本戲劇的全部份有三大部，一二兩部均作於一八九八年，直至一九〇一年三部才告完竣。上面是訴說着第一部的梗概，至于二三兩部，內容也無非完全刻畫着靈與肉的衝突，不必作者再多所曉舌了！

讚拜倫

M. Arnold 作
西 倚 譯

當拜倫正閉着眼去世的當兒，

我們都點着頭鞠躬，凝神屏氣的。

他給我們的教導雖很少，但我們的靈魂：

却已感受到巨雷似的激動。

金一鳳

木 郎

一

"同志們，這是時候，我們趕快從壓迫者的桎梏當中掙扎出來"！

季序是冬盡春來時節，殘年的寒氣，還剩留在人間，春寒料峭，光景比寒冬差不了許多。幸福的人們，在幽綠色的燈光下，圍着熊熊地爐火，陶醉在葡萄美酒，雪茄的煙圈，旖旎的情話當中，盡情地享樂，消磨這漫長的寒宵，多夠幽逸的融融的初春之夜。

在××的僻靜的一角，這地方是十分冷寞，當被籠罩在夜的雰圍之中的時候，更是寥落得可憐。一間破舊的小屋似乎被人遺忘般的樹立在這偏僻處。這屋子平時是彷彿古刹一般的冷寞，但今夜却有些不然。一星燈光，雖然是幽淡無力；可是室內的空氣，却頗緊張。陳設非常簡陋：眠床，桌凳，凌亂的書籍，……其他別無所有。黃昏以後，這室內便漸漸的熱鬧起來了。同志們一個個都偷偷地向這間破屋子裏鑽，行跡非常秘密。同志們都是英俊的青年，——韓國的革命志士。今夜他們召開幹部會議，預定進行的方式。他們這一夥十餘人是被派在××一帶活動的。

"同志們！"主席是一位豐采奕奕的青年，——金一鳳——行過開會式後，他便開始作如下的報告："自一九○五年日俄之役告終，我們的大韓國，便淪爲日本的保護國，質言之，無異宣告我們的死刑。一九○九年，完全爲日本併吞，從此，八萬方哩的土地，染上日本的顏色；數千萬同胞，遂淪入黑暗深沉的地獄。三十年來，我們已嘗夠亡國的滋味；我們雖屢次圖謀獨立，終因力量薄弱，被日帝國主義壓迫下去。雖然如此，但革命的狂潮，却與日俱增。前年"九，一八"之夕，日本侵入中國的東北，焚燒刼掠，狂飈不可一世。這之間，中國雖蒙受空前的恥辱與損失；然而日本國內內在矛盾的經濟恐慌，左傾青年的時常暴動，危機四伏，其危險性並不稍減於被難的中國，——也許過之。這卽是說，日本在加速的爲自己挖掘坟墓。同時，日閥還驅策我們的同胞，爲他們作劊子手，去屠殺中華的同胞，我們就甘心爲他們作犬馬嗎？同志們！這是時候，這是我們從枷鎖當中掙脫出來的時候。我們要聯合中華民族，堅決奮鬥，犧牲大量的鐵與血，去奪回淪亡了三十年的國土，拯救出沉淪在黑暗中的同胞。雪恥自强，光復祖業，在此一舉。同志們！時機到了，我們趕快從壓迫者的桎梏當中掙扎出來！"主席報告完畢，室內空氣，頓現緊張；各人的神情，都非常興奮。當下卽確定活動計劃，分配工作，各人負着使命，分頭去進行。

夜，漸漸深沉了，一切均顯的非常寂靜，星月無光，這是一個多麽凄涼悲壯的深宵！

二

一九三二年二月四日那天，韓國各地似乎無形中發生許多騷擾。

在××地方，發現許多小形的傳單；

''親愛的同胞！

''三十年來，我們大韓國的同胞，都呻吟於黑暗的牢獄當中，任人踩蹂。我們是優秀的民族，有天賦的生存權，甯甘長此屈服於頑暴的日帝國主義鐵蹄之下嗎？不，絕斷的不，我們要反抗，要獨立。所以，我們無日不在艱苦之中奮鬥。現在，趁此日帝國主義內外多事之秋，我們要乘機發動，爭回我們民族的人格。我們已預備就緒，大舉起事。然而我們感到困難的却是經濟的援助。切望同胞們解囊相助，慷慨輸捐。助成我們的偉舉。我們將用鮮血與白骨，築成祖國光榮的紀念之塔，奠定萬年不拔的始基。同胞們！我們動員幹起來吧！''

韓國獨立軍第×隊

✡ ✡ ✡

''報告；據探近日朝鮮獨立軍，潛入內地，大舉活動，圖謀顚覆帝國的權威，請××裁奪。''

''眞有這回事？着調軍警全體動員，向各處嚴密搜查，拘獲核辦。''

''是。''

那是六日的下午，日本駐韓司令部在嚴訊一犯人。

''你喚什麼名字？''

''×××。''

''什麼地方人？''

''大韓國的國民''

''今年幾歲？''

''×××歲。''

''幹什麼職業？''

,,商界。''

''身邊藏着手槍，幹嗎？''

''是用來刺殺你們這批倭賊的。''

''胡說，亡國奴。你們同夥若干在什麼地方活動，快從實供來。''

''同夥嗎？多着呢，任何地方都有我們的同志。''

''狡猾的賤奴胆敢倔强，看刑。''

這位青年志士，雖經過嚴刑的處置但神色並不稍變。

''帝國平日待你們不差，爲什麼還要圖謀暴動呢？''

''再不要假惺惺吧，還是揭開假面具痛快的處置我的好。''

''看管，待搜獲同夥後，再一齊處置這賤奴。''

''是！''兵士們答應了一聲便將這位志士禁進一座黑暗的牢獄中去。

✡ ✡ ✡

雖然是冬末春初時節，樹木都還光禿禿地，披着一件赭色的外衣，但馬天嶺上成叢的長綠樹還是青鬱鬱地佈滿山前山後，蔚然可觀。驕陽斜樹隙，只有幾縷微弱的光兒，愈加顯的寂寞。山勢雖不秀麗，但是千嶂萬疊，凹凸不齊，形勢非常險要，頗適宜於軍隊的扼守。

這時，山中藏着數百韓國獨立軍的健兒，准備待機行事。

不幸的是：這消息被洩漏了，於是數百餘日軍警，便嚴密的包圍馬天嶺，向山上進攻。韓軍因爲事前未曾得知，沒有充分的準備，倉忙應戰，措置不易，終究被迫而退出馬天嶺了。預備着起事用的炸彈，長槍，炸燬鐵路之電氣炸藥等戰[illegible]都被日軍搜索一空！

[illegible]士金[illegible]，從容就逮。

二

[illegible]日軍部的法庭上金一鳳等十餘人嚴肅的立

『[illegible]叫什麽？』

『金一鳳。』

『那里人？』

『大韓國。』

『幹什麽職業？』

『担任殲滅倭奴的工作。』

『近日韓軍在內地大肆活動，是你主持的嗎？』

『是。』

『同夥有多少人，分佈在什麽地方？』

『韓國的國民，全是我們的同志；內地均有我們的踪跡。』

『此次事件，是誰主使的？軍火是誰供給你們的。』

日軍警手持一炸彈，示金一鳳，形勢汹汹地。

『轟！……』霹靂一聲，炸彈由金一鳳口中爆發，周圍日軍警數十人，均同遭炸斃。

遼東義勇軍特務隊長金一鳳，含笑殉難！

字紙簍中拾着的信（續）

天　　樵

喂老兄：

儂阿會這樣罵？

唉唉！我不該這樣胡說，理該正式答覆你的問題。

但在沒有說之前，應先向你說明。

我素來不注意時事，何況又是那麽重大的國事！照我這兩句聲明，你該知是平常是不看報的。老實說一句，你不是外國人，但我們貴國的社會現象，恐怕還是外國人清楚些！我們貴國對於報紙，除了慣常被大人先生謾罵的秀才造反，不成大事的學生教職員看看國事外，別的除非銀行公司裏的老闆富紳們看看公債金子市面；摩登太太，摩登小姐，公子哥兒，看看梅蘭芳的蘇三起解，刺虎，卡爾登，奧迪安，大禮堂，什麼「情潮，」「啼笑姻緣，」的戲單。以及投稿的文學家看看報屁股，其餘勞工們，根本不識字，問問他，牠認識我，我不認識牠。看看顯明，摸摸坦平。再問問他國家大事，我沒有講完，他就馬上二句話語盾過來，我只得啞口無言。他說，「我們連吃飯的工夫，還要計算計算，談什麼媽的國家大事，我們吃的糙米，穿的老布，你不要同我來講愛國不愛國，老實說，賣國總輪不着我們勞工的，你去同那班公子小姊去說，他們頭上起到脚底下一直連肚子裏都是外國貨，走走」，至於店孫學徒，做事也忙個來不及，看書已不免被尊嚴的老闆經理呼叱，還夢想看報嗎？朦天亮做起做到大天黑敲二更還不能去睡，倘且還時常被老闆說着：總是黃牛會得做，力氣大。

老兄：

我已說明，我不是銀行裏的老闆，公司裏的經理，不是十足的富紳資產公子，又不是被大人先生罵慣的秀才造反，不成大事的學生教職員，更不是不識字的勞工，你曉得的，是一個才過完學徒生活的店孫，你看夠不夠得上看報？所以時事不足道，國事不足談啦！

可是你這樣至誠的寫信來問我，我只得偷偷的買了一份最便宜的報，到了夜裏，等老闆睡了，點上蠟燭頭，看一個兩面光。是不是這樣載着

大廟激戰陣線無變動？

秦皇島敵將（？）圖暴動。

政府決議（？）募款援助前方。

汪院長三月十七日可抵滬？

……………………………………

那末時局並不算緊，沒有同「一，二八」之後，那幾天緊急，日本飛機沒有飛到杭州，鎮海洋面，雖然來了幾隻日艦，轉了一轉就開去了。學生也沒有沿家募捐，各處墻壁上沒有貼着無線電台發來的捷報，就是賣報給我的報販，也委過還的走着，沒有同「一，二八」之後，那樣提起了嗓子狂喊狂叫。

老兄：

你不要神經過敏呀！只顧在杞人憂天？

熱河是否在河北省北界？那末遠了，至少有一千五百里遠，去年這樣近，杭州仍舊很太平，大不了日本飛機再來的話，還有南無觀世音，飛機飛不靈；南無觀世音，炸彈炸不鳴的老和尚在杭州住着。總之，靠你一個人担心事，担不了的，照你說起來，我們貴國有四萬萬同胞，女人不算，也有二萬萬人，打不過那三島小鼻子嗎？不錯，我們貴國沒有這許多槍械存積，大概你是嘴巴說說的，講到不怕死，第一個怕死的還是你。在馬路上聽到汽車胎爆了，你會藏到你的愛人懷中去的，何況又要別了愛人，有沒有再見面，還是靠不住的事。

老兄：

我勸你還是在家裏的好，你那個W，多麽媚呀？乖乖了不得！

閑笑歸閑笑，正經歸正經，愛國總應當愛的不識字，不明事務的人，說得醒就說說，說不只好當你死人。我們實行做要緊。亡國奴到底沒有做頭的，我們不要比別的，做書僮，做了頭，做養媳婦，做學徒同在父母的身邊時，已大相懸殊了，何況是亡國奴！雖然是…做僮僕的有幾個自省，很多忘其所以的時常狐假虎威的，是呀！我們只當他是狐就是了。未來不未來，我想任何人也管不了這許多，我是呆想頭，呆做法，總要顧全目前要緊。老虎是要吃人的，你即使拜拜牠也要被吃的。逃？你逃了十步，她祇要一個

本刊重要啓事

本刊自創刊以來，辱承讀者愛護，銷路日增、同人益用奮勉。茲接上海晨報社來函接洽，每逢星期六隨報附送杭州定戶，以資普及，經商酌結果，决自第六期起開始附增，幸希讀者注意。本期因時間關係，特四五期合訂，諸祈原諒！

獅吼杭分社啓

跳，你就糟糕。不妨大家拔出拳頭做一齣景陽武松打虎，眞虎也要打死，倘若遇到了的還是背娘舅或是跳魍魎之類的皮老虎呢！何況現在日本，的確是一隻紙老虎。實行打吧！打破這紙老虎，

但是實際的講，現在的中國，還不需要我們班弱小子去當兵，所最急需的是軍用品……槍械粮馬。有錢能使鬼推磨，你們能夠盡量的捐軍餉，籌金購機，這就是負着愛國的全責。別，我不敢希望人，我自己也不敢斷定，你能夠什樣做就什樣做。能夠上火線去殺一個倭奴小鬼子，那你就死也光榮的，沙場白骨艶如花，記着。

祝你　愛國心到死不忘！

你的朋友

杭州

太平坊

毛源昌眼鏡老號

電話一千七百五十三

君覺目力
不足
請到
毛源昌
驗光
配鏡

杭州青年協進社 編

協進

杭州：杭州青年協進社，民国二十六年(1937)鉛印本

協進

半月刊　第一卷　第一期

二十六年三月五日

青年協進社出版

本社啓事一

本社原有社名，偶與本市某團體相類似，頗引起外界對本社之誤會，於社務進行，妨碍甚大。現經全體社員簽名決定，改用今名，除呈報市黨部市政府外，合行啓事週知。

本社啓事二

本社半月刊第一期，承社內外諸友，大著紛投，殊深感荷！惟社刊篇幅有限，去取之間，不無滄海遺珠之憾，故於惠稿諸君，謹致歉意。

本社啓事三

本社社刊，草創伊始，端賴各界青年之愛護，希不吝珠玉供給本刊以生命之源，惟本社主旨，首在禦侮救亡，凡與主旨不合之稿，祗能割愛，敬請惠稿諸君注意！

協進 半月刊 第一卷第一期 目錄

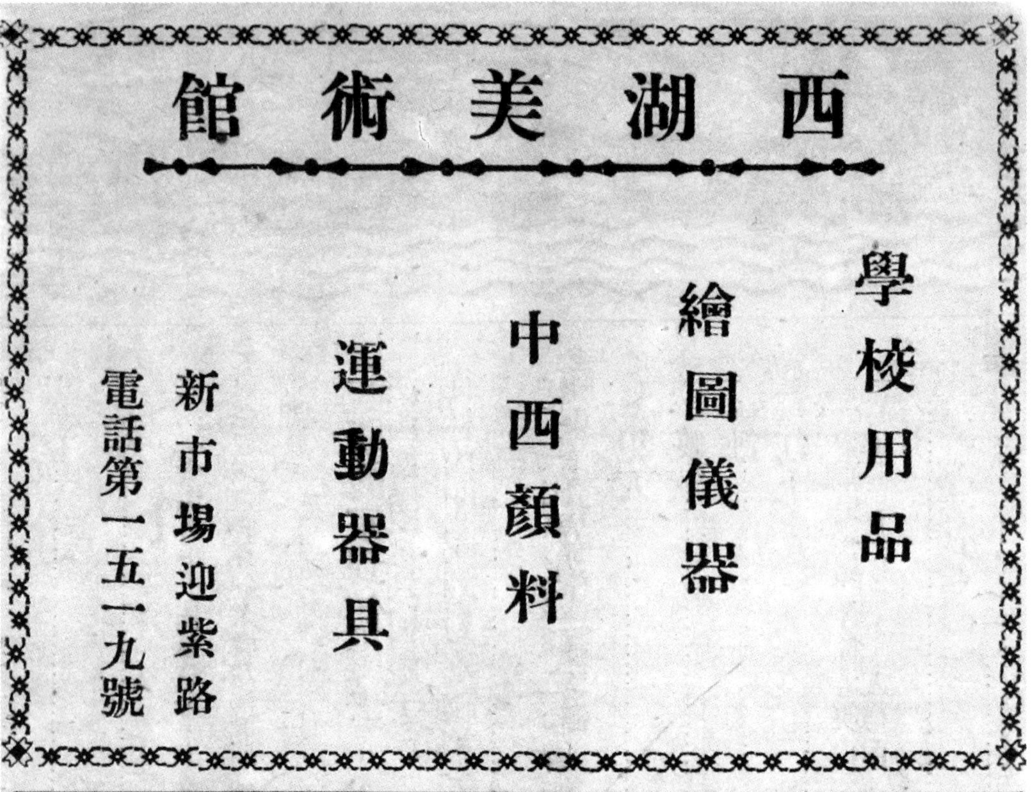
西湖美術館
學校用品
繪圖儀器
中西顏料
運動器具
新市場迎紫路
電話第一五一九號

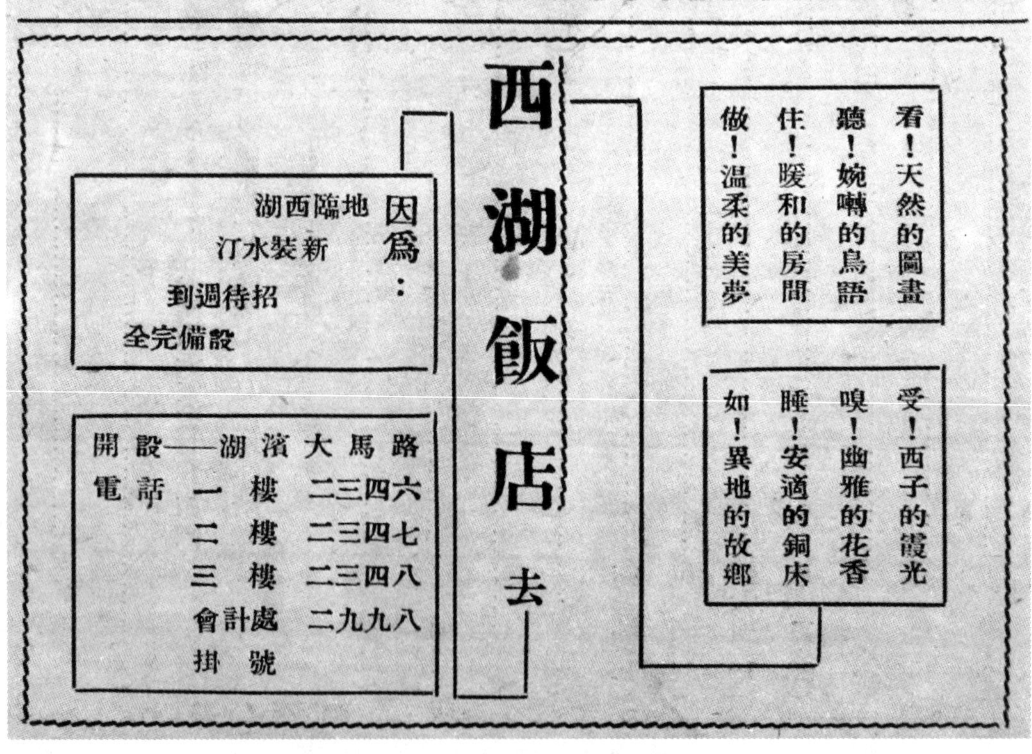
看！天然的圖畫
聽！婉囀的鳥語
住！暖和的房間
做！溫柔的美夢
受！西子的霞光
嗅！幽雅的花香
睡！安適的銅床
如！異地的故鄉
西湖飯店去
因爲：
地臨西湖
新裝水汀
招待週到
設備完全
開設——湖濱大馬路
電話 一樓 二三四六
二樓 二三四七
三樓 二三四八
會計處 二九九八
掛號

短評

三中全會閉幕

舉國屬望的三中全會，已於二十二日閉幕了，在會議開始的幾天，全會所忙着的只是些聽取報告，審查議案等等的事情；所討論的只是些「提倡讀經」等無關重要的問題，很使我們感到失望，可是在閉會前的二天裡，全會通過了「召集國民大會」，「根絕赤禍」二個重大議案，閉會時更發表決定對內對外大計的宣言，同時蔣委員長也發表關於「開放言論」，「集中人才」，「赦免政治犯」三重要問題的談話，我們對於政府這種明顯的態度，當然大致是滿意的，但我們還記得：在前年十二月一中全會，也曾通過「保障輿論」的決議案：去年七月二中全會的宣言裡，也曾告訴我們「對外決不容認任何侵害領土主權之事實」，可是從這兩次會議到今天的一般時間裡，我們的輿論有沒有保障呢？我們的領土主權有沒有被侵害呢？恐怕沒有人可以給我們一個肯定的答覆罷！所以我們對政府所希望的，不是漂亮的議決案和談話，而是實事就是的「事實」！

開放言論

中國國民到了今日，言論的自由，可以說是完全喪失了，所以三中全會開幕的時候，各界要求開放言論的呼聲，高入雲霄，全會閉幕時，蔣委員長發表重要談話，謂中央對於宣傳赤化等三種限制外，言論本屬開放的，但是因為「往往有中央所許可或為中央所發表之消息，而地方當局轉不許發表，輿論界時有煩言，須知中央極尊重言論自由，斷不欲有意外之限制，今後更當本此主旨，改善管理新聞與出版物之辦法，且當更進一步扶助言論之發展，」可見過去種種事實，是應由地方當局負其全責的。希望以後的地方當局，能夠體諒中央當局扶助輿論的苦心，予正當言論以充分的保障。

統一軍權的先聲

在西北事情得到和平解決之後，廣西軍隊，也有定三月一日改編的消息，這在連年飽受內戰虛驚的我們，當然是一件值得為國家前途慶幸的事，我們這時候更希望中央在最短期間內，把全國軍權統一起來，以完成現代國家應具備的機構，還希望這時握有軍權的人，能夠自動的覺悟，以民族生存為前提，毫不疑遲的把軍權交給中央，如果在這時候還想擁兵自重，不聽指揮的話，就是「軍閥」，為全國四萬萬國民所共棄的。

英國擴大軍備

二月十六日英國發表白皮書，宣佈今後五年實行十五萬萬英鎊之軍備計劃，各國都非常的驚恐。雖然英國當局是宣稱以實力維持英國所需要之和平，但是實際上是為了保衛它散佈在四處廣大的殖民地，因為德意日三國法西斯國家的急進與擴充軍備，使老大的英國也懼怕起來了，所以我們說英國的擴大軍備，是因為外界的刺激所促成，可是這只會引起了各國的更加普遍的擴大軍備，這也只會使第二次世界大戰更快的爆發起來。

西國內戰事近訊

西班牙國內的戰爭，從去年七月十八日起到現在有八九個月的時間了，據報載，這次內戰死亡的人數約有錄，戰五千萬，這是打破了世界各國內戰的紀錄，戰爭是這麼的與人殘殺的一回事！據連日報載，自從英法俄德等國禁止志願兵赴西協定之後，政府軍節節勝利。這很明白的告訴我們，雖然德意等國曾經大批的派遣法西斯的軍隊去幫助國民軍佛朗哥的侵略，可是這終究是敵不過政府軍以及人民的英勇抵抗的，對付所有的侵略者，只有抗戰這個手段，才是獨一無二的良方。

日華特務機關的破獲

最近接連的在各地破獲的日本特務機關，這是很顯明地日本是怎樣處心積慮地破壞着我們，尤其是日駐鄭的特務機關的破獲，並且搜出了許多的證據。這種特務的機關，也就是做着特務的工作，它是到處的佈置在我國的各地，這是侵略的先遣隊，敵人的陰謀是多麼的險惡啊！

奧國復辟的醞釀

奧國，這是德意二國法西斯國家爭逐的場地，意國在奧國境內向有很大的勢力，德國也極思染指，自從意阿戰爭爆發後，因爲意國的無暇過及加以要討好的德國，墨索里尼便忍痛的斡旋德奧親善協定的成立。現在，盛傳奧國將復辟，德國表示如奧國復辟，决派軍隊開入奧境，這實在是使我們墨索里尼老大哥太爲難了，雖然他們都是怪親密的，可是這兩位趁火打刼的朋友等到他們自己的利害起了衝突時，他們也會反臉的，這就是告訴我們，要侵略人家的都不是好東西。

日本要求新幾內亞

日本預算總會二月二十八日集議的時候，民政黨議員櫻井，建議日本要求荷蘭永遠讓與荷屬東印度羣島中之新幾內亞島，他的理由是：「新幾內亞島之領土，較日本本部爲廣袤，但尚未開拓，誠屬極不合理。」但是他的理由在南洋各島中是可以普遍應用的，爲什麼他單獨地看中了新幾內亞呢？這，我們只好怪荷蘭老大哥的自已不爭氣了。櫻井又說：「此種計劃如能成功，則和平可永保不墜，且能使日本與荷屬東印度締結不侵犯條約。」這種「一相情願」的話，眞可謂可笑已極，我想把小孩子的糖奪了過來，再和他說「明天我和你好」，那小孩子一定不會肯的吧！

不過，我們又得反身自問了，我們的中華民國，是早被日本認定是「不合理」的，現在東四省失去了，華北「特殊化」了。我們的友邦却還沒有認爲夠了「締結不侵犯」條約的時候。我們將作何感想呢？

法西斯國家往何處去？

文水

1. 法西斯是什麼？

假如有人問「法西斯主義」的創導者墨索里尼：「法西斯 Fascism 是什麼？」恐怕也難到清晰正確滿意答覆。論到「法西斯主義」，它的內容包羅萬象，極端的繁複；同時却沒有一個正確的定義，吾人祇能就其發生的過程，找求一個概念，實在說，它談不上稱什麼主義，不過是意大利當時的應時運動，採取了些學說和理論裝點門面，法西斯黨的創導者墨索里尼，他本身便沒有堅決的信仰，和確定不移的主張，他誕生於一八八三年，幼時便是桀傲不馴的孩子，在日內瓦大學讀書的時候，崇拜里切，並常常唆使工人們罷工，他在瑞士與奧國，同為當局所驅逐，一九一〇年，在意大利做報館編輯的時候，提倡社會主義；五年後，忽又主張參加戰爭，而為社會黨除名，在參加歐戰回國後，不久組織一個「鬥士團」，便是法西斯的前身，一九二一年，改組為法西斯黨，當他進軍羅馬的時候，以擁護意王，贊成資本為標榜，可知墨氏本身，並無固定不易的見解，他的主張，依時局而轉移，看風轉舵，完全是一個投機的人物；黨內分子複雜，越顯得籠統而神秘；理論的要點是：（1）把國家當作神的服從信仰，（2）機會主義，（3）功利主義。

可是，不管法西斯是怎樣一種主義，它的主張，是破壞現狀，領土的再擴張，殖民地的再分割；它的手段，是侵略，是壓榨，用鐵和血來犧牲弱者，現在地球上究有多少法西斯國家，有那些國家，吾人尚無確切的回答，李維諾夫在第一次全蘇大會中明白指示：「歐洲二十六個資產國家中，尚保有所謂布爾喬亞自由民主者，已不過十國，其他均為法西斯或半法西斯獨裁政權」，換言之，歐洲已出現了十六個法西斯或半法西斯的國家了，但世界上配稱典型的法西斯國家，祇有意大利和納粹的德意志，至於半法西斯國家，則日本可以為代表，德意在努力整軍的局面下，日本在「國難」的興奮的烟幕下，都不遺餘力地準備第二次大屠殺，企圖實現它們的迷夢。

（2）咆哮的戰神

A. 墨索里尼的光榮

意大利在大戰中所得到的利益，是墨索里尼所引為不滿的，他不惜用飛機大砲來完成他的攫取領土的野心，為要完成他征阿的雄圖，他不惜與英帝國作正面衝突，叫老百姓節衣縮食，減少某幾種食品的應用。限制外國奢侈品的購買，以及戒指救國的獎勵，支持八閱月的屠殺，德意協定替代了法意羅馬協定和斯特萊柴的會議而崛起，明白表示向和平攻擊，東非戰事暫告一段落後，墨氏仍竭力擴軍，反對集體安全，去年十一月間他在米蘭所發表的驚人演說，便指摘：「裁軍爲不可能」，「和不可分割論是幻想」，並闡明意德兩國的聯繫，乃爲歐洲的軸心，目的在歐陸各國繞此軸心而互相合作，意大利法西斯更煽動西班牙的內戰，六七月來，西國已有數十萬生命犧牲於法西斯空軍與外國軍火之下，意國幫助西班牙叛軍，意欲獲得西地中海的巴里阿立克羣島，意大利如能佔領此羣島，不但可以牽制英國直布羅陀，也使法國人感到土倫軍港至阿爾日尼亞的連絡有被截斷之虞，意國空軍的強大，已使英耳到他島受最大威脅；而意王戴上了阿比西尼亞皇帝的尊號以後，蘇伊士和紅海的地位已極不安全，英帝國到東方最短航線已全部動搖，地中海君子協定，是否能保證墨索里尼永久的安甯，恐怕爲英帝國人士所懷疑的吧！

B.希特烈的傑作

一世梟雄的希特烈是最會把握時機的，日本在東亞的橫行，意大利對阿比西尼亞的征服，都給與希特烈以莫大興奮，一九三五年的所公認爲嚴重的薩爾問題，雖由於法國的退讓而得到圓滿解決，但是波蘭走廊與但澤問題，米美爾問題，捷克的安全問題，可說都是歐洲的新噴火口，德國在一九三三年玩了一幕退出國聯和軍縮的把戲，是準備自由行動的第一炮；一九三五年三月的重整軍備宣言，破壞了凡爾賽條約，一年後進軍萊因非武裝區，都是挑戰的露骨表示；羅迦諾條約的撕毀，加強侵略行動的保障；去年軍需工業的發展，兵役年限的延長，戰雲益形濃密，去年九月國社黨大會在紐倫堡舉行時，希特烈痛毀蘇聯的赤化，謂「布爾雪維克」實爲世界的洪水猛獸，於極盡醜詆能事外，希氏並公然宣布其野心：『假如德國佔有西伯利亞的原野，烏克蘭的平原，烏拉爾的鑛莊，則德國將成爲一個富強的大國』，又說：『德國四週的國家，已受到「布爾雪維克」毒燄薰染，對此絕不能袖手旁觀』，對於推翻人民政府的西班牙內戰。德國是感到最大的趣味，德國的報章上，宣傳組織「反蘇聯十字軍」，甚囂塵土，希特烈是多麼迷醉着戰爭！

C.日本的躍進

日本在侵略上有特殊的利便，她的近旁有土地遼闊的老大國家，她遠離開歐美各強國，可以不十分顧慮列強的干涉，蘇聯的西境有她最強大的敵人，她不得不防備德國隨時可以爆發的野心，因此日本不必像意大利那麼費力而早於一九三一年輕取五十萬方英里的東北富源，為了侵略的便利，她退出國聯，為侵略的便利，九一八事變後，日本繼續不斷地向中國積極進攻，一九三三年佔領熱河，取得軍事上對平津高屋建領的形勢，一九三五年組織冀東偽自治政府、擴大公開走私運動；去年冀察政整會的被迫成立，平津駐軍的增加，豐台事件的展開，以及綏東侵略的發動，無不是一貫的蠶食中國的大陸政策的開展，他加閩南的活動，兩粵事件的分化政策，青島日陸戰隊的威脅，政治上經濟上，雙管齊下，使中國臻於萬分艱難的地位，華北走私的擴大，其破壞中國整個關稅主權，減少國庫收入的意義尚小，而影響人民生計，摧殘經濟機構的意義極大，華北駐屯軍大事擴充後，即於去年十月二十六日開始接連十日的大規模軍事演習，以佔領平津為對象，充分發揮其現代化戰術與火力，含有不戰而勝的意味，嗾使「內蒙軍」侵綏戰事受挫，關東軍表示不惜親自出馬，馴至上月秒廣田的倒閣，林銑十郎繼而組閣，完全支持軍部，對於侵略的準備，自然更具有強烈的意味。

此外，日德意東西三大侵略國家已先後締結協定，其間微妙關係，自足令人深思，東西三大黷武國家，已改換了獨脚戲的場面，而正式合串登臺了，此後法西斯國家的侵略行動，自更加緊迫，英意法俄也積極擴軍以謀應付，不是有力的反證？

（3）法西斯國家安寧嗎？

德意日本這幾個典型的法西斯或半法西斯國家，極力向外發展，反對蘇聯，推崇戰爭，無論日本也好，德意也好，都陷入軍事工業的景氣中。

一九三一年以來，日本的景氣和繁榮是建築在軍需工業的膨脹，和壓榨勞動者的探併政策Dumping到了一九三六年，日本的社會形態，也就進入「非常」，一大串的國策，一種備戰時的經濟制度，跟着二，二六事件而勃起，日本五百五十萬戶農民自一九二九年經濟恐慌發生以來，生活便一天低落一天，一九三三年的農產總額的平均數比「一九二七年減少百分之三十，比一九二〇年減少百分之四十，同時工業用品却為通貨膨脹的關係而高漲使農家經濟，更陷於不拔之淵，加以近年日本喊着「國防第一」「國難臨頭」的口號，迫使日本農民負担苛捐雜稅，現在日本農村負債總額，估計約在四十萬萬至六十萬萬之間，平均每戶七百乃至千元，日本少年賣身的事件，近來時有所聞，僅一九三四年福島一處，已達百十二名，與日本軍需工業繁榮相對的，又有工人生活之低落，各工廠近年盛行臨時工，已達二四。八%的比率，執日本鋼鐵業牛耳的八幡製鐵工場僱用的臨時工人，竟達五〇%在饑餓線上比農村勞動者，集中都市而形成就業競爭，故發生此種惡劣現象，工資較普通要低二〇%與二五%；工作時間，普通規定為八小時，實際達十小時至十一小時，至於臨時工人有達十四小時的，生活沒有保障，而愈益痛苦。

意大利國王雖然奪取了阿比西尼亞黑人皇冠，但半年來的戰爭所給與意大利人民的創痛，使意人透不過氣，『一切都為國家，什麼也不應反對國家意大利的經濟已入於戰時狀態，戰時統制經濟的處置，無論金融，貿易，原料補給，及消費均受統制，墨索里尼自一九二二羅馬進軍以後，便把全國工資普減一次，以後接連地裁減，去年七月間，因為人民積極反對的結果，把勞働者的工資增加百分之十，但是僅及兩月，意大利政府便於十月五日命令把里拉貶價百分之四十如此增加工資成為紙上空文，更使一般民衆的生活降低，失業人數，現將達百萬人，而職員每週不能完全工作的約在百分之三十左右，意大利是法西斯的發祥地，而反法西斯運動也在「靴」的半島上，胚胎而成熟了。

『不要牛酪，而要軍火』，德國的納粹為要充實國防上的威力，以龐大的軍備，作為討價還價的工具，不惜加重人民的負担，要求人民拿最後一文錢來，外論社說：「德國不僅國民糧食縮小，即家畜飼料亦感缺乏，牛肉，牛油，雞蛋的生活，均極顯貧弱」，德國有成千累萬的婦女，在柏林所有的區域中找求牛肉和羊肉，常常有長長的一列的婦女們，等着購買牛酪或雞蛋，家庭主婦們，時常為買不到牛油肉類和雞蛋而發愁，『我們不需要軍事檢閱，我們需要東西吃』，便是婦女們的抗議，希特烈所引以誇耀世人的是軍事的景氣凡與軍需工業有關的工廠每年都有大量盈餘，世界最著名的克虜伯軍火工廠，去年創二十年來未有的盈餘記錄總數達三萬四千馬克，這不能不拜希特烈的賜與。

(4)和平線的結合

東西法西斯國家，雖然結成集團，向世界恫嚇，峙沒有實質上的效果，反之，主張和平的民主國家認識侵略者的面目知道不能讓步，非用聯合力量不足壓服其野心，海軍英，德協定，英意地中海君子協定不足羈縻德意的雄圖，英日間亦無法取得諒解。英國對此四五年來努力的失敗，已有切實的覺醒，由于此種動力，使英帝國改變歷來所持之對蘇對美對法政策，殖民地遍世界的「日不沒國」，始終是舉足輕重的一員，九一八時美國對日的失敗，因未得英國英國的支持，英國如能領導各國反對侵略，意義何等重大！

事實清清楚楚在我們面前，英蘇間千萬鎊借款成立，英蘇海協軍定的簽訂，並允蘇聯海軍在遠東有自由活動之權。法總理棐翁勃侖，力謀英法合作，在歐洲問題國聯改造問題中，英法雖一度意見相左，但現在趨於一致；英國曾為了法國的反對而放棄承認叛軍為交戰團體的主張，接受法國的東西歐的意見，在艾登聲明如法比受人侵略，英國即加援助之後法外長台灦博斯便報以同樣的美意。

美國的動向，亦因英國態度的轉移而更趨積極，英美在太平洋上已獲得密切的聯絡；本年的美國已正式下令禁運軍火赴西，法美和平會議，便表示美國在領導美洲的民立國家的法西斯國家積極反抗，國務卿赫爾在大會閉幕時所說的『吾人必須消滅戰爭否則，戰爭的消滅吾人』，揭出美國今後的趨向。

同時世界各弱小民族的覺醒與抗爭，亦給與和平以絕大助力，中華民族在綏遠的抗戰，和東非阿比西尼亞的繼續鬥爭，這種偉大的力量，實是和平陣綫的中流砥柱。

(5)屈服？抑是戰爭？

法西斯國家在此內外俱危的情勢下，將採取那條出路？它們將冒萬險作孤注一擲呢，我們是低頭降服於和平之神的寶座下？

雖然英意在地中海的衝突緩和一時，雖然盛傳日本擬向美國談判太平洋問題，雖然萊翁勃侖表示願與德國有條件的經濟合作，希氏也似有意接受言友好的建議，但德日意是否會就此平靜地屈服了呢？不，侵略者的野心是無饜的，當他們的翼豐盛後，軒然大波立刻會掀起的。這些善看風呈舵的投機政治家，要會暫時和緩目前際張的空氣，而莊在幕後的猙獰面目，在未被他們的人民所厭棄推翻之前，是不久便要暴露出來的。

——完

編後

在困苦艱難的情况下，第一期的本刊，居然幸運地能和讀者見面了，因爲時間，精力的不夠，本期所湧現在我們面前的，祇是一個「不滿」。

不過，我們可以大胆地說：本期容納着的各篇裏，現代青年的那種「不含糊」，「不妥協」的情緒，是時在流露的，本刊的出現，在這沉寂已久的杭州出版界裏，無疑義地是一個轟然的爆彈。

然而，我們對於本刊，還是一百個「不滿」。我們理想中的「協進」，決不是這樣的一副面目，此後的「協進」，正要澈底的改進和努力，在這裡我們萬分誠懇地請求讀者的批評和指正。

從林內閣說到對華政策

士心志

當廣田內閣崩潰，宇垣內閣流產之後，林銑十郎的內閣，就在軍部的指揮刀下成立了，在這中日關係緊張，日本的一舉一動，都值得我們舉國注目的年頭，新內閣的陣容怎樣？及其對華政策怎樣？是我們不得不有的問語。

翻開新內閣的閣員名單一看，我們在那裡找不出一個由政黨出身的閣員，除首相自身及內務大臣山崎外，餘均為初上大臣舞台的二三等角色，內中僅藏相結城豐太郎，以興業銀行總裁關係，尚略具有安定財界之手腕，所以「弱體內閣」，已被公認為新閣的代名詞了。

新內閣的人事是如此，那麼他施政的方針是什麼呢？由林銑十郎在議會演說詞中告訴我們的是，一、振刷國體，二、確立獨特的立憲政治，三、實行舉國一致的外交政策，四、充實軍備，五、實施產業統制。對於這些政策的價值，我們可以留給日本他們自己估計，但看政友會與社會大衆黨對新閣的批評，「當然的口頭禪，」「林為軍部官僚財閥傀儡的內閣，」我們不難想像到新閣標榜的施政方針是怎麼一回事。林銑十郎的登台，僅不過加強軍部在政府的勢力，使日本的內閣，由「中間型」趨於「畸型」，對於日本的國策，是談不上有什麼的取捨的。

新內閣的對華政策，當然是我們所特別關心的；然而我們大家都知道，日本是個富有遺傳性的國家，換了一個內閣首相或外交大臣，在對華侵略上，不會有多大的出入；何況是雌伏在軍部下的「弱體內閣」呢？記得當「九一八」事變發生的時候，現在的林首相兼外務大臣，方在朝鮮總督任內，他曾擅自調動嘉村旅團開赴東北，為關東軍的後援，他對中國的真心誠意，可以說已經充分的表現過了。我們對這種首相外務大臣能有什麼希望呢？當然，現在我們也並不希望他「大發慈悲」「網開一面」。

「親善」日記

二月十四日

日方指使漢奸企圖暴動

津警察局最近破獲反動機關，捕獲漢奸李士信等五人，並搜出大號炸彈數枚，據供係受日方指使，擬於春節期間暴動，擾亂治安。

十五日

日方決定推動辦法

關內外日軍部及偽滿偽冀東四方面，近在津日軍部舉行擴大會議，結果「對於華北時局及親日防共政權推動辦法，已有所決定，將依照實行，促其實現。」此後日本在華北）又將施行進一步的侵略了。

十六日

擾亂我國金融之日本偽鈔機關

汕頭警察局近獲行使偽鈔之漢奸多人，並供曾向閩屬詔安縣之日本國偽幣機關購來大批偽幣。聞該機關之規模甚大，企圖擾亂中國之金融云。

十七日

日方對華北又有苛刻要求

日前宋哲元赴津，與日司令官田代兩度商談，日方又要求在豐台租用民地，建築營房靶場，及在宛平縣境蘆溝橋，長辛店等地行軍演習，在日軍指揮刀下生活的冀察政府，當然是唯唯聽命，然而日本的佔領華北，又加了一層保障了。

林兼外務大臣在二月十五日議會裡的演詞：「謂中日親善，須從政府與民間雙管齊下，非僅政府應努力理解兩國立場，兩國民衆，尤應從此融和感情，企圖國交關係的明朗化」。我們聽了這段話之後，不禁有點興奮，以為日本政府已明白中日危機的樞紐所在，能減少兩國民族間的仇恨，中日關係史上，也許可以打開一條新路，然而在聽了他的下文之後，又使我們失望了。「為期國際關係之明朗化，日本與「滿洲國」（我們的東四省）不可分離之親善關係，須益使臻鞏固，」「對華提攜，苟有阻礙者，即當進而排除之。」這種以「強制達親善」的說法，真使我們難以領悟，短小精悍種的政治家！你們也有脊人類的理智，也有常識，難道不知道屈服於強制與親善是兩件事嗎？不知就自身反省，反謂「中國方面，尚未充分理解帝國的眞意（？）以致兩國間發生各種問題，誠為遺憾。」這眞使我們茫然，日本的眞意，恐怕已高妙得出了人類理解範圍之外了。

二月二十一日的朝日新聞，更明白指出林內閣的對華政策，以促進相互提攜為主，先由經濟文化問題着手，然後再進行解决政治問題；不用說，「這相互提攜」四個字，將成為今後中日交涉間的中心問題了。現在讓我們看看這提攜的內容，是些什麼。

「中日經濟提攜」這漂亮的名詞，創自土肥原來華視察之後，當時因為日本軍部，急急的加緊向華北壓迫，曾引起局勢的不安，日本財閥未肯輕易投資，結果沒有什麼積極的進展。這次林銑十郎登台的時候，有見於此，所以積極的拉結城入閣，便是希望鞏固政府與經濟界的關係，以期獲得財閥的信任。

據二月二十日同盟會的消息，新聞以正金銀行總裁兒玉謙次為經濟視察團團長，將於本月十二日離日來華，出席上海的中日貿易協會，並與中國當局進行協商提攜的辦法，這大概就是經濟提攜的第一聲吧！這次協商的前途，固然我們現在還不能貿然預測；但是在經驗與事實上告訴我們，過去日本借經濟開發的美名，曾經作了不少侵略的工作。最近一月二十五日，華北日駐屯軍部與滿鐵公司，在天津開過

十八日

蔡天民被日警察無故捕去

上海日本副領事佐溥帶會同日警察及市警察隊，同赴方斜路逮捕一華人蔡天明帶入偵緝總隊由總隊長劉槐訊問結果，確係華人。但日方探警妄指為日人，用強硬手段於傍晚由日領事提去。據云日方，近據日人密報，說有蔡天民組織暗殺團，企圖行刺日本要人，所以日探警指蔡為日人。我們認為，日人沒有確切的證據，日領事館決不能把一個一口完全純粹華語的華人，妄稱為日人，用強硬手段提去。

十九日

中國的「特區」

所謂「華北特區」已成了一個專有名詞，不可否認的事實，這是日本所送給我們的禮品。但是所謂『特區』何止華北一地呢？閩南私貨盛行，浪人活躍，特務機關之多，這都是所謂「特區」成立要件。「閩南特區」這個名詞事實上已經成立，所以不被人注意，是否「閩南特區」尚不能與「華北特區」相對稱呢？

二十日

文化提攜的具體表現

「文化提攜」這美麗的名辭，是多麼動人呀！「友邦」深切的愛護，眞使我們做中國民衆的感恩不盡，東北四省的學校，我們國教育部，因鞭長莫及，現由「友邦」代為整理，決定先將各大中學加以廢除，以便僅留小學，可以充分發展。

一個所謂開發華北的經濟會議，他們所討論的內容是：（一）東北產業五年計劃。（二）農村經濟合作。（三）石炭液化事業。（四）華北鐵路運輸問題，及(五)植棉事業等，並且決定以塘沽築港，建築津石鐵路，及開採龍煙煤礦三事爲入手工作，我想今後所謂的經濟提攜，恐怕也就不外乎這一套吧！

這裡，我們要予以深切的注意，所謂中日經濟提攜，是有日本軍部參加的一幕傀儡戲，他們所選定的節目，是表演侵佔我國的路權，礦權；壓榨我們的工商事業。這殺人不見血的魔鬼，已快要侵入我們的內地來了。假使你不是善忘的話，你該還記得印度的滅亡史，想到東印度公司的可怕。東北四省的淪亡，並不是在「九一八」發生之後，而是在滿鐵會社成立的時候。經驗與事實給我們的教訓，我們應該反省，如果我們接受了日本這種欺騙，那日本慶祝提攜成功的時候，便該是我們宣告亡國的時候了。這是毫無疑問的。

現在讓我們看看文化提攜是怎麼一回事，早在十幾年以前，日本外務省便設有文化事業部，自稱其用意在：「將中日兩國所產之東方文化，加以發揚，以貢獻於世界，以互相理解爲基礎，求兩國國民精神之聯係，俾走上中日共榮之道。」日本有這種美意，我們眞十二分的欽佩，當然樂意接受。但是看了近幾年來，日本所努力的文化提攜工作，不禁使我們大失所望了，所謂文化的提攜，却是隨着軍事的勢力來發展，在北平設立了「東方文化總會」及「圖書館」與「人文科學研究所」，所研究的，却是在計劃謀獨佔我產業的工作；在天津及山東設立的農事試驗場」與「華北產業科學研究所」，却是在秘密做社會調查的工作，充當經濟侵略的先鋒隊。我們很懷疑日本的所謂「文化提攜」，不知是否仍將繼續努力於這種工作。假使日本所謂的「提攜」仍是這們一類的說話，那恐怕對中日邦交的調整，難能有所俾益吧！

林首相在他登台演講詞裏，曾一再提到中國民衆，認爲中日親善，須從政府與民間雙管齊下。在已往像「經濟提攜」這一類的問題，讓我們的政府去回答就夠了

二十一日

青島是日本的領土嗎？

昨日上午十時，日本的軍用飛機一架，由大連飛抵青島，載膠濟路日本職員松永雄治回大連，十一點鐘，又有日本軍用機一一〇三號一架，由天津飛抵青島，至正午方飛返天津，我們知道領土與領空權是不可分開的，那麼日本在青島旣有領空權，那麼青島當然是屬於日本的這是毫無疑問（？）

二十二日

天津海關被封記

天津海關近來截獲私貨甚多，昨日夜中，又在西營門外捕獲日租界亞東貿易公司私貨汽車一輛，當即解送海關倉庫，不意清晨突有朝鮮人六十餘名，擁至海關，將辦公室搗毀，打傷我們職員馮學顏，張貴德等人；仍將贓貨搶去，運回賊窠（日本租界），後經法工部局捕獲朝鮮人數名，但當日即被日警索去，做了亡國奴，還有這種勇敢的精神，眞是使們對欽佩得五體投地，這不能不歸功於日本武士道之訓練有方了。

二十三日

毒窟之破獲

北平警察局，昨日在西城破獲一大毒窟，主犯因爲是短小人種，當局未便輕易得罪，只得將其送給日本警署，從犯二十九人已交警局嚴辦，看到這裡，不禁要使我們代中國人，中國的法律叫屈了。

二十四日

，現在日本却認爲中國除政府之外，還有一個民衆的問題，而且很看重中國的民衆，這到使我們覺得有點爲難了，爲了報達「抬舉」的雅意起見，我們做中國民衆的，不得不向新內閣有點眞意的表示。

我們很坦白而純潔的告訴日本政府，我們可以武斷的說，你們所提出的幾種提攜，都是無助於中日關係的調整，非但不能在這裡面求得共存共榮，而且相反的是在促成中日同文同種相屠殺的悲劇，我們現在並不需要日本代我們謀經濟上的繁榮，在各地多設幾個什麼「中日××公司」，和供給我們大批不納關稅的賊貨。更不需要日本代我們謀文化的提高，在各地設立調查所，改編我們的教科書，毒打我們的留學生，我們不敢希望「友邦」這樣高超的愛護。我們所需要的却是最低限度的領土完整，援救陷在「樂土」中，我們三千五百萬的同胞。本來，中國是中國人的，中國國民自己會得努力，又何必要日本政治家來「提攜」，來「能者多勞」呢？強佔我們的土地，尙未交還，屠殺我們的同胞，還沒有停止，仇恨已經到不能再忍的時候，還要強制我們談「親善」，談「提攜」，這眞是絕大的侮辱，我們民族能常久忍耐這種侮辱嗎？

寫到這裏，內心的苦悶驅使我要投筆了，青年朋友們，趕快聯合起來吧！事實已到這種田地，我們要想和平也不可能了。燃着民族戰爭的火炬，準備在這黝暗的黑夜裡，衝殺我們民族自生的血路吧！

中日兩國的新界線

日人企圖已久的滄石鐵路，已於昨天由中日當局進行談判了，據說將由日本供給鋼軌火車和技術上的助力，無疑的，日人侵略河北又多了一條幹線，此後日人可以名正言順地提出二十九軍撤退在滄石路以南的要求，中日的邊界，事實上已由對馬海峽而鴨綠江，由鴨綠江而長城，由長城有移到滄石路了。

二十五日

日本的潛艇無限政策

德國潛艇的無限政策是用在歐戰時的，而日本潛艇的無限政策，却用在「親善提攜」聲中。日本潛艇在中國北方沿海的活動，是公然的，是不足爲奇的，在我國南方沿海的活動，也時有所聞，最近永嘉甌江口外面，發現日潛艇一艘，行蹤詭秘，來去莫測。據云：係由台灣方面駛來。又平陽縣鎭下關附近，亦曾發現潛艇云。

陳東

——宋代學生運動之領導者——

虹

靖康元年，中華民族已陷入非常時期了！金人軍隊，已到汴京城下。敵人提出散兵的條件是：

一、幾千萬兩匹的金帛。

二、割太原，中山，河間三鎮——現今治北山西的兩大部。

三、宰相親王做抵押品，（『宋史』卷二三徽宗本紀。）

那時京師的實力，有禁衛軍三萬，各地勤王兵約二十萬；（卷三五八李綱傳）城外的金人斡舍不軍隊，不過五萬，雙力的勢力，本是很懸殊的，而且金人孤軍深入，（卷三三五種師道傳。）危險性很大，決不能作持久戰的。但宋政府因姚平仲的反攻失敗而寒心，終於受敵人的壓迫，漢奸的鼓動，在苛刻的條件下屈伏了！

主張對金作戰的是李綱，不是政府的意思；現在政府已把李綱罷免了。

這就是漢奸李邦彥，特別買力，討好當時的『友邦』的話。（李綱傳）

靖康元年二月辛丑那一天，宣德門——汴京的宮門——外，聚集着幾百的大學生。他們要求復用李綱，種師道；罷免李邦彥張邦昌等漢奸；反對割地。附和着的是不期而會的數萬首都民衆。

根據『宋史』零星的記載，這次運動是轟轟烈烈的，是中國史上所空前的：

吳敏傳宣，衆不退，遂附登聞鼓，山呼動地，殿中師立宗恐生變，奏上勉從之，遣耿南仲號於衆日：已得旨宣綱矣從內待朱拱之宣綱後期，衆臠而傑之，幷殺內侍數十人。乃復召綱右丞，充京城防禦使。（徽宗本紀。）

邦彥退朝，羣指而大詬，且欲歐之，邦彥疾馳得免。（卷三五二李邦彥傳。）

軍民聚者數萬，書聞，單旨慰諭北旁午。衆莫肯去

行將過去的一個謎（轉載）

，方舁登聞數擊壞之，喧呼震地，有中人出，衆臠而磔之，於是亟詔綱入，復領行營，遣撫諭，遂稍引去。（卷四五五陳東傳。）

大學諸生都民伏闕，願見種李，詔趣使彈壓，師道乘車而來，衆搴簾視之曰：果我公也，相率聲諾而散，（種師道傳。）

這次運動的領導者是誰？就是本文所要敘述的陳東。

陳先生是鎮江丹陽人，『宋史』說他

蚤有雋聲，倜儻負氣，不戚戚於貧賤，蔡京王黼方用事，人莫敢言。東獨無所隱諱，所至宴集，坐客懼爲己累，稍引去。（本傳。）

可見他生平磊落光明，不肯妥協，的態度。貢入太學後，很得同學們的信仰，徽宗即位，曾領導太學生伏闕上書，請誅蔡京等以謝天下，到了金人犯汴，李綱罷相，他就發動這次轟轟烈烈的，空前的運動！

但是，這次運動是失敗的李綱雖然復用，（不久李綱姚師道又都罷免了。）漢奸却安然自若，喪權辱國條約已寫在誓書上了。政府方面呢，『詔誅殺士民殺內侍爲首者，禁伏闕上書。』學校當局方面呢，『學官觀望時宰，議屏伏闕之士，先自始台，——說句現代的話，就是要不守規則的學生開除了，第一始先開除東——首都市長方面呢，『京尹王時雍欲書致諸生於獄。』於是造成『人人惴恐』之局面。他們所以這樣做的理由，大概是因爲對付外患，政府自而統盤的國策，這種搗亂的舉動，是政府所不允許的罷！

政府防止學生運動的方法有兩種：一種就是籠絡。這，在聰明的宋代政府是很知道的，於是：

命陳東初品官，賜同進士出身。（徽宗本紀。）

吳敏欲弭謗議，奏東補官，賜第，除太學錄。（陳東傳下同）

但我們的陳先生却擺脫一切，掉頭不顧地回到老家了。這不便一般借學生運動的名義謀自身出路的人愧死嗎？

高宗即位的第五日，命李綱爲相，再過五日，，請陳先生到來，還沒而召對的時候，李綱又罷免了，陳先生上書請求『留李綱而罷黃潛汪伯彥』，不報，請『親征以還二聖，治諸將不進兵之罪，以作士風，車駕歸京師，勿幸金陵。』又不報，却因此觸了漢奸汪伯彥的忌，他對高宗說：

不急誅，將復鼓衆伏闕。

就是這幾個字，制定了陳先生的死命！

拘捕者到來的時候，陳先生坦然地請求吃了飯再走，寫信處置家事，字跡和平時一樣，還請求允許他到厠所去一次，拘捕者恐怕他借此逃了，不肯依，陳先生說：

我陳東也！畏死即不敢言，已言肯逃死乎。

我們從這從容慷慨的態度裡，可以看陳先生早有死的決心，死的準備的。

陳先生一生攻擊漢奸，擁護李綱，但他和李綱是從不相識的。『宋史』說

東初未識綱，特以國故，至爲之死。識無不識，皆爲流涕。

可是陳先生的偉大了，我們謹向陳先生致最高的敬禮。

犯人

如沁

（一）

還是黑暗暗的深夜，慘淡淡的天上，佈上了幾顆閃閃爍爍的疎星，邊上掛上一鈎彎彎的月。幸福的詩人們歌頌極是快樂的，天是安琪兒的臉，星兒是他的慧眼，月是他的蛾眉。我可有了懷疑——這樣一片凄冷的景象算是安琪兒的豔容嗎？

黑暗暗的一條弄，像是被遺棄在沙漠裏，靜靜地躺着；只不過巷底傳來幾聲狗叫，小屋裏透出來幾聲嘆息，陰沉，寂寞。

老六本能地醒來，像是一部機器，刻板地睜開他的眼來。像他四十開外的人，也可算老人家了，也可多躺躺，可是他只能怨天菩薩不生眼睛，很他這樣的好人也要做牛馬？生活的担子重重地壓住他，動彈罷，不能。他只能早起，雖然大地還在夜之神的懷抱裏，汽笛也沒有叫，可是他明瞭等到汽笛叫再去，得挨經理先生的駡工頭的打。

幾個呵欠，伸幾個懶腰，蛇脫殼似的脫出了被窩，親親的牙齒在打顫，格的格的，搭牀的二張跛脚凳在訴苦，交響的音樂——劃洋火然燈聲，牀的訴苦聲，老六的喘氣聲，把六嫂子和桂兒從甜蜜的睡國裏拉了回來。

桂兒顫巍巍地揉揉眼皮，哭喪着臉叫肚子餓，他記起昨天小肚子沒有裝過東西，現在吃了娘老子四個白眼。

六嫂子可高興了，她記清今朝是三十，她男人可以拿五隻大洋回來，開口就提醒老六「領了錢，糴二升米來，煤油也要呢？」嗓子逼得緊緊地，為的是隔一層薄板就是比他們還要窮的阿毛這一對。

老六不想吃牛奶和麵包，但他不懂為什麼他連薄粥湯都沒得吃，因為他沒有做過虧心事。他照例只能狠命地索索緊褲子，咽幾口唾涎，算是早飯。他得走了。

呀！開門聲衝破了小弄的沉寂，淡淡的曙光中跌跌仆仆的是一個老六，弄裏仍只是老六一個人，另外的一陣撲面的尖風，老六回了一個寒噤，仍是蹎一步蹶一脚痛苦地走着，從右脚被無情的機器軋壞那年就這樣了。

輓歌

白蘋

為紀念錢江遭難工友作

一件建築物的成功。
需用不知多少血肉打下的基礎，
為大衆而犧牲，挨餓，受苦。
聽別人說：「人生的目的是服務」
只可惜世人祇認識建築物底偉大。
那知血肉這樣的模糊。
……………

在一個風雨凄凄的子夜裏，
有一百多神聖底勞工，
仗着他們的熱血。
許是受着生活鞭子的策笞，
不怕江上的風浪，
不憚寒風冷雨的凜冽，
忘掉了一切，在心坎裏；
只曉得滴汗！努力！
……………

（二）

老六雖然老了，卻馴善的像一頭羔羊，天天伏貼地在作工，埋着一顆花白的頭顱，睜開二顆枯枯的眼，拚着命，豆大的汗滴滴滾下來。他輕易不肯休息，除非右脚酸痛的時候，撫〃幾下，可是工頭看見了立刻就要駡他幾聲「老飯桶」「懶骨頭」，踢他幾脚，特別揀他右脚，回報過去的橫竪是笑——在老六是苦笑，東得多來幾下，老六猜不透是什麼道理，或許是他沒有請過工頭吃茶。他不能反抗也不敢怨恨，他想是「前世結的怨仇」。

「王老六！快來！」是一個聲音隔雜在嘈雜的機器聲裏，誰也沒有注意到，只有踱來踱去「工頭看見，他抓着了這末一個好機會。

忽的拍！拍！」工頭的手打老六的頭「呆驢子」。老六是摸不着丈二和尚的頭顱，硬生生地熬住痛，倍着笑臉，呆呆地對着工頭。

「滾！誰和你笑」！工頭叫叱着，王老六這可難了，滾到那兒去呢！又是幾個手掌，老六從不耐煩的口吻裏，曉得經理喚他。

老六眞的跌到糊塗裏去了，他不懂，經理先生找他幹嗎？今天又沒遲到，工作也不慢。平日呢，作工是一本正經的，頭不抬一個，又不像阿四他們那麼輕狂——眼睛兀的往女工那邊瞟；平日對大先生和工頭又恭敬，先生長先生短，作工又不談話，哼，不會聽駡聲罷！那末，發薪罷！呢！誰高興請你去領呢！哦！想起了，那天路過測字攤湊上去看熱鬧。他腦裏還印上一句好聽的話——「這位朋友不過個把月要交好運了。要不是罷！升級罷！加薪罷！老六歡喜極了，他打起如意算盤來了——加了薪請那位工頭先生一碗茶。

「撲」的，皺紋的額角撞在經理室門上，他慚愧地又拘謹地跨進了門檻。

「先生」！同時行了一個九十度的鞠躬禮，或許因爲老六如此同事常常叫他馬屁鬼，他也笑笑，但他也希望馬屁總不是白拍的。

「呢！你是王老六嗎？老傢伙」三角眼的經理搭起十足的架子。

「是的！我是王老六，先生有什麼吩咐？」

「你老了」經理輕蔑地吐出三個字來。老六他想十分有六七分是的了他希望下面是『在廠裏做工也長久了，平日也認眞，現在廠主和我想把你升做工頭，寫意一點……』可是經理卻說：

「努力吧！小火輪會載到目的地去的」。

這是他們的希望！

因到達目的地就會熱得滴汗，

滅掉寒冷的侵襲。

…………

小火輪好似吃不起重重的壓迫，

懦怯地忍受着強有力的支配，

牠喘着氣，

慢吞吞地在浪波裏打轉，

「嘟…嘟…」的叫聲，是呻吟，也像警告，

好似在說：

「過量的壓迫，是會爆裂！」

…………

刀劍般的寒風吹不冷青年底血；

亂箭似的驟雨打不住壯士底心，

有說有笑的世界是他們的，

「工是不能做了。看你近來懶得要命，動也不動，這是工頭報告我的，還是回你老家去罷！廠裏用不着你這種老骨頭。」

像是晴天的霹靂，王老六不知道怎樣才好，他想起了六嫂子又想起了桂兒，呆瞪瞪地不知怎樣，枯凋的眼槽也會流出幾滴苦淚。

「先生！救救我！一家三口都靠我一個人，廠……裏栽了我：叫我到那裏去……先生看我一向安分……平日又……」

「唔！說起安分我到記起來了，工頭來報告說上個月的工潮，你也是領頭的」經理捻着說把二顆賊相的眼四周溜溜，表示他的尊貴「我到看你可憐沒有開除你，否則你今天再不能領薪水了，至於三口不四口，我們管不了那麼多，我們也有老婆兒子的！別痲煩：惹咱老子發脾氣。」

「冤枉」老六更可憐了，他想不到工頭會出這樣的手段「先生！可憐我絕不敢做這種事的」。

「討厭的老不死」經理眞的發性子了，拍的一聲，嚇了老六一大跳「誰耐煩！說是就是！又不是你們小人，會造你謊不成，別人吃過你鳥虧，要苦害你，你，壞蛋！滾你的！去！四元半！拿去，是你這個月的工錢。」

「啊！可憐罷！天曉得！先生……救救」老六嗚咽。

「老實告訴你，工頭薦了一個壯漢子來，聽說是他舅子，他說你不能作工了，來代你，廠主也答允了，我倒也可憐你……只是廠主不答應……」經理把聲音低了下來，做一個假好人。

「先生！」老六哀求。

「眞奇怪，干我甚事，老王八。」經理又像一隻野貓「四元半，拿去」

「咦！五元呢！先生！」老六記起了每個月是五元。

「五角錢是罰你不恭敬上司」其實是經理的特別收入！所得稅。

「啊！是什麼世界！我撤了工人，又要扣薪水？」老六簡直耐不住，他像一個傷兵，被人割斷了臂，又被人刺了一刀，這一刀特別的痛，分外的刺心。一腔熱火蓬的着將起來。

「嚇！昏了不是，這裏是辦公室！」經理怒吼。

「是呀！辦公室得講道理」，老六像是傷兵決心要拚命。

誰會顧慮到刹時大難的降臨。

……………

水色與雲天連成一片，
黑黯黯地無一絲的光線，
當船駛到橋樁的旁邊，
不幸狂風又捲到江面，
船被風打得失去了平衡，
把舵者也失去了往日操縱的能力，
風却不憐卹人底生命，
殘酷地使船與橋樁接吻，
許多人連「救命」還沒有喊出，
恐怖的浪花就吞食了一切！
幻滅，本來是要幻滅，
但想不到竟會這樣地完結！

……………

性命是將近一百條，
但在這個世界上，

「哈！你敢講！什麼事委屈了你！」經理板起了三角形的臉「開除你！阿慶！趕他出去」。

『朋友』！老六向阿慶訴苦『你也吃他們飯的，你也要老的，現在是他們的走狗，老了也要趕你出家門，別兇！』

『放你屁！』阿慶眞的是一頭管門狗『你敢兇老子，老子揍你死』挨的老六幾乎跌到了。

「那末！不要打！讓我拿了四元半錢好好兒走」。老六屈服了。

『哼！你早開除了，工錢沒有你的份。』

『你們倒底是什麼，吸血的鬼』老六痛苦極了。像是傷兵討到的紗布又被別人搶了去。

老六跛一跛的步到工場的正中。哭喪着臉曼着嗓子叫：

「弟兄們！大家醒來。我們爲什麼這樣苦。從早晨五點鐘到夜裏六點鐘十幾個鐘頭，牛馬似的工作，他們呢安安逸逸，打打人，踢踢人。我們像牛馬，汗不停地流，夜裏骨節都酸痛，一個不留心性命送了，手脚斷了，他們理也不理，我們像是牛，但是一個月只有四五元錢，衣也要穿的，東西要吃的，房子要住的，又有老婆又有兒子四五元錢够什麼用？他們舒舒服服，穿的是西裝，吃的是大菜，住的是洋房，又有汽車，姨太太三四個，他們比我們聰明嗎，他們比我們有用嗎，他們比我們好嗎，嚇！沒有一點也沒有，他們是人我們也是人，爲什麼我們應該受他們這樣壓迫嗎？

我老了，被他們開除了，你們也要老的，你們想想將來。

還有我聽人說廠主是××人工人薪水特別薄，他們賺了錢買槍砲來殺我們的父母，兄弟姊妹。

我們要求他們待我們再好一點，我們…………」一個棍子飛上了他的頭頂，揍的到了，被他匪下來的喧鬧又響起來了。只是不是機器的響。

犧牲幾十個弱者，無錢有血底苦人，
這算得什麼？
這好似恆河沙數的一粒，
怎會引起人底同情，憐憫！
…………
第二天死者的家屬哭腫了眼睛，
滔滔的淚水和之江潮一樣在洶湧，
太陽却似在憫惜她們，
和煦地照着蓬亂的髮鬈。
…………
江水不知在驕矜？抑是在惻憐？
把波面皺得粼粼。
…………
一件建築物的成功，
須有許許多的血肉來做基礎，
爲大衆而犧牲，挨餓，受苦。

老六醒來，混身是腫痛，他發現他在小籠子裏關着——二面是壁，一面是木板，一面卻是條條木柵，柵外踱來踱去時常瞟他幾眼的是他最怕的警察大爺，他奇怪他會到這裏來！

老六第二次從吵鬧中醒來，他覺得餓，痛，睜開二塊重重的眼皮，嚇！有這麼多人看他，他忍着痛翻幾個身，可是他自已找不出什麼特徵，他只得用疑問的眼光看他們。

他隱隱地聽頭橫頭二個孩子的聲音。

『這個老人是共產黨？錯了罷！』

『不！××人辦的廠某某廠廠主明明報告他是共產黨嗎！他指指老六『天殺的共產黨。』

老六不懂什麼『烘乾糖』他卻記掛着等米的老婆和挨餓的桂兒。

他想問問別人『喂』他叫，可是警察大爺二個白眼塞了老六的嘴，他茫然。

一九三六，冬在賓院

聽別人說：「人生的目的是服務
可是世人祇認識建築物的偉大，
那知血肉這樣的模糊。

蝕

經大痾

（一）

世界被雪粧飾得似水晶宮般的潔白，一切的污穢，暫時躲起本來面目，讓雪花在盡量地逞顯乳白的瑩潔，麻雀這小東西，好像在揭揚他們的隱瞞，恐怕別人不知道，無音調般的在驚噪，不過人們是聰明得，也早已曉得雪是醜惡的假面具，污穢載着假面具在騙人，在獰笑虛偽是不能持久的，預料到在短短的一刹那世界仍然是滿佈着腥臭的惡味——在雪花溶解後。

雪花似敗絮般在飛，寒風像弩矢般在射，水也停止了往日的流動，凝結成天然的圖案美術，狗大約也禁不住西北風的淫威，呆視着人家煙卤內噴出來的炊烟發傻，前脚豎起，想蹤上去取點暖意。

林老板好像忘記了寒冷忘記了一切，小心帶勇敢地在趕路程，雨傘經不住風雪的壓力，傾斜得幾乎把林老板的腦袋蓋住黑色的西瓜皮帽，雪花黏得變了白色黯淡的灰袍子的後幅，拖了一大塊的黃泥，他這些都不覺得痛苦，他心坎裏只蘊着收得起帳目平安地渡過了這除夕的恐怖底夜。

他踏着泥濘的道途，拍出水花的節奏，大恨他沖破了垂暮的靜寂，拚命地追蹤在他底後面狂嘷，把他的心跳躍得幾乎脫腔。

他走過了鎮上的小橋，他就增加了一層希望，加快步伐走到了榮記百貨店門口，金字的招牌，雖然有斗大見方，因夜色的將來，在他的老花眼內，一時也難辨別，他躑躅在街頭，不敢冒然地跨進店內。

榮記百貨店，在S鎮總稱是唯一有名的商店，老板的善於營生，平日的衣食還能勉强維持的這幾年因都市不景氣的潮流，傾向到窮村僻壤裏，當然S鎮也受巨浪的波及。

除夕是一年來總結束的一天，早上，榮記的老板，因怕債主的進來，冒着寒氣到外面去躲藏。祇剩着老板娘在接受債主們鐵板似的面孔與針鋒似的謾駡。

成千的臉膛與個個不同的姿態，把她底缺乏維他命的頭腦，攪得模糊這時，債主們剛剛來得稀少，她趁着這空閑的當兒，向將暮的雲天，抽了一口冷氣，心地的輕鬆，今天就是這一刹那她看到鵞毛般的雪花，想起她丈夫在雪地裏的奔走，同情帶起了生活的創傷，她頭暈了，身子輕浮浮如雪花般在飄蕩。

精神受苦悶的支配，失去了往日的靈敏，她立着在接受冷風的侵襲，蒼白的面孔，已蓋上一層灰慘的面幕，可是她一點不覺得冷她底心，已去追逐她丈夫瘦弱的背影。

（二）

林老板偷偷摸摸的賊腔，引起了她底注意，仔細的觀察，她曉得他就是批發紗布的林老板，她丈夫曾經向他賒了好幾次的紗布，她明曉得他是來討債，但是她得勉强的招待。

『林老板！您好？這麼冷的天氣，爲什麼不到裏向來坐坐。』她語音是帶着戰慄，不知是冷，也不知是怕債主的恫嚇。

『哦！嫂子，你家的老板在家嗎？』林老板問着，他現在才確定她就是貴生的妻子，榮記百貨店的女主人。

『他啊！他今天一老早就跑出去了，也不曉得到那裏去，你老有什麼事，請吩咐，他回來時我可轉達。』她說着像這一類的詞句，今天她也不知道說了多少遍。

『你家的老板，也太不懂事了，今天是什麼日子，他今跑到外面去，他明明在躲避我們；可是他能躲開，我們却不能够，前幾次的紗布，到現在還沒有付給款子，在今天無論如何該付給我，我得去解上家（註）的，嫂子！妳得幫點忙。——』林老板臉孔顯着鐵青，他具足了債主底固有的威風，似狼看到羔羊般的兇暴。

「老板！請你老發點慈悲，給我們逃過了這年關。你老一定明瞭的，現在我們僅剩着枯乾的軀殼了，老板！請原諒，請給我們保留這枯乾的軀殼吧！」她血被人們吸乾了；可是淚却不見得會比人少，瑩晶的眼珠，在深陷的眼坑內漾着。

林老板軟化了，他不是同情她底言語，他也不是惆惜她底姿態他是在展想到豺狼受猛虎吞噬的一幕

他鼓不起勇氣，繼續擺資本主義的威勢，他只淡淡地說了一句：

「老板回來時，叫他到我這裏來一趟」。他不敢再瞟一眼女主人的形態，低着頭就跑。

他差不多跑遍了放貨的店家，他底成績，還只有幾張遠期的錢莊期票。

他現在覺得冷，又覺得飢餓，但他得忍着痛苦，盡他底力量，在拖着沉重的步調。

他曉得距離天亮只有七八小時了，他底生命，須在這時間內，決定。前途已顯示着有許多的暗礁。

（註）上家——就是賒買貨品的店家。

（三）

夜是跟着時針在消滅，市鎮收賬的熱鬧，反跟着時針在增多，這是畸形的，愈繁華愈覺得今年市面結束的困難。

收賬的人，是來來往往，熙熙攘攘，看情形是這樣的緊張，不過，他們統是白辛苦的，看！有幾個能把眉光放得開。

林老板是其中的一個，也就是眉光攢縐得頂緊的一個。

他統白天跑到黑夜，他收到的帳目，還只有總數的百分之七强點。他估計今天須解給人家的款子，其量額比這些還須增加十倍。這叫他怎麼辦？因他已跑遍了欠他的地方了。

林老板心裏是多麼的發急，但心急又有什麼用？他得回去，他得硬着頭皮去看債主們冷酷的面孔，他就不知不覺地。彳亍在歸途中。

他走着，不知道走了多少時候，也不知道經過了多少地方。

陡然地林順興綢布批發號的牌招，在他底老花眼前發幌，他起着一陣痙攣，他曉得店內有許多人在等他底分配。

林老板頭剛探進店堂。叫喊聲就冲破了午夜的死寂。

「老板！小號的貨款，今晚務希叨光！」

「我們等得老久，款子請快點。」

「這筆款子。還是中秋節拖延到現在，朋友！今天一定要請你帮忙的。」

「…………」

「…………」

一陣吵鬧。把林老板靈魂嚇得出竅。他慌了目瞪口呆像一隻木鷄，

「什麼？快把賬目付清……：」又是一陣難堪的怪叫。

天招應，他想到小帳籃內的幾張錢莊期票，他大着胆把數張形色不同的紙兒，拿出來，許多的目光都集中在這裏。

這够使林老板爲難了，人數有十三位。但莊票只有五張，粥少僧多。很難撥配。他愕然了，苦着臉希冀莊票能够變化。一張變做數張，他明知道這是妄想，不是事實，可是他只好這樣想想，免得心底破碎。

資本主義者是早已忘掉了人道，一陣掠奪。五張期票已在債主們手內掌握了。得者固然已透鬆了一口大氣；但未得着的債權者，反而加深了咆哮，怒吼。

他懦怯得像一頭羔羊，不敢抬頭，過份的悲哀，使他忘記了現實，忘掉一切。

猛獸決不肯輕易地放過小動物，一波未平，一波又在繼續的醖釀

。

『不對！這張期票是恆益錢莊開出的，恆益已在傍晚時，因買賣公債，損失過巨倒閉了，這有什麼用？這簡直是廢物，你瞎了眼收來欺騙，該死！簡直不想做人了。……』城裏的正大公司的老板，似發現新大陸般的驚叫。

這突然的事實，加濃了緊漲的空氣，還有幾張莊票的所有者，都將自己的莊票一看，結果四張中有兩張是恆益開出的，其餘的二張，也都在傾搖的莊家開出，或者現在也都已成了廢物，不過他們還沒有十分的確定。

一陣喧鬧，資本主義的走狗，已改變了他們蝕奪的方針，殘酷地把林順興店內的貨品，捲了精光，頭也不回地跑出去。

許久，屋內已死寂得使人不想作是除夕的夜，另碎的雜物，撒滿了一地，在林老板的眼前發幌，可是他還一點兒不覺得，他還筆直的立着。好像風波還沒有發生過一樣。

豺狼咀嚼了羔羊，骨肉碎散，氣象是多麼的陰森！悽慘！

（四）

爆竹一聲，萬象回春，恐怖的黑夜，已遠遁了。朝氣帶來了新年的姿態，在撫慰創傷的大地，雪停止了，黃鶯兒聲聲地在催粧。

林老板醒來他驚駭為什麼會睡在這裏，昨夜的遭遇！他依稀還有點記得，還不模糊得好像隔了幾年，他想掙扎起來，照常去看一看店內的一切，可是，他不能，他疲乏得連動都不能動一下。

他明瞭到命運的多乖，他又回溯到去年的往事，他想哭，但是他連眼淚都沒有一滴，他看着他妻的苦臉，看到他妻的熱淚，似連珠的滾下，他底心寸寸的在分裂。

陡然他妻懷中的兒子小三子，慣常地對他說：

『爸！別人家有新衣穿，我也要！』

他領到人生的意義，統元旦到除夕，無非是被人在蝕奪。

他苦笑了，他在這慘笑聲裏拋開了一切，拋開了他手創的店基，拋開了他心愛的妻兒。

以後的冬天，雪花依舊在天空中飄蕩，但雪地下的行走者，却換了別人，不是林老板。

在林順興的門前，冷清得好似古廟，牆垣的倒圮，已生出許多的植物，在接受風雪的打襲，枯萎得像主人的命運。

二二年夜一時脫稿。

江上

且厂

燈光，籠罩住整個的工場，也瀉在江面上，幻成一片金光。

『澎澎』，工友們都起勁的工作着，一車車的泥灰，泥激着雜亂的碎石子向橋墩的中間倒去，根根的鋼骨逐漸地縮短。一寸兩寸地。車夫們往返地匆忙地搬運着石子，『吱吱噯噯』的，推着獨輪車在那臨空的挾長的擱板上奔波，謹慎地戰競上支持車的重心。那擱板隨着脚根一脚一脚地跳動。風火得幾乎想將人捲下去。江深濁浪，洶湧地奔流，蛇舌似的吞吐着，在汽油燈的餘波中，還瘋狂般的顯示他的淫威，也好像想搏人吞噬的猛獸。幸而他們都是老手，但腿肚子還得毛刺刺地戰慄。

風從鋼骨水泥間溜過，燈光從鋼骨水泥間溜過，時間也從鋼骨水泥間溜過，慢吞吞的度到午夜。突然在『吱噯，』『坪澎。』的交響中，夾着一陣尖銳的淒厲的汽笛聲，——是公司通知休工的信號。

工友們的精神頓時委靡了下去，抛掉工作器具，攘攘熙熙的聚到一塊兒來，載的坐在黃土上，有的就蹲在跳板上，更有的望下那從遠遠地移過來的一顆光。是有他們回到工房裡去的火輪的表幟。

老陳——那個半老的小車夫，雖然還沒有到四十歲，也拖動着疲乏的步伐，走近那護墩的木架子，斜倚在那兒，無力地，伸手到破棉襖裏摸摸肩背上那上條給車繩刻得深深的創痕。抬頭致堆積的撐大了眼，望着手心中的蹠，在暗沉沉的光綫中，愈顯是，堅，硬，黑。

『四毛錢又賺下了。』他心裏是這樣慶幸着。但是那在跳板上的恐懼，也在追着他。

不要做了，這生活太危險，跳板上一吊下去，…………老李不是那天一跌下去就成了肉醬。…………明天算帳去。

腦很堅決地打算着，心頓時輕鬆得多。仰起項來，朝江面深深的吸上一口冷氣

中華民族的脊骨是強硬的

醒尼

我們憎恨那些偷生怕死的狗奴才
他們只無俯首帖耳，搖尾乞憐！
我們要把這強硬的脊骨挺一挺，
像雄猛的獅子抖一抖牠的鬈毛。
你們有一看我們的脊骨那麼的強硬，
牠從來不會向異種折過腰！
這上面有多少班駁的創痕，
那是給予異族的鞭撻，
那是暴虐的商秦的苛刑，
那是…………
任那些魔手怎樣肆意地橫行，
我們總不會如被屠宰的綿羊一般柔馴。
我們要把脊骨更倔強地挺直，
「反抗！反抗！」我們是這樣嘶喊，
誰說我們曾酣睡過，
我們幾千百年都在和獅子一般狂嘯！
那個強盜的帝國主義敢來欺凌，
你們以為我們每個都會戰慄地低首下心？
提防着
中華民族的脊骨是強硬的，
我們只要把牠挺一挺，——正像獅子抖一抖牠的鬈毛，
便會來找你們雪恥銷恨！

在那黑樾樾的遠際，隱約地浮起他家裏的情形。

順兒是整天的吵着想跟別人一淘去讀書，三六只是張着手討糖果吃，小孩們又曉得些什麼，草舍到處都露出殘破，米帳，屋捐，都得錢來還，妻子天天的蒼老，孩子們天天的黃瘦，沒有錢又那得養活他們。那天離家時，順兒牽住了衣角，三六從他娘手腕裏，撲過來叫『抱抱』，妻子只叮嚀着叫『寄錢回來。』掛着兩條淚。——錢，錢，不做工又那得來錢。

心頭又重起來，眉頭也跟着縐起，頭也漸漸兒垂下去。

風吹得很緊，襲上汗滲透衣服的人，格外的寒冷，他打一個寒噤，猛的挺起胸來。

『我們要吃飯，怕什麼危險。好，幹去……』

當他這沉毅的聲音，還未終了，背後給一隻粗壯的手拉了轉去，經驗告訴他這準是玉富，那個年青的小夥子，挺結實的身體，在工友中，他的力氣是足夠傲視一切的。

『喂！輪船到了！』，還呆在船裏想什麼心事，快，跑上去，早一刻上岸，就早一刻熱啦，傒子。』

小火輪船洋洋地仆次仆次』的喘着氣，蠕蠕地爬動着，很吃力的，看上去。的確，是載得太重了，司機下時縮着頸，提心吊胆的怕會得發生禍變，但工友那能體會到這些，他們只掛念那被黑的棉被窠裏的溫暖。

有老陳，這有王富，也有其他各色各樣的工友，數人頭是一百多，互相地在些談他們認為可笑的有趣的事兒。

剛纔老陳，又在想那縫窮婆，哈哈，不是我拉他，現在還一個人留在墩上過夜，哈哈。

在江邊江房的左近的一間草舍，住有一個近三十歲的矮矮的江北婦人，因為他的孩子很像三六，老陳休息時曾去過好幾次，有時還帶些糖果，於是，工友中便把

學費

呂紫

『瀅！在學校裏天天早起，這幾天可以遲些起來，昨夜我覺得你沒有好睡呢。』她一面披上自己的衣服，一面替她的女兒把被蓋得緊一些。

從鉛色百葉窗透進來的光線裏，正看得清楚她臉部的輪廓，一個白皙的臉上，卻留下了無數生活的皺紋，從那斑白的鬢邊更顯出了蒼老。近來常常在夜裏咳嗽不住，可是她每天依舊這樣早起來，天天幹着家中粗細的活計。瀅望了她一眼，把身子微微動一動。

『媽！……』一股辛酸的意味爬上瀅的心頭，眼中不自覺地漾滿了淚水，她連忙把被頭蒙上了臉。可是她的媽早已明白了她的苦悶，這幾夜中她是在繼續的失眠中，日子一天天近了，二月一日不是要開學了？可是學費，學費還沒有辦法。

『瀅兒！你別急壞了身體，我唯一的希望是你。如你有什麼不快活，我是什麼也做不動。唉！學校剛剛在年關中開學，不然向他們借借也便當些。』臉上是顯得更陰沉一些，她雖然知道沒有辦法，可是她總不願給她女兒失望，他希冀他的四叔會發慈悲，臉上不覺掠過人一絲希望的苦笑。

這拿作取笑的材料了。

本來比較老成些的老陳依舊不聲不響地靠在艙背上，但這並不默認，却是又勾起活潑的天眞的牙牙學語的三六的影子。

『哈哈……。老陳承認了。』王富得意地追一句，他以爲正中了老陳的心病，帶着俗蠢的笑。大家附和着，但老陳還是不理不睬的，這次笑話兒總算沉靜下去。

年輕人總歡喜開頑笑的，他們覺得老陳這塊『木板』沒有味，就轉身向錢貴挑戰了。

錢貴，是一個二十七歲年青的小伙子，秋天剛與他一童養媳拚的親，但是還不曾滿月就生生地給生活的鞭子趕到這兒來了。

『喂！錢貴，昨天不是你的老娘又來了信，倒底，一夜夫妻百夜恩啦，哈哈，老遠的跑來賺這幾個錢，何苦，錢貴，我想你明天快回去陪老娘……』

『哼！富小子，不要老說別人，自個兒又怎樣。』一旁的傳富插上這麼一句嘴。

『不成，我的是媽媽的，我媽單生了我一個兒，他想念我時還得比錢貴的新媳婦兒想……』

『媽的，你亂嚼……』錢貴早漲紅了臉，額上那被石塊擊傷的創痕，愈顯明了。憤怒地也帶着羞恥的情態，猛然喊着的撲過去，錢貴人想什麼都不曾出口，兩個兒早就抱住了厮打。大家全都拍手叫好狂笑，滿船充足了快樂的氣氛。寒冷早驅逐得無影無蹤。

四隻臂膀上的肌肉，一樣的一塊塊的凸起來在滾，是聲『白白』的很沈重的顯出每下都使足着力。輪船也簸動得利害。

從煙卣中噴出的煤屑，雜着濺起的水屑，不時噴入工友們的眼中，濺溼了那破碎的滲着一層泥灰的短褐。

『朴次朴次的，小火輪還慢吞吞喘着氣，蹺着，司機的還是蹙着額，提心吊胆

『今天我再到四叔處去商量商量，瀅！不是再一年半你可以畢業了？那時你可以賺錢了，我們情願重利歸還他。』

『唔！』瀅不忍打破他媽渺茫的希望，應出了無可奈何的聲音。他雖然比他的媽年青，可是一切的事情都比他的媽看得明白清楚，可是那沒落的布爾喬亞的感傷性，卻深深地咬住了他。

當他滿懷着歸家看那半年不曾見面的唯一的媽時，被校長叫到辦公室中。

『某某！你的功課倒不壞，可是公費生是要學業、體育、操行都優良的，這學期你的體育不到七十分。……』

他不能再聽下去，這聲音變作異常的刺耳，頭立刻有些昏暈，眼前是一片漆黑，他不知如何跨出那辦公室，踉蹌地回到寢室。

靠那僅剩的三元錢，使他回到孤苦的慈

次日懷中。

母的——一二八，一二八，我們曾經流過多少血……，這是你們的功烈！中華民族不可滅！從遠處飄來了一陣繼續的歌聲，飄入瀅的耳中，呵！今天是……是一二八，他眼前顯示着五年前的一幕，他的爹在火光，砲聲……中失去了他？的一切。

『這是必然的結果罷！學校，本來是爲了小姐公子們而開設，我們是不能進去的。

的把着舵。

突然，船上發生一激烈的振動，司機者發了慌，臉成鉄青，船給不知什麼東西捧絆住了。工友們也發了慌，紛亂地走動，船拚命想向前衝去，但是糟哪！船早向一旁側了去，救命的聲音雷震般響，老陳撲的跪在船沿：『天老爺，救我，我不能死，我有家，我還有孩子，妻子，他們都在等我的錢寄囘去換飯吃，天老爺，救我，我不能，我不能……我……我不能死……』大家知道是沒有救，救命聲成了號哭，無助地互相緊緊地抱起來，說『死也得死在一塊兒。』終於就慢慢地給浪頭滾去。

全船整個地沉沒，呼號聲給狂風與波濤帶去。

刹時，江面安靜得『死』一般的靜寂。

太陽和煦地照射着，江面與往月一樣顯着耀人眼睛粼粼波光，只是多了幾隻打撈的救生船，在沙灘上放着一排排的幾十個蓋着蘆蓆的凸聲起肚子的死屍。

老陳——現在是死裡逃生的二世人了，帶着滲身的酸痛，跑到這兒來探望一下他那逝去了的同伴，王富還是那麼結實的架子。錢貴還是帶着那稱上的傷痕，其他一切的人兒，都不曾變，變的是平時有說有笑的一羣，現在是誰都不能開口。家屬們號洶地在死屍旁邊哭叫，他聽去又彷彿與船上一樣的凄慘，尤其是『叫我們如何能過活。』這一句，特別刺耳。他想豫，假使我跟王富他們一淘，那妻兒們準也會得喊出這一聲。

他朝着義友，滴上一陣痛淚，獨自跑上江旁，仰着碼，望着天，喃喃地說：

『天老爺，感謝你，我現在又可以做工了。』

救生船還在那兒起勁地打撈難友。

澎澎的，吱吱曦曦的聲音與往日一傳出來。

我已經很僥倖的受了幾年中等教育，今日的事早就有發生的可能，我為什麼要感傷？求智不一定是在學校，我要的是生活！』

『——你喲你打樁啊！我喲我拉繩哪！我們不靠天哪；我們不求神。祇靠大家一條心哪……』他想起了那雄壯的歌聲，眼前如展示了光明，從被窩中跳出了他矮小堅定的身子。

二六，一，二，八晚

給青年朋友的信（一）

叔青生

朋友：

　　經過幾番考慮的結果，我然居和你開始通信了！你接到這突如其來的朋友的信，不覺得我過於冒失嗎？我現在告訴你，我是那麼一個——高個兒的，黃面皮的，深眼眶的，年齡大概和你差不多的一個青年。夠了嗎？姓名，身世什麼的，大概沒有敘述的必要了吧，是不是。

　　朋友，在這整個世界在動盪的當中，你看到國家，社會都陷在深沉的烟幕裡，你或許感覺到一個激劇巨大的變動，已近在眼前了。你或許更考慮到自身的問題，當你從事工作的時候，你就會想「這在那一天到來的時候，有什麼用呢？」於是你就把工作懶得去做了，專盼望那一天的到來。然而從「九一八」到現在，至少也有五六個年頭了，那一天却老是不來。世界是動盪得更厲害了，國難是更嚴重了，社會是更紛亂了。你內心的苦悶也就更深了吧。

　　這種苦悶有意識地，或無意識地盤踞在你的內心的深處，你想發洩，根本無從發洩起；你想對人訴說，可憐得很，也說不出什麼來。偶然在校園或者什麼地方散步的時候，對幾個比較接近的朋友談起些零碎的感想，那朋友大概是和你抱有同感的，對你的話當然表示贊同，於是你們就把各人的苦悶暫時的發洩一下。可是一到第二天，苦悶的陰翳，又籠罩在你整個的心上了。是不是。

　　於是，你以後絕口不談了，對這現實的世界，抱着待理待不理態度。用兩條腿支持着身子，有時還說：這樣就是人生！

　　朋友，這樣一來，你是墮落了。知道嗎？全國青年在前線上和敵人拚命的那一天是遲早會到來的，所成爲問題的，就在我們青年自身的有沒有這種決心和準備！我們在這民族存亡最後的生死關頭，决不能一刻放鬆，隨便，我們這時候，應該把信心堅定起來。關於這一點，我貢獻你的意見，就是多交朋友。

　　這，你或許要懷疑了，你現在的朋友不是很多嗎？但我的意思並不是這樣。我們所謂朋友，决不是碰到點點頭，或是說說笑的朋友，我們以爲有朋友資格的，而且我們現在所最需要的，正是那些在理智上能夠互相了解，互相激勵的朋友。請問這種朋友，你現在有幾個呢？恐怕不多吧！

　　朋友，我希望你能夠在平常朋友間的談話裡，把某人的浪漫斯，某戲院的電影等等暫時不談，多發表些對於時事的感想。朋友，現代青年所感受到的苦悶是同樣的，你的話，馬上能夠得到很多的回響，在這回響裡，你可以找到很多的我們所需要的那種朋友。

　　此外，我更希望你能夠抽出工夫來多看幾種前進的刊物，在這裡，我們可以時常受到激刺，有時還能告訴我們應該怎樣做，也是我們最好的朋友。

　　在狂飈怒流的當中，你獨自一人操着生命之舟，一定會感到沒法而隨風逐浪，以致覆沒吧，這些朋友正是能夠幫助駕駛，循着一定的途徑，達到最終的目標的。

　　一碰到就說了這麼多的板起面孔的話，你不覺得厭煩嗎？

再會！

你的朋友

投稿簡約

一、本刊各欄均歡迎投稿

二、來稿須與本刊主旨相合，否則祇能割愛

三、來稿經刊登後文責由本刊代負

四、來稿請署姓名及通信地址，發表時署名聽便

五、來稿刊登後酌酬現金或本刊

六、來稿如欲退還，請附寫好退回地址及貼足郵票之信封

七、來稿請寄杭州廣福路三十九號青年協進社編輯股

定價

每月五日二十日出版 零售每期三分

國內預定	
全年二十四期	五角
半年十二期	三角

國外加倍 郵票代洋十足收用

協進 第一期

二十六年三月五日出版

編輯及發行者 青年協進社 杭州廣福路三十九號

總經售處 生活書店 杭州壽安路八號

印刷者 正則印書館 杭州同春坊

生活書店

普式庚逝世百週年的最好紀念

普式庚研究

茅盾等譯　實價八角

普式庚著　立波譯

杜布羅夫斯基

即復仇艷遇

實價三角

通俗、簡明的政治經濟的基礎讀物

政治經濟學講話

蘇聯A、李昂吉葉夫著　張實譯

每冊實價一元四角　特價一元

全國最先進的雜誌

雜誌	全年	半年
世界知識	二元六角	一元四角
光明	二元二角	一元二角
婦女生活	二元二角	一元二角
文學	三元五角	一元八角

夏伯陽

蘇聯　富曼諾夫著

郭定一譯

實價一元

杭州特約所三元坊壽安路八號　電話一三七六號

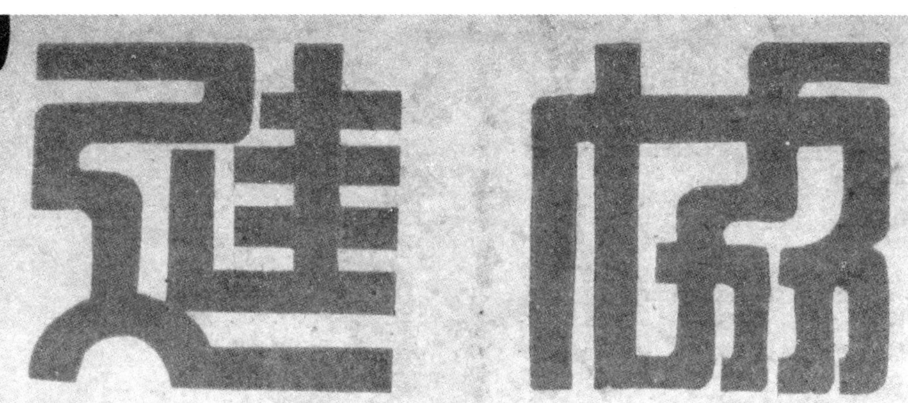

半月刊　第一卷　第二期

二十六年三月二十日

青年協進社出版

本刊啓事

本社社刊定價，原在成本以下，近因紙價飛漲，犧牲更鉅。爲易於維持起見，不得已於第二期起，改訂定價，以資挽救，凡於本月二十一日以後，訂閱本刊全年者，連郵七角，半年連郵四角，零售每期四分，愛護「協進」之讀者，當能諒此苦衷也。

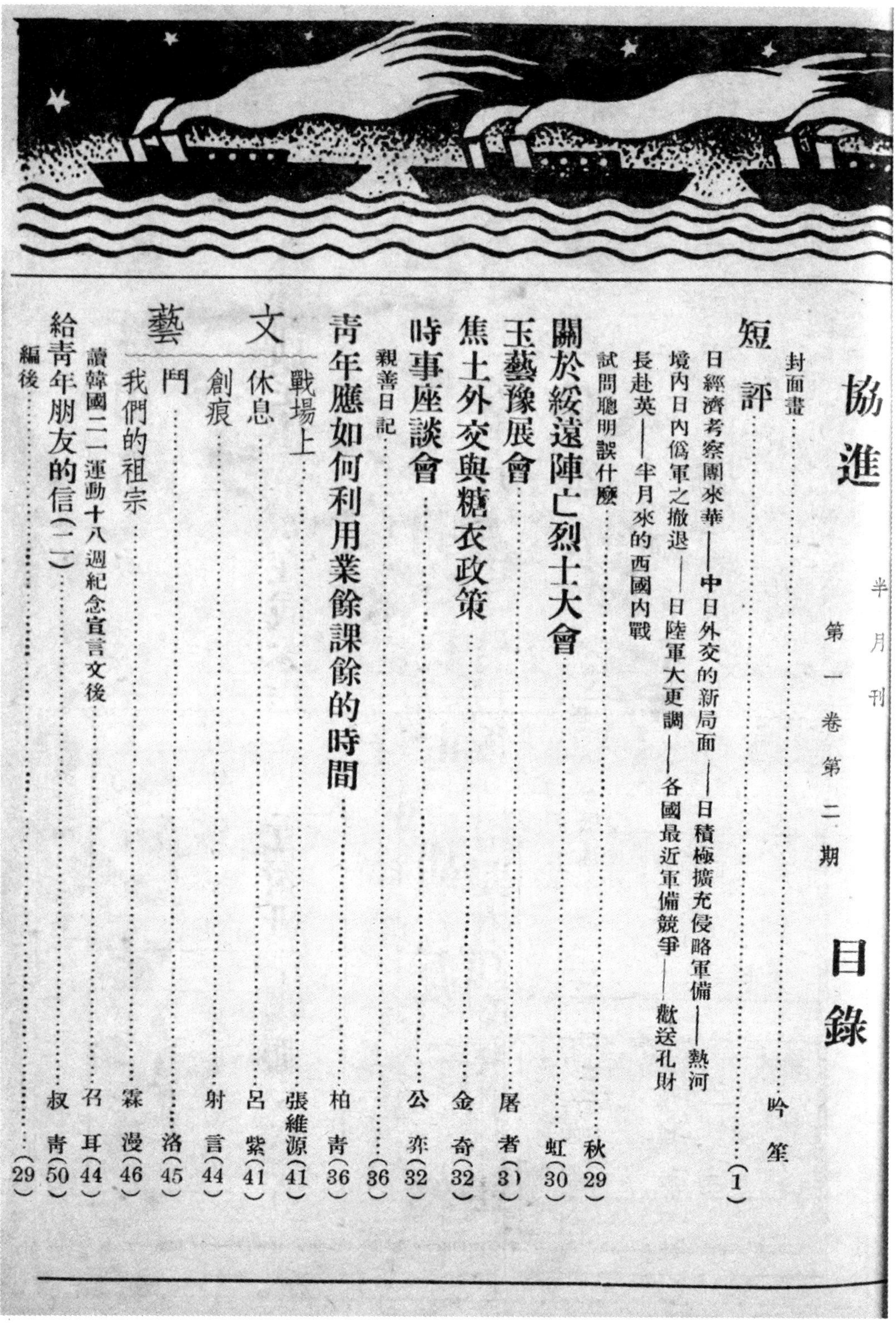

協進 半月刊 第一卷第二期 目錄

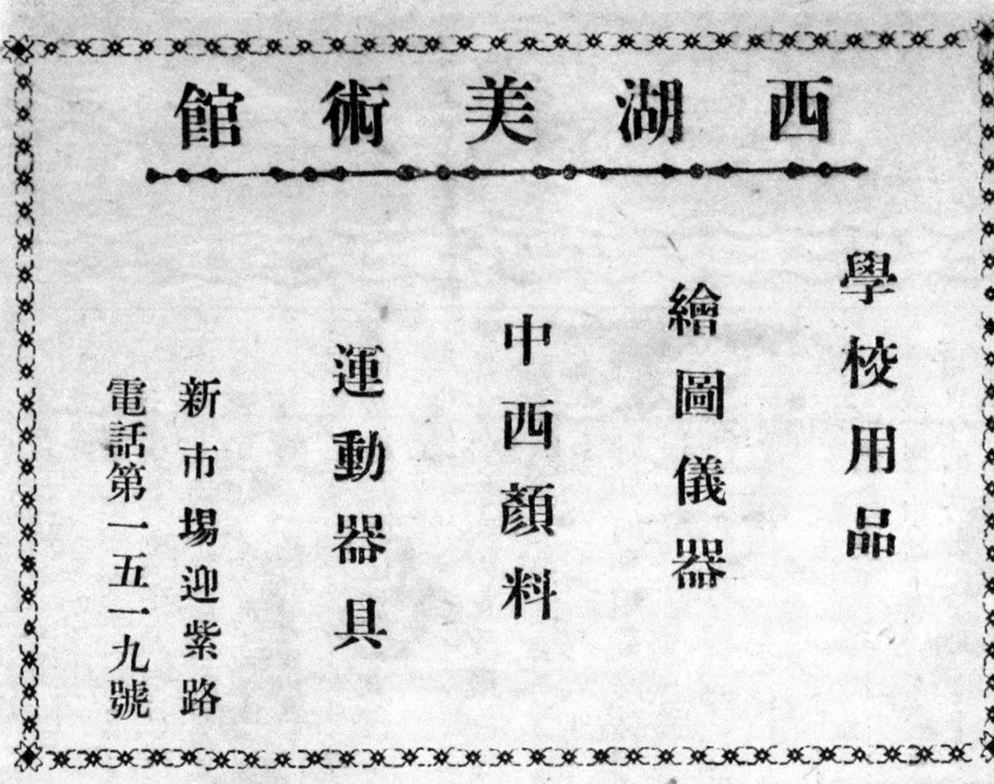
西湖美術館
學校用品
繪圖儀器
中西顏料
運動器具
新市場迎紫路
電話第一五一九號

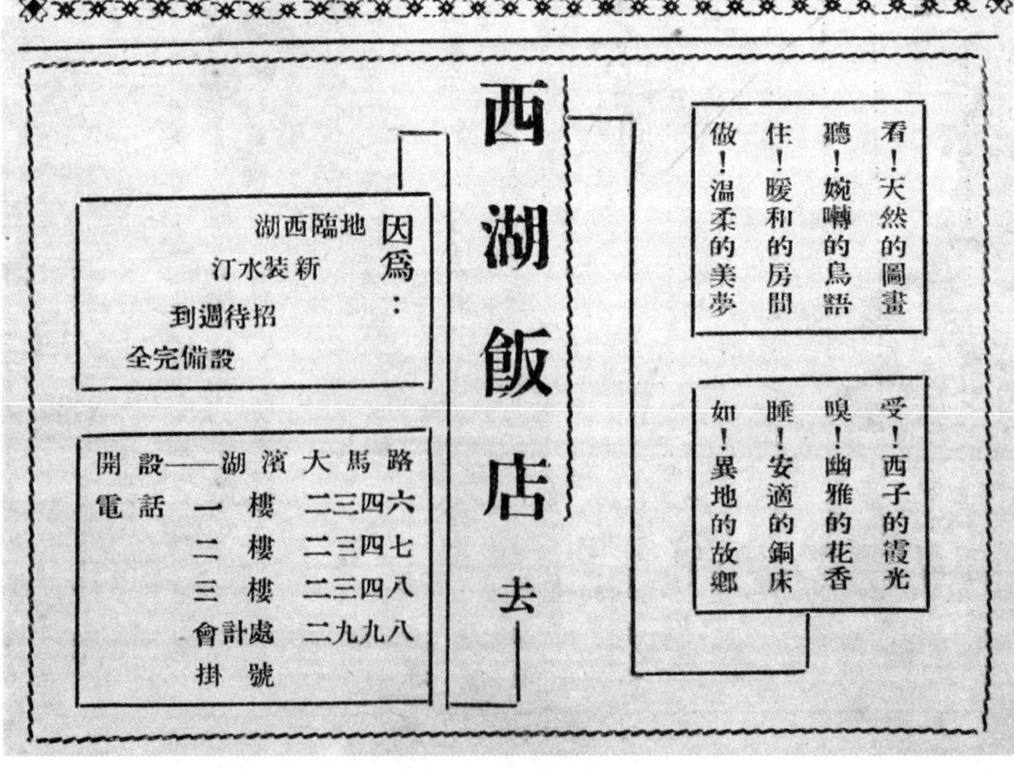
西湖飯店去
看！天然的圖畫
聽！婉囀的鳥語
住！暖和的房間
做！溫柔的美夢
受！西子的霞光
嗅！幽雅的花香
睡！安適的銅床
如！異地的故鄉
因為：
地臨西湖
新裝水汀
招待週到
設備完全
開設——湖濱大馬路
電話 一樓 二三四六
二樓 二三四七
三樓 二三四八
會計處 二九九八
掛號

短評

日經濟考察團來華

負有「促進中日經濟提攜」的使命的日本經濟考察團，已於昨（十四）日抵滬了。這幾位受命於日本政府的金融巨頭的來華，曾一再聲明「此行目的，純在促進中日兩國國民之提攜或經濟提攜，極無些微惡意存乎其間，」不過他們愈聲明並無惡意，我們對他們此行的任務也就愈重。他們此行的任務，我們在報上所能約略窺見的，只有兩點：一、他們否認此行未為談判走私問題，二、對植棉事業的提攜。我們現在就拿這兩點來講：走私對我國民族工業，國家稅收影響之大，為我國經濟上當前最嚴重的一個問題，而且最近更屢次發生搗毀海關，搶奪私貨的事件。以堂堂帝國國民的資格，來幹這種盜賊的工作，我們認為有損「帝國」的尊嚴的。那末這次幾位金融巨頭的來華，無妨順便談談，何必加以否認呢？至於對我國植棉事業的「提攜」，我們也懷疑日本為什麼不「提攜」我們的紡織工業，而幾年以來，總是要「提攜」植棉事業呢？這種提攜愈進走，我國的經濟也就愈低落至殖民地的地位。這種「提攜」我們能相信沒有「惡意」嗎？

中日外交的新局面

本日三日中政會決定特任王寵惠為外交部長，當大日本政府也任命駐法大使佐藤尚武為外相。而且中日的新外長同在八日正式發表外交方針。此外更有兩點巧合的地方，值得我們注意的。

一、當王外長在南京對我國新聞界談「凡國際關係必須以平等互惠為基礎」的時候；佐藤外長正在東京貴族院裏大講其「中日問題，應重新以平等地位進行談判。」兩位外長演辭的不期而合，一般人看來，多少是抱些樂觀的。但我們認為國際關係之應「平等互惠」，「平等地位」，是和「太陽從東出來」一樣的一個定理。是一切外交關係必須俱備的原則。而中日新外交當局上台的必須鄭重聲明這話，正表示此後中日關係的「尷尬」

二、有田所定的「三原則」，已成為日本外交傳統政策的最低限度。佐藤外長上台時也表示此三原則之必須繼續。據「立報」五日的專電，我們的王外長對日外交意見，也有「三原則」。這「三原則」的內容怎樣，我們現在還無從知道。

有田的「三原則」是：一、中國完全停止排日運動，二、中國承認「滿洲國」，三、中日「滿」間經濟合作。我們雖不知道王外長的「三原則」的內容怎樣，但認為目前中日外交最低限度的原則——如果必須三條的話——一、日本完全停止侵略行為，二、撤銷「滿洲國」及其他一切不合法組織。三、中日

儘先考察一下！（少飛作）

經濟合作待上列二條完全實現後再談。

以上二點表明中日外交仍是一個僵局。近天來佐藤外相爲了幾句「太陽從東面出來」的話，已引起國內各方面的抨擊，闖下一個不大不小的或禍了。或許在作者執筆的時候，佐藤外長從外交台上倒翻下來了，現階段的中日問題，大概已不是單純的外交手段所能解決的。

日積極擴充侵略軍費

日本林內閣以對華經濟「提攜」進行民間外交爲號召，在表面看來，頗有使淺視的誤認爲日本已緩和侵略中國行爲。二月二十八日日衆議院預算總會杉山元所說明陸軍的新要求，給我們一個明確的答覆，所謂「提攜」眞意義的所在。日陸軍部的要求凡五點：（一）增駐「滿」軍費二億三千四百七十二萬元（二）充實航空防空一億二百萬元（三）兵改善費二千四百餘萬元（四）準備費四千萬元（五）其他新規八百餘萬元。日本軍部的要求，不就是軍部命令？所以我們覺得：林內閣的對華政策，是因爲林銑十郎明白專用武力侵略，終要引起惡劣的結果，不如表面上緩和一下，改從經濟方面着手。實際，在積極擴充軍費，實行武力侵略。我們若如一般短視一樣，認爲日本改變表面態度，就是停止武力侵略，而鬆懈抗戰的準備無異是消極賣國行爲。

熱河境內日僞軍之撤退

本月一日我們得到兩個消息；一是日僞軍大部撤退熱境，集中多倫，並討論將讓出察北六縣。一是日兵大批的不斷的到天津、北平等地，尤其在豐台，日駐軍較前已增加一倍以上。這種把戲已記不清是第幾次了，我們對綏東戰爭決不限于綏東省，也不止于察北六縣，我們要抗戰到底，「聲東擊西」是不足以減低全國民衆所冀望的「擴大抗戰」情緒！

日陸軍大更調

最近日本陸軍部之更調，已引起日全國的注意，所更調人員計七個師團長及參謀本部幹部全部。統制派最佔優勢，該派以寺內壽一、杉山元、梅津美治郎、中村孝太郎等爲領袖，所以統制派已步入全盛時代。決定陸軍內外政策的陸軍省軍務局長一職，現由後宮繼任後宮因對中國情形不甚熟悉，恐對軍事侵略不到，所以任命曾任北平使館武官的柴三兼四郎爲課局軍務課長，而參謀本部部強化，尤可注意。日陸軍此次大更動，不僅在人事上，完全表明「侵略狂」，在軍令上已確定準戰時之體系云。

各國最近軍備競爭

英國的國防公債，已於本月四日在下院三讀通過了。法國也於十日通過發行一百零五萬萬法郎的國防公債，此外意國法西斯最高會議，通過了擴充軍備的議案，以及德國擴充軍備的二十萬萬美金秘密借款的被發現，都在告訴我們各國間大規模的軍備競爭，是如何的激烈。在這火藥氣彌滿的世界裡，「武裝和平」，實在是一句空話，未來的戰爭，恐怕是不能幸免的。在這裏，我們只有問，我們有沒有準備呢？

歡送孔財長赴英

爲着參加英王加冕典禮，財政部長孔祥熙先生，將於下月初出國。報紙上對於此事的記載是很含混，簡單的。於是一般人的推測，認爲孔財長此行是有別特任務的。我們雖不同意這種推測。但汪會長返國的訓詞裡曾說：「自力生存，是要盡自己的力，不是孤立。」我國過去外交上之陷於孤立是無可諱言的，我們希望孔財長此行，能使中英邦交上，百尺竿頭，更進一步，覺得此行的意義是非常重大的。我們熱烈地歡送孔財長，并希望孔財長能不辱此行的使命。

半月來的西國內戰

西班牙的內戰，在慘酷的混戰中，又延長了半月了。不干涉調整委員會，在八日通過了一個西班牙海陸邊境監察計劃，預備在十三日起實施，可是到現在（十五日）止，我們還沒有聽到實施的消息。德意兩國的軍隊，還是整千整萬的開入西國境內。據最近被政府軍所俘虜的四個意國兵士所說，「這次攻瑪德里的叛軍中，沒有一個西班牙人，意國正規兩師在前線，其餘為德國砲兵一萬餘人。」這樣的內戰，是和日偽主動下的綏東戰爭，一樣是滑稽可笑的。（綏東戰役的俘虜裏，大部份是不能說中國話的。）西政府最近照會英國外交部，意國二國軍隊在西國境內參戰的實況，並且很沉痛地說：「僅實施監察制度，則斷不能謀根本解決，此必有賴於若干國家本榮譽與責任心直接合作，有所行動。」但是倫敦的紳士為了新洛迦諾公約的問題，一時還不會和德意二武夫翻臉，所謂監察邊境問題，不過是一篇空論罷了。

編後

這期的『協進』，似乎比第一期進步了些，但我們所感覺到的還是：『理想中的協進，決不是這樣一副面目！』

以後，本刊想多登些短篇的稿子，所以本刊所最歡迎的，也就是二千字以內短小精悍的稿件。

試問聰明誤什麼

秋

「人人道我聰明誤，試問聰明誤什麼！敢作敢為能獨立，庸庸愧殺守株兒！」

在急邊潮流漩渦中，被捲棄當沙漠上的失敗者，現在正好給一般井蛙譏笑了。

「聰明」，這是多麼好聽的恭維話，我何敢帶上這個冠冕呢？因為底下有個「誤」字，所以人們慣用先揚後抑的手段，輕輕的給我帶上了這荊棘的華冠了。

淺薄的人們，心目中朝夕所追求，所意識的總不外乎飲食兒女，升官發財，順着這秩序，安分守已的一步步向墳墓走的，這就是對的；反之，衝破這人生鎖鍊，而求個性之所安適，靈性解放者，在得失論斷人們的心目中看來，自然是所謂「誤」了。

我誤了什麼呢？高飛海天之際的閒鷗，總比那豢養於金籠內的小鳥，要自在得多。

關於綏遠追悼陣亡烈士大會

（虹）

在今（十五）日的綏遠烈士墳園裡，正在轟轟烈烈地舉行着一個追悼綏遠挺戰陣亡的軍民大會，參加的有政府要人和各地各界的代表，又國府中樞當局，均有典麗瑤煌的祭文，并通令全國下半旗一天，以示哀悼，我們的心上不期然的湧起了一個，以身殉國，雖死猶榮的概念。

但是我們細想，諸烈士以單薄的兵力，在敵人飛機重炮毒瓦斯壓迫之下，孤軍挺戰，當慷慨成仁的一刹那間，他們所希望的是什麼？希望在他們死後，我們能夠替他們開一個盛大的追悼會，以博得他們身後的「光榮」嗎？絕對不是！他們為守土而戰，為爭取中華民族的自由而戰，為消滅當前的侵略者而戰，他們所希望的是，統國的國民，能夠迅速的完成他們的遺志，發動這悲壯偉大的民族戰爭！

我每次經過湖濱淞滬戰役陣亡紀念塔時，心裏就會發出一種說不出的酸痛，「一二八」到現在，已過了五個年頭了，這次悲壯慘烈的抗戰，似乎已逐漸被國民所遺忘了，敵人的侵略已比「一二八」那時候不知進了多少步了，我眞不曉得這幾千幾百無名的民族英雄的血，灑了有什麼意思！

綏東戰役和「一二八」戰役同是一樣的孤軍抗戰，同是我們取守勢，敵人取攻勢的。誰能擔保幾年後的綏東戰役，不和「一二八」戰役一樣，成為歷史上的陳跡呢？

所以，我以為與其在追悼大會裡，對這許多為爭取民族自由而戰的國殤，朗誦他的所聽不懂的「典麗瑤煌」的祭文，還不如老實告訴他們：

全國民衆×年×日，打到鴨綠江去！

國仇一日未報，國土一日未復，大青山下，黃沙茫茫，黃河滾滾，在天陰雨濕的時候，我們可以想像見整千整百的斷肢破體，血肉糢糊的國殤，向着東北，在那裡痛哭呢！

玉藝豫展會

（Tade Exhidition）

屠者

我們去參觀這豫展會，髣髴是送留學生們出洋去一般，知道這東西是供外國人去見識我國珍寶藝術的代表，就覺得越看越可愛，愈看愈偉大，這樣去會吸引了許多人，考察牠們送別，雖然門票也不算便宜，每張一元，然而整天是鬧熱着。

會址是在上海大新公司的四樓——這地方像是專門開展覽似的屋子也像展會的場面，據說是開過許多次同樣性質的會了，（或如圖畫個展等），可是因為初到上海，第一次看到也就是這次。

這裏所見的大約都是關於玉石的磨刻，大大小小有多少樣却不會統計。而我是個未經世故，見識甚微的小子，對於他們不能下什麼判斷，更贊不出她們的優點長處，只想自己杜想出來的意見，對於牠們之中較為注目的對大家介紹一下：

一、翠玉寶塔

假使你要去遊塔的話，你須先到牌

坊下蹬一回，這裡有二隻獅子蹲在門口，對着外旁向人們張開着口，抬頭看那牌坊上的玲瓏巧妙的結構，和密切精細的門符就使人會感着工程的偉大，中央書着是「入天第一」（也許是「人天第一」）一旁寫着「疊翠」，一旁寫着「鏤碧」跑進去就要請你走五六十級的玉塔。那裡你在整天的玉欄上扶着了，一定覺高興，隨你的憑扞要眺些什麼都好，玉欄上下有三圈，自大而小，假使你願意自旁面上，還可以去走一彎一曲的玉塔，走最上一層的平台裏，那前邊一點有隻二玉鶴，裏面一點是二隻烏龜，中央就是塔基，上塔去還須走約有十級左右的玉級，才可以到入塔之門，這是一座七級八角的塔，每一級有八面的窗口欄杆處可依塔中還裝着許多電燈。

據說，這塔的最難處，也就是說最出色的地方，是在每級八角之鈴，都由於本身挖取，和塔頂的鍊竟細得像線一般，其他欄杆的細刻，和全身的比例，尺寸大小，都整齊劃一，沒有絲毫斜傾側長短不等的地方，塔的高度約有一公尺多，牌妙高達百分之四十一公尺，都是整塊的巨璞所磨刻而成。

中國參加巴黎近代藝術博覽會賽品　翠玉寶塔稀世玉藝奇珍之一

二、寶石屏風

說過小屏，再談大屏，這是平常可以應用一樣的大小，有人以為是從皇帝宮殿中用的，大約因為這東西太珍貴而分引起人們想到封建時代皇帝家天下才能用得起這些，這裏的花頭，和小屏差不多，茲將當中最大畫面處的人物八面略述於後：

一、黛玉葬花——畫面裏的人物都由色澤的寶石良玉所配成，像在一個花園裡樣子，黛玉扶着樹立着，一個丫環拿乘滿着花的盆子，大約是要預備葬了。

二、鶯紅遊園——鶯鶯坐在園中，紅娘在旁邊依着，手裡拿着一把扇子，樹枝上開的是白的花。

三、人面桃花相映紅——是一個村子口，紅的桃花從籬內伸出來，一個女子依在門旁，那拜別的人大約是崔護了。

四、採菱圖——這幅圖其實題名錯誤，因為圖中所示是在採荷花，或者說採蓮則與強通之，牠這荷葉都是綠色翡翠所做，特別地出色，此外更有長生殿，娥皇女英，二喬觀書，魚雁傳書等另外還有宮燈一對，做成仙女散花等神仙故事，和全絲小屏二扇刻有人物和花卉總之，這些玉器是供「士大夫」式的人們玩賞的，對整個貧乏的中國大衆，根本不發生關係，然而我為什麼要記牠呢？當然因為是牠們要出洋了中請大家牢牢地記着，什麼時候才是牠們回來的日子，這些，中國藝術的代表啊！

三、十二當日觀後記

焦土外交與糖衣政策

金大可

我們得先來感謝日本內田氏焦土外交，雖然在迅雷不及掩耳的神通下，把我們的東四省斷送了；把我們中華民族的版圖，十分之三，換了顏色。而造成山河半壁，沉淪異族的局勢。不過，友邦底大量的重壓，而喚醒了中國似打着酣聲的睡獅，預備抖一抖它底鬃毛了。這是我國空前的好現象，同時，是要謝謝友邦給我們打下興奮劑般的焦土外交。

友邦的人士，是乖乖的，他們是擅長看風轉舵的把戲，內田氏的焦土外交，雖然由此得着中國的四省富庶之境，肥沃之地。不過，也因此而喚醒了中國的國魂，民族的精神，長此下去，對於某國是顯示着相當的不利。因此，他們就把內田的焦土外交一變為廣田，有田的協和外交了。不給我們劇烈的興奮劑，而給我們局部的麻醉針了。希冀在啄木鳥政策下，來完成他們夢想着的野心。

不論它給予的是劇烈，或者是緩近，在中國的人們，正是飽受了許多賜與，當然也具是了相當的經驗，無論施行那一種的手段，我們是已有看透假面具的把握，現在惡魔的猙獰面目，決不能躲開中國的大衆了；除掉幾個少許的喪心病狂者，那當然是例外的，因他們已瞎了眼，而令認賊作父。

從「九一八」「一二八」及最近綏戰之後，我們內部團結的力量，已呈現堅固的情況，一切主張不同的人們，因為感到外來壓迫的嚴重，都也放棄了異見，而擁護統一。漸趨

時事座談會

公弈

允文玉民等於昨晚召集了一個時座談會，參加的除允文玉民外，還有可深凡正和克西三人。由允文主席，凡正紀錄。

主席：世界進入了一九三七年，新的動亂正在發展，諸位平時對於國際的與國內的時事都很有興趣，希望今天儘量發揮意見，共同討論。現在先請克西把最近國際局勢作一個輪廓的報告。

克西：最近國際形勢的發展，可以歸納為侵略集團與和平集團的鬬爭。侵略集團是法西斯的德意日三國為主幹，奧、匈、保加利亞、波蘭諸國為附庸，自從去年、德、意二大法西斯國家結合以後，跟着有德日反共協定與日協定的成立，這樣遠東的被略者已經和歐洲的侵略者站在一起了；另一方面是以法蘇互助公約和蘇捷互約公約為基礎的和平集團，這一集團包括社會主義的蘇聯和法國及其衛星羣小協約國巴爾幹協商國比利時等。這兩大集團的對立的鬥爭，就決定着今後國際間大勢的趨向。

玉民：我對克西的報告大體是贊同的。但還有一點補充。我以為今日國際間只能說有一個集團，這就是侵略的集團。因為侵略者是以侵略別人的利益為目的，所以需要結成集團，橫行搶劫。至於所謂「和平集團」是根據全世界大多數愛好和平的國家和人民的要求，共同抵禦侵略者的進攻，這裏面甚至包涵着侵略國家內大多數人民的要求，根本沒有自成一個集團的意思，因此這只能稱為整個世界的和平勢力，而不能和侵略集團相等看的。

可深：我贊成玉民的意見。不過現在左右國際局勢的最大力量恐怕要算英國了吧，它是應該屬於那一集團的呢？

克西：唐甯街的外交一向是以狡猾著名，在歐洲左袒德國，在遠

集中力量一致對外的覺悟。有即要恢復已失去的領土與主權的可能性。

我們的好現象，當然就是敵人所妬忌的，友邦十多年來日夜營營的工作，就是破壞我國的統一，在整化爲零的狀况下，自相殘殺的情勢下，他們可以從中取點利，滿足他們的貪囊。「鷸蚌相爭，漁人取利」。這是敵人不說出來的計劃，五年餘來，友邦就綺着這一套鬼蜮的技倆，而佔霸了我們六分之一的領土。

佩服佐藤大佐眼光的深遠，他能看透我們四萬萬五千萬人的團結力量，一定會使它的大陸政策變成「幻夢」，永遠不能實現。

它現在明瞭到用暴力來壓迫我們，必格外加強了我們的團結力，而會得到強有力的反感，像壓緊的彈簧般的跳動起來。所以它現在已改變了侵略的方針，暫時丟掉了血腥的槍刺，而改用一副軟騙的手腕，除「經濟提攜」「文化提攜」之外，還放出很高，很濃厚的空氣，什麼在華北可以放棄已得的主權…………等啦！藉以鬆懈我們民族的團結力，而乘此再使出它慣常的陰險的挑撥手段。

最近日本新任的外務大臣佐藤尙武對華外交具體的意見，可以證實敵國對待我們的隆厚了。佩服佐藤氏的卓見毅力，能夠發表五年來依存于軍閥侵略狂的日本當局所沒有人敢說的大胆話，不過，我們也不是天性成的儍子，聽到「笑裡藏刀」的幾句甜蜜蜜的鬼話，也引不起我們的滿足的。

他首先聲明：「前內閣所採行之方案，有充分檢討之必

東縱容日本；但是最近法西斯德國擴充軍備的結果，已威脅美國的國防安全，要求殖民地的呼聲高唱入雲，這，無疑地首先是對英國進攻；至於在遠東的日本，則積極排除英國在華的利益，企圖整個地獨占中國。這樣，逼使英國的保守黨政府也漸漸明白了他們的眞正敵人，不是社會主義的蘇聯，而是法西斯的德國和日本。因此，唐甯街的外交路線也有逐漸轉變的可能。在歐洲積極和法國合作，由艾登外相聲明保障法比的安全，對蘇聯則有英蘇海軍協定與一千萬鎊商務借款的成立，以及在蒙特萊會議中對蘇聯的讓步；而且對意讓步，簽訂地中海協定，以分化德意的結合。在遠東則積極支持中國的南京中央政府，在去年的兩廣事件和西安事變中，英國都力勸南京政府避免內戰，這些都是英國支持中國的中央政府以抵抗日本的表現。

凡正：我以爲現在侵略集團與和平陣線兩方面都在爭取着這日不落國——不列顚帝國。它現在雖然已在轉變它的外交政策，但是它的態度還是很動搖的，最近它的國防白皮書的公佈，在五年之內擴充軍備達十五億鎊，這個龐大的軍備擴充，恐怕還是含着很濃厚的「獨善其身」的意味吧。——總之，今後英國究竟是加入集體安全的和平陣線呢？還是陽爲中立，實際則是支持侵略集團呢？還要看全世界和平陣綫與侵略集團的鬬爭，以及英國人民大衆的實際鬥爭力量而定。

可深：看最近情形似乎小協約和巴爾幹協商都有動搖的趨勢；而且波蘭的政權也傾向法西化了。看起來，和平陣線有點危險吧？

克西：羅馬尼亞和南斯拉夫最近的確有點動搖，但最多他們能做到中立，總不會幫助德國侵略法國或捷克的。希臘最近也有親德的傾向。波蘭自從去年里資米格里上將訪問巴黎，成立軍事借款以後，已有脫離侵略集團的趨勢，它的內政的法西化當不致改變它的外交路線。至於和平陣線的發展，最近在波羅的海諸國又得到新的勝利。波羅的海諸國一向是親德反蘇的，但最近蘇聯參謀總長伊哥羅夫訪問立陶

要，凡與現局不適宜者，應設法予以改變。」此點明示着友邦對華外交至少須方法有所改變。這貓哭老鼠的假慈悲，當然我們不會深信，無非增加了一層懷疑而已。在十一日渠對衆說所稱：「日本舍靜待中國改變態度外，幷無他途可循。」這短短的幾句話，使確定他對華的野心了。原來友邦的改變政策，是在靜待我們的動作才决定。繼則謂：「在外交上不應忘却對方。」這到虧他道破友邦對華外交獨選霸道的病根。

又謂：「目前中日問題，只有吾儕（日本）改變方法，另以新起點着手，方可解决。」這欺供小孩的口吻，我相信，是誰也不會上當的，他們所謂的新方法，新起點，老實說一句：無非是換湯不換藥，的老把戲。最近他登台的第一個動作，就贊成日德防共協定，他同情與威脅世界和平的狂人和希特勒握手，這可斷定他內心蘊含着的野心，是不會比過去的幾個友邦巨頭減少的。現在且看他根本的外交方針：

「日本外交，應始終在明朗方針下，立足於國際正義，當實行時，由軍部外交當局，及政黨與各省間，成立密接諒解，合力邁，實行國是，則可於不久將來，打消列國誤解，打開難關。且以日德防共協定，新得友邦，不難恢復抵償因退出國聯所失的友邦交誼，日本前途，廣大無邊。且外交爲擁護國家正當發展者，不應無充分軍備爲背境。」

這一句「不應無充分軍備爲背境」的言談，我們可以證實他懷着的好意吧！

宛臘特維亞愛沙里亞諸國，並有簽訂蘇立互助定的消息。

主席：最近在歐洲有英國的十五億鎊軍備大擴充計劃的公佈，意大利法西斯黨最高會議通過全國軍事化計劃，德國的戈林將軍到波出狩獵，牛賴特外長匆匆訪問奧國，李賓特洛浦則演說要求殖民地，看起來，德國的卐字炸彈又將拋向捷克了吧；但同時，牛賴特的奧國之行並沒有滿意而歸，似乎侵略者之間仍然在着很深矛盾，捷克外長演說竭力擁護法捷同盟，似乎是在回答着侵略者的威脅，而西班牙的內戰形勢也顯然是於政府軍有利，德意的法西斯們也設有點掃興吧。至於遠東方面，英國在香港積極設防，新加坡的軍備的設防巳大半完竣，這對的是誰，不向而知。我們現在還是來談談我們的友邦吧．

玉民：我們友邦這次閣潮的本質，自然是財閥感到軍事預算的重壓，不滿意軍人法西斯的跋扈，利用淪落中的政黨對軍部給以一個有力的反攻．軍部的氣燄最初是很盛的，堅持解散議會，逼得宇垣「感星」不得不含淚拜辭大命，後來鑒於輿論的反對，不得不對財閥讓步，於是組閣大命便降到「越境將軍」林銑十郎的身上了．現在有兩個問題要討論，就是：一、林內閣本質如何？二、林內閣對華政策如何？

凡正：鑒於林內閣閣員組成的複雜與軟弱無力，可知林內閣依然是過渡性的內閣，一方面答應軍部的要求，厲行庶政一新，一方面又請結城豐太郎入閣，担任藏相，把軍事預算的重担轉嫁到一般勞苦大衆的身上去。但是，林內閣的軍部統制的氣味無疑的是更進一步，這只要從它根本就排斥政黨入閣上看就可想而知了。

可深：林內閣的對華政策雖說是暫時放棄政治的廣田三原則，轉向經濟的提攜，但還不過是由硬性的侵略改成軟性的侵略而已。而且就連這點改變也是騙人的。日本帝國主義因爲看到中國人民大衆救亡浪潮的高漲，所以在三中全會的開會期間故意放出「改變對華政策」

且謂「過去一切應付諸東流，重新以平等地位，進行談判。」這是一句多麼明朗的漂亮話，像以前的中國民族性一定已涼滲滲的抱着好感了：但可惜友邦的言行是不一致的，最近我國的華僑，又在一大批一大批地被它在驅逐回來，試問平等地位在什麼地方？小事都還不能夠實踐言行一致，何況國際間的平等哩！

在外交的談判中，友邦曾提出的條件是「不犧牲與日有密切關係之利益。」這愈加還顯他們的聰明了，試問這條的是否包括中國的領土東北四省在內四，如其在內，則枝節的所謂談判交涉，至多不過作個暫時相安，斷不解說到永久的。

請放心！現在中國的民衆，已不是像往昔的短視了，任着敵人的掉槍花，變花樣，而竟會麻木得不覺，虎狼入室，還有着高枕安眠，從容不迫的委態。現在似受了重創後的猛獸，痛定思痛，正準備着與侵略者火併的當覺。

我們應該認清楚敵人的眞相，它底「緩和」政策，實在是蒙着糖衣的毒藥，目的在拆散我們大衆的團結，如其於一部份人誤認它改變了方針，而鬆弛了我們的準備工作，敵人一定馬上又把猙獰的眞面目露出來。似野獸般的來吞噬人們！

在焦土外交裡，斷送了半壁河山，而博得民族的眞氣，大衆的熱忱，而糖衣政策，剛剛正在伸展底勢燄，露出它底頭角，同胞們，愼防着！假面具沒的本來面目，糖衣溶解沒的毒藥。這是不能兒戲的。

三、一二、

的呼聲，以鬆懈中國政府抗敵救亡的意志，模糊中國人民大衆的對日認識，這樣，可以讓它從容進行併吞整個中國的陰謀。兒玉謙次等的來華，只不過是積極進行其經濟侵略，以與軍事的侵略相輔進行而已。

主席：從今天我們所討論的結果歸納起來，我們明白在一九三七年的世界裏，侵略者與和平者的對立已更爲明顯了，同時我們更認識清楚侵略者的野心是沒有止境的，日本對華暫時緩和（？）是騙我們的一種假面具，我們爲了維護自身的生存，世界的和平起見，應該由被侵略最深的我們起，發動這爲達到和平當的而戰的身衛戰爭！

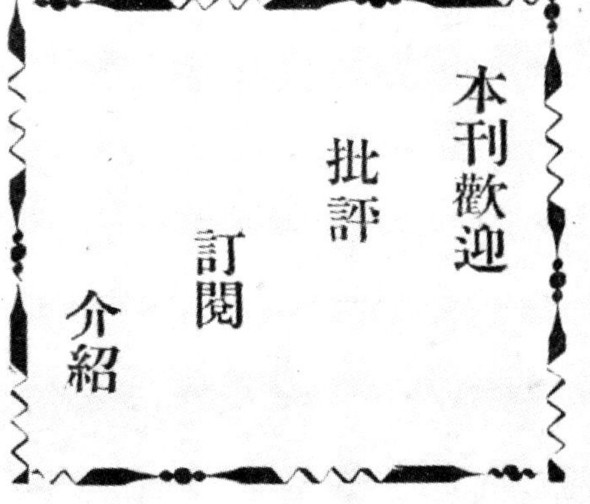

親善日記

二月二十六日

共同開發我國富源

日本實行對華新經濟政策，以共同開發我國富源為目標，近訊擬在河海各要港設立紡紗與織布機器廠，以其近年來我國棉產的增加。紡織工業在中國是非常落後的，現在我們的『善鄰』願意設紗廠紡織，『以有餘，補不足』，這就是『共同合作』的表現；用中國的原料，勞工，在我們的國境內製造出成品，這不就是代替我們開發富源嗎？

其次，日本又擬在華北沿海一帶設立海鹽製造場，並且負責完全推銷到國外與日本去，以發展我國國外貿易。由這一點，我們可以明白日本是無微不至的代我們開發富源！但是開發富源的利益是給誰的？我們的富源都被日本奪去了，我們將靠什麼生活？

二月二十七日

日本陰謀百出

浪人，私貨和特務機關的活動，事實上已經是公然的，決不能算作陰謀了。雖然鄭州特務機關，我國民政府雖加注意，但結局終要以不了了之。聰明的善鄰總該知道，何必『潛行來粵，收買白俄，有所企圖』呢？尤其在華北，有偏地為『浪人』和龐大特務機關，更何必喬裝華人到曲阜、萊陽、青州、泰安、棗莊？要知道白俄在中國是無國際的，華人因在『特區』行動是要受着極

青年應如何利用業餘課餘的時間

（社會科學研究會紀錄）

柏青

時間：二月二十八日

出席者：胡深、孫琦、宋明、表光、吳英、徐學思、孔禮綱、金鐘、

主席　今天是社會科學第一次的討論會，我們開討論會的目的，第一是在求得社會科學的智識，第二是在解決現階段青年的苦悶，因為現在正是舊勢力衰落而新的勢力還沒有起來替代的時候，社會上的一切，都是紊亂沒有秩序的，我們鑒於教育制度的腐敗，家庭環境的不良，政治的不上軌道，內受封建殘餘勢力的摧折，外受帝國主義者的壓迫，有感覺有理智的青年，都會感覺得時代的苦悶，苦悶的結果，往往會陷落在消極頹唐不可救拔的境地，有的覺得社會太黑暗，自己又沒有力量去適應，更沒有勇氣去推動它，使牠變成完美的理想的環境，於是孤獨消沉，任人宰割，做了末落時代的犧牲物。有的想時代既然那麼不穩固，奮鬥又有什麼意思，還不是得過且過，於是今天跑電影院。明天進跳舞廳，天大的變化，也不管它什麼底事．他們不但不推進時代，跟隨時代，簡直回到魏晉時代，變成得過且過的頹廢人物了。還有一些人，既不悲觀消極，也不因循苟且，他們知道要腳踏實地的幹，可是認識不清楚，非但沒有把社會弄好，反而弄得更遭，為要救這三種弊病，我覺得我們的討論會是必需的。因為討論會是集合許多年齡相同，見解相彷的青年在一起，這裡我們可以毫無顧忌的把我們的苦悶吐出來，我們對於政府的懷疑，對於生活的不滿都可以提出來互相討論，以大衆的意見來求得正確的解答，個人有誤解的地方，公衆的意思，就要求他覺醒改過，社會或是國家不對的地方，就得想出辦法來改進，以實現我們的理想，至於智識方面，我們更感覺到缺乏，尤其是社會科學是救國的根本智識，尤應有相當的認識，而個

大限制，假使是『漢人』或是屬於特務機關的那就不然，或假要受所謂監視，但這種『監視』含有保護性成分大，與你們的行動是不會受妨礙的。

二月二十八日

親善聲中的日本外交政策

昨天發見三架日本軍用飛機，一架是第一四〇號，由津飛青，載有日本軍官及炸彈；一架是第五〇二號，由大連飛青，稍留又返大連，一架是『惠通公司』號，載有炸彈，在北平市上空盤旋。關於日軍用飛機非法行華北事件，因在友邦高唱『親善提攜』聲中，所以發現得更多。最近經我國外交部迭次提出『請求』，但日人因外交政策所限，似乎輕視我國主權，不得不置之不理云。

三月一日

日本爲謀解决勞工失業問題

據東三省回來的人說：日本爲了要開闢營口港，將在關內招募工人三千人。昨日青島訊：日本已設立公司專辦此事。由這兩條簡單報告。我們可以知道：日本帝國主義不僅奪去了我們土地，並且滅亡了年青力壯的同胞，所以在關內築作工事，不得不向關內來募，並且，在關內募得作工，等到工事完成，日本可再來上一幕去年天津附近海河內納一千個無人招領的屍體的拿手戲吧！

三月二日

『調防』『撤防』與『增防』

假使你留心看報的話，關於『防』的消息，是每天都可以看到的。今天我們得到『防的消息如

人悉心研究，往往會枯燥無味，而且容易曲釋，所以更應相互討論在此非常時期，我們需要怎樣的政治組織？怎樣的經濟制度？討論會既是這樣的目的，所以討論的範圍，也因擴大，我想初次討論，最好限於青年本身的問題，可以引起興趣，然後再討論政治經濟及時事的分析，不知各位的意思怎樣？

大家；贊成。

主席　今天的題目是「青年應如何利用業餘課後的時開？」第一先讓我們討論「參加活動是否是青年當急之務」？現在就請各位發表意見。

宋　我以爲青年無須參加活動，因爲我們大部分是學生時代，當然以學業最爲重要，現在學校裏功課那麼多，那有時間再參加活動呢？所以根據心無二用的原則，我們只要盡力對付功課，求得高深的學問，待畢了業，到社會上去服務，才是我們參加活動的時候。

胡　宋君的話雖也有一部分眞理，但我覺得光是學問淵博，而缺乏辦事的能力也是不夠的社會上活動的團體會不允許我們去參加，所以我們應該在學生時代多參加活動以增進辦事的能力，熟諳人情世故去適應社會，況且我們指的是業餘課後的時開，對學業根本不會有很大的影響。

表　胡君的意見我有補充的地方，我以爲學校裏的功課根本不適合我們的需要，因爲學校裡的功課都是死的，即使不是死的，因學習的方法不得宜，也不可能有活的應用，而當局者却以這些不切實用的繁重的功課來壓迫我們要我們終日埋頭書桊，變成一部機器，更以獎學金助學金等獎品來引誘我們，使我們益發加緊工作，不肯放鬆，有些人因了繁重的功課，不惜以生命去對付，等到畢之業，文憑到了手，背曲了，腰彎了，眼睛變近視了，臉色蒼白了，即使有滿腹的經綸，又有什麼用呢？現在友邦正加緊工作在侵略我們，我們正需要身健力壯勇敢的鬥士去對付，而要那些文縐縐弱不禁風的癆病病鬼有什麼用呢？我們要使理論與實踐打成一片，應該多參加活動，以調劑我們的生活，求得活的實用的學問。

也下（一）日軍連日『調防』，動員六千以上，（二）日本華北某地駐軍『撤防』，約計八百名；（三）日本豐台駐軍附近『增防』二千名，由日本本部調來。我們不說『調防』是在使日軍軍士熟悉整個華北地勢，以理就不可免的中日戰爭，我們也不必問『這裏撤不就是那裏增？』；我們也無須喊『可怕的增防』！我們要說要問要喊的是『什麼叫做防』？

三月三日

不是日本間諜嗎？

昨日江陰發現行跡可疑者（？）三人，著西裝，持手杖，至縣府前　清日報，詢問本邑軍政人員姓名，及要塞建築情形而去。

三月四日

東印度公司第二

英國東印度公司是誰都知道的，日本興中公司，最近收買海河下游一帶土地，規劃遠大；又組織塘沽運輸公司，資本三百萬以上。按興中公司除上述運輸公司外，並包括日本貨物的推銷總部，收買我國一切原料部，飛機部，私貨發行部，——是無所不有的對華北經濟侵略的大本營。這豈不是東印度司公第二嗎？

三月五日

共同滅匪

今天日本軍部爲共同消滅察北一帶『僞綏匪軍』起見，特派軍官三員飛抵張北，『偵察』該軍官擬六日起分別『偵察』兵器與軍隊而有所『報告』我軍云。

朱　話雖如此說，但教育制度既然那樣腐敗，我們又沒有辦法改進，假如因參加活動的結果，而功課不及格留級，豈不是大大的損失？

胡　所以我主張在不荒廢功課的原則下參加活動。

吳　我以爲參加活動總要荒廢功課的，我們既然認爲活動所得的智識比功課更其主要，就得不顧一切盡量的活動，留級原是教育制度不良的結果，我們應該想法使牠改進才是。

主席　改進教育制度的辦法已越出我們的範圍以外了，且待下次再討論，現在既然各位都贊成應該參加活動，就讓我們來討論第二部「現階段可提倡之青年活動是那幾種？」就請各位提出，最好能說明理由，以需要的急切無否排成次序。

宋　學校裡的學生自治會是全社會的縮影，好似國家的行政機關，自治會以下的各股好似行政院以下的各部，對全體學生負責任，假如我們能把自治會裡的一切事務，練習純熟，將來到社會上去辦事，就不會感覺困難，所以我覺得自治會是最切合學生需要的一種活動。

徐　但是現在的學生自治會，完全被校方操縱，學生通過的議案非經校方允許絕對不能執行，全體同學對自治會也沒有信仰，所以事實上自治會不過是一個傀儡的組織，自治會的主席　不要是傀儡的頭腦而已，諸位要曉得現階段正是非常時期，在此非常時期之下，什麼事情是我們當務之急呢？誰都知道「抗敵救亡」是當前第一樁要緊之事，我們縱然不能跑到前綫去犧牲我們的頭顱，也得提起「抗×第一」的旗幟，一方面督促政府發動抗×戰爭，一方面作任大的宣傳，使民衆發明了抗×的意義和中國所處的環境，所以救國宣傳的組織，實在是刻不容緩的事。

孔　我以爲光是宣傳，還不足引起人民的愛國熱忱。因爲幾百年封建勢力的統治，和宗教思想的傳播，把一般缺乏智識的工人農人們訓練一羣羔羊了，他們並不知道自身生活的痛苦是直接間接受着富有階級的壓榨和帝國主義者步步侵略的結果

三月六日

『平等談判』聲中日軍示威遊行記

今日九時四十五分，在上海有日本卡車數輛，載有全副武裝陸戰隊，自江灣路司令部出發，沿北四川路折入北京路向滬西一帶示威。十一時正，又有摩脫車隊，荷槍實彈參加示威。

三月七日

日本給我們的兩件紀念品

友邦給我們的永久紀念品，不知是太多了之故，而使我們記不清楚，還是那些『永久紀念品』有名無實。今天友邦又給我們兩件物品，以作永久紀念。第一，是友邦爲了我察北一帶農民太貧，頒佈復興農村辦法，爲增進效率起見，而強廹實行，廣種烟苗，並訂獎勵辦法，凡播種者，免徵地丁稅，過五畝者，另外給獎。第二，是爲了發展我軍事化學工業起見，在天津設立軍事化學工廠福昌公司，專門製造毒瓦斯，以供大規模屠殺『無用的中國人民』之用，並將在滬閩粵各地設立分廠，以消滅『多餘的中國人民』，實行優生學。

上面的兩件驚人的永久紀念品，很可以證明友邦的『親善提攜』和『對華新認識』的眞內容，在察北『強廹烟』的復興農村辦法，可說是『親善提攜的最高表現，最好暴露！中國科學的不發達，工業的落後，尤其是軍事化學工業的缺乏，友邦爲了發展我們的科學工業，建設軍事化學工業基礎而在華各重要城市設立毒瓦斯廠的，確是說明了友邦『對華新認識』是什麼毒？

，他們只是咒咀自己的命運，還以爲是前世的報應，所以寧願馴良得像羊一般任人宰割。女人們更是長齋念佛，以修來世的功德，人民的智識這種低落，你去宣傳救亡，他們會相信你嗎？所收我覺得多和大衆接觸比宣傳工作還要重要。我們應該用巧妙的方法去博得他們的信仰，再灌溉一些簡單的智識，然後再纂明抗敵救亡和他們生活的改善有密切的關係，使他們明了先打倒××帝國主義然後大家有飯吃，他如公演劇的組織也是很切合實際的，戲劇給與人民的刺激較口頭演說是要深刻得多，

孫　除了「大衆活動」和「救國宣傳」以外，學術團體的組織也很値得提倡，學術團體的好處和我們討論會的目的一樣，主席在開頭已經說得很明白了。學術團體可以增進我們的學業，而且可以聯絡感情，吸收更多的青年，共同努力，以達到我們偉大的目的，而且聯絡大衆，宣傳救國都需要自己有深刻的認識，才能收得效果，爲應這需要，學術的探討，更是不可缺乏的。

胡　現在有許多學校，提倡野外活動，我覺得野外活動確有意義，我們被關在學校裡，精神不免疲勞，所以應該多和大自然去接觸，以陶冶情性，各位以爲對嗎？

朱　學生自治會雖然被大家認爲是傀儡的組織，但若能澈底的改善，便它變爲強有力的學生自主的團體，也始不是値得提倡的一種活動。

主席　根據各位所提出活動的種類和申述的理由，我可以歸納起來分成等次，我們所需要提倡的活動，第一是大衆活動團體，第二是救國宣傳隊，第三是學術團體，第四是野外活動，第五才是改善的學生自治會，不知各位的意思怎樣？

大家　很好。

主席　現在讓我們來討論「那幾種娛樂是正當的？」在討論這問題以先要否先談娛樂是否需要？

胡　娛樂當然需要，我們既不是機器，怎麼可以沒有娛樂呢？我認爲音樂會，歌劇團，電影等，都是値得提倡的正當的娛樂因爲這些都是調劑我們生活的最好的工

三月八日

毒瓦斯的代替品

設立工廠不是幾天可以完成的事，在目前不得不用其他物品來代替，以實行優生學，達到親善目的。所以今天正午在津日本人用刀刺殺了徑一個華人。

三月九日

自尊與平等

在前幾年天的日本貴族院裏，有人提出質問謂日政府爲什麼承認『中華民國』這個慣用名稱，佐藤外相對這質問的回答是：『事實上稱爲『支那』，亦不是以表示藐視。』那人又反對說：『中國人民，過於自尊，安能與平等？』在日本人的心目中，連中國人爲『中華民國國民』那一點自尊心都不應該有了！從這裡可以看出日本人所高談的『親善』，『平等』是怎麼一回事。

具。

吳 我不贊成沒有限制的看電影，因爲有許多電影非但不能使我們的生活有調劑，而且反是以引起我們的悲感，譬如看了悲哀的電影，會使我們常常不快。又如那些愛情片，歌舞片，足以引誘青年忘記了他們的使命終日沉醉在戲院裡。所以我認爲除了對我們的抗敵救亡有關係的片子外，都不應該着。

宋 我認爲我們根本不需要娛樂，因爲我們業餘課後的時間都要化費在活動上面，假如大家都能夠照預定的計劃去實行，根本就沒有時間再找另外的娛樂，而且我們的活動裡面，本來就有調劑生活將規定，譬如學術研究，野外活動，不是都可以作爲很好的娛樂嗎？

朱 飯後課後都只是極短的一刹那，而且大家都需要休息，在休息的原則下，彈琴也好，散步也好，談天也好，每個人都可以自由舒暢一下，不會妨碍大家的計劃，所以盡可不必在這裡討論。

裘 我贊成朱君的主張。

主席 既然大家都不願意因大規模的娛樂而妨碍我們的工作，我們就停止討論罷！現在討論終結，就此散會！

經大疴辭別

親愛的朋友們——

我受着生活的壓迫而離開這裡了。時間的匆匆，連讓我握一握你們底手都不可能了，這是多麼殘酷的事啊！

以後我當多讀點書，等自己充實後，再把生活的平靜之海掀動。這是我底計劃，也是我底期待！

我雖然已被生活的鞭子笞下到深淵裡，朋友，請時常通訊，來安慰我底苦悶！來信請送，『硤石中國銀行孫寶琦收轉』

我下會用源水來洗滌創痕，我當讓熱血狂奔！再會吧！我底杭州，我底朋友！

寫於離杭前一日。

戰場上

張維沆

飛沙帶着狂風；
這渺茫的四野，
遍佈着死傷者的臭腥。
喔喔喔——嗵！
天上滿懸着敵人的飛機，
前線轟遍了炮聲。
雖然缺鋒利的武器，
却有「爲國而死」的赤誠。
看看吧——
戰場上滿是我們的弟兄。
千萬的民衆，
都拉起了手來，
血肉結成國防的長城。
起來啊！
衝衝衝！
勝利終究是我們的。
謳歌吧了
這民族自救的戰爭。

一九三七，三，十三，於玉山

休息

呂紫

激動了一天的海潮，漸漸的平靜起來，但是依舊時時可以見到那殘餘的力，鼓起了波紋，向無垠的藍田岸邊滾來滾過來，然而前面的堤岸却不讓他再向前冲，終於退下來，一部份是被那阻力冲散了，成爲白色的泡沫四向飛濺。但是牠不厭倦，不氣餒，新的力又推動着前進。

太陽已不似炎夏那樣的猛烈，可是牠依舊普照着大地。牠是這裡鹽民的最親愛的一個，雖然牠的熱光是這樣的強烈，使他們缺乏脂肪的皮膚上晒出油和汗來，皮膚一天天的變成紫黑色，繁重的工作強烈的陽光，曾使他們病倒來，可是卽不算什麽，爲的是唯有陽光下，他們才能得到艱苦的生活費用，鹽價每擔跌到六角五角去了，鹽中還得拌紅粉（註一）亦得化去幾個銅子，可是這不能怪天，是他們的命運？然而成千萬的他們爲什麽有着同樣的命運——窮與苦。

但是連這些命運都漸漸的動搖起來，可怕的謠言——漁鹽歸堆（註二）却一天多似一天的起來。

「阿毛！上面秤放局裡已派人來測量田基，聽說要造鹽倉呢！」得生一個三十多歲的瘦子，生活磨折他已像四十幾歲的老年人，背部成了孤形，重度的痧眼盤天流着淚水。今天賣鹽回來得到這消息，更顯得狠狽和不安。

「媽的，不知又是那兒來的混蛋造慌，這幾天那傢伙（指某局長）正忙着做什麽五十歲，做戲請客鬧得天翻地覆，那裡有功夫派人來量田基……」阿毛雖然同得生差不多的年些，可是他的結實的身體，他知道生活的艱難。可是愁他是從來不會的，他祇知幹，憑着自己的力幹。什麽問題都看得滿不在乎。

「唉！你又是這樣把事情看得太容易了，你要知道這次事情同過去不同了，拌紅粉是暫時的辦法，不能滿足他們的收入，所以非這樣做不可。哼！做壽他有錢可賺的呀，我們鹽戶要送禮，可是他不會請我們客，請的是穿長衫的朋友，不能賺錢，他會做壽嗎？做壽想賺錢。做過了壽難道就不想括我們的錢嗎？但是有什麼話說呢，他們是前生修來的福。」

「哼！生前修來的福，我不相信？他是人，難道我們不是人嗎？我們做着牛馬似的工作，他們享着天堂般的福，你想這不是我們的血和汗？」

「不相信你有什麼辦法？假使萬一鹽倉造成，我們的鹽晒好都要放到那邊去，雖然各處地方都要設倉，終沒有像自已家裡一樣便當，挑來挑去要費多少的時間和力氣，一天苦到晚，還沒得安息，你想不餓死亦要做死。賣出去時又要給局裡先生們稱過，他們早上起得遲，晚上休息得早，但是我們鹽要賣給漁人們，他們要隨潮漲落開船，這時間如何辦得到呢。聽說在賣出以前要我們先納稅，然後才可以賣出去。你想我們的鹽還沒有賣出那裡有這一大筆的錢呢？…………

我早就想不要晒鹽了，可是另外生意終找不到，現在眼看一家老小要活活的餓死！」

「另外找事？你曉得我們這種窮苦人，有什麼事情可找？到處都是受人的剝削榨取。你不是見阿貴去年不想晒鹽到上海去找工做，去了半年找不到工做，什麼都當光病着囘來，他的身體比你好，還是這樣的結果，我勸你又要夢想吧，還是計劃我們眼前的事吧！這事實行後我們是不會有好生活過的。不過我們人多，祇要能夠大家一條心，是不會沒有辦法的。…………」

★ ★ ★ ★

如今太陽依舊這樣的普照着大地，可是在這廣泛的鹽田上却多了幾個穿洋裝的人，埋着頭用那種令人識不得的尺來量着土地來。——阿毛的兒子，一個六歲左右的孩子，背了一隻破蘿，裡面裝了幾根柴，赤着脚到處跑着，看了這幾個平時看不到的人，玩着他從來沒見過的東西，他想跑近去摸摸牠，可是又不敢，走近去看那陌生的臉又縮進手來。他不知怎麼做好。

「來福，」他祖母的喊聲，打斷了他的趣味，他恨恨的看了他們一眼，跑到他祖母身邊去。

「來福！天晚了，今天向張家阿嬸借來一升蕃茹乾，囘頭要燒飯，你柴有多少斫來？」時間和生活帶走了她的生命活力，祇剩了一張乾癟無神的臉，雖然她是嘗盡了人生的痛苦貧窮的滋味，可是爲了她的阿毛遺留下來的唯一孩子，依舊每天掙扎着生活下去。

「娘娘！(註三)我不要斫柴，你看那二個人玩得多好，我也要！」來福撒嬌似的要求他的祖母，一面把他的祖母拉出門外，指點這二個人給她看，他的祖母睜着失神的眼，向前望，可是這一望又使她想起了夏天的一幕——他的兒阿毛，一個強健結實的身子，爲了反抗漁鹽歸堆，向秤放局(註四)請願，發生了爆動，在火光和槍聲中，失去了他唯一的兒子，她的媳婦爲了養不活她，嫁人去了，抛下了她唯一的孩子。這犧牲給她帶來了什麼？她更不知道這的代價是什麼？怒潮過去了，而測量的人却依舊在埋頭做他們的工作，她的心將要怍裂了，她不忍看這些。她懷疑自己的苦命，一生從沒有做過一件對不起良心的事，可是結果是這樣，她的親戚朋友中亦找不出一個所爲「好命運」的人。他們一樣的做着牛馬似的工作，但是永遠爲着三餐薄粥苦悶着，來福是這樣的小，不能做一些事情，她每天在憧憬着生與死之間。

來福懷了一肚子的高興拉他的祖母出來看，他的祖母不但不認，反而哭起來了，他亦愈想愈懊惱起來，「娘娘！爸爸爲什麼挑鹽老是不回來？媽媽到外婆家去了，我亦要去啦！」呱的一聲哭起來「孩子！你的爸是去休息了，你的媽，唉終有一天會回來的，祇要你能夠爭氣做人，將來大了可以替你的爸爸出口氣……

陽光漸漸的沒入地平綫去；海潮亦顯得更平靜了，然而這是暫時的安息。太陽明天依舊會東升的，海潮不會永遠的平靜。

一九三七、三、十四、

「註一」拌紅粉——即漁鹽變色，爲防私鹽起見，鹽中拌以紅粉，以別私鹽。

「註二」漁鹽歸堆——亦爲防止去私，將鹽民之鹽藏在一個倉中，出賣時先付稅後擔鹽，這時於政府稅收固然可以增加，然一般鹽民窮得不能生活，如何辦得到，且因辦事之人不得其法，故引起鹽民羣衆的反抗。

「註三」娘娘——意即爲祖母。

「註四」秤放局——徵收鹽稅的機關。

東北義軍之活躍

（快訊社瀋陽電）頃據僞滿第一軍區司令部發表報告稱，出沒於南「滿」一帶之義勇軍人數，截至本年二月底，約共有一萬九千六百人。計僞安東省及僞奉天省共有九千二百人，僞吉林省三千五百人，僞錦州省二千一百五十八人，僞熱河省與僞興安省共有二千六百五十八人，僞間島省二千一百人，本年最初二個月間，日僞軍與義軍交戰次數，先後共達三百一十八次，義軍根據地被日僞軍焚燬者共二百八十五處，義軍戰死者九百八十五人，受傷者三百二十五人，日僞死軍官十一名。士兵三百一十名。僞軍官九名，士兵一百八十五名，照以上數字計算，義軍平均每日與日僞軍交戰達五次以上。

創痕

射言

被冷雨緊打着的寒窗的啜泣聲，
被怒風吻着的禿樹的吟呻聲，
晃盪，黯淡，寂寞的燈光下的孤影，
被浸在充滿了辛酸，惆悵，苦悶的氛圍中。
身心的疲勞，幻成的，祇是千變萬化的瞳憬，
甜蜜的回憶，振起的，祇是創傷痕跡的疼痛：
啊！弱者的呻吟！
有誰能知？
也有誰能聞？
夜的黑幕擁抱了大地，
月的輕衫飄過了窗前，
廟宇中的夜鐘聲，打破了空際靜穆的薄膜，
惡狗的狂吠聲，喚醒了多少的月夜好夢。
躑躅在十字街頭的迷途的羔羊羣！
蹀躞於荊棘的歧途中的孩子們；
啊：月光下的祈禱！
有誰得曉？
也有誰同情？

讀韓國三一運動十八週紀念宣言

文後

鍳

彷彿一陣鮮血淋漓的被壓迫者的呼聲，傳入我的耳際。總理說：「聯合世界上以平等待我之民族，共同奮鬥」！奮鬥吧！只有人類的奮鬬，可以開闢一條光明的大道，可以造成一部可歌可泣的民族史！

一部分人類理想中的世界大同，離得我們太遠了。看！侵略者的砲彈，正瞄準我們射來呢！被壓廹的人們！要和平，必須要有武力做你們的後盾，有武力才可以戴起假面具來講公理，赤手空拳想幹什麼？

但是，我們如不努力，那末，以前烈士們的熱血頭顱都是枉拋了！聽！北風過處，那錚錚的鉄蹄聲，是敵人在作他的大屠殺，知有多少我們英雄的祖先所開拓的錦綉江山，在淪爲夷狄，知有多少以平等待我的人類，在被人宰割！

「楚雖三戶，亡秦必楚」。世界上的弱小民族沒有死盡，總要起來反抗強權的！

「國民不死，韓國不忘」！韓國獨立黨內的同志們，你們不死盡，箕子的故事總可以恢復的，努力吧！優秀的民族，豈甘作人的奴隸？

我知道的，你們也是黃帝的子孫，是安重根烈士的後起者，鼓起「乘風破浪」的壯志來罷！不要忘了你們的祖國！

秣馬厲兵，冒死進行！我希望在自由旗的飄揚以下，看到佈滿了整個原野的尸體！

一九三七、三、一三

鬥

（一）

洛

「我也不愛瘦，我也不愛肥，我要愛一位像你一樣美……」別瞧×將軍老啦！唱這種歌挺「摩登」呢!!身子裏在被窩裏，臉上掛上幾絲不自然的笑紋，瞇緊着二顆惺忪的眼，斜睨着晨稚初罷的東洋夫人，好似他臉上生活刻劃着的縐紋消失了，人老心不老呢？『娘子有請了！……』接着是幾個哈。『呃！娘子！別瞧咱老子是目不識「十」的武夫哪，告訴你呃！我會背一篇賦哪！……啊！……什麼賦哪！……呃！怎的忘了……老黃帝提的呢……呃……飯桶，蠢貨，笨驢子……怎的？』抓起手掌往臉上打「喔！對啦！是啦！娘子我告訴你……啊不是……咄！呆蟲……喔！喔……洛神賦，講的是一個漂亮的婊子哩！他說……怎的……是……是……減之一分則太「長」，是長吧……嗯……嗯，總之說是漂亮的婊子啦！娘子！他是說你呀……不，你當然不是臭婊子……還有他說……他說……嗯……什麼……讓我想哪……

「鈴……鈴……」電話機妒忌他的文才呢！

「不是人揍的畜生！野生的！這麼早打電話來！狗養的！不曉得咱老子在尋『開』房之樂嗎！媽的！××將軍的火門打開啦！霹靂火打啦出來啦！不耐煩地把身子拔出了被窩，暴燥地把聽筒湊上了耳朵」是的！王八羔子，你那裡！……呃……司令部……你就是××司令，好早！司令。驚惶爬上他的心頭，恐懼翻上了豬肝似的臉，舌頭嚇的伸了兩下。「是……是……司令！來了？立刻來！司令……是……是……」聽筒擱住了還是喊着「是……是……來啦……」，綳得緊緊的臉寬下來啦，司令沒有懂得他的斯文話語。

「倭鬼！媽的！叫咱老子幹嗎？留着熱熱的被窩不躺，去喝夾着黃沙的西北風，放着這樣迷人的娘兒不看，看你那樣狗頭臉」。他想當他發現北國的春晨，仍是那麼料峭；心湖底裏攪起汚濁的波浪，一百個不情願抓住他的心。可是波浪終是平靜啦，他終於爬出了被窩，最多也不過多飄東洋婆幾個翻眼，懸着一顆鉛也似重的心，裝着一肚皮氣，鑽進如烏龜型的汽車，嘟的向司令部走啦！

在車裏，依舊留戀着媚人的東洋婆，熱的被窩。沒辦法，啃啃牙根。「天殺的××司令，他咒吼。不過，他的平靜的——麻木的——心湖裏，竟會突的瀫起幾絲優妙的渦兒。——他有了夢想——美麗的夢想。

「十幾天前我立了大功啦！我抓住了三個土匪！××司令曾親熱地拍過我的肩！他的甜蜜的話語還在我的耳根哪——「你眞是『滿洲國』的功臣呀」—！咳！對啦！升官了！得買一個「摩登」的鑽石戒給娘子吧！呃……那……準會使她伏伏貼貼地給我克十個絲哪。」他禁不住摸摸他的嘴吧。

人總是奇怪的，得意的事會時時的映上腦海上來的。他出神啦！他想起了他歷史上光榮的一頁。事情是這樣的。

新婚後的一夜——東洋婆進門的一夜，黑夜裏，奉到司令部緊急命令，追剿東鄉的土匪，無情的命令驅他上了征途。硬硬的雪霰，夾在片片的雪裏，凍住了他的手足和臉孔，風姨又一針一刀地宰割着；心又那麼多情，牽掛着新人；簡直不是人，失了理性的野獸啦！衝到了目的地，別說匪了，鬼影子也沒有一個，冰雪快把一隊人馬凍住了。謝謝天，隔一個「窩集」有了幾份人家，「皇」軍(?)畢竟是有權威的，不管三七念一衝進去，吃啦喝啦爲的是皇軍(?)保護民衆啦！就因爲×將軍不是目不識「十」的武夫，聰明的人一定有法了呢。寒冷侵襲着身子，痛苦剝蝕着內心，心一橫；一聲命令，三個俘虜到了手啦！在慘苦的喊聲哩，婦女的喊哭聲裡，嬰孩的叫奶聲裡，三個所謂「義勇軍」成了皇軍的俘虜，輕促的步伐，伴上一顆輕快的心，踏上了歸途。

次日，三位「安分守己」的良民，寃枉聲裡，很容易地被做了。×將軍却被××司令親熱地握着手，「功臣的頭銜飛上他的頭頂。

笑意飛上了他臉，同時他的的血管裡流過了電流、熱大大的，像是××司令還在握他呢。

可是心的角落裡，終於有了反響，「這眞可以說是功績嗎？」他問。紅暈翻上了臉，心上又添了一大塊黑斑，「呃」！他自己不知怎樣說好，可憐地掙出了二句輕得只自己聽的話「管他媽的良心！靠良心只好死啦！」

跌進了泥潭的人還可以講什麼呢！一個念頭翻身，又是值得狂喜的。

「升官了！劉平那王八羔子眞得眼紅死啦！」他被狂歡的氤氳籠罩着「帝國人民眞是好人！怎麼不呢？就是狗迷戀的東洋婆罷，××將軍眞好，送給我！雅然隱隱約約地聽見衞刀說過『這娘兒當過妓女的，不正經的蕩婦……』打什麼緊，總比支那婦人强啦！總是外國貨！打什麼緊」他自己安慰自己。「……」

軋的，車停了。

（二）

「司令！有什麼吩咐！」×將軍巍然站在××司令面前，謙恭地問。

「支那人眞是混蛋！」××司令劈頭就是那麼一句。

我們的祖宗

霖漫

我們的祖宗，
煩怨，悲憤，佔據了他整個的心胸；
爲的是家鄉的土地被敵人佔用。
他咒駡鬼子的野蠻，貪凶……
大好的河山整個斷送。

祖宗的遺骸，
是埋在白水黑水中；
南方的秧苗已變得青葱，
做子孫的竟會把這個時間忘掉，
坟頭上老是任膏藥旗子在迎風飄動，
看了眞是心痛得入髓澈骨；
難道我們的旗幟改了顏色!?

「不！司令！我是『滿洲國』人」他又小心地回答，雖然他美滿的理想着卒啦。

「哼！不用多插嘴，」司令命令「帝國的面子把你們坍前十多天，抓了三個來，就說決不會有了，現在你看吧！東鄉又攪得不成樣啦！混蛋！狗東西！」

「唔！」

「怎麼辦啦！」司令怒了。「限你二日剿光。」

「司令！太匆促了一點吧！」將軍可憐地訴苦。

「支那人簡直不是人！誰和你談價錢，告訴你，帝國派來的××考察團大後天要來了，還不剿怎麼，害我嗎？」

「是！不敢……立刻出發嗎？」將軍討饒。

「當然啦！這點還不懂！眞是老烏龜」。

「是！是！」裝飽了一肚的氣；蹌出了司令部。

「噠噠！底噠底噠底！」悲慘的集合號響啦！

廣場上，尖風裡，聚了這麼一大羣；從他們的臉上可以看出來，不過是鐵蹄下，皮鞭下的一羣可憐蟲，尖刀似的風，透進了薄薄的灰色制服，刺痛了黃黃的肌膚，再透進了肌膚，攪起心上的微波，震動了心的弱弦，他們在戰慄！一羣可憐蟲！餓癟了的可憐蟲。

驚異的成分可以在每個人的臉上看得出來，或許他們在等候發餉，因為幾個月沒有發呀，但是他們的家仍舊望着他們寄錢回去呢，誰知道他們在鐵蹄下呻吟呢。

×將軍立上了凳子啦！每個可憐蟲的心弦震動更劇烈了，心湖波動得更厲害了。他們冀望着：「司令部接接到軍餉了」。人的渺想，總是美滿的。

「你們這批狗東西，眞是支那狗。」底下的可憐蟲臉色變了，接着是一陣騷動。×將軍發現了這句話的錯誤「呃！呃！我是說那批『義勇軍』……嗯……

「昨晚東鄉又出了匪，司令說限二日剿光，都是你們這些鬼防守不密了。咱他媽的。我們一隊又得去啦！狗東西。」×將軍的一肚子氣有了發洩的時候啦！

祖宗的——

眼珠暴出紅筋，

耳朵繞滿响鳴；

撒野的騎蹄，

踏平了高粱地帶；

侵略的號聲，

散遍在黃河西東。

撈什子的睡魔緊緊地迷着大衆；

任意讓敵人將我們的所有撥動。

祖宗在地下祈望，

祈望東方不會有兩個太陽!!

「又要殺自己人去了！中國人打中國人！咳！簡直是：……，又要去抓老百姓嗎。」背後隱隱約約地一枝冷箭，被黑斑蓋滿了的一顆心，竟也有覺得苦楚的時候，不過是一刹那吧了。

「哼！餓了肚子，凍了身子，殺自己人。」又是一個爆竹在響。×將軍想出亂子啦！

睜出了兩隻賊相的眼，往四周一滾，沒有騷動，不過這一羣可憐蟲隊裏的嚴肅的空氣增濃了。×將軍的有了戰慄哪；不自主的一個寒噤。

「這是咱們軍人的天職。」×將軍招出了一個富麗堂皇的招牌不過反應却是幾百個人鄙夷神氣。「弟兄們！『軍人』不是隨隨便便當的，多麼『神聖』……」大概他記得他是由流氓而軍閥，由軍閥而「抗×英雄」，由「抗×雄英」而滿洲國功臣的，他的咽喉塞住了，猪肝似的臉再泛上絲絲春意。架子還擺呀……

「帝國養我們做什麼，國家訓練我們什麼。弟兄們！想想過去吧！幾年前不是天天在躲命嗎？沒有穿，又沒有吃，現在不是兩樣了麼？就咱老子說吧！她媽的，在內跟支那人的時候，老是不出山，呃！現在！哈：弟兄們，你們也有這麼一天呀……出力吧……」

「咳！哼！有穿有吃還來殺自己人嗎？」一個聲音跳進了他的耳朵。

「你有吃有穿，你有女人！哼！我們……凍死快了，餓癟快啦！喝西北風，吃你們野生的外國大腿，……猪狗！生活嗎，好啦？」又是一個針刺進了×將軍的心。又是一個戰慄。

「嗯……上午十點鐘出發，快整行裝。」×將軍終於掙了幾個字，走下凳子；深深地吐了一口氣。

一聲解散聲裡，一大羣可憐蟲，被註定了命運，候死去吧！

「這囘去要死啦。」有一個可憐蟲喊。

「要我去殺自己人，哼！怎麼一囘事………」

「狗養的；叫我們去造孽，抓老百姓………」

×將軍只做不聽見。心湖泛起了幾絲波紋，又是立功（？）的時候啦

「咱他媽的，殺了那些狗養的畜生再說。」一個聲音滾進耳朵來了，「咳！」他想兵變了吧！……」

瞟一個眼瞪一瞪，「啊！那是趙得標。」

跟蹌的脚步，伴着一顆充滿着恐懼的心，滾進了司令部，司令室。

……………

（三）

紛亂的氣氛籠罩着三數間小屋——營房。

「媽的！又得造孽啦！」

「前十多天，無緣無故的抓了三個平民，不知是誰家的父親啦！可憐！我們真的永遠不超生了，下世得變豬狗啦」

「誰知道下世的事；我們對不起良心的事，倒是眞的」！

「眞的，誰願意殺自人，不是飢餓寒冷逼着我，我再也不會做這種缺德的事！咱老子要是有財有勢，一定加入義勇軍。」

「嚇！那是麼，我們現在不好去嗎橫豎是死，殺了這些畜生更好啦？」趙得標生就那付直肚腸。

「…………」

「…………」

「他媽的！不好啦！」老剛跌進了小屋裡，得標，得標，你該死啦！……聽錢四說……那……那，司令室的衛兵……×隊長告訴司令說『恐怕要兵變啦』司令立刻打了一個電話給野植隊長，叫他立刻帶二千皇軍來，要押了我們去剿匪哪。司令並且叫×隊長做了幾個弟兄……×隊長說「頭腦是趙得標那狗頭啦！得標！得標！怎好呢？」

打什麼緊！殺了這些畜生得啦」得標輕拙談寫地。

「派皇軍來監視我們！哼！做弟兄！我們是什麼人。」一個聲音壓倒了其他的聲浪。

憤怒的情緒衝進了每個人的腦海；慷慨聲浪震動了每個人的心弦。

「去也是死！不去也是死！弟兄們，什麼事呢。」

「殺敵人比殺自己人強多啦！」

幾百個心的弦，起了共鳴，他們不是皮鞭下的羔羊了，他們是獅子啦幾百隻猛虎怒吼了。

他們不怕風的峭勁了，陣陣的怒吼，發洩了鬱積着已久的怒火。「拍烈烈！」「拍刺刺」內心的炸彈爆發啦！

「殺呀！殺呀！」他們上了神聖的戰場。

…………

鐵蹄下的北國的；畢竟染上了異族的血啦。

美國青年代表之示威運動

華盛頓訊：二月二十日有美國青年會議之代表二千六百人，列隊至總統府前呼噪示威，要求國會通過倫提恩氏之提案，撥款五萬萬圓救濟美國青年。彼等皆在白宮門前要道中席地而坐，以致交通爲之阻斷，警察當即拘捕數人，示威者爲全國青年之代表，年齡皆在十六歲至念五歲之間，所呼口號爲『我等要求職業』及『通過全國青年法案』等等，被警察驅散之後，卽分頭覓各州議員面提要求，羅斯福總統亦曾接見代表六人，面允釋放捕之人，並允設法續辦全國青年管理局云。

給青年朋友底信（二）

召耳

親愛底姊妹們：

一九三七年的婦女節，又泛了眼過去了。在逝掉的程期中，我們努力的結晶，究竟得到些什麼呢？在社會上的待遇，是不是與男子一樣嗎？不，我不能承認，我們的地位，仍然是與往昔一般。朋友！妳也有類似的感想嗎？

我們不能彀「嚴于責人，寬于責己」。我們應該研究我們墜落的原因是什麼？被社會上不齒的原因是什麼？如若說我們的體格不及男子的健全，我們的能力不及他們的幹練，這統是男子們侮辱我們的言詞，我們難道相信嗎？聽了他們的鬼話，就屈服了嗎？

其實，眞正的原因，還是我們自已的倚賴性太重，缺乏一種比鋼鐵還堅硬的毅力，過去我們的確太缺乏自治的能力了，爲什麼我們會搽上了胭脂，擦上了唇膏，來接受男人們給予的「花瓶」的冠冕。有幾個能够脫離他們的範圍，而自已生存，自家謀活，其實，我們也具着天賦的頭腦，活動的雙手，很可以與男子們爭雄於這個世界上，不，過倚賴性會蝕奪妳進取的雄心，會使妳壓迫在他們的蹂躪下而不覺得可恥。因此，我們要謀生活，要與男子們對抗，非把這有歷史性的倚賴觀念，根除不可，朋友，妳道對不對？

又因我們是富於情感的，狼心的男子，就抓住了我們的弱點，把撫育子女的責任交給我們，使我們要反抗，要自由的志願，在小孩的呱呱聲中消滅。這是多麼慘酷的政策，使我們的自由，幸福要失掉，自已都不曉得。

好了，世界潮流的巨浪，已漸漸冲倒了，把鎖住我們的巨練冲斷；喬喨的警鐘在響了，驚醒了我們的迷夢，我們明白了自己的地位，自己的責任，知道了我們並不是注定要屈服在他們的脚下的。我們要的是自由，我們要把救國的担子奪一半到我們的肩上來。

看吧！西班牙的婦女，已做了我們的先鋒，聽着！受壓迫的姊妹，已在淫威下掙出她最後的呻吟了。我們要鼓起血一般的熱忱，向壓迫者，藐覷我們的人們衝去！我們的口號是：

打出廚房與閨房！

掙脫壓迫者似鐵般的手腕！

到前綫去盡我們的責任！

同時，我希望我們個個都有娜拉般的勇氣，來抵抗封建遺毒所給予的烙印。

朋友！奮起吧！放掉妳們心愛的高跟鞋，化妝品吧！自由的花就能萌芽的。

再見，我期在來年的三八節，能够看到我們簇新的姿態，在這個世界上。祝

近步！

妳的朋友。三、八、婦女節寫

投稿簡約

一、本刊各欄均歡迎投稿

二、來稿須與本刊主旨相合，否則祇能割愛

三、來稿經刊登後文責由本刊代負

四、來稿請署姓名及通信地址，發表時署名聽便

五、來稿刊登後酌酬現金或本刊

六、來稿如欲退還，請附寫好退回地址及貼足郵票之信封

七、來稿請寄杭州廣福路三十九號靑年協進社編輯股

定價

每月二十五日出版（零售每期四分）		
國內預定	全年二十四期	連郵七角
	半年十二期	連郵四角
國外加倍	郵票代洋十足收用	

協進第二期

二十六年三月二十日出版

編輯及發行者　青年協進社（杭州廣福路三十九號）

總經售處　生活書店（杭州壽安路八號）

印刷者　正則印書館（杭州同春坊六十一號）

廣告價目

長期及另行

地位＼價目＼面積	全面	半面	四分之一
底封外面	三十圓	十五圓	八圓
封面內面	二十圓	十圓	五圓
正文前後	十五圓	八圓	四圓
文中小廣告	三圓		

鑄板者另議

青年自學叢書

大衆知識的淵源

青年自學的指針

*中國文字的演變 童振華 三角半
*青年應當怎樣修養 貝葉 四角
*中國社會性質問題論戰 何幹之 四角
*新哲學的人生觀 胡繩 三角五分
*文藝思潮小史 徐懋庸 三角
▲創作的準備 茅盾 再版 二角半
▲中國怎樣降到半殖民地 錢亦石 再版 四角
▲思想方法論 艾思奇 再版 三角
▲現代外交的基本知識 張弼 再版 四角
▲怎樣研究中國經濟 錢俊瑞 再版 三角
▲文學與生活 胡風 再版 三角
▲世界經濟地理講話 [illegible] 再版 四角

▲民族問題講話 吳清友 再版 三角
▲政治常識講話 漢夫 禁售
▲怎樣閱讀文藝作品 沈起予 三版 三角
▲現代哲學的基本問題 沈志遠 三版 三角
▲社會科學研究法 平心 禁售
*新聞學概論 胡仲持 印刷中
*國際戰爭的基本知識 金仲華 印刷中
*怎樣研究政治經濟學 柳湜 印刷中
*產業革命講話 錢亦石 印刷中
*時論寫作 [illegible] 印刷中
*社會科學概論讀本 平心 印刷中
*怎樣研究世界經濟 張仲實 印刷中

上列各書有▲者為第一輯 有*者為第二輯

發售預約 全輯三元

郵費國內免收 國外一元七角 香港澳門九角

生活書店發行

杭州特約所 壽安路八號

雜3

杭州市政府 編

杭州市教育法規

杭州：杭州市政府，民国二十二年(1933)铅印本

杭州市教育法规

二十三年十二月

市

杭州市教育法規

二十二年二月第四次印行

一、教育行政之部

二、學校教育之部

杭州市教育法規　目次　二

三、社會教育之部

四、教育經費之部

五、附錄

一、教育行政之部

杭州市政府教育科辦事細則

第一章　總則

第一條　本細則依據杭州市政府組織規則第三十六條之規定制定之

第二條　本科處理公務除遵照杭州市政府辦事通則外悉依本細則之規定

第三條　本科根據杭州市政府組織規則第八條之規定由科長秉承市長之命主管科務指揮及監督所屬職員辦理本科應辦事務

第四條　本科根據杭州市政府組織規則第二十八條分設第一第二第三三股並照同規則第七條之規定由市長就科員或督學中指派三人爲主任承市長及科長之命掌理各該股事務

第五條 本科督學科員事務員承科長之命及股主任之指導辦理各該本職應辦事務

第六條 本科收發員收到來文應即登入收文簿送由科長閲後分發各股擬辦發文應由科收發登錄稿簿再行送核稿簿回科應交原辦稿人閲後再發交書記室繕寫

第七條 本科職員撰擬各項文稿應遵照市長或科長核批並詳查案卷擬辦擬就後遵照辦事通則第十五條規定之程序層送市長判行

第八條 凡屬本科與他科有關之稿應先由科收發登錄會簽簿送請有關係各科會簽後再送秘書覆核轉呈市長判行

第九條 凡屬本科兩股有關之稿應由主管之股送交有關係之股會簽以資接洽

第十條 職員出勤回科應將勤務狀況用書面報告

第十一條 各種刊物之有關於本科事務者應由各股逐日選剪分類黏貼簿内以備查考

第十二條 本科科務會議每月一次或數次由科長定期召集會議細則另定之

第二章 第一股

第十三條　本市敎育實施計劃及敎育預算應於年度開始前編製草案送由科長轉呈市長核定

第十四條　本科主管之敎育費應於每月月終時造具清册送由科長轉呈市長核發

第十五條　本市市敎育經濟稽核委員會稽核各敎育機關收支應按照每月規定日期先期通知召集

第十六條　本市市立各敎育機關財產目錄應隨時調查釐訂

第十七條　各敎育機關呈請修理校舍應隨時查明呈由科長核辦

第十八條　本市各敎育機關之臨時購置及修理應隨時簽呈科長核示並派員驗收

第十九條　本科於每學期敎育事業之調查統計應就其所得資料彙編繪製圖表

第二十條　本科撰擬文稿保管卷宗遵照本府辦事通則辦理

第三章　第二股

第二十一條　本市全市小學聯合運動會成績展覽會各科競進會等之計劃及籌備應擬具草

案送由科長轉呈市長核定

第二十二條　本市市區輔導會議之决議事件應隨時報告科長辦理之

第二十三條　本市私立小學校長會議應於每學期召集三次討論關於小學校之各項行政問題

第二十四條　本市初等教育之學術講習會學校參觀團及其他關於教職員之進修事項應隨時簽請科長酌核辦理

第二十五條　本市各私塾狀况應隨時派員調查並指導其改進

第二十六條　本市分區塾師研究會應每月召集討論關於教材教學及訓育問題

第四章　第三股

第二十七條　本市民衆教育館改良茶園及民衆學校之籌設應隨時簽請科長酌核辦理

第二十八條　本市民衆學校聯席會議應按時召集舉行討論關於民衆學校訓育教學等各問題

第二十九條　本市全市遊藝人員應隨時簽擬訓練辦法呈請科長核辦

第　三　十　條　本市茶園之改進通俗講演之支配及娛樂場所之檢查應隨時秉承科長辦理之

第五章　附則

第三十一條　本細則如有未盡事宜得隨時呈准市長修正之

第三十二條　本細則自呈奉市長核准之日施行

浙江省市政府教育委員會暫行規則（省教育廳令頒（二十一年一月））

第一條　浙江省市政府爲籌議全市教育行政事宜設立市教育委員會

第二條　市政府教育委員會由左列委員組織之

甲、當然委員

一、市長

二、市政府教育科科長或教育局局長

三、市督學

四、市黨部代表一人

市黨部未成立前以縣黨部代表充之

五、所在地省立學校附屬小學教職員互推代表一人

六、市立學校互推代表一人

七、市立民衆教育館互推代表一人

乙、聘任委員

由市長就市區内具有左列資格之一者提經當然委員多數之同意聘任之其人數三人至七人

一、熱心提倡本市教育著有成績者

二、富有教育學識及經驗者

第三條　市政府教育委員會設常務委員一人由市長任之處理日常事務開會時爲主席

第四條　市政府教育委員會之職權如左
一、審議市教育方針及計劃
二、籌劃市教育經費
三、審議市教育經費之預算及經市教育經濟稽核委員會審核後之決算
四、審議市政府交議事件
五、提議關於市教育事項

第五條　市政府教育委員會每月開常會一次由常務委員召集之如經委員三人以上之提議或常務委員認爲必要時得召集臨時會

第六條　市政府教育委員會遇必要時得函請有關係機關派員列席

第七條　市政府教育委員會當然委員以本職之任期爲任期聘任委員任期一年但得連任

第八條　市政府教育委員會於開會時無故缺席連續滿三次者其行政機關之當然委員得由委員會函請市政府懲處其黨部及各校館推出之當然委員得由委員會函請改推其

聘任委員由委員會函請市政府另聘

第九條　當然委員中由各機關推出之代表除因職務變更得改推外如原機關認所推出之代表爲不稱職時得隨時撤回另推

第十條　市政府教育委員會委員均爲無給職但聘任委員得於開會時酌支川旅費由市教育經費項下支給之

第十一條　市政府教育委員會文牘書記庶務會計由市政府教育科或教育局職員兼任之

第十二條　本規程自浙江省政府公布日施行

杭州市輔導會議規程（二十年三月施行）

一、本會議依據浙江省地方教育輔導方案第一章輔導組織第五綱之規定組織之

二、本會議以研究本市改進小學教育及民衆教育之實施爲宗旨

三、本會議出席人員如左

1 教育科長

2 督學

3 教育科各股主任

4 省立高級中學附屬小學代表

5 省立民衆教育館代表

6 市學區輔導會議總幹事

7 市立實驗小學校長

8 市立民衆教育館館長

四、本會議以教育科科長爲主席並負召集之責

五、本會議討論之事項如左

1 審議輔導方針及計劃

2 訂定本市輔導曆

3 分配本市實施實驗小學之實驗事項

4 討論其他輔導事項

六、本會議提案爲集中討論起見得由教育科擬訂輔導方案

七、本會議每學期至少舉行三次一在學期始一在學期中一在學期末

八、本會議請省立高級中學附屬小學及省立民衆教育館爲輔導機關

九、本會議地點及日期由教育科指定之

十、本會議工作情形應報告市政府並印發本市各教育機關參考

十一、本會議費用由市教育行政經費內支給之

十二、本章程經本會議通過由市政府核轉教育廳備案後施行

杭州市名勝古蹟古物臨時保存辦法（二十一年四月施行）

第一條　本辦法爲適應軍事期內暫行保存本市名勝古蹟古物而設一俟時局甯靜卽行取銷

第二條　本市各處名勝古蹟除寺觀別墅墳墓等屬於私人建築管理者仍由市府工務科派員隨時監察保護外所有中山公園平湖秋月孤山三潭印月花港觀魚西冷印社曲院風荷保俶塔于墳各處以及一切山林池沼古代陵墓岩洞井泉之類均依本辦法辦理

第三條　軍事期間如有客軍過境由市政府商請部隊長官於各名勝區域禁止駐紮軍隊以免損壞

第四條　各名勝古蹟市政府派有管理員者責成管理員依照規則妥爲保護並令逐日塡報游覽人數及管理狀況

第五條　各名勝古蹟向爲社團借用或租設照相館茶場者所有建築物及古物責令社團或租賃者切實保護如有損壞並令賠償

第六條　各區區長應隨時周密察看各勝蹟如有改觀立卽呈報市政府核辦

第七條　凡山林池沼古代陵墓岩洞井泉之屬由市府林警巡迴查察如有事故立卽報告市政府核辦

第八條　各名勝古蹟所在由市政府函請省會公安局通飭各該管警署協助保護

第九條　凡孤山一帶由市政府函請西湖博物館古物保管委員會浙江分會協助查察

第十條　各名勝古蹟院宇內藏儲較有價值之古物於必要時應暫移置於安全處所俟秩序恢復仍置原處

第十一條　各名勝古蹟於必要時市政府得命封鎖其一部或全部禁止游覽或商請公安局派警看守之

第十二條　本辦法呈奉　民政廳核准施行

杭州市播音教育講座辦法（二十年十二月施行）

一、本市為輔導全市初等教育及民衆教育服務人員進修起見設立播音教育講座

一、本講座分固定講演及臨時講演兩種固定講演每週一次臨時講演次數不定各種講演舉行時期由市政府教育科定之

一、本講座由市政府教育科聘定講師按期講演並委託省廣播電台播送

一、本講座每次講演之時間講題及講師姓名等由市政府教育科先期登報通告

一、本講座確定之收音處爲下列各教育機關

(1)市立太廟巷小學　(2)市立仙林橋小學

(3)市立靈慶里小學　(4)市立第二民衆教育館

(5)市立大同路小學　(6)市立第四民衆教育館

(7)市立橫河小學　(8)市立白衙巷初級小學

(9)市立佑聖觀巷小學　(10)省立高級中學附屬小學

(11)市立第三民衆教育館　(12)市政府

一、本市服務市私立初等教育及民衆教育各機關人員應認定一聽講處由各該機關主任人員列表呈報本府以資查考

一、各聽講人員均應在聽講處親簽姓名每月終由各收音處教育機關列成統計呈報市政府

一、各收音處教育機關得由市政府教育科隨時委辦關於本講座一切事宜

一、本講座每次講稿得逐期在市政府教育週刊上發表

一、凡對於教育有興趣之人員亦得在各收音處聽講

一、本辦法由市政府訂定施行

二、學校教育之部

修正杭州市市立小學校長任免規程（二十年十月第二次修正施行）

第一條　市立各小學設校長一人依據各項教育法令秉承市政府處理全校行政

第二條　市立各小學校長由市政府任免之

第三條　凡人格高尚服膺黨義並有左列資格之一者得委任爲市立小學校長

甲、完全小學

一、師範大學或大學教育科畢業曾任小學教員一年以上者

一、高中師範科及舊制師範本科畢業曾任小學教員二年以上者

一、大學本科或專門學校畢業對於初等教育素有研究曾任小學正教員二年以上者

一、受小學教員檢定委員會檢定合格得有高級小學正教員之許可狀並曾充高級小學正教員三年以上而得教育行政機關嘉獎者

一、高級中學畢業曾任小學正教員三年以上而得教育行政機關嘉獎者

乙、初級小學

一、高中師範科及舊制師範本科畢業曾任小學教員一年以上者

一、師範講習科或師資訓練班一年以上畢業曾任小學教員二年以上者

一、大學本科或專門學校畢業對於初等教育素有研究曾任小學正教員一年以上者

一、受小學教員檢定委員會檢定合格得有初級小學正教員之許可狀並曾任初級小學正教員二年以上而得教育行政機關嘉獎者

一、高級中學畢業曾任小學教員二年以上者

一、初級中學或其他中等學校畢業曾任小學正教員三年以上者

第四條　市立各小學校長任期分爲三期第一期爲第一學期凡新委校長屬之第二期爲一年凡校長任滿一學期而經續委者屬之第三期爲二年凡校長任滿第二期而經續委者屬之嗣後每滿二年經本政府認爲服務勤懇成績優良者得繼續委任之

第五條　市立小學校長在任期内本政府不任意撤換惟有左列事項之一經本政府查明屬實者得隨時解其職務

一、違背中國國民黨黨義者

一、違反敎育法令者

一、治校不力改進無方者

一、操守不謹侵蝕校欵者

一、行爲不檢人格墮落者

一、身心缺陷不能執行職務者

第六條　市立小學校長如中途辭職其辭職書須於一月前提出

第七條　市立小學校長服務細則另定之

第八條　本規程經呈請省政府核准後公佈施行

修正杭州市市立小學敎員聘任規程（二十二年二月第三次修正施行）

第一條　市立小學敎員分正敎員專科敎員助敎員三種

第二條　具有下列資格之一者得任爲小學正敎員

一、高中師範科及舊制師範本科畢業者

一、省立師範訓練班畢業者

一、師範講習科一年以上畢業曾任小學專科敎員或助敎二年以上者

一、師資訓練班一年以上畢業曾任小學專科敎員或助敎二年以上者

一、大學本科或專門學校畢業曾任小學敎員一年以上者

一、高級中學畢業曾任小學敎員二年以上者

一、受小學敎員檢定委員會檢定合格得有小學正敎員許可狀者

一、初級中學或其他中等學校畢業曾任小學敎員三年以上者

第三條 具有下列資格之一者得任爲小學專科敎員

一、高中師範科及舊制師範本科畢業者

一、藝術及體育專科畢業者

一、大學本科及專門學校畢業對於初等敎育素有研究者

一、師範講習科及師資訓練班一年以上畢業者

一、省立師範訓練班畢業者

一、高級中學畢業曾任小學敎員一年以上者

一、受小學敎員檢定委員會檢定合格得有小學專科敎員之許可狀者

第四條 具有下列資格之一者得任爲小學助敎員

一、初級中學及其他中等學校畢業曾任小學敎員二年以上者

一、初級中學畢業者

一、曾受師範教育二年以上領有原校證明文件者

一、曾任小學教員三年以上者

第五條　市立小學教員由校長呈經市政府核准發給聘約其新聘教員並須依照杭州市市立小學新聘教員審查辦法辦理

第六條　市立小學教員聘任期間分爲三期第一期爲第一學期第二期爲一年第三期爲二年嗣後每二年經校長認爲服務勤懇成績優良者得繼續聘任續約須於一月前知照

第七條　市立小學教員凡在學期中間聘任其任職時間如滿全學期三分之二者始得認爲一學期

第八條　市立小學教員在聘任期間內不得任意更換惟有左列事項之一校長得開列事由呈經市政府查明屬實者應即解職

一、違背中國國民黨黨義者

一、違反教育法令者
一、教訓失宜者
一、怠廢職務者
一、行爲不檢人格墮落者
一、身心缺陷不能執行職務者

第九條　市立小學教員如中途辭職須於一月前提出並繳還聘約由校長呈繳市政府註銷

前項中途辭職教員不依本條規定手續逕自離校者在本市區內停止任用一年

第十條　市立小學教員服務細則另定之

第十一條　本規程經呈請省政府核准後公佈施行

杭州市市立小學新聘教員審查辦法（二十二年一月施行）

第一條　本市市立小學新聘教員須依據本辦法審查合格後方得聘任

第二條　本市市立小學新聘教員須先由校長呈送擬聘者之相片履歷單及資格證明文件

第三條　審查新聘教員由市政府教育科科長督學及教育科第一二股主任組織審查委員會辦理之

第四條　新聘教員經審查資格合格後並須舉行口頭問答口頭問答依左表之規定於問答時逐項審查記分其問題由委員會擬定之

杭州市市立小學新聘教員口頭問答記分表

姓名			
項目	標準		
	1	3	5
學識	缺乏	略具	平平
經驗	缺乏	略具	平平
言語	雜亂	不簡明	平平
態度	粗魯虛僞	欠和藹誠懇	平平
服務成績	因不稱職中途辭退	怠廢職務曾受警告	平平
健康程度	體格有病精神衰弱	體格不健神色不振	平平

分數	7	尙充足	尙豐富	尙簡明	尙和藹誠懇	對於業務著有成績	尙有精神體格平常
	9	充足	豐富	簡明	和藹誠懇	努力服務嘉獎有案	體格强健精神充足
呈報審查分數							
號數平均成績							
審查意見							
備註							

前項成績記分得酌用0246各種分數對不及給分限度者應以0分計總平均成績有零數時用四捨五入法計算

第五條　新聘敎員未曾在本市服務或未曾服務者問答記分表內之服務成績得從缺但在其他各處服務有明確之事實者仍得按照標準審查記分

第六條　新聘敎員之資格於相片履歷單及證明文件送達後由委員會隨時審查並規定時期

舉行口頭問答

第七條　審查新聘教員合格之標準如左

1 關於資格者照修正杭州市市立小學教員聘任規程辦理

2 關於口頭問答者以平均分數滿五分者作爲合格

第八條　新聘教員之合格與否須經審查委員會會議決定之

第九條　本辦法呈奉教育廳核准後施行

修正杭州市市立小學校長服務細則（二十年十月第一次修正施行）

第一條　本市市立小學每小學設校長一人依據各項教育法令及政府規定方針主持校務

第二條　市立小學校長之職權如左

甲、關於設施方面者

(一)代表本小學處理對外一切事項

(二)召集校務會議並爲主席
(三)執行校務會議議决事項
(四)考查職教員工作成績
(五)商承市政府進退職教員并支配其任務及俸額
(六)編造學校行政歷
(七)處理兒童入學退學事宜
(八)負統一全校訓育之責任
(九)發給修業畢業及一切名譽證書
(十)編製預算决算呈報市政府審核
(十一)聯絡家庭考察社會需要
(十二)計劃本小學設備之添置校舍之建築或修理及環境之改造
(十三)注意兒童自治活動之發展及學校之衞生

（十四）指導調製各種表冊簿籍

（十五）兼辦民衆教育事項

乙、關於研究方面者

（一）商承市政府訂定各科教學順序

（二）指導各科教學法之改進

（三）領導職教員組織研究會從事研究

（四）督促職教員出席本市區内各種研究會及講習會

（五）對於社會之通函調查或實地考察負指導答覆之責

（六）報告研究之結果

第三條　凡初級小學及完全小學校長必須擔任教課或一級級任但實驗小學得變通之

第四條　校長須依辦公時間督率職員辦公但因公外出不在此限

第五條　校長專任職不得兼任其他有給職務

第六條　校長因事請假在三日以上者須正式請人代理並呈報市政府查核

修正杭州市市立小學教員服務細則（二十年十月第一次修正施行）

第一條　本市市立小學教員除擔任教學外均須分任校務

第二條　本市市立小學教員之職務如左

甲、正教員之職務

（一）主持全級級務並注意其改進及發展

（二）協助校長編訂本級課程表及日課表

（三）注意改進所任教科之教學方法

（四）考查本級兒童之個性施以適當之陶冶

（五）注意本級兒童之體育衛生加以養護

（六）考察兒童課內課外之學習過程加以指導

(七)統計本級兒童之學業性行及其他成績報告校長及家庭
(八)調製本級各種訓育教學等表册簿籍
(九)調製所任教科之教學細目及教學週錄
(十)處理本級兒童之出席及缺席事項
(十一)處理兒童間之糾紛問題
(十二)聯絡兒童之家庭以交換意見
(十三)指導兒童之自治活動
(十四)指導兒童裝飾整理本級之教室及教具
(十五)擔任輪值事務及臨時發生之事務
(十六)辦理校長及各種會議之委託事項
(十七)兼辦民衆教育事項

乙、專科教員之職務

（一）注意改進所任教科之教學方法
（二）調製擔任教科之教學細目及教學週錄
（三）考察兒童課內課外之學習過程加以指導
（四）評定兒童之學業成績並報告正教員
（五）籌備擔任教科上應用之圖書儀器等件
（六）擔任輪值事務及臨時發生之事務
（七）辦理校長及各種會議之委託事項
（八）兼辦民衆教育事項

丙、助教員之職務

（一）注意改進所任教科之教學方法
（二）調製擔任教科之教學細目及教學週錄
（三）考察兒童課內課外之學習過程加以指導

(四)輔助正教員處理其他事務

(五)兼辦民衆教育事項

第三條　教員當以整個的精神對付兒童無論課內課外皆須負責指導

第四條　凡正教員均爲專任職不得兼任校外一切有給職專科教員亦以專任爲原則如有不得已時得兼應他小學之聘任但仍須分任校務

第五條　凡教員缺席必須書面請假在二天以上者必須請人代理但代理人須得校長之同意

第六條　教員應受市政府之指導實行各種教學試驗並報告試驗結果與研究心得

第七條　教員應出席之各種會議須按時出席倘因事故不能到會須先期請假

第八條　教員應遵守市政府一切有關係之規程

杭州市小學教員請假辦法（二十年七月施行）

一、本辦法爲尊重兒童學業及考核教職員服務狀况起見訂定之

二、教職員遇不得已事故缺席時必須向校長請假

三、教職員請假在一天以內者爲臨時假由請假人商請校內同事庖代

四、教職員請假在一天以上六天以內者爲短期假由請假人另請代理人負責庖代

五、教職員請假在一星期以上兩個月以內者爲長期假由學校另請代理人

六、一學期內請假繼續在兩月以上者作自動解職論由學校另聘人員接替

七、不論臨時短期長期各假均須塡寫請假單(請假單式附後)徵得校長同意並須將職務功課明白交代始得離職

八、凡教職員缺席不請假或請假時限已過而未續假或已逾開學日期尙未到校或未到寒暑假開始日期提早離校者均以曠職論

九、凡曠職繼續在一小時以上三天以內者由校長警告在三天以上兩星期以內者校長得根據修正杭州市市立小學教員聘任規程第八條第四款之規定依法解職

十、教職員請假由校長按時日分別登記月終製成教職員缺課統計揭示

十一、請假期內所有代理人酬金臨時假短期假由本人自理長期假由學校按照請假人薪修及日數比例計算直接致送代理人（但女教員生產不在此例）

十二、女教員生產假由校長呈報市政府核辦

十三、校長請假須遵照杭州市市立小學校長服務細則第六條並參照本辦法辦理

十四、本辦法除第十一條但書及第十二條外私立小學亦適用之

……………………小學教職員請假單

事由			期限	自　月　日　午　時起 至　月　日　午　時止		
代理事項	教科職務	級別	科目或職務	時間	代理人	

年　　月　　日請假人　　（簽名蓋章）

杭州市私立小學教員聘任規程（二十一年一月呈准公布）

第一條 杭州市私立小學聘任教員均須依照本規程辦理

第二條 私立小學教員分正教員專科教員二種

第三條 具有下列資格之一者得任為私小正教員

一、高中師範科及舊制師範本科畢業者

一、師範講習科及師資訓練班一年以上畢業者

一、大學本科或專門學校畢業者

一、受小學教員檢定委員會檢定合格得有小學正教員許可狀者

一、高級中學畢業曾任小學教員一年以上者

一、初級中學或其他中等學校畢業曾任小學教員二年以上者

一、曾任小學教員五年以上經登記合格者

第四條　具有下列資格之一者得任爲私小專科教員

一、高中師範科及舊制師範本科畢業者

一、藝術及體育專科畢業者

一、大學本科及專門學校畢業者

一、師範講習科及師資訓練班一年以上畢業者

一、受小學教員檢定委員會檢定合格得有小學專科教員許可狀者

一、高級中學畢業者

一、初級中學及其他中等學校畢業曾任小學教員一年以上者

一、曾任小學教員五年以上經登記合格者

第五條　私立小學教員聘任時須由校長致送聘約塡明職別任課時分修金及任期有效年月等項

第六條　私立小學教員由校長聘定後須呈報市政府備案並將受聘教員履歷及畢業證書服

務證書應聘書等隨文呈驗

第七條　私立小學敎員聘任期限得由校長參照修正杭州市市立小學敎員聘任規程第六條之規定辦理之

第八條　私立小學敎員在聘任期間校長不得任意更換惟有修正杭州市市立小學敎員聘任規程第八條各項情事之一及杭州市小學敎職員請假辦法第九條情事之一者得依法解職

敎員因事解職須開列事由呈報市政府備案

第九條　私立小學敎員如中途辭職須於一月前提出並繳還聘約

第十條　本規程自公佈日起施行

修正杭州市補助私立小學經費暫行規程（二十二年二月第三次修正）

第一條　凡本市區域內中華民國公民依照部頒私立學校規程所經營之各小學經調查確係

切實辦理而經常費十分支絀者酌予補助

第二條　凡具前條資格之小學請求補助須於每年三月十五日以前辦妥以便審查核准編入下年度預算

第三條　核定私立小學補助費須分學校爲甲、乙、丙、丁、戊五級依２，１·７５，１·５，１·２５，１之比例照下列公式計算之

$$\frac{\text{全年度補助費總數} \div 12}{\text{甲級學校學級總數} \times 2 + \text{乙級學校學級總數} \times 1.75 + \text{丙級學校學級總數} \times 1.5 + \text{丁級學校學級總數} \times 1.25 + \text{戊級學校學級總數} \times 1} = X$$

即戊級學校每月應得之補助費

１．２５Ｘ＝丁級學校每月應得之補助費

１．５Ｘ＝丙級學校每月應得之補助費

１．７５Ｘ＝乙級學校每月應得之補助費

$2X$＝甲級學校每月應得之補助費

第四條　前條公式內之學校等第以下列各項等級之平均分數計算之

甲、學校經費

依據調查結果分爲甲乙丙丁戊五級

乙、學校設備

等級	設備狀況
甲	達到本市小學最低限度設備第四度者
乙	達到第三度者
丙	達到第二度者
丁	達到第一度者
戊	未達到第一度者

丙、學生人數

等級	每班平均人數
甲	46—55
乙	56—60 36—45
丙	61—65 31—35
丁	66—70 26—30
戊	71以上 25以下

丁、辦理狀況

等級	視察評點
甲	751以上
乙	601至750
丙	401至600
丁	251至400
戊	250以下

以上等級甲爲八十分乙爲七十分丙爲六十分丁爲五十分戊爲四十分平均分數滿

八十分者爲甲級七十分以上不滿八十分者爲乙級六十分以上不滿七十分者爲丙級五十分以上不滿六十分者爲丁級不滿五十分者爲戊級

第五條　補助私立小學之經費得由市政府指定用途凡經指定作某種用途者不得移作他用

第六條　凡私立小學之補助費均以一學年爲期期滿得予以繼續或變更

第七條　凡受補助費之小學每年之預算決算須呈送市政府審核

第八條　凡受補助之小學如有違反法令或校務廢弛時得隨時停止其補助

第九條　本規程經呈請省政府核准後公佈施行

修正杭州市私立小學教員獎勵規程（二十年十月第一次修正施行）

第一條　爲鼓勵私立小學教員努力改進校務及教學起見特訂定本規程以資激勸

第二條　私立小學教員備具下列資格經市督學視察後認爲教法優良辦事努力者得給以獎勵

一、在一校連續服務二年以上

二、合市立小學教員聘任規程

三、每週任課六百分鐘以上

第三條　獎勵分獎狀及獎金二種

第四條　兼任市立小學教職者不得享受本規程之權利

第五條　獎狀及獎金於每學期結束時發給

第六條　每學期應得獎狀及獎金之名額並不規定惟獎金須在預算規定數內分配之

第七條　不合第二條規定資格而市督學認爲成績顯著特殊優良者亦得給予獎狀或獎金以示鼓勵但額數不得超過總額十分之一

第八條　領取獎狀或獎金時除第七條外須呈驗畢業證書或檢定合格證書

第九條　本規程經市政府公佈施行

修正杭州市市立小學校長會議規程（二十年十月第一次修正施行）

第一條　本會議由市政府教育科召集之

第二條　本會議討論市立小學之建設及改進事宜

第三條　本會議每學期開會三次如教育科或市立小學校長十人以上認爲必要時得開臨時會議

第四條　本會議以校長爲主席臨時推定之

第五條　本會議開會時校長必須出席如因故不能出席須事前聲明理由幷請人代表

第六條　各小學如有議案須於開會前三日提交以便列入議程

第七條　開會時教育科科長及督學亦得列席

第八條　本會議會議時得請名人講演

第九條　本會議議決案由市政府採擇施行

杭州市私立小學校長會議規程（十七年十二月施行）

第一條　本會議由市政府教育科召集組織之

第二條　本會議討論私立小學之改進事宜

第三條　本會議每學期開會三次如教育科或私小校長二十人以上認爲必要時得開臨時會議

第四條　本會議以校長爲主席臨時推定之

第五條　本會議開會時校長必須出席如因故不能出席者須請人代表並聲明理由

第六條　各小學如有議案須於開會前三日提交以便列入議程

第七條　開會時教育科科長及督學亦得列席

第八條　本會議會議時得請名人講演

第九條　本會議議决案由市政府採擇施行

杭州市小學演示教學舉行辦法（二十年五月施行）

一、杭州市督學認爲各小學某科教學須改進時得選某科優良教師舉行演示教學但選定時應先徵得演示教員之同意

一、演示教學舉行前督學應與演示教員說明舉行某科演示教學的目的

一、演示教學舉行時關於教材教法的計劃由督學先請演示教員選定再共同修正之

一、演示教學舉行日期及地點由督學與演示教員共同決定之

一、演示教學舉行日期確定後由本政府通知各小學擔任某科之教員一律出席參觀

一、演示教學舉行時由督學指定記錄四人記載實地演示情形

一、凡列席參觀演示教學人員均須詳錄教學經過及個人意見於參觀記載表內此項參觀記載表式由督學臨時分發

一、演示教學舉行完畢督學應召集參觀人員與演示教員作詳細之討論

一、凡舉行一次演示教學後督學應將經過情形報告市政府教育科並將報告書登載教育週刊以供各小學之參考及研究

杭州市小學低年級採用半日制辦法（二十年六月施行）

一、本辦法由杭州市政府教育科訂定施行

（一）杭市小學低年級新生超過預定學額一倍以上者得採用上下午半日制

（二）杭市小學採用半日制須將教學科目教學時間編制辦法及其他關於半日制教學事宜詳訂計劃呈請市政府核准方得開課

（三）採用半日制的學級以教師二人擔任一級教課爲原則

（四）採用半日制的學級每級經費市立小學照原有標準每月增加十五元私立小學照原有補助費標準每月增加二分之一

（五）採用半日制的學級兩部兒童教育時間和科目須參照部頒小學課程暫行標準辦理

（六）半日制的學級遇缺額過多時得改爲普通編制

（七）各市立小學採用半日制暫以低學年一級爲限

(八)採用半日制的小學由低年級升至中年級的學生遇該小學不能容納時得轉送附近各小學

(九)杭市各小學對於肄業半日制學級之轉學生領有轉學證書者應儘先容納

杭州市小學學生轉學辦法(二十一年六月施行)

一、各小學學生轉學須依本辦法之規定辦理之

二、各小學學生請求轉學時應由家長聲明原由經校長認爲正當者方得發給轉學證書但學校亦不得無故拒絕

三、各小學收受轉學生須檢驗轉學證書經編級測驗後編入相當學級

四、外埠轉學學生未備具轉學證書經編級測驗亦得准其入學但須繳驗原校修業證明文件

五、本市各小學學生相互轉學經收受後須轉載其在原校學籍之各項重要事實以備查考

六、各小學因特殊情形得拒收轉學生

七、本辦法由市政府公布施行

杭州市小學畢業會試辦法（二十一年四月施行）

一、本市爲嚴密考核小學學生畢業程度起見，舉行小學畢業會試。

二、小學畢業會試，由市政府組織小學畢業會試委員會辦理。委員會簡章另訂之。

三、本市市立小學及已立案或准予試辦之私立小學，均須參加畢業會試。

四、各小學學生，須經本校最後一學期之學期考試及格後，方得參加畢業會試。

五、各小學參加畢業會試之學生，須由校造送詳細名册，各生二寸半身相片一張，及最後一學期之各科學期考試成績表。

六、參加畢業會試之小學，應將畢業學級所用課本名稱及補充教材，先行報告。

七、小學畢業會試，應於寒暑假前一星期內舉行，其日期由委員會定之。

八、小學畢業會試，得分區舉行，但各科以各區同時間考試爲原則。

九、考試科目，由小學畢業會試委員會，根據小學課程暫行標準，决定後通知。

十、考試題材及成績，由委員會根據小學課程暫行標準所規定之畢業最低限度决定之。

十一、未參加會試及會試不及格者，不得畢業。

十二、臨時因特種事故不及與試者，經委員會許可後，得請求補試。

十三、畢業會試所需之經費，由市教育經費項下支給之。

十四、其他關於小學畢業會試事宜，由小學畢業會試委員會决議施行。

十五、本辦法呈經教育廳核准施行。

杭州市小學畢業會試委員會簡章（二十一年四月施行）

一、本會根據杭州市小學畢業會試辦法第二條之規定組織之

二、本會委員由市政府聘請若干人任之

三、本會之任務如左

一、決定會試學科並擬定試題
二、決定會試日期及地點
三、審核會試學生名冊及學期考試成績
四、辦理試卷編號彌封等事宜
五、擬訂考試規則
六、佈置試場事宜
七、主試監試事宜
八、審核會試成績
九、其他關於會試事宜
四、本會設常務委員三人由委員互推任之
五、本會得設文書事務等職員由市政府派員担任之
六、本會開會無定期於必要時由常務委員召集之

七、本簡章呈經敎育廳備案施行

杭州市學校衛生委員會簡章（二十一年十月施行）

第一條　杭州市政府爲謀本市小學兒童之健康及學校衛生之改進設立學校衛生委員會

第二條　本委員會由下列人員組織之

甲、市政府敎育科職員二人

乙、市政府衛生科職員二人

丙、小學校長三人

丁、學校衛生專家二人

前項委員由市政府分別委聘之

第三條　本委員會之職掌如左

一、關於學校衛生之設計事項

一、關於學校衛生之檢驗事項
一、關於學童體格之檢查事項
一、關於學童衛生習慣之養成事項
一、關於學童疾病治療之指導事項
一、關於傳染病之預防事項
一、關於其他衛生事項

第四條　本委員會設常務委員一人由委員中互推之負召集開會之責並於開會時爲主席

第五條　本委員會須有委員過半數之出席方得開會開會時須有出席過半數人員之同意始得決議

第六條　本委員會每月開常會一次由常務委員定期召集遇必要時得開臨時會

第七條　本委員會各項議決案須經市政府核准行之

第八條　本委員會設立於杭州市政府衛生科會內一切事務由市政府衛生科職員兼任之

第九條　本簡章由市政府公布施行

杭州市推廣小學教育辦法

二十一年一月市政會議通過呈送省敎育廳轉呈　敎育部

一、本辦法依據部頒繁盛都市推廣小學敎育辦法訂定之

一、本市得採用下列方法分期籌建或擴充小學校舍

甲、遵照本省呈准坐落本市內官地賣價百分之二十之敎育經費儘數充作校舍建築費

乙、呈請收用官荒充作校舍基地

丙、商借寺廟祠觀會館公所等房屋改作校舍

丁、利用公產改作校舍

戊、呈請省政府轉咨高等法院及地方法院凡嗣後本市因案充公之房屋概充市區小學校舍之用

己、依土地法於必要時收買民地作爲建築或擴充小學校舍之基地

庚、發行市敎育公債專作建築小學校舍經費

辛、每年市敎育經費節餘金以全部充作建築小學校舍經費

一、本市得依下列辦法寬籌小學經費

甲、體察兒童家庭狀況酌收學費其辦法另定之

乙、獎勵私人捐助敎育基金

一、現有小學每級兒童學額得擴充至五十八

一、現有小學兒童學額不足之學級應改爲複式或二部編制

一、學額不足之學校得設法合併

一、現有小學低年級得依照『本市小學低年級採用半日制辦法』試行半日制

一、各小學在學期開始後未逾半學期時各級如有缺額應招補足額

一、獎勵私人興辦學校

一、鄉區得籌設簡易小學其辦法另定之

杭州市實施短期義務教育具體計劃

▲二十一年十二月呈奉　省教育廳核准照行

本市失學兒童，據二十年清鄉局調查結果，爲數約四萬餘名，其年齡在十足歲至十六足歲者，以半數計，當在二萬名以上，欲一時普遍實施短期義務教育，目前經費，有所不能。因此，僅能由分區試辦入手，逐漸力謀推行。茲就設施與經費兩項，擬訂具體計劃如左：

(一)設施

(甲)劃定短期義務教育實驗區　先就本市劃定一區或二區，遵照教育部訂頒之短期義務教育實施辦法大綱辦理，務求普及於全區，其進行辦法如下：

ㄅ、組織短期義務教育推行委員會　由本區區長、學區輔導會議總幹事、民衆教育館館長、區教育會代表、公安分所代表等共同組織，辦理宣傳調查等工作。其詳細辦法另訂之。

夂、調查年長失學兒童　由短期義務教育推行委員會，協同坊長、鄰長及各小學，各民教機關等，切實調查區內十足歲至十六足歲之失學兒童，造册統計。

ㄇ、設立短期義務教育機關　根據調查結果與實際之需要，設立短期小學或短期小學班，其數量須與區內年長失學兒童之人數供求相應，但因經費關係得分期舉辦。

ㄈ、實行强迫入學　已設立短期小學或短期小學班而學額不足，或區內短期小學班，已可完全容納全區年長失學兒童而居民仍觀望不前，應實行强迫入學。其詳細辦法另訂之。

(乙)全市酌辦短期義務教育　全市除實驗區以外，其他各區對於短期義務教育，因經費關係，暫依下列辦法，酌量舉辦。

ㄅ、設立短期小學　以就地籌欵爲原則——實驗區不在此限——其辦法如下：

1 由各區區公所自行籌辦

2 獎勵私人創辦

ㄆ、設立短期小學班　除各區自治機關與其他團體或私人設立外，得酌撥市款設立，其辦法如下：

1 指定中小學或私塾辦理

2 指定民衆教育機關辦理

(二)經費

(甲)來源

ㄅ、每年將全市實施短期義務教育所需經費，編入預算。——二十一年度內就市立小學增級經費提出三分之一以上撥充——

夂、斟酌實際情形，令各區自行籌劃。

ㄈ、訂定辦法，獎勵私人捐助。

（乙）支配

ㄅ、創設短期小學，每年開辦費以一百元爲標準。

夂、短期小學以辦三班爲原則，每月經常費三十四元：校長兼教員一人，薪給廿八元；辦公、設備、雜支等校務費六元。四班以上者，照此類推。

ㄇ、設立短期小學班，每班每月經費十元：教員一人，薪給八元；校務費二元。

ㄈ、短期小學或短期小學班，均免收學費，其學生應需之書籍及學用品等並由市府發給，不在學校經常費項下開支。

万、實驗區與短期小學或短期小學班及其他所需臨時經費，得規定臨時費若干，於必要時核准支給之。

（附註）本計劃於二十一年度第二學期起施行，關於短期小學校舍，短期小學或短期小學班之分班教學，修業年度，上課時間，每班學額，教職員與其任務…………等項遵照部頒短期義務教育實施辦法大綱第八至第十七各條辦理。惟所需教材，在教育部未將課本編訂完成以前，擬暫令教職員依據部頒短期小學或短期小學班課程標準，自行編輯，送由市政府教育科審核採用。

修正杭州市管理私塾規程（二十年十月第一次修正施行）

第一條　凡經市政府發給許可證之私塾本規程適用之

第二條　各私塾對於左列各項須切實執行

甲、市政府所訂關於私塾教育之方案及標準

乙、市政府指導員約定實施之事項

丙、本市塾師研究會之議決案

丁、市政府通令事項

第三條　各私塾如有左列各項情事之一者得撤銷其許可證並勒令停閉

甲、違反黨義不合時代者

乙、墨守成法不能改進者

丙、設備過於簡陋妨礙兒童衞生者

丁、學生成績過於低劣者

戊、不遵市政府之指導者

己、塾師出席研究會次數每學期不及四分之一者

庚、塾師或塾址與許可證所載不符者

第四條　市政府每次所發許可證之有效期間爲六個月

第五條　各私塾塾址市政府得酌量支配之

第六條　各私塾如擬遷移塾址須先呈請市政府核准後方可遷移

第七條　本規程自公布日施行

修正杭州市塾師研究會簡章（二十年十月第一次修正施行）

第一條　本會以研究私塾各種設施之改進爲宗旨

第二條　凡領有許可證之塾師均爲本會會員

第三條　本會研究之事項如左

甲、私塾設備問題

乙、私塾訓育問題

丙、各科教學問題

丁、塾務處理問題

戊、塾師修養問題

第四條　本會爲研究便利起見得分區舉行研究會其分區辦法由市政府教育科定之

第五條　本會各區各設幹事一人由各該區塾師互選之

第六條　各區幹事任期爲一學期

第七條　本會各區研究會每月舉行一次其日期時間由市政府教育科定之

第八條　本會各區開會時由市政府教育科派員出席指導其主席由各該區幹事任之

第九條　本會經費由市教育費項下支給之

第十條　本簡章自公布日施行

三、社會教育之部

杭州市市立社會敎育機關服務人員任用規程（二十二年二月施行）

第一條　杭州市市立社會敎育機關服務人員除法令別有規定外依照本規程任用之

第二條　本規程所稱社會敎育機關服務人員暫以服務於下列各機關之人員爲限

（一）民衆敎育館

（二）圖書館

（三）體育場

（四）民衆學校

（五）民衆茶園

（六）職業補習學校

（七）其他由市政府辦理之社會教育機關

第三條　有下列資格之一者得任用爲杭州市市立社會教育機關主任人員及指導員但兼任者不在此限

（甲）高中以上程度之社會教育師資訓練機關畢業者

（乙）高中師範科或舊制師範本科畢業服務社會教育一年以上者

（丙）高中以上學校或舊制中學畢業服務社會教育一年半以上者

（丁）初中以上學校畢業或有同等學力服務社會教育二年以上者

第四條　杭州市市立社會教育機關服務人員除主任人員由教育廳或市政府委任外其餘服務人員由主任人員呈經市政府核准聘任之

第五條　杭州市市立社會教育機關除民衆學校外其服務人員之任期分爲兩期第一期爲半年第二期爲一年嗣後每一年經教育行政機關或主任人員認爲服務勤懇成績優良者得繼續任用在任期內不得任意更換各期續任均於期滿一月前表示

第六條　杭州市市立社會教育機關服務人員在任期內有左列事項之一經市政府查明屬實者應即解職

（一）違背中國國民黨黨義者

（二）違反教育法令者

（三）怠廢職務者

（四）行爲不檢人格墮落者

（五）身心缺陷不能執行職務者

第七條　杭州市市立社會教育機關服務人員如中途辭職須於一月前提出辭職理由經市政府之核准或主任人員之許可後方得離職

第八條　杭州市市立社會教育機關服務人員服務細則及其薪給標準另訂之

第九條　本規程呈准省政府備案後公佈施行

杭州市市立社會教育機關服務人員暫行薪給標準

（二十二年二月施行）

第一條　凡在本市市立社會教育機關服務人員之薪給依本標準之規定支給之

第二條　本標準所稱之市立社會教育機關服務人員如左

（一）民衆教育館館長指導員事務員

（二）民衆教育實驗區主任指導員事務員

（三）圖書館館長指導員事務員

（四）體育場場長指導員事務員

（五）民衆學校校長教員

（六）民衆茶園主任指導員

第三條　市立社會教育機關服務人員月薪定額如左

（一）各機關主任人員

ㄅ、甲級六〇元

ㄆ、乙級五〇元

ㄇ、丙級四〇元

ㄈ、丁級三〇元

（二）各機關指導員教員或事務員

ㄅ、甲級　四〇元

ㄆ、乙級　三五元

ㄇ、丙級　三〇元

ㄈ、丁級　二五元

ㄪ、戊級　二〇元

前項等級參照本市社會教育機關服務人員任用規程第三第四兩條由市政府核定之

前項所定服務人員薪額以專任者爲限

第四條　市立社會敎育機關服務人員在一機關連續任職滿二年以上經市政府或主任人員認爲服務勤懇成績優良者得照下列標準給予加薪

(一)二年以上四年以下者每年增加原俸百分之十

(二)四年以上六年以下者每年增加原俸百分之十五

(三)六年以上者每年增加原俸百分之二十

第五條　本標準呈准省政府備案後公布施行

杭州市茅家埠民衆敎育實驗區暫行規程（二十二年二月呈准施行）

第一條　杭州市政府爲實驗民衆敎育起見特就市區茅家埠上下埠一帶劃爲茅家埠民衆敎育實驗區

第二條　本區業務進行目標暫定如左

甲、經濟方面　增進出產

乙、政治方面　　　實驗新村

丙、文化方面　　　提高普及

第三條　本區實驗要項根據前條目標於年度開始前三個月擬定計劃呈請杭州市政府核轉浙江省教育廳核定施行

第四條　本區爲進行之便利得與區內黨政機關聯絡合作其聯絡辦法另訂之

第五條　本區實驗方法於必要時得施行强迫教育惟須經杭州市政府之核准

第六條　本區設主任一人主持全區實驗事宜指導員及事務員若干人秉承主任辦理各種教育實驗事宜

前項人員之任用辦法及薪給標準另定之

第七條　本區所辦事業除法令規定應填送之各項表册外並應隨時呈送下列各件

甲、月報表

乙、年度報告表

丙、實驗報告書

丁、各種社會調查報告

本條甲、乙、兩項表式另定之

第八條　本區辦理各項實驗事業如與其他法令章則有抵觸時須先經呈准杭州市政府方得施行

第九條　本規程由杭州市政府呈請　浙江省敎育廳核准後施行

杭州市市立兒童圖書館章程（二十年四月施行）

第一條　本章程依據浙江省縣市圖書館暫行規程第十一條訂定之

第二條　本館以儲集兒童圖書供給全市兒童課餘閱讀爲宗旨故定名曰杭州市市立兒童圖書館

第三條　本館之業務如左

一、提高閱讀興趣

二、增加閱讀機會

三、指導閱讀方法

四、介紹閱讀資料

五、供給參考材料

第四條　本館附設巡迴文庫分期送往各小學以便兒童就近閱讀

第五條　本館設館長一人指導員事務員若干人

第六條　館長綜理館務指導員擔任選購圖書及指導閱讀等事宜事務員擔任管理及其他事務

第七條　本館館址附設於杭州市市立橫河小學內

第八條　本章程自呈准　教育廳備案後施行

（附）杭州市市立兒童圖書館圖書借閱辦法

一、借閱圖書暫以杭州市私立小學爲限

二、借閱圖書須由各校校長開列借書單（式樣另定）並加蓋校長私章及校章來館借取

三、借閱圖書如已借出得由本館聲明或改借他書

四、借閱圖書每天不得超過二十種每種以一份爲限

五、借閱時間每次不得超過兩星期（但事前另有接洽者得酌量變通辦理）逾期不還得由本館派人收回連續三次者暫時停止借閱

六、每次交還圖書時須將統計表式（式樣另定）塡寫清楚一倂送館

七、借閱圖書須由各校校長妥爲保管倘有損失照價賠償

八、本辦法呈請杭州市政府核准施行

杭州市市立兒童圖書館附設教育圖書庫巡迴辦法

二十一年十一月施行

第一條　杭州市立兒童圖書館于二十一年度起附設教育圖書庫郎以前市立教育圖書巡迴庫合併辦理

第二條　本圖書庫巡迴辦法暫定如下

甲、暫定　年　兩月份為第　期巡迴時間並以　月　日為發書期　月　日為換書期　月　日為收藏期

乙、就原有圖書擇要分成十六組每組附目錄片一紙各校於接收及交換時須照目錄片查照清楚

第三條　本庫第　期巡迴暫以本市　立　小學為限與兒童圖書巡迴庫同時派人分送交換時亦由本館負責掉換

第四條　圖書如有遺失或損壞等情須照價賠償

第五條　本辦法呈經市政府核准後施行

修正杭州市民衆學校教員專任辦法（二十一年一月第一次修正施行）

一、本市爲促進民衆學校效能起見自二十年度起市立民衆學校敎員一律專任

二、市立民衆學校敎員由市政府直接聘任

其任期如左

第一期四學月第二期八學月第三期十二學月

三、市立民衆學校敎員非經市政府之許可不得兼任其他職務

四、市立民衆學校敎員薪給暫定每學月洋二十元

五、市立民衆學校敎員之職務除處理校務外並須協助所在地中小學辦理民衆敎育事宜

六、市立民衆學校敎員有左列情形之一者得給予奬勵金

1每級畢業人數在四十八以上者（在學不足三學月者不在此例）

2對於敎法敎材編制訓育或留生等問題有具體計劃並經試驗著有成績者

3協助所在學校辦理民衆敎育著有成績者

七、市立民衆學校敎員有左列情形之一者應即撤職

1未經市政府之許可在外兼職者

2第三學月學生數不及開學時二分之一者

3未經市政府之許可擅自放假者

4辦理不力校務廢弛者

八、市立民衆學校敎員如因事請假者在三日以內得請人代理但須報告市政府敎育科三日以上須先請代理敎員呈請市政府核准後方得離校

九、市立民衆學校敎員須遵守本市民衆學校辦理方案工作簡約及一切法令

十、市立民衆學校敎員以住宿校內爲原則不住宿者每天在校或出外工作時間至少須十小時

杭州市各敎育機關推行民衆學校活動編制辦法

（二十年九月施行）

一、本辦法根據浙江省縣市民衆學校暫行規程第十五條之規定訂定之

二、凡在本市區域以内之教育機關不論公立私立均應依照本辦法之規定酌量舉辦以補民衆學校固定編制之不及

三、活動編制之教員應由各該機關之問字處主任担任

四、活動編制之課程識字課以三民主義千字課爲限其他各科依照杭州市市立民衆學校教材綱要分期擬訂工約指導學習

五、施行活動編制前須有基本訓練每月並應有二次以上之集合訓練

六、各學月學程修滿後得就近向市立民衆學校請求測驗及格者准照普通民衆學校例給予畢業證書

七、請求受活動編制之學生以失學之成年人爲限

八、受活動編制之學生須有保證人具立保證書如有中途停學保證人應負督促入學之責

九、受活動編制之學生無需納費學用品除千字課由市政府發給外其餘概歸自備

十、辦理活動編制成績優良者得給予名譽獎勵或獎勵金

杭州市中小學附設民衆學校辦法（二十年一月施行）

一、凡本市市私立中小學均應受市政府之支配隨時指定附設民衆學校

二、凡經市政府指定附設民衆學校之中小學其原有設備應借給民衆學校使用

三、凡附設民衆學校者其敎職員照下列辦法任用之

ㄅ、由市政府另委校長並兼任敎員

ㄆ、由市政府令委中小學校長兼任民校校長並指派專任敎員

ㄇ、由市政府令委中小學校長兼任民校校長敎員由該校原有敎員兼任（前項兼任敎員得依照專任辦法及工作簡約酌量減免任務及待遇）

四、凡附設民衆學校之中小學校長對於民衆學校須負下列各項之責任

ㄅ、介紹學生

ㄆ、供給固有敎便物

ㄇ、設法敎員膳宿

ㄈ、督促原有校工爲民校服務

五、中小學兼辦之民衆敎育事業應由民衆學校敎員協同辦理惟仍由原校校長或敎員負主辦之責任

六、中小學附設民衆學校得與兼辦之民衆敎育事業併案考成

七、中小學敎職員與民衆學校敎員得互相協助敎課或事務惟以不妨礙雙方原有職務而無金錢酬報者爲限

八、本市民衆學校辦理方案及專任敎員辦法工作簡約等另定之

九、本辦法不適用於私立民衆學校

杭州市各教育機關附設民衆問字處簡則（二十年三月施行）

一、市內各中小學及各社會教育機關須一律附設民衆問字處並須在臨街地點標明「附設民衆問字處」字樣

二、民衆問字處設主任一人由各該校長或主任任之担任教字者若干人由主任或原有教職員中指派並報告市政府教育科備查

三、民衆問字處答復問字範圍如下

1 民衆學校課本

2 小學課本

3 通俗書報

4 日報

5 信件及契約等

6 注音符號

四、中小學附設之民衆問字處得規定問字時間社會教育機關不在此例

五、民衆問字處須備紀錄簿一本記載下面事項

1 問字人姓名

2 所問字句及文件

前項紀錄簿應於月終送交市政府敎育科考核後即行發還

杭州市市立民衆茶園暫行規程（二十一年十二月施行）

第一條　杭州市政府爲推廣民衆敎育起見就市區內原有茶館改組爲市立民衆茶園

第二條　市立民衆茶園之施敎區域由市政府劃定之

第三條　市立民衆茶園應辦之事項如左

甲、園內活動

1 通俗講演

2 時事報告

3 改良說書

4 閱讀書報

5 問字代筆

6 音樂遊藝

7 衛生顧問

8 保嬰講演

9 職業指導

10 物品展覽

11 其他

乙、園外活動

1 協助自治

2 提倡合作

3鼓勵運動

4改良風俗

5社會調查

6健康比賽

7壁報圖書

8巡迴講演

9植樹治蟲

10其他

第四條　市立民衆茶園每年業務計劃應於年度開始前一個月擬呈市政府核定施行

第五條　市立民衆茶園設主任一人由市政府委任之指導或事務員若干人由主任遴請市政府聘任之

前項主任及指導員事務員之資格另訂之

第六條　市立民衆茶園應隨時與本區域內之黨政機關實業機關衛生機關及其他有利民衆敎育之事業機關聯絡合作

第七條　市立民衆茶園應依其業務情形訂定各項規則呈市政府備案

第八條　市立民衆茶園應按月塡具月報表（表式另定）呈送市政府查核

第九條　本規程經呈准敎育廳備案公布後施行

杭州市遊藝演員登記規程（十九年三月施行）

第一條　凡在本市表演彈唱各項遊藝以營業方式供人娛樂之演員均須先期向杭州市政府登記經發給登記證後方准開始表演

第二條　各項遊藝演員請求登記時應塡具登記表連同二寸半身相片二張送由戲園經理或其他負責人等轉呈市政府請求登記

前項戲園經理及負責人等以曾經市政府許可給有營業執照者爲限

第三條　市政府給發之各項遊藝演員登記證其有效期間每次以一年爲限期滿作廢演員如須繼續表演須重行登記

第四條　各項遊藝演員中途輟演或改業者應將登記證繳銷各項遊藝演員所領登記證須時常存放表演場所以便檢查

第五條　各項遊藝演員如有左列各項情事之一者得扣留或撤銷其登記證勒令停演

甲、違背修正杭州市取締影片戲劇雜藝規則第六條各項規定及第七條規定之一者

乙、將登記證讓借他人者

丙、擅自塗改登記證者

丁、觸犯民律刑律經人告發者

第六條　本規程自公佈日施行

杭州市遊藝演員訓練班簡章（二十一年二月施行）

一、本班由杭州市政府及省立民衆教育館共同辦理

二、本班以充實遊藝演員基本知識務使其思想行動適合時代爲宗旨

三、凡在本市以遊藝爲職業未受相當訓練者均須入班訓練

四、本班修業期間分兩期每期定一個月第一期專習識字一課第二期習黨義、國語、歷史地理、自然、及其他民衆娛樂之必要事項等課凡有相當於民衆學校畢業生之識字程度經測驗及格者得免除第一期訓練

五、本班每星期上課七日每日上課時間爲上午九時至十二時計三小時

六、凡學員因故缺席或早退均須向管理員請假各期缺席時間滿二十小時者除名

七、受第一期訓練之學員在第一學期終了時經測驗成績及格者方得受第二期訓練

八、第二期訓練期滿後經測驗成績及格者給予畢業證書並得依法登記准許營業

九、本簡章經浙江省教育廳核准後施行

杭州市政府講演員服務細則（二十一年八月施行）

第一條　本府講演員之服務除本府辦事通則及本省法令別有規定外均須遵守本細則之規定

第二條　講演員應預先擬定工作計劃書呈教育科長核定行之

第三條　講演員之講演材料除關於政令者得依據黨政機關之宣傳大綱及文告外應依照本市通常講材大綱之規定按月於講演前四十天擬編講稿呈由教育科長轉呈市長核轉呈教育廳審定應用但臨時講稿得隨時編定呈市長核定應用

第四條　講演員之輔導事項如左

一、指導各講演機關及講演人員之實施講演事宜

二、示範講演

三、編撰或修改各種宣講補充材料

第五條　講演員之調查事項如左

一、各講演機關之講演事項

二、説書場之插講事項

三、各種遊藝之有關於宣講事項

第六條　講演員之講演事項如左

一、舉行本政府指派之定期及臨時講演

二、參加黨政機關及市立各民衆教育館之特殊宣傳

前項講演之舉行地點爲本府巡迴講演處市立各民衆教育館各改良茶園各遊藝場各工廠及其他臨時指定之必要處所

第七條　講演員於出外講演以前應將地點及往返時刻登記於公出簿以備查核

第八條　講演員於每一處講演完畢後應依式填具各項報告表並於相當期間編製統計不得

延積

第九條　各講演員於担任講演工作外如奉長官之命處理別項教育公務亦應遵辦

第十條　本細則自奉市長核准之日施行

杭州市義務宣講員奬勵規程（十九年七月施行）

第一條　爲鼓勵義務宣講員努力工作輔助通俗講演起見特訂本規程以資激勸

第二條　義務宣講員具有下列一至三項及第四第五第六之一項經本政府調查審核認爲宣傳合法確係努力者得分別給以奬勵

1 担任義務宣講半年以上

2 確能遵守義務宣講團一切章程及團約

3 不誤約定時刻及工作

4 講演合法報告明確每週講演在七次以上

5每半年担任民衆娛樂會或其他遊藝十五次以上

6每半年編造合格之講稿歌曲十篇以上

第三條　獎勵分獎狀獎章獎金三種已得獎狀者給獎章已得獎章者給獎狀已得一二兩種者以後均給獎金

第四條　應得獎勵均於義務宣講團每屆大會時發表

第五條　每屆應得獎勵之名額並無規定惟獎金須在預算規定數內分配之

第六條　每屆得獎人數及應得獎品均由敎育科核定分發

第七條　得獎人如有始勤終怠或以後發生褫奪公權行爲時本政府得收回其所得之獎狀或獎章

第八條　本規程如有未盡事宜得隨時修正之

第九條　本規程經市敎育委員會通過後施行

(附)杭州市義務宣講辦法

一、本政府爲注重民衆敎育起見所有通俗的口頭宣傳除由講演員巡迴宣講之外凡有各團體或個人願意替本政府擔任一部分宣傳工作的一律作爲義務宣講員擬定的辦法如下

二、義務宣講員經本政府敎育科接洽認可之後當給予臨時徽章一枚作爲宣講的標識徽章上面塡有號數和講員的姓名應用的講稿統由敎育科編印發給講員如有自己編的講稿經過審查删改之後也可以作爲宣講的材料

三、義務宣講員的宣講方法分爲下面兩種1固定場所的穿插演講如在書場戲館或各種遊藝場中插講一篇或講稿的一段2流動宣講如每日不拘早晚由講員自己揀定熱鬧街鎭臨時召集聽衆隨地舉行講演的時間不拘長短

四、凡義務宣講過了若干時日經本政府調查認爲成績優美的當分別贈給獎品獎章表揚熱忱

五、義務宣講員要保持和平態度不可與聽衆發生衝突

六、義務宣講員有時因爲營業或別種關係離開杭州市市區或自願停止宣講的時候領去的

徽章要繳還本政府教育科

七、義務宣講員如有在外招搖或違反宣傳宗旨的事情本政府得將徽章隨時收回

八、以上的辦法如有應該加添或修改的地方本政府可以隨時修正並隨時通知

杭州市管理說書人規則（二十一年十月施行）

第一條　凡在杭州市區內以說書爲營業者均須依照本規則之規定由市政府管理之

第二條　凡有後列資格之一經依照本市遊藝演員登記規程聲請登記給予證書者均可爲本市說書人

（甲）曾在本市說書人訓練班或遊藝演員訓練班畢業者

（乙）曾在外埠受過前項訓練給有畢業證書者

（丙）曾經通俗講演員檢定委員會檢定合格者

第三條　說書人於說書時除遵照本省審查民衆娛樂暫行規程之規定外並須逐場插講市政

府所發給之講演材料或其他適宜於通俗講演之材料

第四條　說書人應用之插講材料須於講演前預行擬定填表報告

前項報告表由市政府印發之

第五條　市政府根據說書人之報告得隨時派員往各該書場調查以資考核

第六條　說書人如有下列各項情事之一經查明確實者應予警告

(甲)違背本省審查民衆娛樂暫行規程第七條各項規定之一者

(乙)在場自始至終並未插講者

(丙)事前不預填報告表者

第七條　凡受警告滿三次者市政府得依下列之規定處分之

(甲)有期停業

(乙)永久停業

第八條　本規則經呈請教育廳核准備案公佈施行

杭州市通俗講演研究會簡章（二十二年二月施行）

第一條　本會以集合仝市担任通俗講演人員共同研究以謀通俗講演之改進與發展爲宗旨

第二條　本會會員分兩種

（甲）基本會員

一、杭州市政府講演員

二、市立民衆敎育館館長及館員

三、市立民衆學校敎員

四、民衆茶園主任及指導員

五、義務宣講團職員

六、担任通俗講演之中小學敎員

前項會員由市政府敎育科通知加入

（乙）志願會員

一、說書人

二、遊藝演員

三、其他社會教育服務人員

前項會員由志願者塡具志願書經查明確係上項人員而服務於本市者一律准許其加入

第三條　本會研究之事項如左

一、通俗講演方法

二、通俗講演材料

三、化裝講演

第四條　本會研究結果凡屬會員均有執行之義務執行時如有困難得提會復議

第五條　本會爲促進通俗講演之效能起見得隨時舉行演示或請對於通俗講演有研究者舉

行講演

第六條 本會爲研究便利起見以分區舉行爲原則

前項分區辦法暫以市立民衆敎育館或民衆茶園所轄區域爲準

第七條 本會各區設幹事三人負責主持一切會務

前項幹事任期一年由各該區會員互選並呈報市政府備案

第八條 本會各區研究會由各該區幹事召集之每三月舉行一次其日期時間地點由幹事定之

第九條 本會爲謀各區會務之聯絡起見得隨時由市政府敎育科召集各區幹事聯席會議

第十條 本會各區開會時由市政府敎育科派員出席指導其主席由各該區幹事輪值之

第十一條 本會不收會費一應經費由市敎育費項下支給之

第十二條 本簡章自公布日施行

杭州市管理私立補習敎育機關暫行規程(二十一年六月施行)

第一條　凡本市內私立補習敎育機關均須依照本規程之規定呈經市政府核准後方得設立

第二條　私立補習敎育機關須具備左列各項條件方得呈請設立

甲、有確實經費足以維持者

乙、敎職員有相當之學識經驗確能勝任者

丙、有相當之屋舍敎具圖書等設備者

第三條　私立補習敎育機關呈請設立時由創辦人將左列各事項開具呈核

甲、機關名稱（應明確標示機關之種類並須冠以私立二字）

乙、機關地址

丙、經費來源及收支預算表

丁、組織概況

戊、編制及課程

己、校具圖書及其他設備

庚、教職員履歷表（須詳列姓名性別年齡籍貫住址學歷經驗職務等）

第四條　凡已呈准設立之私立補習教育機關於變更或停辦時須呈請市政府核准

第五條　凡已呈准設立之私立補習教育機關如有違背法令或辦理不善者市政府得勒令停閉之

第六條　本規程經呈請教育廳核准後公布施行

杭州市注音符號推行委員會章程（二十年五月施行）

第一條　本章程遵照　教育部注音符號推行委員會規程第九條的規定訂定

第二條　本會的任務如左

一、研究注音符號

二、擬定本市推行注音符號的方案

三、執行省令委辦的推行注音符號事情

四、督促和指導本市推行注音符號的實施

第三條　本會定委員五人由市長委派或聘任

第四條　本會由委員互推常務委員一人處理日常事務

第五條　本會定每月開常會一次在必要時得開臨時會都由常務委員召集

第六條　本會的決議案經市長核定後施行

第七條　本會委員均爲名譽職但因會務往來得支給川旅費

第八條　本會文書及其他事務都由市政府教育科職員辦理

第九條　本章程經教育廳核准後施行

四、敎育經費之部

杭州市敎育經濟稽核委員會規程（二十一年二月施行）

第一條　本規程根據浙江省各縣市敎育經濟稽核委員會規程訂定之

第二條　本委員會委員由下列各員任之

一、市政府委派二人

一、市政府敎育科委派一人

一、杭縣黨部推派一人

一、市政府敎育委員會推派一人

一、市職業團體互推一人

一、市敎育會推派一人

第三條　本委員會之職權如左

一、審核市立各教育機關及受市欵補助之私立各教育機關之計算決算

二、審核上述各機關之收支賬目簿據及財產目錄事項

三、監督上述各機關經濟之用途事項

四、處理或呈請懲戒上述各機關經費之支付不當事項

五、指導或糾正上述各機關之會計方法事項

第四條　本委員會設常務委員一人由委員中互推之負召集開會之責並於開會時爲主席

第五條　本委員會爲便於事務之執行酌設事務員一人至二人由市政府教育科職員兼任之

第六條　本委員會開會須有委員過半數之出席

第七條　本委員會每月開常會一次彙核各教育機關一切收支賬目單據及財產目錄遇有特別事故得召集臨時會

第八條　凡市立及受補助費之私立各教育機關應將每月實際收支賬目於下月二十日前造

具計算書對照表連同單據黏存簿呈送市政府彙交本委員會稽核

第九條　本委員會委員對於所稽核各賬目簿據應須說明時得令各該機關派員出席說明或令書面答復

第十條　本委員會於稽核完畢認爲正確時由主席於所稽核表簿上簽字蓋章並通知各該機關

第十一條　本規程呈經　省教育廳核准備案後施行

杭州市立小學職教員養老金及卹金保管委員會規程

（二十一年二月施行）

第一條　杭州市爲實施學校職教員養老金及卹金條例並保管其欵項起見特設杭州市小學職教員養老金及卹金保管委員會

第二條　本會設委員九人由下列人員任之

浙江省教育廳代表一人
市政府參事
市財政科長
市教育科長
市政府教育委員會代表一人
市教育會代表一人
市立小學校長會議代表一人
市立小學職教員代表二人
前項由團體推出之代表每年由原團體改推一次
第三條　本會由全體委員於每年開第一次常會時互推常務委員三人主持會務並於開會時輪流主席
第四條　本會委員均爲無給職

第五條　養老金及卹金自民國二十一年二月起每月由市政府就市稅項下提存五百元交本會保管

第六條　養老金及卹金由本會專欵存儲指定之銀行其存摺由本會保管之

第七條　提取及支付養老金及卹金之程序如下

一、由市政府將市立小學職教員呈請領受養老金及卹金者提交本會審查

一、本會審查合格呈經市長核定後依照學校職教員養老金及卹金條例施行細則辦理之

一、養老金及卹金每年於三月六月九月十二月分四次向存儲之銀行提取其提欵支票上須經市長及常務委員署名蓋章

第八條　本會每年開常會二次遇有重要事項得開臨時會均由常務委員召集之

第九條　本會得酌設事務員一人由市教育科職員兼任之秉承常務委員辦理文書會計等事項

第十條　本會於每年度終了時造具收支報告書呈報市政府備案

第十一條　本規程經省政府核准備案後施行

杭州市市立小學女教員生產代課費支給辦法

（二十二年二月施行）

第一條　凡杭州市市立小學女教員生產代課費依照本辦法支給之

第二條　女教員生產期間得請生產假產前產後各一月經校長呈請市政府核准後其代課教員薪給由市政府支給之

前項代課教員須呈驗履歷及畢業證書暨服務證書

第三條　代課費支給辦法規定如下

甲、代課教員薪金之計算由學校呈請市政府核定之（學曆規定之春假及寒暑假日期除外）

乙、代課費經核定後須俟代課教員任期終了生產教員到校銷假時由學校呈請發給

丙、學校請撥代課費時應黏呈代課教員之收據

第四條　女教員於生產後始由學校呈請給假者其產前一月不給予代課費

第五條　女教員產期內所遺職務如由校內教員分配擔任者不得請撥代課費

第六條　凡市立小學校長請生產假者祇撥給其兼任正教部分之代課費

第七條　本辦法自公佈後施行

杭州市市立小學經費預算標準

學級數	一級至二級	三級至四級	五級至六級	七級至八級	九級至十級	十一級至十二級
校長職薪及校長名下所餘時分教修						

校長職薪	校長名下所餘時分教脩
6元	0
10元	4.6元
15元	9.2元
20元	13.8元
20元	18.4元
20元	18.4元

正教員脩及專科教員脩

職別		甲級資格	乙級資格
正教員		39元	37元
專科教員	低年級	7.76元	7.40元
	中年級	15.52元	14.80元
	高年級	23.28元	22.20元

丙級資格
35元
6.98元
13.96元
20.94元

事務員薪及校工工食

學級數	事務員薪	校工工食
一級至二級		12元
三級至四級		24元
五級至六級		36元
七級至八級	22元	48元
九級至十級	22元	48元
十一級至十二級	22元	48元

校務費

學級數
一級
二級
三級
四級
五級
六級
七級
八級
九級
十級
十一級
十二級

(附一)專科教員脩金計算公式

設備 高級	設備 初級	辦公	雜支
5元	4元	4元	4元
10元	6元	6元	6元
15元	9元	9元	9元
20元	12元	12元	12元
25元	15元	15元	15元
30元	18元	18元	18元
35元	21元	21元	21元
40元	24元	24元	24元
45元	27元	27元	27元
50元	30元	30元	30元
55元	33元	33元	33元
60元	36元	36元	36元

假定以低級爲單位

因高級1級=低級3級

中級1級=低級2級

故(高級數×3)+(中級數×2)+低級數=總學級數

$$\text{總學級數}\times\frac{\text{甲級資格專科人數}}{\text{專科總人數}}=\text{甲級資格專科教員分配之學級數(簡稱甲級級數)}$$

$$\text{總學級數}\times\frac{\text{乙級資格專科人數}}{\text{專科總人數}}=\text{乙級資格專科教員分配之學級數(簡稱乙級級數)}$$

$$\text{總學級數}\times\frac{\text{丙級資格專科人數}}{\text{專科總人數}}=\text{丙級資格專科教員分配之學級數(簡稱丙級級數)}$$

甲級級數×7.76=甲級專科脩金

乙級級數×7.40=乙級專科脩金

丙級級數×6.98=丙級專科脩金

(附二)預算書項目欵式

項						目				
千	百	十	元	角	分	百	十	元	角	分

1 本標準以月爲計算單位

2 校長應兼任正敎其職薪與敎脩分別計算職薪固定敎脩同正敎員

3 校長兼正敎之敎學時分三學級以上依次遞減如下：

1至2級，900分　3至4級，780分
5至6級，660分　7至8級，540分
9級以上，420分

4 校長名下所餘敎學時分另給敎脩其數目固定

5 正敎每學級一人所任時分每週至少900分其餘爲專科敎員之時分

6 正敎與專科敎員之敎脩依其學歷分爲甲乙丙三級各級資格如下：

「正敎員」

甲級：高中師範科及舊制師範本科畢業者

乙級：省立中學師範訓練班畢業者

師範講習科一年以上畢業曾任小學專科敎員或助敎二年以上者

師資訓練班一年以上畢業曾任小學專科敎員或助敎二年以上者

大學本科或專門學校畢業曾任小學敎員一年以上者

高級中學畢業曾任小學敎員二年以上者

丙級：受小學敎員檢定委員會檢定合格得有小學正敎員許可狀者

初級中學或其他中等學校畢業曾任小學敎員三年以上者

「專科敎員」

甲級：高中師範科及舊制師範本科畢業者

藝術及體育專科畢業者

乙級：省立中學師範訓練班畢業者

師範講習科及師資訓練班一年以上畢業者

大學本科及專門學校畢業對於初等敎育素有研究者

高級中學畢業曾任小學敎員一年以上者

丙級：受小學敎員檢定委員會檢定合格得有小學專科敎員之許可狀者

初級中學及其他中等學校畢業曾任小學敎員二年以上者

7前條敎脩等級校長得加以伸縮但各等級間伸縮限度不得超過兩級

8專科敎員同時兼任低中高各年級敎科者其敎脩應依各年級所任時分參酌本標準支配之

9單級小學之專科敎員其敎脩依中級計算

10事務員七學級以上得聘任一人其職薪依本標準

11校工支配名額如下：

1至2級一人　　3至4級二人

5至6級三人　　7級以上四人

12校務費分設備辦公雜支三項各依學級數遞增

修正杭州市市立中小學經濟公開辦法（二十年一月第二次修正施行）

一、各中小學須組織經濟稽核委員會審查本中小學經濟出納事宜但單級小學不在此例

二、各中小學經濟稽核委員會每月至少開會一次將上月份之收支欵目詳細審查並於本中

小學內公佈之

三、各中小學每月終須造具支出計算書及收支對照表二份其一份存校一份在下月二十日以前呈送市政府考核方得領取下月經費

四、前條月報書表除單級小學由校長編造外其他各中小學應由担任會計股之教員編造並經委員會審查

五、各中小學教職員支取俸給時應各具正式收據並各加蓋私章粘貼印花

六、各中小學購置物件在五角以上者須向商店取具票據其不及五角者由經辦人出具清單依預算項目編號粘入收據黏存簿與支出計算書收支對照表一同呈送

七、關於各物品購置有不明用途者須在票據上註明之

八、各中小學除向市政府領取經費外如有其他欵項收入其收據概用三聯單一聯呈送市政府一聯交納款人收執一聯存查

九、各中小學經費之支配須遵照預算不得溢支違者在年度終了應責令校長賠補

十、市政府得隨時派員調查各中小學經濟狀況

十一、本辦法由市政府公佈後施行

杭州市市立小學學生免繳學費辦法(二十一年八月施行)

一、本市市立小學學生具有左列資格之一者得依據本辦法請求免費

(1)革命功勛子女

(2)本校現任敎職員子女

(3)家境貧寒每月收入不滿十元者之子弟

(4)子女三人以上同時在一校肄業無力担負敎育費者

二、請求免費須於每學期開學時由學生保護人塡具學生免費請求表二份送由該校校長會同敎職員審核後彙呈市政府核准學生免費請求表式如下

杭州市市立小學學生免費請求表

學生姓名		性　別	
年　齡		肄　業	年級
父　名	存歿	母　名	
兄弟	人	姊妹	
父兄職業		每月收入約	元
永久通訊處			
現在通訊處			
請求理由			
塡表　年　月　日		家長	簽名蓋章
學校意見			

三、核准免費之標準如下

1合於第一條第一項之規定者依照國民政府頒布之革命功勛子女就學免費條例辦理

2合於第一條第二至第三項之規定者得全免

3合於第一條第四項之規定者得酌免

四、核准免費之有效時期爲一學期期滿得依第二條之手續繼續請求免費

五、免費學額在第一、二、三、四、各區內之小學每校不得超過全校學生數百分之二十第五、六、七、八、十二、十三、各區每校不得超過百分之三十第九、十、十一、各區每校不得超過百分之四十但因特殊情形經市政府調查屬實特准變通辦理者不在此例

六、凡免費學生如查有飾詞虛報等情除停止其免費外並由校長責成其保護人加倍追繳其所免之費

七、凡免學費之學生同時得請求學校免收其應繳之雜費

八、本辦法由市政府公布施行

杭州市政府各附屬機關領用統一收據辦法（二十一年八月施行）

一、各機關請領統一收據應先塡具申請書連同印紙費送請本政府財政科核發
二、收據各聯上各欄均須分別詳爲塡寫並在騎縫加塡銀額
三、收據各聯上均須加蓋各該機關戳記並由經手收欵人簽名蓋章
四、此項收據爲三聯式其收欵憑據一聯掣給繳欵人收欵報查一聯由收款機關連同款項呈送本政府核收
五、收據關係款項出納應由請領機關保管

杭州市市立中小學解欵應行注意事項（二十二年二月施行）

一、解款書由各校隨時向本府財政科領取（此次隨令附發）

一、「科目」均已代爲套印不必加填

一、「會計金額」應用大寫數字

一、「字號別」由各校自定之但以後應循序編列

一、附送三聯收據之報查結數及其他應行申明事項應記於「附記」欄內

一、解款書騎縫所塡號數上應加蓋學校鈐記

一、附送三聯收據之報查一聯應分別年級裝訂成册面上註明學校名稱及張數金額並於裝訂處蓋鈐以昭鄭重

一、解欵書第一聯存根由市金庫蓋印後即由原校取回作爲繳訖欵項之證書接到本府批迴後解欵手續方稱完了

一、各校收到學費已有成數時應即將欵銀連同三聯收據之報查一聯解繳市金庫（不論多少第一次最遲應於開學一月內解庫）

一、「學費徵解清單」應於經收學費手續完全辦竣於最後一次解欵時附送

一、「徵解學費清單」內實繳學費總數應與陸續解繳銀數之總計相符並於該單之「附記」內說明某時解若干某時解若干以便核對

修正杭州市市立各教育機關造送經費報銷須知

一、各機關造送經費報銷所用書表應依照審計院釐定之甲種格式以歸一律

一、造送書表均須蓋用鈐記(一律蓋在年月上)並須由機關主任人員暨出納人員分別加蓋私章

一、造送書表應由經濟稽核委員會委員連署蓋章(單級小學不在此例)並蓋經濟稽核委員會會戳(粘據簿署蓋在最後一頁)

一、各機關每月造送經常費報銷所用書表及辦理要點規定如左

甲、關於支出計算書者

1　計算書所塡各科目應與預算書相同

5 計算書各科目之支出應辨明各科目之性質分別歸列

3 支出數大於預算數爲增小於預算數爲減各項目節之增減數均應分別填入比較增減欄

4 支出預算數欄項目節之總計須相等支出計算數欄項目節之總計亦須相等

5 各節備考欄應註明粘據簿上單據起訖號數

乙、關於收支對照表者

1 對照表分收入支出兩部先記收入次記支出最後記本月之結存或不敷

2 上月結存數記入收入欄不敷記入支出欄

3 本月結存數記入支出欄不敷數記入收入欄均用紅筆填寫

4 各科目填寫完畢後應劃以紅斜線

5 收支兩欄之總計須相等

丙、關於單據粘存簿者

1 凡支出以正當受欵人或其代理人之收據爲正收據

2 受欵人須在單據上簽名蓋章其名章須絕對相符

3 受欵人應在單據所塡之銀數上加蓋私章

4 薪工收據應書明受欵人所任職務

5 不識字之受欵人得請人代書單據但須受欵人親筆畫押並由經付人註明代書理由

6 各項單據應由出納人員蓋章其有用途不易明瞭者並須註明用途

7 凡單據必須塡明付欵機關之名稱不得僅塡『台升』等字樣

8 購置物品如無正式收據者應由商號在發票上註明收訖字樣並加蓋商號印子如有正式收據者須將發票粘附於同號收據之下

9 凡單據上價值銀數均以分爲單位如有釐數應四捨五入

10 凡單據上價值如有折扣或讓減時應以實支數報銷並由受欵人或經手人註明蓋章

11 凡單據上列有各種雜幣數者(如外國幣或小洋等)應由經手人按照當日市價折合國

幣大洋數

12 凡一元以上未滿十元之收據應貼印花一分十元以上者貼印花二分

13 各月單據須歸入本月份報銷如有特別情形者得敘明緣由退後一月

14 除薪工外之單據如無受款人之住址應由經手人代為填註

15 凡同時購買多件物品之單據如性質不屬於同一節目者應指示商號分別開單

16 支用預備費之單據應註明某年某月奉某字某號令准字樣(市立中學適用)

17 粘據簿粘貼各單據應按照計算書所列項目節依次連續編號粘貼

18 粘據簿上於每節單據完了處應註明「某項某目某節自第某號至第某號止共若干元」字樣

19 粘據簿上粘貼各單據應在單據右角騎縫處加蓋主任人員私章

20 購買零星物品及車費等在事實不能取得收據者得由經手人自開清單叉其性質在同一節目之物品如每月中有多件者可併列一單清單之式樣規定如左

購物單

月日	名稱	數量	價值	用途
總計			元角分	

經手人（署名蓋章）

車費單

月日	起訖地點	事由	銀數	備註
總計			元角分	

經手人（署名蓋章）

一、開辦費及修理費等報銷手續及書表格式與經常費報銷同
一、開辦費在事業開始修理費在工程結束後均須專案具報
一、學生雜費報銷暫行規定(1)收支對照表(2)收支清冊(3)收據存根(4)單據粘存簿四種其對照表粘據簿之格式及辦理手續與經常費報銷同
一、學生雜費報銷須在每學期終了後半月內專案具報

五、附錄

中華民國教育宗旨及其實施方針

國民政府公布（十八年四月二十六日）

甲、教育宗旨

中華民國之教育，根據三民主義，以充實人民生活，扶植社會生存，發展國民生計，延續民族生命爲目的。務期民族獨立，民權普遍，民生發展，以促進世界大同。

乙、實施方針

前項教育之實施，應守下列之原則：

一、各級學校三民主義之教學，應與全體課程及課外作業相貫連。以史地教科，闡明民族眞諦；以集合生活，訓練民權主義之應用；以各種之生產勞働的實習，培養實行民生主義之基礎。務使智識道德，融會貫通於三民主義之下，以收篤信力行之效。

二、普通教育，須根據 總理遺教，陶融兒童及青年「忠孝仁愛信義和平」之國民道德，並養成國民之生活技能，增進國民生產之能力，爲主要目的。

三、社會教育，必須使人民具備近代都市及農村生活之常識，家庭經濟改善之技能，公民自治必備之資格，保護公共事業及森林園地之習慣，養老恤貧防災互助之美德。

四、大學及專門教育，必須注重實用科學，充實內容，養成專門知識技能，並切實陶融爲國家社會服務之健全品格。

五、師範教育，爲實現三民主義的國民教育之本源，必須以最適宜之科學教育及最嚴格之身心訓練，養成一般國民道德上學術上最健全之師資，爲主要之任務。於可能範圍內，使其獨立設置，並盡量發展鄉村師範教育。

六、男女教育機會平等。女子教育並須注重陶冶健全之德性，保持母性之特質，並建設良好之家庭生活及社會生活。

七、各級學校及社會教育，應一體注重發展國民之體育，中等學校及大學專門須受相當之軍事訓練。發展體育之目的，固在增進民族之體力，尤須以鍛鍊强健之精神，養成規律之習慣，爲主要任務。

八、農業推廣，須由農業教育機關積極設施。凡農業生產方法之改進，農民技能之增高，農村組織與農民生活之改善，農業科學智識普及，以及農民生產消費合作之促進，須以全力推行。

中學暫行條例

前大學院公布（十七年三月十日）

第一章　總綱

第一條　中學敎育應根據三民主義繼續小學之基礎訓練增進學生之知識技能爲預備研究高深學術及從事各種職業以達適應社會生活之目的

第二條　中學分爲初級中學及高級中學修業年限各三年但依設科性質得定爲初級四年高級二年

初級中學得單設之

高級中學應與初級中學並設但有特別情形時得單設之

第三條　初級中學實施普通敎育但得視地方需要兼設各種職業科

第四條　高級中學分設普通師範農業工業商業家事各科但得依地方情形單設一科或兼設數科

第五條　中學由省區或市縣設立之

私人或團體得設立中學稱爲私立中學

第六條　凡中學除省區立者外其設立變更及停辦須由市縣敎育行政機關轉呈省區敎育行

政機關核准

第七條　私立中學除適用本條例外並應遵照私立學校條例私立學校校董會條例私立中等學校及小學立案條例辦理

第二章　教科

第八條　中學之教授科目分為必修及選修兩種

第九條　中學之必修及選修科目另於中學課程標準內規定之

第十條　中學教科書須採用中華民國大學院所審定者

第三章　組織

第十一條　中學校長負學校組織行政之全責

中學校長以專任為原則

第十二條　省區立中學校長由省區教育行政機關直接委任市縣立中學校長由各該主管機關選荐合格人員呈由省區教育行政機關委任之

私立中學校長由校董會選聘合格人員呈由市縣教育行政機關轉呈省區教育行政機關核准備案

第十三條　中學校長教員資格及待遇條例另定之

第四章　設備

第十四條　中學校地須具有相當面積並宜選擇無碍於衛生道德及便利教學之處

第十五條　中學須有相當之校舍體育場及一切設備並須適合於教學管理衛生之原則

第十六條　中學依經濟狀況及地方情形得設教職員之宿舍

第五章　入學修業及畢業

第十七條　初級中學入學資格爲小學畢業高級中學入學資格爲初級中學畢業如無上兩項資格而程度相當試驗及格者亦得收受

第十八條　轉學學生須所習學科相同學期銜接有原校修業證書於學期開始時經編級試驗及格者方得收受

第十九條　中學學分之標準數目初中定爲一百八十高中定爲一百五十每學期每週上課一小時或實習二小時爲一學分

第二十條　學生修業期滿學分完足由學校給予畢業證書在舉行畢業會考各地之中學其畢業證書應俟會考及格後發給

第六章　上課及休假

第二十一條　中學以每年八月一日爲學年之始翌年七月三十一日爲學年之終

第二十二條　一學年分爲二學期以八月一日至一月三十一日爲第一學期以二月一日至七月三十一日爲第二學期

第二十三條　中學每年假期如左

暑假四十五日

寒假十四日

春假三日

中學校曆規定各假日及星期日均休假一日

暑假寒假春假起止日期及國慶紀念等各假日於中學校曆內規定之

第二十四條　中學校曆每年由各省區教育行政機關製定頒布各校非有特別情形呈經省區教育行政機關核准不得自由變更

第七章　附則

第二十五條　本條例自公佈日施行

小學暫行條例

前大學院公布（十七年二月十八日）

第一章　總綱

第一條　小學教育應根據三民主義按照兒童心身發展之程序培養國民之基本知識技能以適應社會生活

第二條　小學修業年限六年前四年爲初級小學後二年爲高級小學

第三條　小學得附設幼稚園及其他初等敎育機關

第四條　小學由市縣或市縣敎育分區設立之

私人或團體得設立小學稱爲私立小學

第五條　小學之設立變更及停辦須由市縣敎育行政機關轉呈省區敎育行政機關核准

第六條　私立小學除適用本條例外並應遵照私立學校條例私立學校校董會條例私立中等學校及小學立案條例辦理

第二章　敎科及編制

第七條　小學之敎授科目如左

三民主義　公民　國語　算術　歷史　地理　衛生　自然　樂歌　體育　黨童子軍　圖畫　手工

高級小學得酌量地方情形加設職業或其他科目

第八條　各科要旨及課程標準另定之

第九條　小學教科書須採用中華民國大學院所審定者

第十條　小學應按照年級分爲六班但如限於財力或教室不敷用時在初級小學得合班教授

第三章　組織

第十一條　小學校長負學校組織及行政之全責

小學校長以專任爲原則但得以本校專任教員兼任之

第十二條　小學教員分級任教員及專科教員均以專任爲原則

第十三條　小學校長由市縣教育行政機關選任合格人員充任之

私立小學校長由校董會選舉合格人員呈請市縣教育行政機關核准備案

第十四條　小學校長教員資格及待遇條例另定之

第四章　設備

第十五條　小學地址宜選擇無礙於衛生道德並便利教學之處

第十六條　小學之校舍體育場及一切設備均應適合於教學管理衞生之原則

第十七條　小學依經濟狀況及地方情形得設教職員之宿舍

第五章　入學修業及畢業

第十八條　年滿六歲之兒童得就小學肄業

第十九條　轉學學生須年級相同有原校修業證書於學期開始時經編級試驗及格者方得收受

第二十條　學生修業期滿成績及格由學校給予畢業證書

第六章　學費

第二十一條　初級小學以不收學費爲原則；但得視地方情形酌量征收所收之數每學期最多不得過一元

第二十二條　高級小學每學期征收學費最多不得過三元

第二十三條　私立小學每學期征收學費最多不得超過第二十一及第二十二條所定標準之

三倍

第二十四條 貧苦學生無力繳納學費者小學校長應酌量情形免除其學費之全部或一部

第七章 上課及休假

第二十五條 小學以每年八月一日爲學年之始翌年七月三十一日爲學年之終

第二十六條 一學年分爲二學期以八月一日至一月三十一日爲第一學期以二月一日至七月三十一日爲第二學期

第二十七條 小學每年假期如下

暑假四十五日

寒假十四日

春假三日

小學校歷內規定各假日及星期日均休假一日

暑假寒假春假起止日期及國慶紀念等各假日於小學校歷內規定之

第二十八條　小學校曆每年由各省區教育行政機關製定頒布各校非有特別情形呈經市縣教育行政機關核准不得自由變更

第八章　附則

第二十九條　本條例自公布日施行。

私立學校規程

教育部公布（十八年八年二十九日）

第一章　總綱

第一條　凡私人或私法人設立之學校為私立學校外國人及宗教團體設立之學校均屬之

第二條　私立學校須經主管教育行政機關之許可方得設立其變更及停辦亦須經主管教育行政機關之許可

私立大學獨立學院及專科學校以教育部為主管機關私立中等學校及小學以教育

廳或特別市教育局爲主管機關

私立大學獨立學院專科學校之附屬中學暨私立中等以上學校之附屬小學與普通私立中等學校及小學同其主管機關

第三條　私立學校須經教育行政機關立案受教育行政機關之監督及指導其組織課程及其他一切事項均須遵照現行教育法令辦理

第四條　私立學校如係外國人所設立其校長或院長須以中國人充任

第五條　私立學校如係宗教團體所設立不得以宗教科目爲必修科亦不得在科內作宗教宣傳學校內如有宗教儀式不得强迫或勸誘學生參加在小學並不得舉行宗教儀式

第六條　私立學校辦理不善或違背法令時主管教育行政機關得撤銷其立案或解散之

第七條　私立學校之名稱應明確標示學校之種類並須冠以私立二字

第二章　校董會

第八條　私立學校以校董會爲其設立者之代表負經營學校之全責

第九條　校董會之設立須由其設立者開具左列各事項呈經主管教育行政機關核准

一、名稱

二、目的

三、事務所所在地

四、校董會之組織及其職權之規定

五、設立者全體大會及校董會會議之規定

六、資產資金或其他收入之規定

第十條　校董會呈經主管教育行政機關核准設立後須於一月內開具左列各事項呈請主管教育行政機關立案

一、名稱

二、事務所所在地

三、批准設立年月日

四、資產資金或其他收入之詳細項目
五、校董姓名籍貫職業及住址
立案後如第二第四第五各項有變更時須於一個月內分別呈報備案凡已核准立案之中等學校校董會應由各該主管教育行政機關轉呈教育部備案

第十一條　凡校董會呈請核准設立及呈請立案時在中等學校及小學校董會應呈由該管市縣教育局轉呈教育廳或逕呈該管特別市教育局在大學獨立學院及專科學校校董會應呈由該管教育廳或特別市教育局轉呈教育部轉呈時均須詳細調查開具意見以備審核

私立大學獨立學院及專科學校之附屬中學暨私立中等以上學校之附屬小學有特別情形時得另設校董會其呈請核准設立及呈請立案手續與普通私立中等學校及小學同

第十二條　校董會之職權以左列各項爲原則但因特別情形經主管教育行政機關核准者不

在此限

一、關於學校財務校董會應負之責任如左

一、經費之籌劃

二、預算及決算之審核

三、財務之保管

四、財務之監察

五、其他財務事項

二、關於學校行政由校董會選任校長或院長完全負責校董會不得直接參預所選校長或院長應得主管教育行政機關之認可如校長或院長失職校董會得隨時改選之

主管教育行政機關如認校董會所選任之校長或院長爲不稱職時亦得令校董會另選之另選仍不稱職或校董會發生糾紛以致停頓時得由主管教育行

政機關暫行遴任

私立大學獨立學院及專科學校之附屬中學暨私立中等以上學校之附屬小學其校長或主任由主校校長或院長聘任之但有特殊情形另設校董會者由校董會選任之

第十三條　校董會須於每學年終結後一個月內詳開左列事項連同財產項目分別逕報或轉報主管教育行政機關備案

一、學校校務狀況

二、前年度所辦重要事項

三、前年度收支金額及項目

第十四條　主管教育行政機關於必要時得查核校董會之財務及事務狀況

第十五條　校董會所設學校因事解散時校董會應於十日內呈請主管教育行政機關派員會同清理其財產清理了結時由清理人呈報主管教育行政機關

第十六條　校董會所設學校既經解散其財產無所歸屬時由主管教育行政機關處置之

第十七條　關於校董會債權債務諸事項發生轇轕時應歸法院處理

第十八條　校董會自身之解散須經主管教育行政機關之許可

第十九條　有特別情形者得以外國人充任校董但名額不得過三分之一其董事長或校董會主席須由中國人充任

第三章　私立大學獨立學院及專科學校

第二十條　私立大學獨立學院及專科學校之設立應遵照左列規定程序辦理

一、呈請核准設立應於校董會立案後行之呈請時須開具左列各欵送呈查核

一、學校名稱（如有外國文名稱者亦應列入）

二、學校種類

三、經費來源及經常開辦各費預算表

二、呈報開辦應於呈准設立後一年內行之呈報時須開具左列各款連同全校平

面圖及說明書送呈查核

一、學校所在地

二、校地及校舍情形

三、經費來源及經常開辦各費預算表

四、組織編制及課程

五、教科書及參考書目錄

六、圖書館全部圖書目錄或分類統計及實驗室全部儀器標本目錄

七、校長或院長及教職員履歷表

三、呈請立案應於開辦三年後行之呈請時須開具左列各欵送呈查核

一、開辦後經過情形

二、前項第三欵至第七欵各事項

三、各項章程規則

四、學生一覽表

五、訓育及黨義教育實施情形

第二十一條　凡私立大學獨立學院及專科學校呈請核准設立呈報開辦及呈請立案時應由該校校董會備具呈文及附屬書類呈由該管教育廳或特別市教育局轉呈教育部轉呈時須詳細調查開具意見以備審核

第二十二條　凡私立大學獨立學院及專科學校須具有左列資格方得呈准設立

一、大學或獨立學院按所設學院或科之數目及種類至少須有大學規程第十條所規定之開辦費及每年經常費

二、專科學校按所設專科之數目及種類至少須有專科學校規程第十條所規定之開辦費及每年經常費

（附註）開辦費及第一年經費均須以現欵照數存儲銀行

第二十三條　凡私立大學獨立學院及專科學校須具有左列各項資格方得呈准立案

一、呈報事項查明確實者

二、敎職員能合格勝任專任敎員占全數三分之二以上者

三、設備完善者

四、資產或基金之租息連同其他確定收入（學費收入除外）足以維持其每年經常費者

第四章　私立中等學校及小學

第二十四條　私立中等學校及小學之設立應遵照左列規定程序辦理

一、呈請核准設立　應於校董會立案後行之呈請時須開具左列各欵送呈查核

一、學校名稱（如有外國文名稱者亦應列入）

二、學校種類

三、經費來源及經常開辦各費預算表

二、呈報開辦　應於呈准設立後六個月內行之呈報時須開具左列各欵連同全校平面圖及說明書送呈查核

一、學校所在地

二、校地及校舍情形

三、經費來源及經常開辦各費預算表

四、組織編制及課程

五、教科書及參考書目錄

六、圖書儀器標本校具及關於運動衛生各種設備

七、校長及教職員履歷表

二、呈請立案　應於開辦一年後行之呈請時須具左列各欵送呈查核

一　開辦後經過情形

二　前項第三款至第七欵各事項

三　各項章程規則

四　學生一覽表

五　訓育及黨義敎育實施情形

第二十五條　凡私立中等學校及小學呈請核准設立呈報開辦及呈請立案時應由該校校董會備具呈文及附屬書類呈由該管市縣敎育局轉呈敎育廳或逕呈該管特別市敎育局轉呈時須詳細調查開具意見以備審核

第二十六條　凡私立中等學校及小學須具有左列資格方得呈准設立

一、高級中學　高級中學至少須有左表規定之開辦費及經常費惟第一年之經常費至少須各有額定數目三分之二又左表每科以開設三級每級分兩班爲準其每級僅設一班者經常費得減三分之一其合設兩科或與初中合辦者開辦費得經主管敎育行政機關核准照左表酌量減少

科別	開辦費	經常費
普通科	建築費 三萬元 設備費 二萬元	三萬元
師範科	建築費 三萬元 設備費 二萬元	三萬元
農科	建築費 三萬元 農場及其設備費 一萬元 其他設備費 二萬元	四萬元
工科	建築費 三萬元 工廠及其設備費 三萬元 其他設備費 二萬元	五萬元
商科	建築費 三萬元 設備費 一萬元	二萬元
家事科	建築費 三萬元 設備費 一萬元	二萬元

（附註）開辦費及第一年經常費均須以現款照數存儲銀行

二、初級中學

經費　有確定之資產或資金其租息足以維持其學校之每年經常費者或雖無確定之資產資金另有其他確實收入足以維持其學校之每年經常費者

設備　有自置或撥用之校舍相當之校地運動場理科實驗室標本儀器書籍校具各項者

三、小學

經費　有確實收入足以維持其學校之每年經常費者

設備　有相當之校地校舍運動場校具教具圖書各項者

第二十七條　私立中等學校及小學須具有左列各項資格方得呈准立案惟第四項資格只適用於高級中學

一、呈報事項查明確實者

二、教職員能合格勝任專任教員占全數四分之三以上者

三、設備完善者

四、資產或資金之租息連同其他確定收入（學費收入除外）足以維持其每年經常費者

凡已核准立案之私立中等學校應由各該主管教育行政機關轉呈教育部備案

第五章　附則

第二十八條　凡未依照本規程呈准立案之私立學校其肄業生及畢業生不得與已立案學校之學生受同樣待遇

第二十九條　本規程自公布日施行

高級中學各學期每週各科教學及自習時數表（二十二年度起實行）

科目 \ 時數 \ 學期	第一學年第一學期	第一學年第二學期	第二學年第三學期	第二學年第四學期	第三學年第五學期	第三學年第六學期	合計
公民	二	二	二	二	二	二	一二
體育	二	二	二	二	二	二	一二
衛生		二					二
軍訓	三	三	三	三			一二
國文	五	五	五	五	五	五	三〇
英語	五	五	五	五	五	五	三〇
算學	四	四	三	三	四	二	二〇
生物學	五	五					一〇
化學			七	六			一三

物理					六	六	一二
本國史	四	二	二				八
外國史				二	二	二	六
本·地	二	二	二				六
外地				二	二	二	六
論理						二	二
圖畫	一	一	二	二	二	二	一〇
音樂	一	一	一	一	一	一	六
每週教學總時數	三四	三四	三四	三三	三一	三一	
每週課外運動及在校自習總時數	二六	二六	二六	二七	二九	二九	
說	一、高中學生每日上課自習及課外運動總時數規定爲十小時每星期以六十小時計算						

明

二、每日上課時間外以一小時爲早操及課外運動時間餘爲自習時間

三、在課外運動及自習時間均須有教師督促指導

高級中學各學期每週各科教學及自習時數第二表

（二十二年度起實行）

學期 時數 科目	第一學年 第一學期	第一學年 第二學期	第二學年 第三學期	第二學年 第四學期	第三學年 第五學期	第三學年 第六學期	合計
公民	二	二	二	二	二	二	一二
體育	二	二	二	二	二	二	一二
軍訓	二	二	二	二			八
國文	五	五	五	五	五	五	三〇
英語	五	五	五	五	五	五	三〇

蒙回藏語或第二外國語	五	五	五	五	五	五	三〇
算學	四	四	三	三	四	二	二〇
生物學	五	五					一〇
化學			七	六			一三
物理					六	六	一二
本國史	四	二	二				八
外國史				二	二	二	六
本地	二	二	二				六
外地				二	二	二	六
每週數學總時數	三六	三四	三五	三四	三三	三一	
每週課外運動及在校自習總時數	二四	二六	二五	二六	二七	二九	

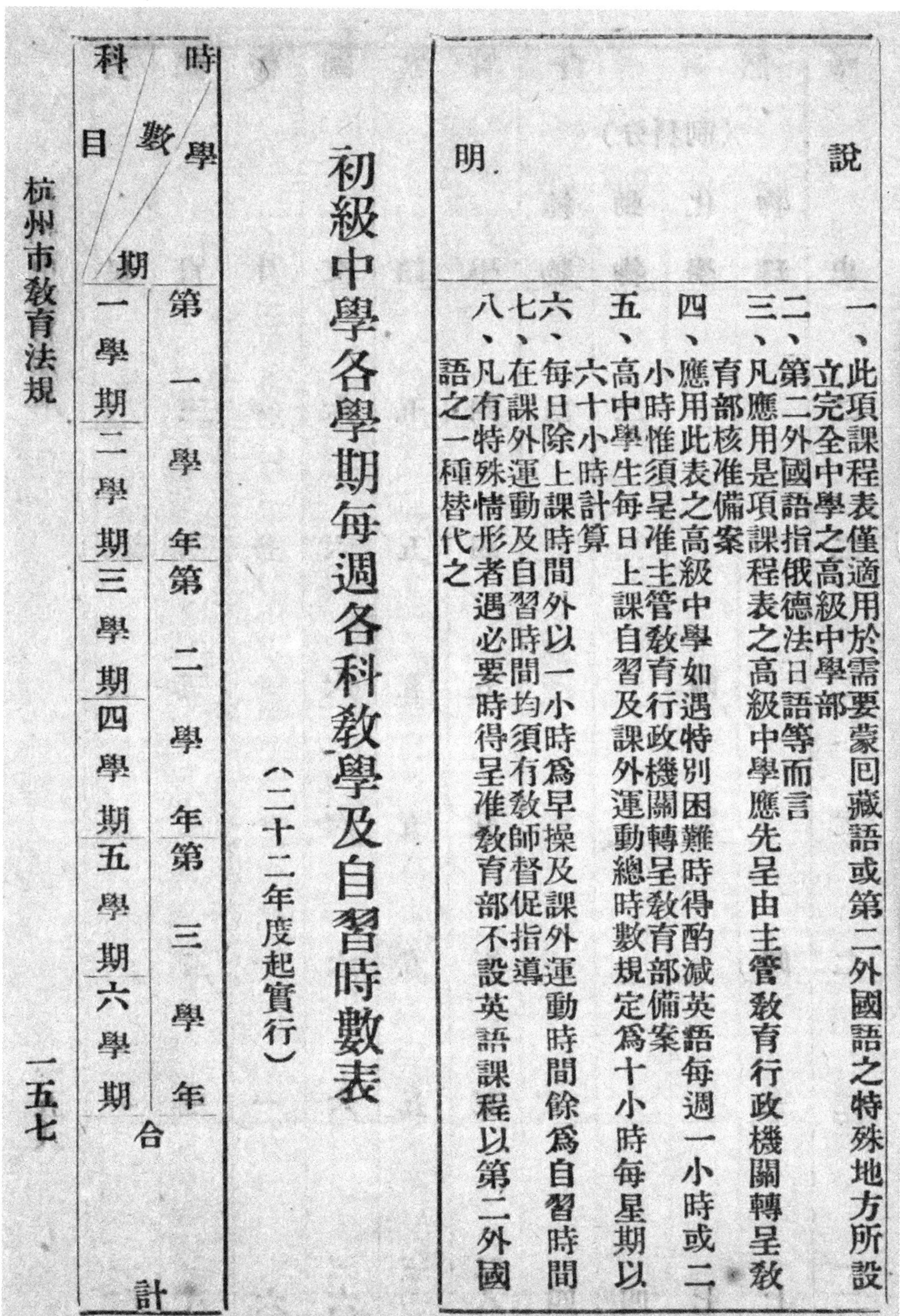

說明

一、此項課程表僅適用於需要蒙回藏語或第二外國語之特殊地方所設立完全中學之高級中學部

二、第二外國語指俄德法日語等而言

三、凡應用是項課程表之高級中學應先呈由主管教育行政機關轉呈教育部核准備案

四、應用此表之高級中學如遇特別困難時得酌減英語每週一小時或二小時惟須呈准主管教育行政機關轉呈教育部備案

五、高中學生每日上課自習及課外運動總時數規定爲十小時每星期以六十小時計算

六、每日除上課時間外以一小時爲早操及課外運動時間餘爲自習時間

七、在課外運動及自習時間均須有教師督促指導

八、凡有特殊情形者遇必要時得呈准教育部不設英語課程以第二外國語之一種替代之

初級中學各學期每週各科教學及自習時數表

（二十二年度起實行）

時數 / 學期 / 科目	第一學年		第二學年		第三學年		合計
	第一學期	第二學期	第三學期	第四學期	第五學期	第六學期	

科目							
公民	二	二	二	二	一	一	一〇
體育	三	三	三	三	三	三	一八
衛生	一	一	一	一	一	一	六
國文	六	六	六	六	六	六	三六
英語	五	五	五	五	五	五	三〇
算學	四	四	五	五	五	五	二八
自然（分科制）植物	二	二					四
自然（分科制）動物	二	二					四
自然（分科制）化學			四	三			七
自然（分科制）物理					四	三	七
歷史	二	二	二	二	二	二	一二

科目							
地理	二	二	二	二	二	二	一二
勞作	二	二	二	二	四	四	一六
圖畫	二	二	二	二	一	一	一〇
音樂	二	二	一	一	一	一	八
每週學時總數	三五	三五	三五	三四	三五	三四	
每週在校自習總時數	一三	一三	一三	一四	一三	一四	

一、初中學生每日上課及在校自習總時數規定爲八小時每星期以四十八小時計算除上課時間外餘爲在校自習時間

二、在校自習時間須有教師督促指導

三、在校自習無論住校或通學生均須一律參加

四、學生課外運動及活動不包括在校自習時間內

五、在校自習及課外運動活動時間得斟酌地帶節季及通學住校等關係略爲移動伸縮

初級中學各學期每週各科教學及自習時數第二表

（二十二年度起實行）

科目＼學期＼時數	第一學年 第一學期	第一學年 第二學期	第二學年 第三學期	第二學年 第四學期	第三學年 第五學期	第三學年 第六學期	合計
公民	二	二	二	二	一	一	一〇
體育	三	三	三	三	三	三	一八
衛生	一	一	一	一	一	一	六
國文	六	六	六	六	六	六	三六
英語	五	五	五	五	五	五	三〇
蒙回藏語或第二外國語	三	三	三	三	三	三	一八

算學	自然（分科制）植物	動物	化學	物理	歷史	地理	勞作	圖畫	音樂	每週教學時數總數
四	二	二			二	二	一	一	一	三五
四	二	二			二	二	一	一	一	三五
五			四		二	二	一	一	一	三六
五			三		二	二	一	一	一	三五
五				四	二	二	二	一	一	三六
五				三	二	二	二	一	一	三六
二八	四	四	七	七	一二	一二	八	六	六	

每週在校自習總時數	一三	一三	一二	一三	一二	一三

說明

一、此項課程表僅適用於需要蒙回藏語或第二外國語之特殊地方所設立完全中學之初級中學部

二、第二外國語係指俄德法日語等而言

三、凡應用是項課程表之初級中學應先呈由主管教育行政機關轉呈教育部核准備案

四、應用此表之初級中學如遇特別困難時得酌添英語每週一小時或二時惟須呈准主管教育行政機關轉呈教育部備案

五、初中學生每日上課及在校自習總時數規定為八小時每星期四十八小時計算除上課時間外餘為在校自習時間

六、在校自習時間須有教師督促指導

七、在校自習無論住校或通學生均須一律參加

八、學生課外運動及活動不包括在校自習時間內

九、在校自習及課外運動活動時間得斟酌地帶節季及通學住校等情形略為移動伸縮

十、凡有特殊情形者遇必要時得呈准教育部不設英語課程以第二外國語一種替代之

小學科目及每週教學時間總表（二十二年度起實行）

年級 分鐘 科目	低年級		中年級		高年級
	一年級	二年級	三年級	四年級	
公民訓練	60		60		60
衛生	60		60		60
體育	150		156		180
國語	390		390		390
社會	90		120		180
自然	90		120		150
算術	60	150	180	240	210
勞作	90		120		150
美術	90		90		90
音樂	90		90		90
總計	1170	1260	1380	1440	1560
附註	上列分數，都可以三除盡，便於以三十分或四十五分或六十分支配爲一節。				

（說明）

1 公民訓練和別種科目不同重在平時的個別訓練表內所列的是團體訓練時間，

2 各科目得依各地方情形酌量分合其辦法如左

甲、社會自然衛生三科在初級小學得合併爲常識一科

乙、勞作科農業工藝作業可單設一種卽以所設的一種命名某某科其餘必要的作業併入於性質相類的各科中——例如特設工藝科以農事的園藝家事等作業併入自然科中

丙、美術勞作二科在低年級得合併爲工作科

3總時間爲適中數得依各地方情形每週增多或減少九十分鐘

4時間支配以三十分鐘一節爲基本視科目教材的性質分別延長到四十五分或六十分

小學各種集團活動每週時間分數表（二十二年度起實行）

年級	分鐘	附註
低年級	一八〇	朝會，週會，紀念週，課外活動，課外作業，兒童自治團體活動等集團作業都在內。
中年級	二七〇	
高年級	三六〇	

（說明）

1各種活動時間得依各地方情形斟酌規定

2活動事項依各學校的範圍性質分別設置

杭州市立初級中學 编

杭州市立初級中學現況概要

杭州：杭州市立初級中學，民国二十六年(1937)铅印本

民國二十六年五月

杭州市立初級中學現況概要

杭州市立初級中學編印

杭州市立初級中學現況概要

杭州市立初級中學現況概要目錄

序

照片

校務進展狀況

各科教學研究報告擇要

國文科課外讀物的研究（戚墨緣）
怎樣糾正學生寫譌字（前　人）
怎樣增進初中學生作文能力（董秋芳）
非常時期的國文教材（戚墨緣）
如何發展對於算學具有天材的學生（何其魯）
算學科劣等生成績應如何促進（賀滌新）
算學演草應如何批改，於教員最爲便利，於學生最爲得益（應懷新）
擬縮短算術教學時間，提先教授代數之實驗報告（應懷新）
三學年英語教材如何配置最爲適當（方慧珍）
中學生英語發音問題（林詩閣）
自然科教學的三個問題（蔣文蓀）
本校四週植物紀要（倪禎棠）
黨義與其他各科聯絡的研究（朱一青）
如何記憶地名（朱元松）
工藝科教材問題（楊連昌）
初中音樂科教學上應改善的幾點（顧宗鵬）

現行章則擇要

本中學組織大綱
校務會議規則
教務會議規則
訓育會議規則

校務計劃及統計

附錄

序

本中學自創立迄今，瞬將九載，經歷屆師生之努力，基礎漸臻穩固。邇年舉措，尤爲社會人士所注意。春秋佳日，省內外人士之來校參觀者踵相接。其詢問實施情況，或函索參考資料者週必數起，媿無以應。茲以杭州市政府十週紀念刊徵稿之故，編就校務進展狀況一篇。並選擇近年各科教學研究報告十六題，現行章則三十五種，以及本年度校務計劃，統計表等，印成一册，名曰：「現況概要」。蓋觀此可明本中學三年來各種設施之大概情形也。其亦關心本中學校務狀況者所樂見乎？

一九三七年五月一五日葉桐於西湖金沙港。

浙江省政府委員兼杭州市長周象賢先生

杭州市政府參事兼教育科長陳成仁先生

本校校長葉桐先生

本中學一部校舍

本中學植物園

本中學操場鳥瞰

本中學舉行升旗攝影

本中學二部校門

本中學二部女學生運動一瞥

校務進展狀況

杭州市立初級中學現況概要

校務進展狀況

一、引言

本中學創辦於民國十七年，就是杭州市政府成立後的一年，那年八月，經教育科積極籌備，租了望江門直街民房一所爲校舍，由教育科長陳純人先生兼校長，招學生二班，(後來併爲一班)於九月十日開學，這就是本中學正式成立的一日，是值得紀念的。十八年夏，市政府爲提倡女學，租本市長慶街民房，增設女生部，同時將男生遷至西湖金沙港省立蠶桑學校舊址，定名爲市立中學第一部，女生爲第二部，本中學根基，於以粗具。十九年一月遷二部於岳坟崇文書院舊址，於是第一第二兩部相距咫尺，辦事益覺便利。自創始到現在已將九年了，在這短短的歷史裏，經過歷年師生的努力與合作，政府的指導和督促，本中學在本省中等學校中，已佔着相當的優勝的地位，就設備講，則物理，化學，生物三科示範儀與實驗儀器，都已合乎部頒標準；實驗室，勞作室，家事實習室等已經應有盡有。就圖書講，如萬有文庫，四部備要，圖書集成，中學生文庫，二十五史等主要書籍，均已備齊，連其他自然，社會，藝術，等科參考書籍及雜誌等已有一萬餘冊，足供師生參考之用。就學生成績講，舉辦畢業已十一次，畢業學生共計四一九人，且有從大專學校畢業，在政府服務，或在中學校任教員者。會考成績，亦逐年進步，去夏畢業生各科總平均幸達到八十四分•二五。童軍成績常居全省第二，體育成績在歷屆全省運動會中，均佔優勝地位，省會中各種競賽，本中學學生亦爲重要分子。校舍雖多舊屋修建，且規模不大，却亦整齊清潔，勉足敷用，因爲在風景區中，格外顯出本中學是適宜於讀書之區。這幾年來，本中學已成爲本省一百十一個中等學校中，九個優良學校之一了。

二、近年來之改進狀況

本中學近年以來，對於教務，訓育，事務各方面，頗多改進之處，玆爲節省字句起見，將教務，訓育，事務三處之改進事項之演進程序，綜合爲(1)往昔，(2)後來，(3)現在三個時期，列爲表式，分述如左：

甲、教務方面之改進狀況

I 教材

1.往昔：教材之確定，純由各級任科教師自行決定。

2.後來：由教務處決定，教材統一，惟以部爲單位。

3.現在：各級教材均由各學科研究會決定，並全校統一。

II 教學方法

1.往昔：教學方法偏重講演。

2.後方：在講演法中又加以問答法。

3.現在：各科教學以問答法爲主，講演爲副，並酌量採用自學輔導，如生物，衞生，物理，化學等多採用實驗或直觀法，或野外教學。

III 教具設備

1.往昔：因本校創立未久、設備無多，故所有教具即供示範用，亦覺不敷。

2.後來：因亟圖添置，故各科教學時示範需用之教具均已完備。

3.現在：力圖添購，凡需實驗或直觀教學之教科均較前設備齊全，生物，物理，化學三科設備已超過部頒標準。

Ⅳ自修督課

1.往昔：全體教職員輪流督課。

2.後來：排定自修時間，由任課教師督課。

3.現在：爲適應學生學習需要起見，每夜排定教師，分科督課，以便學生詢問。

Ⅴ考試方法

1.往昔：各科考試均由教師自定。

2.後來：將一學期所有各科月考次數，分排於每週之星期三六下午三時後，舉行週考，並一學期中主要科舉行會考一次。

3.現在：除會考照舊外，並將所有各科月考均由教務處加以統制，分別排定。並利用星期日上午考試，以期加多學習時間。

Ⅵ平日成績之考核

1.往昔：平日成績，除國英算外，均專注重於月考。

2.現在：除注意平日成績外，對於筆記亦同樣重視，並舉行短時間之臨時測驗。

Ⅶ 課外閱讀

1. 往昔：對於課外閱讀不加顧問。
2. 後來：課外閱讀書籍，加以審查，用統制的方法來導正學生之思想。
3. 現在：除統制閱讀書目外，並由各科研究會決定，指定浙江青年等爲課外必讀之書籍，在相當時間並用測驗方法予以考查。其成績卽作爲平日成績之一部分。

Ⅷ 教師補課

1. 往昔：由缺課教師自行處理。
2. 後來：依照前法，惟須教師通知教務處登記。
3. 現在：則由教務處指定時間，依照教員請假補課辦法，通知補課。

Ⅸ 成績保管

1. 往昔：學期考試成績留校保存。
2. 後來：除學期考試成績外，並將每學期中之會考成績，亦予保留。
3. 現在：除上述外，並將各科平日成績，檢取上中下三等代表成績，亦予保留。

Ⅹ 低能生補習辦法

1. 往昔：由教師在課內及自修時予以指導。
2. 後來：由教務處規定科目時間指令學生在星期日上午補修。

3.現在：則在每週內均有規定時間補習，凡月考成績在六十分以下學生均應上課。

乙、訓育方面之改進狀況

I 訓育標準——由抽象而具體

1.往昔：係以革命化，紀律化，集團化，平民化，科學化，藝術化爲訓育標準。

2.後來：改以市中學生十大德目：1.革命，2.忠實，3.博愛，4.禮讓，5.義勇，6.才智，7.勤儉，8.愛美，9.快樂，10紀律爲訓育標準。

3.現在：實施童訓管理，即以童子軍十二規律1.誠實，2.忠孝，3.公平，4.仁愛，5.禮節，6.助人，7.服從，8.快樂，9.勤儉，10勇敢，11清潔，12公德爲訓育標準，每項並細列條目，俾便遵行及考查。

II 訓育處組織——由獨任而集體

1.往昔：純採用訓育主任制度。

2.後來：兼採導師制。

3.現在：教訓合一，各級教訓，均以級任爲中心。

III 操行評核辦法——由主觀而進客觀

1.往昔：由訓育主任，依照懲奬標準，決定操行成績提交訓育會議決定。

2.後來：由訓育主任於學期終了時，徵詢各教師及參照學生相互批評，再依照手續處理之。

3.現在：由訓育處於學期中及學期終，徵詢各教職員對於學生操行之評定，交由級任評定，再由訓育主任核定，提交訓育會議決定之。

Ⅳ學生請假手續——由繁複而簡單

1．往昔：學生請假，出校用兩聯單，一聯爲准假，一聯爲存根。

2．後來：改用單頁，先由學生填請假單，再由值日教師登記填發准假單。

3．現在：則由學生塡就假單，逐級簽字，交處登記後卽發准許出校證。

Ⅴ自修督課——由單獨而普遍

1．往昔：訓育處值日職員督課。

2．後來：全體教職員輪流督課。

3．現在：除訓育處值日職員督課外，並由全體教員輪流督課。

Ⅵ例假日自修——由任意而强制

1．往昔：星期六夜間，及星期日上午，均不自修。

2．後來：星期六夜間在校自修一小時，三年級在校生加多自修一小時。

3．現在：星期六夜間住校生一律照常自修，三年級生，每逢單週之星期日上午亦須一律自修。

Ⅶ訓導方法——由普通管理進而至童訓管理

1．往昔：各年級均採用嚴格管理制。

2．後來：三年級採用指導方法，一二年級採用督導，並注意監護。

3．現在：實施童訓管理，惟個別訓練仍沿用第二時期之辦法。

Ⅷ膳廳管理——由個別生活而師生共同生活。

1.往昔：膳事由事務處直接處理，師生不共食。

2.後來：師生合組膳食委員會，廚房之管理權付與學生。

3.現在：由訓育處指導學生組織膳食委員會，管理菜蔬米飯，師生實行共同生活。

Ⅳ學生服裝——由混亂而整一

1.往昔：男生服裝規定穿着短裝，禁着長袍。

2.後來：規定穿着核服，禁着雜色。

3.現在：完全依照廳令，依時穿着童軍裝，或制服，鞋襪亦規定一律黑色。

Ⅴ整潔考查——由不定時而定時。

1.往昔：由訓育主任訓育員隨時考查。

2.後來：由學級主任考查，訓育主任抽查。

3.現在：規定上午七時舉行內務檢查，學級主任訓育主任同時分別會同巡視。

丙、事務方面之改進狀況

Ⅰ經濟支配

1.往昔：本中學辦公費，由一二兩部按六與四比例分配，各部自行支付。

2.後來：分配按照第一時期比額，但支付權屬於事務處，嗣後取消對立式之比額，按照實際需要，統盤計劃，於是經濟支配完全統一。遇有支付，除二元以下由事務員處理，十元以上須經校長核准外，均由事務主任主持。

3.現在：最近勵行分項預算決算制，規定辦法十五條，由事務會議通過施行，本校之經濟支配辦法，至是方稱切實合用。

Ⅱ經費出納

1.往昔：除現金出納採用新式簿記外，餘均沿用舊式，支取存金則由校長一人蓋章，學校經臨費學生代辦費不劃分。

2.後來：現金出納及各項分類賬均參用新式簿記格式，支取存金除由校長蓋印外，並由事務主任加章。經臨費與代辦費劃分。會計每日並有現金出納日報，每月有月計表。對于消耗用費特別節省，對於購置用費則從寬支配。

3.現在：改訂現金日記賬格式，使益臻完密，並添設總賬。至分類賬仍照舊使用，惟退居補助賬地位。

Ⅲ校具登記

1.往昔：校具登記不分類別，依室爲單位，其編號依各室校具連續計算。

2.後來：校具分爲普通用具，與教科用具二大類。普通用具登記，除依室爲單位外，再分爲桌椅凳几床櫥箱櫃等十二類，按室按類按件分登三種簿冊，每學期調查登一次，按室按類之二種簿冊每學年更換一次，按件之總冊，則規定每三學年更換一次。

3.現在：除可移動之用具外，即附裝房屋上之門窗，玻璃及電燈另件等亦分別予以登記及統計。

IIII校具保管

1.往昔：由事務處直接負保管之責。

2.現在：校具保管由主管人員分別負責外，如某種校具須移出室外時，先由使用人報告有關係之人員，再由主管人登記其領出數，繳還時亦須逐一檢查。遇有遺失，使用人，關係人，主管人連帶負責，其有破壞者隨時收集，定期修理。

Ⅴ增添敎課設備

1.往昔：理化儀器及生物標本僅佔一室，勞作用具限於工藝及烹飪，體育與童軍用具亦缺略不齊。

2.後來：大批添購理化儀器、標本、及體育、童軍用具。分列物理儀器，化學器械，生物標本爲三個準備室，分列童軍用具，體育器械爲二個儲藏室。又擴充理化敎室二分之一，改爲理化實驗室，擴充工藝敎室三分之一改爲工藝實習室。

3.現在：增購學生實驗用物理儀器六組，遷移生物標本室，并建設植物園。又新置青年團用具，如划船，救生圈，救護車，汽槍，及測量器具等；縫級用具，如縫衣機等。

Ⅵ整理圖書及擴充圖書館

1.往昔：圖書未充實，圖書館設備亦簡陋。

2.後來：增購圖書，除單本書不計外，成大部者有萬有文庫第一第二兩集，初中學生文庫，小朋友高級文庫，古今圖書集成，四部叢刊，二十五史，飲冰室全集，中國文化史叢書等；又添置書櫥，擴充並美化閱覽室。復廣定雜誌，指定第二閱覽室耑閱雜誌，統日開放，而日報則分懸於各走廊，使學生便於隨時閱覽。

3.現在：改編圖書目錄，採用卡片式，并擴充書庫。

Ⅶ校舍整理

1.往昔：除隨時由工役注意整理外，並每學期舉行大掃除一次。

2.後來：除日常掃除每日二次外，每月定期掃除四次，第一三兩週小掃除，限於地面之灑掃拖洗，第二週中掃除，由地面至門窗玻璃，第四週大掃除，由地面達至天幔，以期每月達到普遍整潔之程度。

3. 現在：除定期掃除依照前條辦法外，將日常掃除，規定學生與校工分工合作，以教室，自修室，寢室，歸學生担任，室外及其他各室仍由工役任之。並將一二兩部學校前後門外大路，及校園、植物園、均施行定期掃除。

Ⅷ校景佈置。

1. 往昔：注意校內各室之修理。
2. 後來：稍注意環境佈置，及花木之栽培。
3. 現在：注意校景之美化，如平治地面，創建校園及植物園，整理校路，建築花房，以及舖草地，植行道樹，務期整潔優美。

Ⅸ衛生設施

1. 往昔：注意全校及飲食之清潔。
2. 後來：採用公筷私碟，改良廚房設備，拆修廚房房屋，裝配紗窗紗門，訓練廚役，以種種清潔方法，並特築垃圾銷毀爐，移建廁所，改裝尿斗，使穢氣減少至最低限度。
3. 現在：改組膳食委員會，議訂管理廚房辦理三十五條，認眞執行。並於二部裝置自來水以充飲料，膳廳桌凳一律重加髹漆。寢室則分發白被單及包袱布，並定期包商洗滌。盥洗則分發毛巾，分別紅藍色，使沙眼不至傳染。春季施種牛痘，秋季給服奎寧丸，以預旁傳染病。

Ⅹ沐浴設備

1. 往昔：學生自由在外理髮，而校內浴室無火爐設備。

2. 後來：特約男女理髮店二家，分別在一二兩部指定之理髮室按照編排名單理髮，並裝摺浴室，裝置火爐，以便冬季洗浴。

3. 現在：採沐浴同日並行方法，並提倡自洗衣服。

XI 代辦學生用品處理方法。

1. 往昔：一切代辦品之定價，由事務處決定，登記尙無定式。

2. 後來：價格方面：另件由事務處分別詳定，各科教科書則照書局定價八折九扣後之批發實價發給，蒐購物品及服裝則採用招商投標方法，並組織評價委員會，使價目絕對公開。

登記方面：則創設學生用費分類登記表，平時可代賬冊，結算時可用以公布。

分配方面：除每期開學時蒐發用品一次外，平時每日二次，學生得自由開單向事務處領取。旋因用費嘗有超出繳費之弊，且學生每不愛惜自身所領物品，乃改爲郵票式之學用品兌換券，自一分五厘至二角，計分五等，共合五元，由學校定製，按名發給，使學生得持此計價領物。

3. 現在：物品價格之評定仍按照上述辦法，教科書則按書局改訂實價後之批發九折價發給。分配方面改採按級分項預算辦法，除應徵費外，於學期結束前將代辦費按膳食，書籍，課業用品，服裝，雜項五類，分項逐件詳密預算其數量與價格，經教，訓，事三方面會商，再經事務會議議決通過，編印成表，於假期中郵寄學生，次學期應繳各費之金額及各種用品之領取量，即以此表爲準。

XII 代辦學生用品報告方法

1. 往昔：每學期終，代辦品之費用，由事務處開單結算，對學生個人分別發還或補找。

2. 後來：代辦品之數量與價格已隨時詳實登載於學生用費分類登記表，至學期終，即將此表結算，對學生全體公布，使學生分別查對，以爲多還少補之根據。同時再編印本期代辦品單價簡明表，連同各個學生繳費收支對照表，郵寄學生家屬。

3. 現在：除依照上述方法進行外，並努力設法節制用品，使學期終了時減少補找情形，同時使學生家屬得減輕經費負担。

XIII 學生繳費徵收方法

1. 往昔：新生規定繳六十四元九角，舊生五十八元九角。

2. 後來：採按級遞減制，新生仍繳六十四元九角，二，三，四學期學生減繳服裝費六元，計應繳五十八元九角，五，六學期，又減繳服裝費六元，計應繳五十二元九角。

3. 現在：採按級分項預算制(辦法詳前)各學期各班級之繳費各按實際需要情形分別徵收。

三、現狀概要

現在將本中學現狀，先作一綜合的報告，再將教，訓，體，事各處情形，分別敘述。

本中學現分第一，第二兩部，第一部在西湖金沙港，校址佔地廿三畝，計有學生四班，共一百七十七人，均係男生。第二部在西湖岳坟，崇文書院舊址，佔他約四畝，共有學生一百廿一人，統係女生。兩部學生，均秋季始業。敎職員共二十七人，內專任廿五人，兼任二人。就性別論，則男二十人，女七人。就資格論，則師範大學及大學畢業者八人，高等師範畢業者四人，專門學校畢業者九人，試驗檢定及格者二人，中等學校畢業者四人。本年度經費共二九，七六五元。校舍分配如左表：

行政組織，照浙江教育廳所頒規程，校長由市府薦委，綜理校務。下設教務，訓育，事務，體育主任各一人，分掌各該部事務。由全體教員及會計，組織校務會議，爲計劃校務進行機關。各學科設主任，組織各學科教學研究會，以謀教學上之改進。各級設級任，負指導學生進修之責。組織教務，訓育，事務等會議，及教育經濟稽核委員會，學生升學就業指導委員會，訓育指導委員會，健康教育指導委員會，圖書委員會，膳食委員會，計劃及討論各該部分事務之進展，全校學生均須受童子軍訓練，前經登記爲三十一團。本年度起，兼施青年訓練，男生奉令編組爲浙江省少年團第十三

杭州市立中學　**校舍分配一覽**　二十六年二月製

類別	室別　＼　部別 / 所數及間數	一部		二部		全校	
		所數	間數	所數	間數	所數	間數
行政方面	總辦公室	1	2			1	2
	二部辦公室			1	3	1	3
	體育辦公室	1	1			1	1
	童子軍團部	1	1			1	1
	教員預備室			1	1	1	1
	會議室	1	1			1	1
	診察室	1	1	1	1	2	2
	電話室	1	1/2	1	1	2	1 1/2
	物料庫	1	1/2			1	1/2
	體育童軍器械器	2	2	1	1	3	3
	貯藏室	3	4	2	2	5	6
	溫室	1	1			1	1
	合計	13	14	9	9	20	23
教學方面	普通教室	4	10	3	7	7	17
	美術教室			1	3	1	3
	科學館	1	7			1	7
	工藝館	1	7	1	3	2	10
	家事實習室			2	3	2	3
	圖書館	1	6	1	3	2	9
	學生自修室	1	6			1	6
	合計	8	36	8	19	16	55
食宿方面	膳廳	1	6	1	3	2	9
	廚房	1	3	1	2	2	5
	學生宿舍	3	22	3	22	6	44
	教職員宿舍	2	15	2	5	4	20
	工人宿舍	4	6	2	2	6	8
	療養室	1	2	2	2	3	4
	盥洗室	1	8	2	4	3	12
	理髮室	1	1	1	1	2	2
	浴室	1	3	2	1	3	4
	洗衣室	1	1			1	1
	晒衣場			1	3	1	3
	廁所	2	6	1	2	3	8
	合計	18	73	18	47	36	120
行動方面	紀念廳	1	5			1	5
	學生會客室	1	1	1	1	2	2
	教職員會客室	1	1			1	1
	學生自治會室	1	1	1	1	2	2
	教育合作社室	1	2	1	1	2	3
	娛樂室	3	5	2	3	5	8
	走廊及梯間	20	98	7	9	27	107
	門房	2	2	2	3	4	5
	小計	30	115	14	18	44	133
	球場	7		1		8	
	跳高跳遠場	2		2		4	
	跑道	1				1	
	校園	3		2		5	
	植物園	1				1	
	小計	14		5		19	
	合計	44	115	19	18	63	133

總計全校面積19,680 方公尺(29.52市畝)内運動場面。積7100方公尺，園地面積 4,430方公尺，房屋89所，224間，走廊27所，107間，露天場所19處

團，女生編組爲浙江省少女團第五團，以每星期三下午爲少年團少女團技能訓練之時間。玆再就敎務，訓育，體育，事務四方面之現狀，分述如左：

甲，敎務現狀述要

I 敎學推進的中心　敎務處爲本中學重心所在，敎學進行，每年度均規定目標及中心，以爲敎學推進之鵠的。二十三年度之目標爲：a.發揚民族意識，b.培植科學基礎，c.陶冶健强身心，d.注意職業訓練四項。廿四年度則進爲：a.樹立集體精神，b.培植科學基礎，c.鍛鍊健强體魄，d.養成刻苦精神四項，并以試行童軍管理，實踐新生活規律，勵行國防生產訓練，提倡青年勞働服務，爲施行之方法。至本年度，則除繼續前年度之目的外，特重a.實施特種敎育及b.勵行青年訓練二項。本中學敎學上，因此一切智能訓練，均以特種敎育爲中心。一切技術及體格訓練，均集中於少年團少女團組織之下。實施以來，頗多良好結果，因目標一經决定，全體敎員，必盡力以赴也。推進程序，則如左圖：

敎務會議 ⇄ 各科敎學研究會 ⇄ 全體敎員

II 自修指導和督促　學生自修分三種：卽早自修，夜自修，課後自修。早自修爲七時以前，夜自修爲夜間七之九。課後自修爲下午四之五。本中學全體敎師均負自修指導和督促之責，除早自修及課後自修由訓育處値日敎師負責外，在每學期開始時，由敎務處排定夜自修敎師督課輪値表，每晚一二兩部各請二個敎師出席指導，敎師分配，則以學科爲標準。另備有夜自修敎師督課登記簿一冊，凡出席督課敎師，須親自簽名，以備查考。又本中學在每日上課時間內，如遇有敎師告假，或有空班時，亦須在敎室內自修，稱爲空班自修。由本級級任敎師負點名之責。

III 特種敎育的實施　本中學自廿五年度起，開始實施特種敎育，先組織一個特種敎育委員會爲一切實施之發動機關。除智識，精神，德性，體育各種訓練，分配於各處，及關於技術訓練通訊三組，由二三年級學生自由選習外，（每人限定選習一科）復聘請校外專門人員到校敎授，每星期三下午爲實施訓練時間。各組敎學則注重實習。學期終了時並舉行考查成績一次。舉辦的結果，在學生方面頗感興趣，而所得成績，亦尙稱優良。玆將第一學期所設各科，選習人數，担任敎師，及課程大綱略述如左：

特種敎育科目	選習人數	担任敎師
1. 警衛組（限男生選習）	六二人	葉世安先生
2. 通訊組（男女生均得選習）	一〇六人	郝鴻榮先生
3. 救護組（限女生選習）	五七人	楊郁生先生

甲、警衛組（限男生選習）

1. 擔任敎師——葉世安先生——公安局消防總隊隊長。
2. 選習學生數，共計六三人。
3. 課程大綱。

(1)目的　使有警察、保衛、偵緝、消防之常識及訓練。

(2)時間　每週二小時講授一學期，或每週一小時講授一學年。

(3)方法　以二十小時爲講授時間，二十小時爲參觀參與實習之時間。

(4)課程內容

一、警察常識。　二、偵緝常識。

三、保衞常識。　　　四、消防常識。

五、指紋常識。

講授順序及內容詳略由講師酌定，本學期暫定講授二分之一。

乙、通訊組（男女生均得選習）

1. 擔任教師——郝鴻榮先生——浙江無綫電台主任。

2. 選習學生數，共計一〇六人，（分甲乙兩班教授）。

3. 課程大綱

（1）目的　使知郵電通訊常識，及有無線電收發之技能。

（2）時間　每週二小時授一學期，或每週一小時授一學年。

（3）方法　以二十小時爲講授時間，二十小時爲實習參觀參與之時間。

（3）課程內容。

一、郵件之傳遞檢查。

二、電話電報機之使用。

三、有線電無線電之收發。

丙、救護組（限女生選習）

1. 担任教師——楊郁生先生——西湖醫院院長，

2.選習學生，共五七人。

3.課程大綱

(1)目的　使具救護常識及技能。

(2)時間　每週一小時授一學年，或每週二小時授一學期。

(3)方法　講授二十小時，參觀，與實習二十小時。

(4)課程內容：

一、急救法。　二、消毒法。

三、綳帶法。　四、看護。

五、病人處置法。

講授順序及內容詳略，由講師酌定，本學期暫定講授三分之一。至第二學期，除警衛，救護兩組仍繼續辦理外，再設立平板測量一組，聘請浙江省陸軍測量局局長裘冲曼先生擔任教授，專由二年級學生自由選習，每人仍以選習一組為限，計選入警衛者有五十九人，平板測量組者有三十二人，救護者有二十七人。仍規定每星期三下午為訓練時間。以上所述，係本中學一年以來實施特種教育之大概情形。

Ⅳ成績考查及附讀生補習辦法　本中學對於學生學業成績攷查，素採取嚴格主義，凡平時考不及格之學生，訂有假期自修辦法，以資補救。至學期終了時，凡升級或留級學生悉依照學業成績考查細則辦理。對於附讀學生，亦訂有附讀學生補習辦法，以期學生程度可以逐漸提高，留級學生可以減少。關於考查方法，則有週考，月考，學期考，定期考，不定期考，及會考等，總以促進學生努力學習為要務。平時考試不及格學生，按月調查，令其參加假期自修，（即例假日自修）。此法對於督促學生努力自修，大有裨益，因假期自修，不啻予學生以自由之限制，與其活潑好動之天性有切膚之關係，格外能督進其努力也。

Ⅴ各種競賽活動　本中學爲引起學生學習興趣，及提倡學業競進起見，每學期均定期舉行國文，算學，英語，自然四科全校學生會考各一次。凡成績優良者，由校酌給獎品，以示鼓勵。實行以來，從未間斷，而學生對於會考亦頗感興趣。此外時事測驗，英語，國語等演說競賽，亦定期舉行，以不同之方式，輔助學生學業之進步。此種競賽活動，實甚重要。

Ⅵ教師請假及補課辦法　本中學爲注重學生學業起見，對於教員請假，不論因事因病均須補課，每月終由教務處調查，排定時間，通知補課。三年以來，極少缺課，故教材均能依限授畢。二十三年度第一學期爲補授往昔未完課程，教員義務補課總時數，及請假補課總時數，竟各超過請假總時數倍。此本中學教師努力服務之精神，能獲得社會之贊許，亦不無因也。玆將教員請假補課辦法附錄於後：

教員請假補課辦法

1.教員因事或因病請假者，必須補課。

2.請假補課，均須向教務處接洽登記，並佈告之。

3.請假功課，以隨時補授爲原則，至月終由教務處統計之。

4.請假功課至月終尚未補授完畢者，次月內必須補足。

5.逼近假期之二週，請假時，必須先排定補課之時間。

6.請假補課情形，按月就教務會議報告之。

7.請假滿十日者須請人代理，其代理人必須經本中學之同意。

8.本辦法經教務會議通過後施行。

Ⅶ畢業會考　本省中等學校畢業會考，自二十一年度第一學期開始實行時，本中學畢業生即遵令參加，惟畢業成績，則未見優良。自二十三年度起，會考成績日見進步。至二十四年度第一學期，參加會考學生，乃得全體畢業。第二學期成績，尤見優良。總計參加會考學生六四人，全體均得畢業，會考成績，各人總平均在九十分以上者計有王榴珍，周宗樺，蔣仁淵，鍾偉隆，張瑞鴻等五人，總平均在八十分以上者有王嬋運等五十四人，總平均在七十三分以上者五人，畢業生全體總成績為八十四分•二五。甚盼本校學生，日後畢業會考，仍能繼續保持此種優良成績也。

乙、訓育現狀述要

Ⅰ訓育推進的中心　訓育為本中學指導學生及督促學生之中心，亦學校重心所繫。各級學生訓導，由各級設級任分負專責，由訓育主任總其成，計劃並主持一切。凡事經訓育會議決定，即分別由級任負責實施於全校。自實施童子軍管理及青年訓練以來，訓育處在對內方面，改為童訓管理處，以校長為主席，訓育主任及童軍教練為正副主任，而以各處主任及級任為童訓委員會委員，組織童訓會議，合訓童於一體，為訓育處處事最高機關。故本中學學生對外活動，雖有童子軍及少年團，少女團之別，而在校內則為一元的。童訓會議之下，又設管理會議，即級任會議，每週開會一次，由級任報告各級學生優劣之點，并計劃推進事項。重要者提請童訓會議或由全校教員所組織之訓育指導會議計劃施行，而實施則仍以級任為中心。各事進行，因此均切實際。如將程序排列，則如下圖。

（全體教員）　　（訓育人員）　　（全體級任）
訓育指導會議 ⇄ 童訓會議 ⇄ 管理會議

至於訓育目標，則採童軍十二規律，而以浙江敎廳頒發訓育標準，分別歸納其中，以爲實施之鵠的。

Ⅱ訓育的實施　本中學訓育的實施，可分下列十項，分別說明。

（1）訓育目標　本中學卽採用童子軍十二規律，並依規律之內容，分爲十二細目。廳頒訓育標準之有關品性之陶冶，習慣之養成，亦均歸納其中，作爲青年個別訓練之目標。再依浙江青年團組織大綱規定之訓練目標，分項實施。確定以來，行之倘切實際。

（2）訓育方法　訓育方法依照下列原則及方法實施。

a.爲實現發展青年心身，培養健全國民起見，一切設施，除實施童訓合一爲「集團訓練」外，並注重「個別訓練」，以求身心之圓滿發展。

b.爲求訓育效能之深入學生內心起見，多用積極的，間接的，事先的，「啓導法」。利用紀念週，集會，精神講話等時間。

c.爲求適應學生心理狀態發展之順序起見，使用潛移默化的，以身作則的「示範法」。

d.爲求發展學生優良之德性起見，從日常生活中，使有積極而愉快的環境，並設備有關修養之名人小傳，日記，言行錄等，使用「暗示法」，以獲得訓育之效能。

e.爲求學生之五育平均發展起見，特利用休閒時間，用「指導法」，指導各種課外自治活動，休閒活動，健康活動，學藝活動等。

f.爲求適應羣衆心理，及個別心理之特殊狀態起見，故在團體求紀律嚴明，多用「强制法」；對個人則在督促其自覺，則多用「感化法」。

g.青年優良之德性，常易受惡劣環境及自然情性所誘惑，所惡化，故使用「督導法」，嚴密管理，俾其前進向上，無遊移彷徨墮落之慮。

h.爲適應青年固有之優劣比較心理起見，特用「比賽法」「獎懲法」，積極使學生向上從善，消極使學生不致違犯紀律。

i.爲求上列各種方法之有效的實現起見，故除預定各項設施計劃外，並爲思想、好尙、及個性、家庭等各項調查。

(3)精神訓練　以三民主義爲準則，除培植學生刻苦的精神，求知的精神外，並注意下列之實施：

a.講述歷來民族英雄，殺身成仁之故事，及參謁墓像，以培養氣節及民族精神。

b.闡明本身和國家民族之關係，及先賢毀家紓難之事蹟，以啓發其愛國家、愛民族之觀念。

c.講解中華民族革命光榮史，及世界各弱小民族復興史，以堅決其復興民族之自信力。

d.介紹民族偉人，及當今最高領袖，及其他各民族復興之領袖，以養成尊崇領袖，服從領袖之精神。

(4)德性訓練　以新生活運動綱要及新生活運動須知爲準則，務使每一青年均有「恢宏」之器識，「熱烈」之情感，「純潔」之心胸，「勇敢」之精神，並能有「犧牲小我」，「敬長慈幼」，及「有禮貌」「守秩序」「知廉恥」「負責任」等善良習性，設施之事項如下：

a.依照新生活須知厲行分項考查。

b.舉行服用國貨宣誓。

c.勵言摘錄及精神訓話。

d.舉行德育講演。

e.規定青年修養閱讀書籍，並定期作閱讀比賽。

f.舉行思想測驗，及學生性行批評會。

(5)健康指導　可分衞生環境、保健、及醫務三方說：

a.衞生環境　本中學地處西湖，除瘧蚊外，餘均合乎衞生之要求。校內則每日均有事務訓育人員，及學生自治會，主持衞生工作之幹事，分區視察，務使環境合於衞生條件。

b.保健　每學期舉行體格檢查，如發現瘧疾或缺陷，即分別規定醫療，及自療兩種辦法。遇有季候病發生之時，必事先預防。整潔方面，則被褥之洗滌，沐浴之輪流，內衣清潔之檢查，個人衞生之考核，均分別規定實施。至於營養，除允許學生飲牛乳，豆乳，及鷄子外，現幷擬定適合營養配置之菜單，約定廚工按組選製。至夏秋二季，則規定學生每隔一日，須服塊寧一粒，以預防瘧疾。

c.醫務　本中學聘有校醫，每日下午四時後到校，依登記先後分別就診。如有患病較重，或時病驟發，則送醫院治療，由訓育人員每日前往診視，並由校醫隨時報告病況。

(6)生活指導　學生生活及日常行爲，除各項生活及活動處所，均分別定有公約及須知外，並由級任隨時指導。每月更有生活指導講演一次。新生入學時，又有入學指導，及新生談話。課後並時作郊遊及提倡學術之小組活動。

(7)思想指導　觀察學生之言行，及性態之變更，日記之記載，定期舉行個別之談話，分別爲積極之指導，消極之批評（對於學生課外讀物，更定有統制辦法，一方善導青年求知心理，一方則查禁不良讀物。此外更有時事測驗，音樂會，辯論會，使青年咸趨正軌。

(8)學習指導　本中學對於學生學習之方法，極爲重視，除一般的學習原則，在紀念週講述外，其他更有分科學習指導談話會。遇有不及格之學生，則詢其不及格之原因，予以個別之學習指導。同時圖書館更備有各科學習法，陳列書架，予以閱讀之便利。

(9)自修之規定與督導　學生自修，每日計四小時，早晨及課後三至四，夜間七至九，督導辦法，除由訓育人員輪流督課外，並有各教師輪流出席指導。星期六住校生照常自修，星期日上午則獎勵學生自動自修，三年級生則每二週必須自修一次，另有考查辦法。

(10)自治組織及指導　自治組織依照中央執行委員會頒布之學生會組織。內分事務、德育、智育、體育、美育、羣育、六股辦事。學期開始時，由訓育處擬定指導綱要，提請訓育指導委員會審議，並推定人員爲各股指導。訓育主任及二部主任爲各部總指導。

Ⅲ童訓管理的實施　本中學童訓實施概況，可分組織、會議、集隊、服裝、禮節、膳廳、寢室、教室及自修室、勤務等八項說明。

(1)組織　由校長、訓育主任、童子軍團長及原有參加訓育會議之人員合組成一童訓會議，每月舉行常會一次。審核童訓進行計劃，及決議各項規程及活動等，爲童訓管理之議事機關。原有訓育處及童軍團部，合組爲童訓管理處，則爲執行機關。原有之級任會議，則改爲管理會議，規定每週舉行一次。處理學生日常生活，及改進日常管理訓導等項。必要時並請校長或各主任參加會議。學生則依原有班級各編爲一中隊，現全校計分七中隊三十六小隊。中隊長則由級任提請童訓會議委任，小隊長則由各小隊提請童訓管理處委定。

(2)會議集隊　中隊會議，規定每月一次，小隊會議每二週一次，以便集議本中小隊之改進事項。有時童訓管理處，並得將改進日常生活，健全各項訓練之基本工作交議。至於有關各種生活活動，均依小隊編制排列點名。

(2)服裝　規定四月至六月，八月至十一月，全校穿着童軍服裝。十二月至三月，男生則穿黑制服，女生則穿灰色制服。童軍服裝零件，在校內除領結、肩章、證章外，其餘一概不用。例假日出校，則加用警笛。服裝之是否整潔，在校則每日均有晨間檢查，出校則由担任風紀警衛之隊員檢查之。

(4)禮節　日常集會上課下課，及對師長來賓，均係照規定辦法，行童子軍禮。其他關於日常各種禮節，則另有禮儀訓練辦法，以爲實施之標準。

(5)膳廳　均係照小隊編制，各隊員自備筷二雙，碗一只，碟一只，調匙一只，每小隊有一值週隊員，担任盛飯，整隊至膳廳後，均立正靜候，俟師長入膳廳後，始發坐下開動口令。會食時，食畢依照指定路綫魚貫至盥洗處。

(6)寢室　亦依照小隊編制，每日起身，蚊帳各自翻起。十二月至三月，蚊帳一律不用。被反摺，疊成長方塊，約(2呎×1.5呎)，四角均應用內務板夾成輪廓，置於指定處所。床上一律鋪校發白毯，每四週洗滌一次。床下雜物均依整潔標準放置之。寢室之開放，規定在零時至一時及下午四時至翌晨八時，非此時間均須經訓育處許可方准入室。

(7)教室及自修室　除教室因有體長高低及目力差別，未能依照小隊編制外，自修室則均照小隊排列，學生聞上課鐘聲，即須齊集室內，靜候教師，教師入室，由中隊長發「起立」「敬禮」「禮畢」口令。退課時，由中隊長發令「起立」，「敬禮」，俟教師先出教室，學生依行次順序出室。本室整潔，則由中隊長指定隊員輪流擔任之。

(8)勤務　內勤工作，依照排定次序輪流。風紀、警衛，則於學期開始時由管理處製表公佈，輪流負責。外勤工作，如推行新生活，及其他各界集會服務，則均由管理處依中小隊次輪流之。各項勤務，均在工作完畢時，考核並獎懲之。

Ⅲ青年訓練的實施　青年訓練是適應非常時期的產物，也是復興民族的最基礎的準備，自從本省教育當局提倡以來，各中學均以最大努力從事此種訓練之實施。惟事屬創行，無從借鏡，因此本中學亦惟有努力幹着，向前求進，實施之簡況，有如下述：

（1）編組辦法： 在編組前，先令學生就特種教育及防護團活動項目，分別認定，再依照認定項目分別編隊。換言之，特種教育之所授，即青年團知識技能之訓練；防護團之活動，即青年團知識技能之應用。因此中隊與小隊及班，在其編定以前，已有一種目的和任務。名雖有三、實則爲一、本學期編組之結果，第一中隊第一小隊各班爲軍樂隊；第二小隊爲情報，第一班爲通訊，第二班爲警報，第三班爲嚮導；第三小隊各班爲交通警衛，第二中隊第一小隊爲燈火管制及避難統制；第二小隊爲防毒，第一班爲消毒，第二三班爲偵毒；第三小隊爲消防及僞裝，第一二班爲消防，第三班爲僞裝。第三中隊第一小隊各班爲救護隊，第二小隊各班爲電訊隊，第三小隊各班爲候補團員。

（2）團部組織： 爲欲使青年團訓練與童子軍訓練及原有之訓育，取得密切之聯絡，故將訓育處與童子軍團部及青年團團部，對內則合併爲童訓管理處，所有組織及訓練事宜，均由團部辦理，所有一切活動，均稱爲青年活動。在學期開始時，爲之統盤規劃，施行以來，頗多便利。

（3）入團標準： 在青年訓練開始之時，先對於青年訓練之意義，及青年與民族之關係，加以積極之闡明，故學生對此咸有熱烈之興趣，頗有以不能加入，引以爲恥之感。故對於團員入團之標準，純取自願，結果除少數體弱學生，勸令暫緩加入外，其餘一律入團。體格精神較差者，則編爲候補團員。普通訓練時，照常加入；特種訓練，如急速行軍，攀登比賽等則不加入。至普通訓練適合標準後，再改爲正式團員。

（4）隊長選任標準： 青年訓練之成績，能否有優異之表演，其最有關係者，即爲隊長之選任。故有規定之標準：

a.愛護黨國，信仰領袖。

b.意識堅定，思想清楚。

c.體格健全，精神煥發。

d.學識優良，品性良好。

e.服從命令，遵守紀律。

f.言語明晰，動作活潑。

合於上列之標準者，分別選任爲隊正或隊附。

(5)訓練項目：　訓練之實施分下列六種：

a.精神訓練，　b.體格訓練，

c.德性訓練，　d.智識訓練，

e.技能訓練，　f.紀律訓練。

上列六項之訓練，除精神訓練，德性訓練歸入普通訓育實施外，其他有如下述：

(1)體格訓練，採取集體運動方式，以普遍提高青年體格之健全爲原則。其實施事項如下：

a.早操時訓練耐久之跑步。

b.採用教部所編之中學體育教程，及軍訓操典實施操法練習。

c.舉行武裝賽跑，劈刺射擊武器使用假練習。

d.參加校內外各種勞動服務。

e.定期舉行競走、爬山、划船、游泳旅行、郊遊、露營等各種野外活動。

(2)智識訓練，以與教學聯絡及休閒活動之方式，鼓勵自動研究爲原則，其實施事項如左：

a.每逢星期五下午一至三，設立救護、測量、電訊、消防講座，令學生自行選習。
b.介紹閱讀民族英雄及科學名人傳記。
c.指導閱讀日報及政治刊物。
d.舉行本國史地常識系統講演。
(3)技能訓練，以國防爲中心，其實施事項如左：
a.防護訓練，如警衞、警報、機種、識別、救護、消防、防毒及消毒、通訊、燈火管制、避難統制、交通管理。
b.特種訓練如野外勤務、機警練習、嚮導、情報、運輸、偵察。
c.技術訓練：汽車駕駛、機車練習、游泳、騎馬、攝影、電訊、自由車，國術、測量、射擊、划船。
d.少女特種救護及情報、電訊之訓練，其他各項由團部分期實施，令各團員選任之。
(4)紀律訓練以啓發誘導爲主，而輔以反省與制裁等方式。其實施事項如左：
a.舉行本團「守則」考查。
b.注意日常生活中之一切行動，予以督導。
c.嚴格施行童訓管理。
d.嚴緊組織，絕對服從。
e.遵守「團規」「校規」及一切法規。
(6)訓練時間：除規定星期三、六下午爲定期集中訓練之時間外，其餘規定在課餘、早操集隊、紀念週、集會時間實施之。

Ⅴ家庭學校聯絡辦法　學校訓育欲使其效率增進，必須與家庭合作。家庭合作以後，個別訓練之實施方能切乎實際。本中學家校聯絡之辦法如下：

(1)家庭狀況之調查：　家庭之組織，爲父母兄弟姐妹之存亡、死因、心身、與關於兒童生計之狀況，職業情形，資產及門第，父母之教育程度及嗜好，學生在家時之性習，及行爲上之特徵，與遺傳病等，均詳爲規定。

(2)訪問

a.訪問之標準　凡家庭生計狀況，職業情形，家庭好尚，父母兄姐之教育程度，周圍環境，學生在家庭之狀況，家庭對於子女之管教方法。

b.訪問後應報告家庭之事項　學校設施之近況，學生之志趣及學業成績狀況，在校之生活狀況，及日常行爲，自修情形及訓育上應特別提示之問題。

c.訪問時之注意點　隨帶家庭訪問册，對學生行動之評述，不用消極語氣，結束時必有家庭、學校相互約定或委託事項之舉述。

d.訪問之學生以普通爲原則，如因時間關係，則就學行上有問題之學生先行訪問。

(3)函約家屬談話　學生遇有特殊情形，而學生家庭狀況亦尙知悉者，則函約家屬來校談話，以便告知及訊問一切。

(4)書面通知　學生學行有問題時，卽將實際情形通知家屬，使家屬得有協助機會，俾收訓導之實效。

Ⅵ參加校外競賽成績　本中學成立以來，對校外各種競賽活動，往往參加，藉以發揮學生個別的或團體的能力，結果每多優勝。茲將參加校外各種競賽得奬者，分錄如左：

1. 服用國貨講演競賽　二十年度第二學期　周玉英獲第一名
　廿三年度第一學期　陸　霞獲第二名

2. 抗日及民族問題講演競賽　廿一年度第一學期　吳錦芝獲第一名
　廿三年度第一學期　童本仁獲第三名

3. 剿匪宣傳講演競賽　廿三年度第一學期　陸　霞獲第四名

4. 衞生運動講演競賽　廿二年度第一學期　黃迎春獲第二名

5. 英語背誦競賽　廿二年度第二學期　孫果立獲第二名

6. 拒毒講演競賽　二十年度第二學期　吳錦芝獲第一名
　廿一年度第二學期　李鳳笛獲第一名
　廿一年度第二學期　陸　霞獲第二名
　廿三年度第二學期　陸　霞獲第四名
　廿四年度第一學期　張許甯獲第三名

7. 全市女生救護測驗　廿四年度第二學期　唐亞英等八人第一名

8. 全市中等學校學生三民主義測驗　廿五年度第一學期　學校團體第一名　個人總分第一名屠宜新

9. 全市中學童子軍腳踏車救護比賽　廿五年度第一學期　列入甲等

10 全省會中等學校整潔比賽　廿五年度第二學期　獲得第一名

丙、體育現狀述要

體育之使命，爲達到教育目的之方法之一，本中學對於體育，素所注重。自政府頒佈國民體育實施方案後，責任上覺得更爲重大。是以本校對學生體育，力求普遍之訓練，與平均之發展，使人人有充分之運動機會，以養成運動，作爲終生之娛樂，鍛鍊成强健之體魄，而享受健康之幸福，並於平均發展中，求特殊人才之出現，導其所長，期爲國民之基本份子。本中學基此原則，故實施體育，務求平均之鍛鍊，與體育常識之供給。茲將本校實施體育概況略述如下：

Ⅰ體育工作推進之中心系統如左：

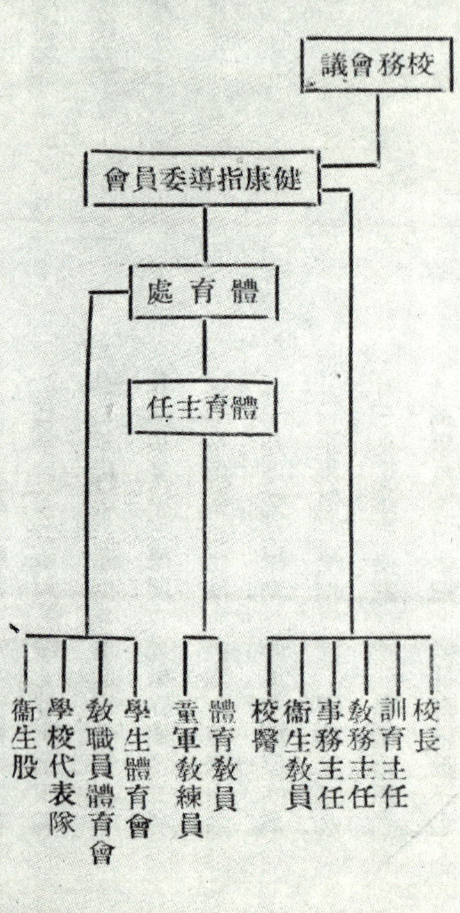

Ⅱ體育經費　本中學學生，每學期應繳體育費洋乙元五角，此項經費，以全體學生共同享用，及竭力節省消耗，以供添設備爲原則。開學後由體育主任確立預算，交健康指導委員會議審定之。支取經費，則由校長及體育主任，共同蓋印。

Ⅲ體育設備　本中學體育設備可分下列兩部：

1.一部操場——內有女生更衣室，及娛樂室各一間，寬五公尺，圓周二百三十公尺之跑道一，長五十公尺寬三十公尺之足球場一，籃球場三，網球場二，排球場一，跳坑二，及單雙槓各一。此場設備較佳，故一二兩部學生平日運動均在此場。

2.二部操場——內有非正式之籃球場一、及跳坑一。此場全長不足三十公尺，寬不及十公尺，平時僅供二部學生分組活動一組之用。

Ⅲ體育獎勵　今日之提倡體育者，每以物質贈送選手，雖一小小運動會，亦必征集獎品，琳琅滿目。青年之參加比賽者，多以爭奪獎品爲其運動目的，殊失比賽意義與運動本旨。本中學爲矯正青年心理，對於體育獎勵，除特殊情形外，概主榮譽及精神之獎勵，俾學生養成高尚氣節，自尊精神及爲運動而運動之習慣。

Ⅴ體育之實施辦法　有左列各點可述：

A.體育正課——一二年級每週二小時，三年級每週三小時。教材係採用教育部所頒布之初中體育教授細目教授之，惟側重技術訓練，遇天雨地濕改在教室內作有系統之體育理論，及常識等演講，此外上體育正課時，務使學生有嚴守紀律之習慣。

B.課外運動——學生每週必須參加運動四小時，開學後由各生於田徑類及球類中各任選一項，由各級體育幹事，彙交體育處，分組排定公佈。此項運動，每學期改選一次，以增興趣。每隊設隊長一人，幹事一人，負領球整隊及點名之責，體育教員則從中指導及督促之。惟本中學場地狹小，運動時常感困難，最近教育部規定每生每日必須有兩小時之强迫運動後，故又將青年訓練之技術項目，倂入課外運動，利用自然環境，減少場地不敷之困難，增加學生運動之時間。施行以來，結果尚稱良好。

C.早操長跑——本中學因地處湖濱，爲利用自然環境起見，故每逢一三五舉行早操。二四六舉行長跑十五分鐘。男女二部，則依此更迭行之。每月會操一次。出席之學生，均由各中隊長書面報告，按週統計，作成績考查之一部分。

D.標準運動——計分體力，競跑，跳躍，擲重四項，至於組別，則以各生之身高、體重、年齡、學級、指數之和，分爲甲、乙、丙、丁四組。各組各項之測驗標準，則又分別爲之規定。

E.運動比賽

(甲)校內比賽

(1)級際球類比賽——本校爲養成學生具備之競技精神，每學期舉行各種級際球類錦標比賽，由各級選派選手報名，參加比賽。優勝各隊，由體育處贈給錦標，以資獎勵。

(2)田徑運動會——每學期舉行一次，惟每次舉行之性質不同，春季運動會，學生均須參加，並以學生之身高、體重、年齡、學級、指數之和，分爲若干組比賽之。秋季運動會，則由各級選派選手比賽之。前者求其平均發展，後者求其培養特殊人才也。錦標分個人、團體二種。個人成績優異者，另贈獎品。

(3)其他各項運動比賽——本中學爲引起學生對於運動熱烈之情緒起見，並按氣候分別舉行自由車、划船、毽子、越野跑、長途競走、爬山等比賽，優勝者由體育處給予獎品。

(4)平日比賽——除學校發起之各種比賽外，平日各級自由組織運動團體之友誼比賽，甚爲踴躍。且時與敎職員組織之運動團體比賽，而各生對於規則及運動道德，亦頗能遵守。

(乙)校外比賽

本中學爲市政府舉辦之最高學府，亦卽省會僅有之市立中學，故每年除參加省區運動會外，並時與省會各校及業餘運動團體，作各種比賽，但困於經濟，時間，對於外埠則絕少比賽。

F. 選手訓練——每日在上午六時至七時，及下午規定時間內訓練之，事先並編印訓練綱要，爲理論上之基礎。臨時再由體育敎員，於方法，姿勢上，逐項指導之。

G. 體格檢查——每學期舉行一次，由體育處會同校醫辦理之。檢查以後，再由體育處統計生理及病理上之缺點，及各種病態，將結果公佈，並通知學生家屬。同時會同訓育處及校醫進行治療及矯正之方。疾病之較多者爲砂眼，瘧疾，及皮膚病。更爲便利學生計，學生得請求檢查生理病理，以爲及時之治療。

H. 運動器具之管理——經常之管理，由校工爲之。運動時，收發之手續，則擬有運動器具借用辦法，由體育幹事逐日輪流管理。例假日亦依此辦法出借。如有損壞或遺失，均須酌量賠償。每購一運動器具，卽由體育處職員，記入運動器具設備錄。如有損失，則亦記入備考欄。

Ⅵ參加校外比賽之榮譽

1. 全省運動會

第一屆 田徑賽團體總分第一名。

第二屆 田徑賽團體總分第三名。

第三屆 田徑賽團體總分第一名。

2. 區運動會

(甲)男子部

第一屆　田徑賽團體總分第二名。

徑賽團體總分第一名。

第三屆　田徑賽團體總分第五名。

田賽團體總分第三名。

徑賽團體總分第三名。

(乙)女子部

第一屆　田徑賽團體總分第一名。

接力賽跑第一名。

第二屆　田徑賽團體總分第一名。

籃球冠軍。

第三屆　田徑賽團體總分第一名。

接力賽跑第一名。

籃球冠軍。

丁、事務現狀述要

工事務推進的中心　一切事務進行，以整潔爲中心。整潔之涵義爲整齊淸潔，其作法爲有秩序，有系統，有法度，有精神，其態度爲光明，坦白，誠懇，節約。如處理經濟，則擯除浮冒濫用之惡習，出以光明與節約之態度，使有系統而合法度。處理人事，則矯正欺詐與敷衍之謬見，應以誠懇與坦白之態度，使中法度而增精神。處理用具與房屋，則打破紊亂，使有秩序，革除虛飾，使切實用。處理學生代辦事項，則參合經濟，人事，用品三者情況以應付之。其他雜務瑣事之處理，均以達到整齊清潔爲歸束。

Ⅱ事務範圍　約分四項：卽（1）經濟的支配及出納，（2）校舍校具的整理及保管；（3）衞生的設施及注意；（4）工役的督促及訓練。關於實施此種事件之方法，除見於近年來事務上之改進事項外，玆錄（1）經濟分項預算辦法，及（2）校工訓練辦法及衞生設施狀況於后：

Ⅲ校工訓練辦法

1.凡本中學校工及廚役均須受本辦法規定之訓練。

2.訓練目標，規定左列四種：

a.禮貌訓練；

b.常識訓練；

c.衞生訓練；

d.技能訓練。

3.禮貌及常識訓練由事務訓育二處職員共同負責。

4.衞生訓練，得請校醫，衞生教員或其他教員負責。

5.技能訓練得請專業工人教導，或巡派校外學習。

6.各種訓練至少每二週舉行一次。

7.各種訓練事宜，由事務處負責主持之。

8.本辦法經事務會議通過後施行。

Ⅲ分項預算及决算　本中學自廿五年度起，勵行經濟分項預算及决算，凡經濟支配，出納，審查，統照規定辦法嚴格執行。實行以來，覺極合理。因此種辦法，係本中學所新創，其他中學未有行之者，故將辦法附錄，以供參考。

附分項預算及决算辦法

勵行分項預算及决算案

（理由）凡事必須預算，在量入爲出之學校事務爲尤要。學校事務有絕對的，相對的，代辦的，與代管的四種。第一種爲事務處本身之事務，是主動的，第二種爲與各處有關之事務，是被動的，第三種爲接受學生委託之事務，是介於主動與被動之間的，第四種純爲代保管經費之事務，是靜止的（就事務處立場言）。第一種無論矣，第二三四各種，往往因主動者未明事務之性質，驟交事務人員辦理，違之恐有傷情感，順之或碍於經濟，或迫於時間，或絀於能力，均有顧此失彼之弊。竊以爲最善之道，莫如萬事先行預算，所謂預算，非必耑爲經費，即時間空間與人力亦均有關；須有整個計劃，計劃確定，然後付之實行，實行後最求其結果，予以統計，方稱完畢。大事如此，小事亦然，是謂治事之精神。否則，憑一時之衝動，坐而言，必未能起而行，卽行矣，亦幸也。以上皆言事務預算之重要，玆略舉其辦法如次：

（辦法）1.絕對的事務，每月由事務主任按照市經費預算科目七成支配，（俸給除外）交事務人員分別辦理，留其餘三成，以爲臨時應急之需。

2.相對的事務，由各處主任或各科敎師，按事件之性質，範圍，單獨或會同事務人員擬具預算，送交事務處辦理，倘查與市經費預算有碍，或有其他難行之處，呈請校長裁决。

3.代辦的事務，由事務主任，或各級任教師，或各中隊長，按其需要情形擬具預算，送交事務處辦理，如查已超過代辦費定額，得停止辦理，或另收現金，但應收現金與否，須以校長佈告或開會議決爲準。

4.動用市經費以外之學生雜費，與學生膳餘，除有例案，或校長特准外，須開事務會議決定之。以上四項銀行存款支票，由校長與事務主任蓋章，付款單據由事務主任與事務員蓋章。

5.學生體育費爲代管費，由體育主任擬具預算，送由校長提交健康教育委員會通過後交回該處自辦，有時亦得轉交事務處代辦。事務處於收齊該款後，爲之另立存摺耑款存儲銀行，其存款支票由校長與體育主任蓋章，付款單據由體育主任與體育教師蓋章。

6.學生童軍活動費亦爲代管費，由童訓管理處正副主任擬具預算送由校長提交童訓委員會通過後，交童訓管理處自辦，有時亦得轉交事務處代辦。款存本校金匱，領款由校長與該處主任蓋章，付款由該處主任與經手人蓋章。

7.學生自治會費亦爲代管費，由該會幹事會與導師擬具預算，送由校長交囘該會自辦，有時亦得轉交事務處代辦。款存本校金匱，領款由校長與該會導師蓋章，付款由該會總幹事與導師蓋章。

8.凡編制預算得指留總額二十分之一至十分之一爲預備費，無預算或預算不全之講求或委託事件，事務處得拒絕接受。

預算格式另定之。

9.決算以符合預算爲原則，遇有不得已溢支時，應呈請校長核准，此項溢支不得超過預算總額十分之一，過此須自行賠補。

10關於市經費之收支計算及決算按期送交本校經濟稽核委員會審核，關於學生代辦費之結算報告由事務處按照規定表式於學期結束前一星期公布，使學生自行查對，關於學生雜費，學生膳餘，學生體育費，學生童軍活動費之收支報告及單據由經手人員分別編製送由校長提交校務會議臨時推定之審查委員審查之，關於學生自治費之收支報告由該會編製送交訓育指導委員會審查之。

11每屆報名費之收支預算及決算，由招生委員會主席負責辦理，提交校務會議推定之審查委員審查之。

12預算確定之經費得於事件開始時預支十分之一至十分之三，此項預支仍須於事件結束時繳齊付款單據核銷，但遇經濟困難時，事務處得拒絕預支。

13在預支定額外之支取爲借支，一切借支須經校長特准

14除零星小款外，一切付款按月結賬

15除俸給外，一切付款在一百元以上者，用銀行支票，不付現金。

Ⅴ衛生設施狀況　本中學地處西湖，風景幽麗，空氣光綫及運動場所，極合衛生條件。本處於此，尤加注意。對於廚房則裝置紗門窗，對於食物，菜蔬則按日加以檢查，對於膳廳則備置紗廚及菜罩，以防蒼蠅。廁所則間日用水冲洗，并按週置樟腦，以防臭氣。浴室則盡量擴充，冬季并裝火爐，以備浴時取煖。飲水則用沙濾，二部並已裝就自來水。秋夏蚊生，易發瘧疾，則定時强迫學生服奎寧預防。日常茶桶，則改用濾水磁器，以保清潔。春季種痘，夏秋間注射防疫針，以防疾病於未來。校醫按日來校診病，遇病稍重，卽送杭州市立病院或西湖醫院治療，醫藥諸費，由學校與醫院商定，特別優待，故學生卽入醫院治療，而所費不多。復以水窪積水，易生蚊蠅，校內除流動之荷花池一口外，餘均塡平，藉絕孑孓之源。一二兩部各設診察室一處，所備藥品，均照部頒標準。此卽本中學對於衛生設備與日常注意之大概也

。關於管理廚房辦法，本中學所行者，亦與一般學校不同。茲附管理廚房辦法藉知大概。

管理廚房辦法

一、廚房爲廚工全體工作場所，由學校設置。

二、廚房用具，分學校設備與廚工自備二種，校備用具之添置及修理，由事務處主持之。

三、廚工設包頭一名，由膳食委員會（以下簡稱膳委會）僱用，包頭以下之工人，歸包頭自用。

四、廚工承辦全校人員膳食茶水，採包賬制，由包頭向膳委會訂立承攬爲憑。

五、廚工承辦膳食茶水，須依照次之規定：

1.學生膳食每人每月五元二角，八人合一桌（由學生所繳膳費內支給）

2.學生茶水費，每桌每月二元（由學校經常費內支給）

3.膳食每日三餐，早膳稀飯，菜六碟，午夜膳乾飯，菜六盤，四葷二素，湯一碗。

4.每週單日午膳，每桌四盤葷菜中，應有一盤爲成塊之肉，每屆冬季，每桌應以一菜一湯換一火鍋。

5.食米規定頭號蒸穀米與二號白米對摻。

6.飲水用砂濾水；但二部用自來水，由學校規定在茶水費外，每月加給水費三元。

7.洗面水每日三次，洗浴水，洗衣水每日一次，飲水須全日供給，不限次數。

8.每月膳費分三期平均支領。十日爲一期，月終結清，按人數計算；但開學時及每星期六夜膳，則按桌數計算，每桌五角六分。茶水費每月一次支清。

六、膳費之增減，由膳委會依照次之標準決定之：

1. 減費標準

a. 食米每石在八元以內

b. 猪肉每斤在二角四分以內

c. 烟煤每噸在十八元以內

2. 增費標準

a. 食米每石在十二元以上

b. 猪肉每斤在三角六分以上

c. 烟煤每噸在二十七元以上

七、膳食之質量，由廚工依照就膳人數，盡心合法配備，以清潔而可口，無碍衞生，有相當營養成分者爲主，隨時由值日膳委檢查之。

八、做菜應注意左列各點：

1. 無論菜蔬肉類，均須力求清潔。

2. 各盤菜須有適當油料。

3. 煎炒之菜不易消化，至多以四盤爲限。

4. 天熱時得備冷菜，但不得多於一盤。

5. 每盤菜須保持適當溫度（除冷盤外）。

6. 菜之湯滷宜純潔，避忌摻粉。

7.同種原料每餐至多得做二樣菜。

8.午晚膳不得供同樣菜二盤以上。

9.每種菜須保持原有眞味。

10成塊或成件之菜，每盤所有之數不得在八以下。

九、廚工對於膳食辦理不良，得按次之罰則，由膳委會處罰。

1.稀飯或乾飯遇不夠喫時，應由廚工購肉饅頭分給未喫飽者，每人四只，若人數在三分之一以上，除發給饅頭外，處二等罰。

2.飯或菜確有臭腐氣味者，除令重做或補做外，處一等罰或二等罰。

3.菜中發見蒼蠅，應即將該菜調換，並每隻處四等罰，倘飯中發見蒼蠅，罰同，但不調換飯。

4.菜中發現蒼蠅以外之蟲類，或其他雜物，由值日膳委訓令廚工注意，倘再犯，應加處三等罰。

5.四等罰每次扣膳費五角，三等罰每次扣膳費一元，二等罰每次扣膳費三元，一等罰每次扣膳費十元，但一等罰積至三次以上者，應予撤換。

十、廚工應隨時剪短指甲及頭髮，司分菜及搬菜之廚工，尤須於每次工作前洗淨雙手，在每次開膳時，每一膳廳，應至少有廚工一名候値。

十一、關於廚房膳廳，及附近隙地之清潔，由廚工照本校規定掃除辦法掃除之。

十二、廚房清潔用具與廚工工衣，由事務處發給，每月抹布十塊，肥皂四塊，掃帚四把，每年工帽十頂，圍裙十條，如不足，由廚工自行添置。

十三、廚工對於校備廚房用具須妥善使用，如有損毀，應負相當賠償之責。

十四、廚工除承辦膳食茶水與整理膳廳廚房外，得自由出入，各個人之行爲由包頭負責，但不得有妨校規。

十五、本辦法經事務會議通過後施行。

附錄創始事項

各種創始事項乃本中學進展之實際記錄之一種，有時且足爲各中學仿效者，爰依時期之先後，分述如左：

1.建築跑道　將辦理秋季招生費節餘，及體育費之一部，擴充運動場，計修建網球場二，藍球場三，排球足球場各一，並於四週建築跑道，是爲本中學有跑道之始。

2.行分食制　二十三年八月三十日師生均用公筷公碟，實行分食。是爲本中學施行分食制之始。

3.建造溫室　同年九月建築小花房一所於後樓前，中門東首。以安藏花草，是爲本中學有溫室之始。

4.開闢校園　同年十一月起師生利用課外活動時間，漸次將一部大門前土阜剷去，月池填平，次年春後，砌成花壇，植花木多種，外圍竹籬，門懸「市中校園」，四字，是爲本中學有校園之始。

5.浴室裝爐　二十四年一月修理一二兩部浴室，計一部十間，二部五間，並裝置火爐，冬春季每日下午四之六升火爐，以備學生就溫洗浴，是爲本中學浴室裝置火爐之始。

6.統一面巾，布毯　同年二月學生用面巾，布毯，白包袱，由校代辦，九日分發。面巾字花分紅綠二色，以杜防沙眼之傳染。布毯包袱統一，則寢室統一又進一步，是爲本中學爲學生辦面巾，布毯，包袱之始。

7.統制理髮沐浴　同年二月二十四日訓育處列表令學生按時沐浴理髮，冬春間浴週一次，髮長男生不得過三分，一律平頂，女生不得過耳垂，是爲本中學統制學生沐浴理髮之始。

8. 升旗敬禮　同年三月五日，一部操場竪立大旗竿，高約七丈，月之七日，二部操場亦竪旗竿，備懸國旗之用，三月十五日公佈國旗升落辦法。廿日一二兩部同時舉行第一次升旗，國旗升降，均整隊，是爲本中學對國旗敬禮之始。

9. 培植綠茵　拆去一部後樓前舊屋基。中長方形，鋪以草皮。四圍砌水泥磚路。二十五日竣工，是爲本中學有草茵之始。

10 闢實驗室　同年八月呈准將廿三年度餘款購辦大批儀器標本，並改進舊理化教室爲實驗室，添置實驗桌凳，及用具。九月之第一週舉行化學及生物實驗，是爲本中學有實驗室之始。

11 闢植物園　同年冬師生奉令於假期中實行勞動服役十日，本中學師生乃集中工作於校園東首之荒地，漸次將高地剷去，低處塡平，至次年三月已大致就緒，乃僱工闢小徑，圍竹籬，栽花木，置石桌石凳。至五月初共培養植物一百八十餘種，乃顏其門爲植物園，是爲本中學有植物園之始。

12 物理實驗開始　廿五年一月添購物理實驗儀器多組，價約千元。二月第二週起開始物理實驗，是爲本中學物理實驗之始。

13 添闢雜誌閱覽室　同年二月十八日第二閱覽室佈置就緒，四週裝紗門窗，內置成績花草，懸各種照片，置雜誌三十餘種，終日開放，供學生閱覽，是爲本中學設雜誌閱覽室之始。

14 製定談話錄　同年九月製定級任談話錄，頒發各級任，規定每學生每學期至少與級任約定談話二次，從此級任敎師，對於學生進修之督促與勸勉，有文字紀載可查。

15 新製圖書卡片　將圖書室所有圖書，重行整理，用王雲五氏十進法編排，廢止目錄，改用卡片，并添製卡片櫃，以備應用，於是圖書閱覽保藏，均應用科學方法。

各科教學研究報告擇要

各科教學研究報告擇要

邇年以還，本中學各教員，對於各科教學之研究，頗爲認眞，亦感興趣，凡學期之始，各科研究會均自訂計劃，以爲研究之鵠的；學期之終，將所得結果，彙成報告，三年以來，從未間斷。各種報告存稿，今已盈尺，玆擇其中之一部，照本校組織大綱之規定，分國文，算學，英語，自然，社會，藝術六科，依次排列，藉供從事中等教育之參考。（編者附誌）

國文科課外讀物的研究

戚墨緣

I國文科課外讀物，應如何規定以適合學生之需要。

國文科規定課外讀物，爲求適合學生的需要計，須注意下列兩點：

1.使學生能讀

2.使學生愛讀

欲使學生「能讀」選材時須注意於下列兩點：

1.文字不宜過深——若書中文字過深，使看者格不相入，不但讀之無味，且亦勞而無功。

2.意境不宜過高——若書中意境過高，使看者莫明其妙，那末材料雖好，也會使學生不能卒讀。

欲使學生「愛讀」選材時尤宜注意於下列兩點：

1.須富於興趣——若書中含有引人入勝的魔力，誘讀者漸入佳境，那末自然會發生探壑窮源的意興。

2.須適合個性——假使讀物能與讀者的個性相投，便會如「酒逢知己」，淺斟低酌，雖千杯不厭。

不過「能讀」與「愛讀」的書，不一定於學生有益，有時反而受害，為求無害有益計，所以我們選材時還要注意於下列各點：

1.文筆須流利；

2.脩辭須秀美，

3.結構須嚴緊；

4.描寫須深刻；

5.情緒須熱烈；

6.思想須高尚；

根據這個原則，我們曾做過一次課外讀物的調查，調查方法，就是就學生平日常看的書中選擇出較好的四十六種，列成一表，令學生塡出他已讀和愛讀的書，調查的結果，我們知道下列各書都是學生「能讀」而且愛讀的，茲抄錄如下，以供參考：

一年級的讀物

1.愛的教育　（已讀者一二四人　愛讀者佔一二一人）

2.寄小讀者　（已讀者　八九人　愛讀者佔　六三人）

3.十五小豪傑　（已讀者　六三人　愛讀者佔　五二人）

4.年少漂泊者　（已讀者　六八人　愛讀者佔　六〇人）
5.綠天　（已讀者　五六人　愛讀者佔　四八人）
6.空山靈雨　（已讀者　四九人　愛讀者佔　三五人）

二年級的讀物

1.往事　（已讀者　九八人　愛讀者佔　七六人）
2.隔膜　（已讀者　九〇人　愛讀者佔　六七人）
3.棘心　（已讀者　八四人　愛讀者佔　六四人）
4.背影　（已讀者　六八人　愛讀者佔　六二人）
5.老殘遊記　（已讀者　五八人　愛讀者佔　四八人）
6.水滸　（已讀者　四九人　愛讀者佔　四七人）

三年級的讀物

1.魯濱孫漂流記　（已讀者　八五人　愛讀者佔　七六人）
2.吶喊　（已讀者　七二人　愛讀者佔　六六人）
3.徬徨　（已讀者　六八人　愛讀者佔　六二人）
4.幻滅　（已讀者　六四人　愛讀者佔　五八人）
5.動搖　（已讀者　六一人　愛讀者佔　五六人）
6.倪煥之　（已讀者　四五人　愛讀者佔　三九人）

II 學生課外成績應如何考核以明勤惰

考核課外讀物的成績，可參用達爾頓制的方法，茲將辦法略述於下：

1. 將讀物由導師用表格按週劃定進程，令學生依次閱讀，讀畢，即在表格中註明已讀符號，以便查考。
2. 令學生以課外閱讀筆記，先將讀物中的生字，生詞、難句摘錄，自行翻閱字典、辭源加以註釋，須將讀物中每篇的段落，大意，分清摘出。再將全篇加以批判，或作讀後感。
3. 每週所讀的材料中，由導師擬定問題，令學生隨讀隨做，做後交導師評閱。
4. 學生做完上列工作後，再由導師每二週中抽出若干時間詳加抽問。——其抽問時間，最好在每二週中不作文的那兩小時內。抽問時，即可依學生回答的詳略，以評定其成績。
5. 僅用抽問，恐難普通。所以更應用考試方法，最好也和其他課內讀物一樣，每月考試一次，以評定其成績，較為確實。
6. 讀課外讀物的成績，亦應和課內讀物一樣重視。不然，容易使學生起輕視課外讀物的心理。

茲將擬定課外讀物成績考查表附例於後：

課外讀物成績考查表

週次	月日	書名	進程	成績		備考
第一	二月二日　二月九日	愛的教育	一頁—二十頁	筆記	60	
第二	二月十日　二月十七日	仝	二十一頁—四十頁	抽問	70	
第三	二月十八日　二月廿五日	仝	四十頁—六十頁	做問題	75	
第四	二月廿六日　三月五日	仝	六十頁—八十頁	考試	80	

上表足夠四週之用，週次，月日，書名和進程，都可由學生自塡，成績一項由導師於考核後塡上，如屬筆記成績，就在分數上端塡上筆記二字，以資識別，其他各項亦同，每月一表，於學生的勤惰卽可一目了然。

怎樣糾正學生寫譌字

戚墨緣

Ⅰ緒言

在這學者鼓吹簡字，政府提倡簡字的時代，來讀糾正譌字的辦法，似乎有點不大時髦。但我以爲簡字與譌字，完全是兩樣東西，不能混爲一談；例如：

「尽」——是簡字，「盡」——就是譌字。

「礼」——是簡字，「禮」——就是譌字。

「惧」——是簡字，「懼」——就是譌字。

簡字的目的，在使之「化繁爲簡」，而上列的：

「盡」與「盡」。

「禮」與「禮」。

「懼」與「懼」。

不但字形失正，且亦譌簡爲繁，仍有糾正之必要。何況譌字的範圍並不此呢。

Ⅱ譌字的類別

譌字可分爲：

a. 形譌的——如：

1. 「裡」譌作「梩」
2. 「祭」譌作「祭」 } 以上是形譌。

3. 「溥儀」譌作「溥儀」
4. 「陶治」譌作「陶治」 } 以上是形似而譌。

b. 音譌的——如：

1. 「可以」譌成「可已」
2. 「風景」譌成「風境」 } 以上是音同而譌。

3. 「接近」譌成「給近」
4. 「因爲」譌成「因會」 } 以上是音似而譌。

c. 義譌的——如：

1. 「厭惡」譌成「嫌惡」
2. 「謹愼」譌成「敬愼」 } 都是義近而譌。

義譌的字，往往有一字譌成數字的，如：

「相稱」的「稱」字，常會譌成「襯」，「趁」，「湜」等。

音譌的字，亦有一字譌成數字的，如：

「開關」的「關」，常會譌成「劈」，「僻」，「辟」等。

形似的字，更有一字譌成十餘字的，如：

「年歲」的「歲」，常會譌成「嵗」，「歳」，「嵗」，「歳」「嵗」等。又因俗寫的「歳」字，而會譌成「嵗」，「歳」，「嵗」，「歳」，「嵗」等。

似此一字數譌，若不設法糾正，爲弊將伊於胡底。

Ⅲ譌字的成因。

推究它所以會寫譌字的原因，這也可分幾方面說：

a.受古字通假的影響——古代因已有的字很少，不敷應用，故往往用假借字，如：

1.「西施」假作「先施」

2.「行爲」假作「行譌」，「運爲」。

3.「瘡痍」假作「創痍」，「創夷」，「瘡夷」。

4.「匍匐」假借「匍服」，「蒲服」，「扶服」，「扶伏」。

5.「伏犧」假作「包犧」，「炮犧」，「虙戲」，「宓犧」，「虙犧」，「宓戲」。

古書中，凡音同，形同，音近而通假的字，眞舉不勝舉。在古人用字的假借，自有他的原因在，但後人的寫譌字，却受了他不少的影響。

b.受俗字流行的影響——店舖公司，以及民間日常運用的字，爲便於書寫計，往往借用音同或半個的字，如：

1.「穀」借作「殳」，「谷」。

2.「帶」借作「代」。

3.「葉」借作「叶」。

4.「龍」借作「尨」。

5.「雲」借作「云」。

此等字本僅流行於民間，但流行久了，學者也漸漸採用，因之影響於寫譌字亦頗不少。

c.不明字形，字音，字義的關係。其說明詳後。

四糾正的辦法

糾正寫譌字的辦法很多，茲分述於後：

d.要明字形——形譌的字，完全是由於不明字形所致，例如：

束——篆作𣐺，从〇，木，木爲木，〇爲繩圈，字義，就是用繩縛木，

朿——篆作朩，从木，冂，木爲木，冖爲刺，字義，就是木上生刺。

假如明了這兩字的本形，就可以知道，凡是从束的字，如剌，悚，速等，就不會譌作从朿；从朿的字如刺，悚，速等字就不會譌作从束。又如：

衣——寫在偏旁作「衤」，音依，作衣服解。凡是和衣類有關的字，如：衫，袖，襟，褲，裙，被，褥，裏等都从「衤」。

示——寫在偏旁作「礻」音歧，作地神解，凡是和神道有關的字，如：神，祀，祠，社，福，祿，禱，祝，祈等都从「礻」。

能明了這从衣从示的關係，就決不會互譌的，又如：

步——十有九人譌作「步」。「步」，篆作𣥠，从二止。止卽足，字義就是二足徒行。楷書將上下二止字併成一劃，故寫成步。如明白「步」的字形，就不會把从「步」的「陟」和「歲」字譌成「陟」和「歲」。

祭——也十有九人譌作「祭」，祭篆作祭，从又月示，卽用手（又）持肉（月）以祀神（示）之意，如明白「祭」的字形，就不會將从祭的「際」字譌成「際」字。

所以要糾正寫譌字，明字形是基本的工夫之一。

b. 要正字音——音譌的字，多半由於字音讀不準確所致。如：

剛——音ㄍㄤ（岡），「剛巧」，「剛才」都含有適然的意思。

將——音ㄐㄧㄤ（江），「將來」，「將要」都含有未來的意思。

而學生的作文上，往往把「剛才」譌作「將才」，「將要」譌作「剛要」。又如：

怎——音ㄗㄚˇ是「何等」的意思。「怎樣」，「怎麽」都含有疑問驚嘆的意義。

這——音ㄓㄜ意與「此」字同。「這樣」，「這庅」，都是肯定的意義。

而學生的作示中也往往將『怎樣來的』？譌成『這樣來的』！『這庅可愛』，譌成『怎庅可愛』！他如：

「爲」與「會」；

「都」與「多」；

「最」與「再」；

「給」與「接」；

都是音義俱異的字，而學生們往往互譌：這都是由於字音未讀準確所致。所以正字音也是糾正譌字的基本工夫之一。

c.要明字義——義近而譌的字，是由於字義欠徹底明瞭的關係。如：

以——音ㄧˇ(矣)用也，因也。

已——音ㄧˇ(矣)止也，太也。

兩字的讀首雖同，而意義相差很遠，可是學生們常把「已經」譌作「以經」，「可以」譌作「可已」，又如：

惱——音ㄋㄠˇ是煩惱的惱。

惱——音ㄋㄠˇ是頭腦的腦。

兩字的音雖同，而義是完全兩樣，可是學生們也常會把「煩惱」譌成「煩惱」，「腦海」譌成「惱海」，這都是由於字義不曾徹底明白所致。所以明白字義也是糾正譌字的基本工夫之一。

上述a.b.c.三項是認字的基本條件，古人云：『讀書必先識字』，所謂識字，就是明字形，洞字音，明字義的意思，字既識了，自然就不致有譌。

除上述三項治本的辦法外，我們更施行過下列幾項治標的辦法：

（一）改作文時的糾正譌字辦法

a.代改法——就是將作文中所發現的譌字，在字旁一一用色筆加上×符號，再將改正的字寫在簿眉上，以提醒學生的注意。

b.自改法——就是將作文中的譌字，一一加上符號，令學生於課暇自行改正，寫在簿眉上，再考查它當否。

c.特示法——就是將多數人易譌的字，提出加以音形義的特別說明。

（二）譌字的測驗辦法

a. 單字改正——就是將學生常譌的字摘錄下來，彙印一紙，令學生改正。

b. 句中改正——就是將摘下來的譌字，編成文句，令學生改正。

c. 文中改正——就是將摘下來的譌字，編進一篇文章裏，令學生改正。

我們在已施行上述各項辦法，及未施行過的各級學生，做過一次測驗，其方法就是把一百個譌字編在文句中，令學生改正，茲將其成績錄在下面：

班次	平均成績
女秋一	六〇·四一
女秋三	六六·八〇
男秋一	七一·八八
男春三	七三·〇四
女秋二	七六·九〇
男秋二	七七·九七
男秋三	八五·一〇

上列七班中，只男秋三一班曾施行過糾正譌字的辦法，故成績較好。這可見糾正譌字的辦法亦有相當的成效。

怎樣增進初中學生作文的能力

董秋芳

怎樣增進初中學生作文的能力？這是一個急待解決而頗難解決問題。原來初中學生誠然有了作文的初步基礎，但要在這基礎上造成一座略具規模的樓閣，同時感到無從搜取材料和怎樣運用材料的困難。一個初中學生本來在高小時期內已訓練就寫作一篇單通順之文學的能力了，但因學習的不得法，減少其興趣，無意於作文，日就月增，把原來的基礎給毀壞了，這是很可惋惜的。

並且，據筆者的經驗，在初中期內，國文教材與作文練習，頗不一致。具體說來，初中期內的國文教材，文言文因年級之遞升而增加其分量，而學生所作的文字，都以語體居多。並非學生有意棄此以就彼，亦非教師有意數典而忘祖，實因文言文太難於措手了。古人有云：讀書十年，才可當得起一個「通」字，非虛語也。初中學生，既感揣摩之不足，又覺塗鴉之貽笑，索性駕輕就熟，專習一格，實是情有可原的。

而在另一方面，語體文的教材，既逐年減少，卽是模仿的對象隨時期而銳損，而寫作語體文的技能，因此停滯不進。夫多讀多看多作，本是古人訓人造文的妙訣，用頭（指思維而言）用心（指情緒而言）用手（指勞作而言）乃爲西人示人接觸之要旨。在初中學生，貴乎多讀，要在用頭，今乃減損其鍥而不舍地模仿之對象，並責其課藝之進步，豈非南轅北轍，必也刻鵠類鶩。

總其來說，初中學生作文，因教材與練習之不統一，自然的落得一種『顧兔失犬』的結局，這是大可研究之問題也。

上述云云，不過筆者抒寫自已因經驗所起的疑問，敢提出來請敎於高朋之士的。

現在姑退一步，假定上述的困難業經解除，都未進一步怎樣增進初中學生作文的能力呢？

這應該分開來講的。

所謂作文，就是創造一種含有內容的文字形式，內容不同，文體亦殊。大概說來，可以分成兩種：一種是以說理爲主，另一種是以抒情爲主。說理的是理論文，抒情的是文藝文。前者偏於論理，後者偏於形象（image），前者貴乎學殖，後者貴乎體驗。初中學生的學殖有限，理論文決非所長，而且理論文的組織，較爲固定，苟有內容，順次安排，實易入手。因此，筆者本文內討論怎樣增進初中學生作文的能力，不可避免地，專指文藝文而言了。

構成文藝文的技術是多種的，有的是偏於說明的，有的是偏於描寫的，有的是偏於敘述的，有的還要能夠運用方言俚語。所以創造一篇文藝文，決不是一件簡單容易的事，不然的話，凡是能夠寫字的人，都可以成爲所謂『作家』了。而一篇文藝文的整體，又可分爲內容與形式兩部。所以在怎樣增進初中學生作文能力的課題之下，又可分爲內容和形式兩部來解答。

先言怎樣增進內容。

所謂內容，就是感情和思想。感情由刺戟引起，思想因思辨獲得。而要充實這種感情和思想，端賴多量觀察。所以個人以爲增進內容的第一個方法，是允許學生有極多的觀察機會。自然界的種種景色，實際社會裏的種種姿態，有機會，都讓學生前去觀察，先有所感，後有所思，一一錄諸筆記簿內，由教師檢查而比較交之，並詢問所觀察的對象之特點，和自己所感所思的焦點，卽以此爲中心，令他們說明，敘述或描寫之，並須表示出對象的原因和結果來。這樣的寫成一篇文字，必也言之有物的。

增進內容的第二個方法，是聽述。學生或教師讀得或聽得的較有意義的故事或史蹟，有聲有色地向全體講述，令他們注意該故事或史蹟最動人和最有意義之點，想像着彷彿自己身歷其境似的。於是令他們把此所感和所思的故事或史蹟說明，描寫或敘述的，也應表示出該故事或史蹟的原因和結果來。蒲松齡的『聊齋誌異』由這方法寫成，是明顯的事。這樣寫成的文字，也不至空洞無物的。

增進內容的第三個方法，是說夢。夢是下意識的象徵表現，係由『顯在內容』與『潛在內容』兩個部分構成。『顯在內容』是夢的形式，『潛的內容』是夢的思想，前者是形象部分，後者是邏輯部分。所以夢恰好類於一篇故事或遊記。心理分析學派以解釋夢的方法去解釋一切文藝作品，倒是有相當見地的。而夢是每個人常做的，古人所謂『至人無夢』正足以證明夢是最普通的現象。事實上，世界上有好些著名的作品，是由夢作成的。『神曲』幾乎全是夢，『天路歷程』也是夢，陶淵明的『桃花源記』何嘗不是夢。夢既有思想，也有感情。如果能捉住有意義的感情，和思想，定是很可觀的。

增進內容的第四個方法，是利用特殊的時機，所謂特殊的時機者，就是非常態的事件發生，在一個集團內或社會裏的時候，使學生作縝密的觀察，或親自體驗之。這樣可以引起不少特殊的感情和思想。在現在這種時機很多，舉例來說，如航空練習，新生活運動等，影響於學生心理者，非常之大。

每逢這種時機，國文教師事前應囑學生注意各種非常態的現象，事後令學生報告各人之所感與所思，並作進一步的研究，使零碎的感情，溶化成一種系統的情緒，斷片的思想，集合成一種有體系的思想，以此種情緒和思想作實質，於是令學生竭力運用記憶和想像，構成形象，作成文章。這種文章，內容一定很豐富的。

增進內容的方法，雖不止上述四點，但能切實實行這四種方法，對於初中學生所時常感到的內容枯燥的困難，已可為之解除一大部分了。

現在我們可以進一步討論怎樣增進初中學生構造一篇文字的形式之能力了。

構造形式，談何容易。先哲所謂，『大匠能示人以規矩，不能示人以巧』眞是一語破的。良以一篇作品，雖有籠統的軌迹可尋，但內部的變化微妙，有非筆墨所能形容者，陸機文賦，言之詳矣。此之謂有限中之無限。嚴格說來，創造作品使成爲共賞奇文，雖關學力，實由天才。莫泊桑的全部作品，形式各自不同，此實難能可貴之事。而有些批評家以爲創造一篇劇文，是否成功，看視作者能否將劇情中的最高點表現得恰到好處以爲斷。這是最難的問題，非可語於初中學生者也。

我們在這裏所討論的是怎樣培養初中學生寫作一篇明白正確的文字之能力。在此課題之下，個人以爲至少須實踐下述四點。

一、分解　所謂分解，就是將所授的國文教材，分解它們的感情與思想之進展，分解那些表現在作品中的事件之進展，而詳細地指出一篇作品的佈局，法朗士的批評主張是『靈魂在傑作中之冒險』意思是說批評應該是總合的而非分析的。因此國內有一部分學生對於文藝作品主張綜合地賞鑑，而認分解作品以詔人爲無意義。但個人以爲一個國文教師，不當持此態度。事實上，一篇作品，內在情緒之起伏，事件的次序之顚倒，確有軌跡可尋，而文字之濃淡繁簡，亦因是而異焉。此等處最宜留意指出，則學者得益必多。

一、比較　所謂比較，就是作品與作品的對比。題材同而作者的觀點不同，手法不同，作品的內容與形式，便因而改觀矣。譬如描寫『春景』，古今中外有許多不同的作品，將此不同的作品擇尤教授，（國外的以翻譯爲主）兩相比較，指出同異之點，再令學生模仿而改作之，則措辭命篇，必能較有把握。又或令學者將自己所作之文，逾一週一月重由自己批改，發現不滿意處，將必甚多，自覺詫異，乃有興趣，進益亦於是而宏矣。此小泉八雲教人作文之方法也。

三、部分揣摩　作品中有描寫個性之處，亦有摹繪景物之處；有說明事理之處，亦有敘述動境之處。教者可提出任何一部分，詳細加以分析，注意其中特殊之點，或可謂非如是不足以盡描寫之能事。而孰者應簡，孰者應繁，自有分寸，亦當留意。福羅貝爾，嘗說每個人各有他的特點，行動言笑，都可找出一個人的特點來，而以極正確的辭句形容之，才算能盡觀察之能事，亦卽能盡描寫之能事。景物亦然，同一春也，有初春仲春暮春之別，決不能以『惠風和暢』四字了之。古人作詩謂『語不驚人死不休』，筆者以爲凡寫景狀物，亦應如是。好在一篇作品，必有偏注，而現代人所醉心的短篇小說，因其效果單一，所描寫的對象亦是單一的。有的專以個性的開展爲主，有的專以事件的開展爲主，有的專以環境的開展爲主。是短篇小說可以作整體的研究，亦可以作部分的揣摩也。利而用之惟在乎人。

四、雕辭琢句，雕琢辭句，雖是小技，却是造文的基本工夫，蓋文由章成，而登輙則爲與句。仲尼作春秋，寓褒貶於一字，賈島作詩，費晨昏於推敲，字之於文，關係不可謂不大。長短句全賴字以出色，是很明顯的事。奇怪的很，中國古時有所謂「一字師」在歐洲則有「一字說」(one word theory)倡之者，則爲法國小說家福羅貝爾。他主張以一個動詞去形容一種動作；一個狀詞去形容一種狀貌，眞是精到之至。可見雕辭琢句，是最初的工作，亦是最終的工夫。雖然中國文學，有許多缺陷，如意義失於籠統，音節落於單調，但能加以雕琢，亦自有它們的妙處，並且對於初中學生，並非困難。

上述四點，如能切實注意，筆者以爲對於初中學生所時常感到的措辭命篇的困難，也可爲之解除一大部分了。最後要申明的是筆者在本文中所說的全部見解，純從經驗得來，是一種常識，平凡得很，研究云乎哉？研究云乎哉？

非常時期的國文教材研究

戚墨緣

國文一科，對於學生的功能，除去增加他們閱讀能力及發表技術外，更有：

1.可以灌輸思想：

2.可以激勵志氣：

3. 可以鼓舞精神：

4. 可以喚醒意識：

在此國難期中，中學的國文教材，我以爲除去有助於學生的閱讀能力及發表技術外，更應注意於思想的灌輸，志氣的激勵，精神的鼓舞，意識的喚醒。『民爲邦本』，國民的思想志氣精神和意識，影響於國家的强弱，實甚重大。當此强隣虎視，危如纍卵的中華國民，尤其是國家主人翁的青年學生，我們應訓練他，使成爲有：

1. 忠貞的思想；
2. 堅强的志氣；
3. 勇敢的精神；
4. 民族的意識；

的國民，使他爲救國而奮鬥，爲民族爭生存，這是國難期中國文科應負的職責。

據此，我們選用國文材料時，就應該注意於上列的四項目標，玆將管見所及的教材，舉例於下：

(一)關於忠貞思想的：

篇名	作者	出處	附註
1. 明故權兵部尚書兼翰林院侍講學士鄞張公神道碑銘	全祖望	鮚埼亭集	應改編
2. 明太傅吏部尚書文淵閣大學士華亭張公碑銘	全祖望	鮚埼亭集	應改編
3. 沈百五	錢泳	梅溪叢談	可用
4. 蘇武傳	班固	前漢書	節用

5.左忠毅公逸事	方　苞	方望溪集	可用
6.復多爾袞書	史可法	史忠正集	可用
7.正氣歌	文天祥	文文山集	可用
8.過零丁洋詩	同	同	同
9.出師表	諸葛亮	三國志本傳	同
10浩氣吟	瞿式耜	明季南路	同
(二)關於堅毅志氣的：			
1.文天祥	戚墨緣	浙江青年	可用
2.費宮人傳	陸次雲	澄江集	可用
3.閻典史傳	邵長蘅	青門集	可用
4.金聲江天一起兵守績溪	計六奇	明季南略	可用
5.徐錫麟傳	章炳麟	章氏叢書	可用
6.越王勾踐		國語越語上	可用
7.魯仲連義不帝秦		國策	可用
(三)關於勇敢精神的：			
1.班超傳	范　曄	後漢書	節用
2.沈雲英傳	夏之蓉	半舫齋文集	可用

3.廉頗藺相如列傳	司馬遷	史記	可用
4.瞿式耜傳	張廷玉	明史	可用
5.王長年	朱國禎	湧幢小品	可用
6.黎洲先生神道碑文	全祖望	結埼亭集	節用
7.木蘭辭		樂府詩集	可用
8.請斬王倫秦於孫近疏	胡銓	宋史本傳	節用

（四）關於民族意識的：

1.祖逖傳	房玄齡	晉書	節用
2.李將軍列傳	司馬遷	史記	節用
3.史可法傳		明史	可用
4.岳飛傳	托克托	宋史	可用
5.戚繼光傳	張廷玉	明史	節用
6.肥水之戰	司馬光	資治通鑑	節用

以上所舉，不過是全豹中的一斑。自來書籍浩如淵海，就中適用的教材，當然還很多，沙裏淘金，尚有賴於同人的努力。此外，更有一類如：揚州十日記（見明季稗史初編）嘉定屠城記（同上）及清初之薙髮慘劇，文字獄冤案等等，都可收編成國文教材，雖是消極的暴露異族統治之下的殘酷史實，亦頗足夠發起讀者的民族思想。

如何發展對於算學具有天才的學生

何其魯

一個學生對於算學如因個性相近，能自動學習，發生特別興趣，遂成爲一種嗜好，因此成績優異的人，通常就被稱爲天才生了。

現在初中功課，旣感繁重，而課外活動又極緊張。學生學習算學比其他科學要多費時間，多加思索，每感枯燥無味，很難引起學習興趣，故大部分青年均視此爲畏途，不願十分努力去學習，所以無論學校招生成績或會考結果，均以算學成績爲最劣，原非偶然矣。

初中學生對於算學成績優良的，調查實際情形，確是寥若晨星。我們對此極少數的學生，應如何扶助他們，培養他們，使其個性能盡量發展，期望有相當的成就，頗值得我們研究的問題。

本問題曾經提出本科研究會，共同討論，歸納起來，最重要幾點，可述之如下：

Ⅰ須指導學習方法——各種科目因性質不同，學習方法，亦有差異，若學生能依照學習方法，從事學習，不但時間經濟，而效力亦可增大。故對於算學性質相近的學生，首先應該指導學習的方法。

Ⅱ須指示參考用書——熟讀一本教科書，所得到智識當然有限，有時爲求某種問題的澈底明瞭，及某種教材要從深的廣的方面去研究牠，必須利用參考用書，以資參考。現在各書坊對於初中算學參考書籍出版頗多，教師平時應盡量指示學生，令其閱讀，以期深造。

Ⅲ須供給補充教材——對於算學具有天才的學生，往往能有多餘的時間，可以學習算學，平時遇到某項問題如需要加以深切的研究，或對於某種計算方法，須有充分的練習以增加其技能起見，教師卽應隨時給以適當的補充教材，令其研究或練習，使學生不但可以得到充分的智識，並可引起學習的興趣。

如何發展對於本科具有天才的學生，其最重要幾點，已如上所述。但方法原非固定不變的，應隨敎師個人的敎學方法，隨時變化，以適應學生的需要，或可得比較優良的結果。

算學科劣等生成績應如何促進

賀滌新

劣等生成績之促進可分下列數點：

I 科任敎師方面

(a)由敎師開具該生等名冊，於上課時隨身攜帶，有所質問，全集於劣等生，以形成彼等在該班之地位，而自知警惕，以促其努力自求進步。

(b)對該生等所作練習，嚴加催逼，勤加批改，以引起其注意。

(c)敎師如發見其稍有進步，卽隨時舉行個別談話，多方加以鼓勵，同時指導其學習之各種方法。

II 級任敎師方面

a.平時舉行劣等生個別談話，明瞭其智力體力之發展狀況，而設法督促之。

b.級任如發見其有特殊原因，而阻其學習者，則函知其家長，報告一切，請其設法消除之。

總之，敎師與學生，應以感情感化爲第一要義，使其無所畏，而再善導之。

算學演草應如何批改於教員最爲便利於學生最爲得益

應懷新

對於本問題，就本學科同人研究的結果，用左列諸法則，即可解決：

1.敎師先改若干本，分學生爲若干組，每組一本，使仿效改正。

2.由敎師擇全級演草中易發見，或常發見之錯誤，書於黑板上，爲共同之訂正。

3.使學生自行報告易犯錯誤，或自知不對之處，由敎師爲之公開改正。

4.少改演草，多行考試，於試卷上爲之詳密訂正。

5.少改演草，多行黑板練習，於黑板上爲之個別訂正。

6.每本演草，抽改若干問，發還學生，使交換訂正。

7.採用特種訂正記號，記於每本演草上，使學生自行索得改正方法。

擬縮短算術教學時間提先教授代數之實驗報告

應懷新

（按此報告係二十四年度第二學期實驗的結果，編者。）

本學期遵照本學科會議議決案，對一年甲級算術科目，作縮短敎學時間之實驗。查該級算術，採中華書局陸子芬等合編之新課程標準初中算術。全書分十章，裝訂上下二冊，每冊各五章。上冊已於第一學期授完，下冊在本學期開學授起，第六章開方，第七章比及比例，第八章百分及利息，第九章量法，第十章統計圖表。按照算學進度，確需一學期之時間，若不減削敎材，時間實無法縮短•惟第九章量法與初中幾何中實驗幾何部分材料完全重複，而初中代數第一章中亦含有量法之一部分，第十章統計圖表，敎材雖尚豐富，但初中代數第一章中亦有簡要之敘述。若將九，十兩章略去，照預定敎學時間，當可縮短六星期至八星期，此二章敎材，待授代數與幾何時分別補授，則在整個初中算學程度上，既無廣算術材料之減少，而代數與幾何之教學時間得以充裕，庶合於本議決案之主旨。故於五月上旬授畢第八章百分及利息後，即將算術科目告一段落，停止續授；一面開始教學代數，仍採中華書局余介石等合編之新課程標準初中代數，至本學期終，已授至第三章第二段整式的除法。

三學年英語教材如何配置最爲適當

方慧珍

第一學年英語，學生往往帶着很濃厚的興趣來學習。在這種情況之下，教員如若能顧到他們的興趣方面，由淺入深的依着步驟教授，是容易使他們進步的。有了良好的開始，逐漸升班，就有相當的基礎了。

講到步驟，這就是教材的支配問題。

第一學年英語教材，應當多採用與日常生活接近的對話，簡單句子的構造，及其變化的方法，家庭與學校人物名稱及其動作；同樣，發音與寫作應該注重，背誦是熟習句子的構造，及練習準確的讀音一種方法。第一年學年學生最喜歡學習家庭與學校人物的英文名稱，及其動作。這類的教材最能使他們熟習。

第二學年英語教材，除繼續採用第一學年的教材而加以質量兩方面的擴充外，應多採用初中必習的生字及成語，授詞類的基本變化，與簡單句及混合句的構造。學生往往感到成語困難，研究結果，成語方面，應以使他們熟習爲主旨，不求多量灌輸；以每隔天授五句爲適宜，使學生澈底了解，而能應用在各種句子裏，務使在會話中及寫作裏常發現。

有了第一學年的發音訓練，第二學年的多量生字灌輸及各種句法的構造上的練習，到第三學年應可進度至採用短篇論文，短篇故事，家庭信扎，商業信扎，短篇遊記等教材，同時應授系統文法，結論，大綱的作法，各種短篇文的體裁，信扎的格式，段落的組織，標點的用法均宜講授。此外，中英文的淺顯勵言互譯，能養成學生身心健全，同時增進學習外國語興趣。短篇文章習作，五分鐘英語演講的訓練，都是第三學年的英語教材。

中學生英語發音問題

林詩閣

（一）英語發音之重要

吾國一般教授外國語之趨勢，每多偏重於文字而忽略於語言，故國人往往能看能寫，然於言讀之間，則音調錯誤，甚至敎牙詰屈，不能聽懂，此皆緣於初學時對於發音未曾注意之故。蓋文字爲聲音之符號，尤以歐西文字多爲諧音，按音造字，語文合一，初學外國文字而不能先將語音明曉，則妨礙進步，流弊無窮。現歐西各國學校中敎授外國語時，必先講授該外國語之語音學數星期，職是故也。目下中學生學習英語時於發音一節，自當成爲重要之問題矣。或謂吾人學習外國文之最低要求不外三點：1.養成讀書力2.養成寫作力3.養成語言力，此三者除第三種顯然需要正確之發音外，餘二者似可以不必重視發音，此說實屬誤解。蓋吾人讀書力之養成，亦須賴準確之發音，庶能朗誦原文而親熟其口調，口調既順，卽讀新文亦易明瞭全文之意旨，意旨既易明，應用之於寫作自亦較易。中學生英文啓蒙時，若無正確之發音，則先入爲主，甚至終身難以矯正，故爲英文敎師者，在初授英文時甯進行稍緩而不可不令學生有正確之發音。音勢之强弱輕重，音調之高下疾徐，皆應注意。

（二）英語發音之困難

文字爲語言之符號，旣如上述，視字讀音，本非難得，惟語言以時代之經過而起變化，但文字則仍守舊形，於是言文分矣。英文字本由字拼綴而成。今日英文之發音與綴字往往不一致者，亦卽此理。但英文較歐西他國文字尤爲複雜，不規律，此層在學習上敎授上實應特別注意者也。玆將困難之點略舉如左：

甲、發音綴字之規則——英文字之讀音固有定法，但同樣字母所拼成之字或因用法之不同，或因意義之歧異，其讀音卽不一致。或因外來文字之攙進，或以時間之變遷，往往發音仍舊而綴字已變。

A.同音異字例：學音如Cat, king, queen, christain 等字中 i c k q ch 均發為「k」。母音如 won, oun, i o 與 u 均發為〔Λ〕音；wash, hot 之 a 與 o 均發為〔Ɔ〕音，taught, thonght 之 au 與 ou 為〔ɔ:〕音，諸如此類，不勝枚舉。

B.同字異音例：子音 Consonaut 如 see, sure, vision, easy,四字中之一 s 字而其表示之音則為〔S〕，〔S〕，〔ʒ〕，〔Z〕，四音。又如Once, come之〔C〕字則發(S)(k)二音。母音Vonewl如Cat, what, all, father, 四字中之同一〔a〕字而發為〔sė〕〔Ɔ〕〔Ɔ̈〕〔a:〕四種音。

C.類似音例：英語中類似音之字頗多，相差極微，而易混合，茲略擇一二以資比較。如Cab〔kseb〕與Cap〔ksep〕·robe〔roub〕與rope〔roup〕，pig〔Pig〕與pick〔pik〕等是也。

乙、音節之輕重與長短：英文字有長短，長者可分為數音節，所分方法常依發音字母之Sonsrity而定，換言之，每音節由一單元音，一複元音或挾其旁之輔音融化為一音而成。在音節本身言，每音節祗有一音，（有輔音與元音亦融化成一音）本無長短之可言，但就字之形式言，一音節有包含字母甚多者，有僅包含一音字母者，如Beauty一字，共有e a u y四元音，但僅有二音節，beau一音節，ty又一音節。因 boau 中之ea均不發音之故，初學對此不可不注意。至於一字中各音節之强弱問題，則較長短更為重要，除一音節之字外，英字中之音節有强弱之分，强者應用力强發，弱者則反是，如beauty 中之 beau須强讀之，而ty則須弱讀beau在發音學上稱為 accented syllable, ty 稱為 unaccerted syllable

丙、Slntence Stress 句讀之强弱：字在句中有强讀式(Strong form word stress)與弱讀式（weak form）之分，同一單字，何時應强讀或弱讀，全根據該句在語中或文中之地位而定。語之强弱多有固定之規則，但文字之强弱，則由於著眼點之不同而定。

(三)授英語發音之方法：英語讀音既不能全賴綴音法，一般授讀音者，遂有二法焉。

1.符號法：於文字本身加以符號，以表示發音之法，(如 Webster 氏所用長短音符號等)。

2.轉記法：以其他形體定音，以作標準之法。(此法初由 Sweet 氏所創造，近又由 Jonee 起等演進而成爲萬國音標)。

用第一種劃音符號，對於初識字母之學生似較簡便而可免字母音標相混之苦；但以科學眼光視之，則第一種之符號，遠不及第二種之正確，其理由有四：

a.於文字上加符號，不能表發音。

b.符號加於文字上不清楚。

c.每一符號不規定是一音，有時實亦近於轉寫。

d.Webster 氏符號之發音法解釋不及 Jonee 氏之縝密而科學化。

(四)個人對授發音上之困難及感想：

1.字母音標先後傳授，初學者往往易混，若以較長時間專授此二事，則又易使學生感覺乾燥。

2.註 Jonee 氏音標之字典在各書坊不易得。

3.學生中間有organ of speech (發音器官)不能運用自如者，雖經教者授以發音之法而仍難奏效，如湘人蜀人中往往n, l,(nine, line)不分，單字難於正確，更難論及語調之高低矣(Sentence Stress句子加重處)。

總之英語教師對學生之發音須時時「耳到」「口到」不厭煩瑣，告以發音器官之作用，令學生多讀多說，待獲得正確之音而後已，至於語音學之詳細講解不在玆篇範圍之內，故不贅述。

自然科教學的三個問題

蔣文蓀

(一)如何喚起學生研究自然科之興趣

對於本題經研究之結果，歸納爲原則三項：

(1)實驗用具及材料必須完備，使學生皆得自由實驗，以明瞭書內之理論。

(2)注意於日常生活之理論及自然現象之了解。

(3)採集奇異罕見之生物，以引起興趣。

實行上列原則，曾與學生在龍井附近，及西湖西南之丁家山等處，採得古生物化石，如珊瑚類，腹足類，腕足類，瓣鰓類等動物，學生極感興味，下期擬繼續進行上列二項之原則。

(二)如何促進學生，趨向室外觀察及研究之方法。

爲進行本方法起見，擬與學生訂立下列之規定：

(1)先指定某某生物，在課外自由觀察。（後改爲自由選擇材料）

(2)月終將平日觀察及研究所作之圖，記明名稱及作用，送教師評閱

(3)未開始觀察以前，由教師指定教科書內應供參考之章節。

(4)遇有應用藥品，或用具時，可向教師領用。

(5)告假學生，須補行觀察及研究。

(6)室外觀察及研究，評定優劣，給予分數，加入月考成績內。

下學期擬實行上列規定，先研究校內所有之下列各生物之根基，葉花及菓實。

(1) Prunus Murme Set z

(2) Salix Babylonica l

(3) Chrgsanthemum Sineuse Sab.

(三)本科教學方法：與其他各科應如何不同。

(1)用實驗以符合書本內之理論，使學生觀念明確。

(2)解剖生物，使學生明白書內之理論。

(3)提示實物，以助學生之了解。

本學期爲實行上列三項起見，雖校內儀器標本未能十分完備，自然科教師苦心籌劃，尚能應敷裕如。

本校四週植物紀要

倪禎棠

余自民國二十四年八月到校以來，常在本校四週採集植物，計得標本三百餘號。除廣爲搜集植物標本外，對於有用植物亦略爲考查，本校地處湖中，面積雖小，而植物甚多，遺採之種，諒必不少，故欲草成一詳細之報告，非再作長久之採集不可，現就採集所得，擇其主要者草成一篇，分述於後：——

I、有用植物述要

本校四週有用植物，可以分爲木材，藥材，食用，工業及觀賞植物等五類。現將主要者逐一述之，於每種之後，附以簡單之描寫，以資鑑別，並於每種之後，書一學名。

甲、木材植物

本校四週木材植物甚多，茲擇其普通者略述於左：——

1. 槐（Sophora Japonica, L.）豆科

落葉喬木。高達二十五公尺。幼枝黑綠色，有光澤。羽狀複葉，小葉橢圓形。花爲蝶形花冠，黃白色，圓錐花序。莢果。其木質細密堅硬有彈力，爲木材中最佳者，故人常用之以造舟車及家具等件。栽培。

2. 洋槐（Robinia Pseudacacia, L.）豆科

落葉喬木。高至二十公尺。有刺，亦稱「刺槐」。原產美國東部，至十七世紀，由Rober氏輸入歐洲，晚年復由法國輸入青島，因有誤稱爲「法國槐」者。葉爲奇數羽狀複葉，小葉卵形，圓頭，微凸尖，有短葉柄。葉腋抽總狀花序，花白色，有香氣。莢果。其木材可爲枕木。栽培。

3. 嵌寶楓（Plerocalye Slenoptorea, .）胡桃科

落葉喬木。高至二十公尺。葉爲奇數羽狀複葉，小葉長橢圓形，有細鋸齒。花小，淡紅色，葇荑花序。果實小，有二翅，頗似元寶形。其木材可製板箱及木屐等等。栽培。

4. 枳椇（Hovenia dulsis, Thunb.）鼠李科

落葉喬木。高至十公尺，葉廣卵形，基部略偏斜，有粗鋸齒。花序聚繖狀，花甚多，淡綠色，果實略呈扁圓形，黃棕色，花梗膨大肥厚，呈紫褐色，可供食用，味甘，其木材可製桌，椅，箱等器具。栽培。

5. 無患子（Sopindus Mukorossi, Gaertn.）無患子科

落葉喬木。高至十餘公尺。葉爲偶數羽狀複葉，小葉長卵形。枝梢及葉腋着生白紫色小花，圓錐花序。核果。其木材可製各種器具。栽培。

6. 梓（Catalpa kaempferi, S. et. Z.）紫葳科

落葉喬木。高至八公尺許。葉呈卵形，掌狀，淺裂，有長葉柄，花爲唇形花冠，花淡黃色，有帶紫色之斑紋。莢果。其木材可供建築及製造器具等等。栽培。

7. 公孫樹（Ginkgo biloba, L.）公孫樹科

落葉喬木。高至二十餘公尺。葉呈扇形，有葉柄。花單性，形小。核果。其木材紅色緻密，供器具及建築等之材料。栽培。

乙、藥材植物

本校四週幅圓雖小，但藥材頗多，其易知而習見之藥用植物有：——

1. 忍冬（亦名金銀花）（Lonicera japonica, Thunb.）忍冬科

蔓生灌木。枝有毛，葉長卵形，亦有毛。葉腋生花梗，比葉柄長；苞片葉狀。花冠細小，花色有黃，白等種，有芳香味。其花供藥用。

2. 一枝黃花（Solidogo Virg-aurea, L.）菊科

多年生。草本。高至一公尺左右。葉卵形，或橢圓形，或披針形。莖梢開花，呈黃色，亦有白色者。果實有冠毛。取其枝之有花者，可供藥用。

3. 白蒿（Artemisia slelleriana, Bess.）菊科

多年生。草本。高至四十公分許。密生白毛。葉倒卵形，羽狀淺分裂，裂片長橢圓形，全邊，有疏鋸齒。頭狀花序。

4. 青蒿(Artemisia opiocea, Hance.)菊科

多年生草本。高至一公尺餘。平滑。葉爲二三回羽狀細裂，裂片羽毛狀。枝梢著頭狀花序，半球形，呈綠黃色。

5. 天名精（Carpesium abrotanoides, L.）菊科

二年生。草本。高至一公尺。葉是卵狀披針形或披針形，葉緣波狀。葉腋著生短梗之頭狀花，呈黃綠色。

6. 蒲公英（Taraxacum officinale, Wigg. var. glaucescens, koch.）菊科

多年生。草本。高至二十餘公分。葉爲根出葉，叢生，披針狀長橢圓形，葉緣有倒生大鋸齒。自葉叢之間抽一花莖，頂上着一頭狀花，呈深黃色。瘦果。

7. 天泡草（Solanum nigrum, L.）茄科

一年生。草本。高至一公尺許。葉柔軟，卵形或橢圓形，葉端尖銳，有長葉柄，並有波狀缺刻。梢葉中間抽出花莖，花小，呈白色，繖形花序。漿果。

8. 酸漿（Physalis slkekengi, L.）茄科

多年生。草本。高至五十公分許。平滑。葉卵狀橢圓形，葉端尖，有長葉柄。花黃綠色，有花梗。漿果，熟則呈赤色。此植物之果實，可供藥用，有解熱之效。

9. 曼陀羅花（Datura alba, Ness.）茄科

一年生。草本。高至一公尺。葉卵形，葉端尖銳，有柄。葉緣不爲整齊深波狀。葉腋生花，白色，花冠呈漏斗狀。

展開。蒴果，球形，疏生短刺。採其花乾之可治瘋。栽培。

10枸杞 (Lycium chineses, Mill.) 茄科

落葉灌木。高至三公尺。枝上生刺。葉長橢圓狀披針形或倒卵形，柔軟，有葉柄。花紫色，有花梗。漿果，卵形，熱呈赤色，其果實可供藥用。

11苦蘵 (Physalis angulate, L.) 茄科

一年生。草本。高至五十公分許。有細毛。葉卵形或卵狀橢圓形，緣邊有粗鋸齒，具長葉柄。花淡黃綠色，有花梗。漿果。其萼花後生長，呈囊狀，有十稜，以包果實。

12狗尾草 (Setaria viridis, Beauv.) 禾本科

一年生。草本。高至五十餘公分。莖葉均比粟小。花穗長約八公分，芒綠色。此植物之莖可供藥用。

13行儀芝 (Cynodon Dactylon, Pers) 禾本科

多年生。草本。高至二十公分許。莖匍匐地上，分岐蔓延，葉細長而尖，花穗小，一個花穗分五六枝，紫綠色。

14續隨子 (Eufhobia Lathyris, L.) 大戟科

二年生。草本。有毒。高至卅餘公分。葉披針形。對生，無葉柄。或於莖梢生四葉。莖梢開花，綠褐色。栽培。

15大戟 (Euphobia gekinensis, Rupr.) 大戟科

多年生。草本。高至一公尺。莖之分枝甚多，有細毛。葉披針形，有細鋸齒，下面有短毛。梢上開花，花小，黃褐色。蒴果，表面瘤狀。栽培。

16半夏 (Pinellia tuberiferu, sten.) 天南星科

多年生。草本。有毒。高至二十公分許。塊莖，呈球形。莖頂長複葉，自三小葉而成。花單性，肉穗花序。花序被一大苞所包圍，稱爲佛燄。其塊莖可供藥用。

17天南星（Arisaema joponicum, Bl.）天南星科

多年生。草本。有毒。高至一公尺餘。葉複葉，小葉廣披針形，具長葉柄。葉之中央着花，花單性，肉穗花序，有佛燄狀之苞包被之。地下莖呈球狀。栽培。

18木賊（Eguisetum hiemale, L, var, japonica, Milde.）木賊科

多年生。草本。高至六十餘公分。莖綠色，中空。植物體內含多量矽酸。葉鞘狀，着生於各個莖節。頂上生子囊穗。

19毛茛（Ranunculus acer, L. var. joponicus Maxim.）毛茛科

多年生。草本。有毛。高至五十公分許。根葉有三個深分裂，側片又有二三分裂，葉緣有銳鋸齒。莖葉漸狹細。莖頂生花，黃色，有光澤。

20石龍芮（Ranunculus sceleratus, L.）毛茛科

二年生。草本。高至四十公分許，莖中空。根葉分三裂，裂片上猶有數個鈍裂。莖葉爲深分裂。花小，黃色。

21牡荊（Vitex Negundo, L.）馬鞭草科

落葉灌木。高至二公尺。葉爲掌狀複葉，小葉有鋸齒。花小，青紫色，圓錐花序。

22馬蓼（Polygonum Posumbu, Ham, var, Rlumei Matsum.）蓼科

多年生。草本。高至四十公分許。葉長橢圓形，葉端尖銳，托葉鞘狀，有細長之剛毛甚多。花淡紅色，穗狀花序。

23 何首烏（Polygonum multiflorum, Thunb.）蓼科

多年生。草本。纏繞莖。葉卵狀心臟形。花穗圓錐狀，花白色，形小。採其根而乾之，可供藥用。栽培。

24 五鐲薔（Buddliea Lindleyana, Fort.）馬錢科

落葉灌木。高至二公尺許。葉卵狀披針形，葉端尖銳，對生。花紫色，穗狀花序。

25 薄荷（Methan arvensis, L. var. Piperascene, Holmes.）唇形科

多年生。草本。高至三十餘公分。方莖。葉卵狀橢圓形，葉端尖，有鋸齒，對生。葉腋集生小花，紅紫色，唇形花冠。此植物之莖葉，採割以後，陰乾之，可製薄荷油及薄荷腦，有香氣。栽培。

26 紫蘇（Perclla mankinensis, Dcne.）唇形科

一年生。草本。高至一公尺。葉卵形而尖，有鋸齒，對生，常呈紅紫色，而背面較紅。穗狀花序，花小，淡紅色。栽培。

27 風輪子（Calamintha chinensis, Benth.）唇形科

多年生。草本。高至二十餘公分。方莖。葉長卵形，有鋸齒。花紫色，唇形花冠，簇生於莖中部之葉腋，排列成輪狀。

28 鹿霍（Rhynchasia volubilis, Lour.）豆科

多年生。蔓草。密生褐色之毛。葉有三小葉，小葉倒卵狀菱形，葉端鈍。自葉腋抽短總狀花序，花黃色。莢果。

29 草決明（Cassia Fora, L.）豆科

一年生。草本，高至一公尺餘。葉羽狀複葉，小葉倒卵形。葉腋生花，深黃色。莢果。栽培。

30 烏蘞莓（Cissus joponica Willd.）葡萄科

多年生。蔓草。莖有卷鬚，藉以纏絡於他物之上。葉掌狀複葉，自五小葉而成、葉腋抽花軸，聚繖花序，叉狀或有二三分岐，其頂平，花小，黃綠色，花盤呈黃赤色。

31 菟絲子(Cuscuta japonica, Chois. var thyrsoidea Engelm.) 旋花科

一年生。蔓草。生物寄生。全身帶黃白色。莖頗肥厚，有吸盤。葉小，鱗狀。花細小，黃白色，無花梗，或有短花梗，總狀花序。花冠廣筒狀，裂片平展而反捲。蒴果。

32 元參（Scrophularia oldkami, Oliv.）元參科

多年生。草本。高至一公尺餘。方莖。葉卵形或長卵形，有鋸齒。花冠唇形，黃綠色，長穗狀花序。栽培。

33 合子草（Actinostemma racemosum, Maxim.）葫蘆科

多年生。蔓草。有卷鬚。葉卵狀長三角形，有粗鋸齒。花單性，雌雄同株。漿果。

34 車前（Plantago major, L. var, asiatics, Decne.）車前科

多年生。草本。高至三十公分許。葉自根出，卵形，叢生，有長葉柄。花莖自葉叢中間抽出，頗長。花淡紫色，集成長穗狀花序。

35 麻葉繡球（Hydrangea hortensia, Dc. var. szisai, A. Gr.）虎耳草科

落葉亞灌木。高至一公尺左右。葉橢圓形，有鋸齒。對生。花淡紅色或白色，聚繖花序。其花乾之可供藥用。栽培。

36 青葙（Celosia argentea, L.）莧科

一年生。草本。高至六十餘公分。葉披針形，有細鋸齒。花淡紅色，花穗尖頭圓柱狀。

37 荊三稜（Scirpus naritimus, L.）莎草科

多年生。水草。高至一公尺許。莖三稜形。葉細長。互生。莖梢生數葉，其間抽出濃褐色卵形小穗三四個。花黃紫色。

38 防風（Siler divaricatum, B. et. H.）繖形科

多年生。草本。高至一公尺。葉三回羽狀分裂，裂片狹長，末端尖銳。夏季開花，花白色。

39 半邊蓮（Lobelis radicans, Thunb.）桔梗科

多年生。草本。匍匐莖。葉狹卵形或線狀披針形，有細鋸齒，無葉柄。葉腋着生小形花，淡紅色，花梗細長。花冠缺上唇，下唇成扇形，分爲五片。

40 牛皮消（Cynanchum caudatum, Maxim.）蘿藦科

多年生。蔓草。莖帶紫色。葉心臟卵形，葉端尖銳，有長葉柄。葉腋生花，白色，花梗甚長，繖形花序。

丙、食用植物

現將野生及栽培之食用植物，擇其主要者，分述於下：——

1. 胡頹子（Elaeagnus pungens, Thunb.）胡頹子科

常綠灌木。高至三公尺。有刺。葉長橢圓形。鈍頭，波緣（有細鋸齒），下面銀白色，有褐色斑點。葉腋生花，橙黃色。漿果。可食。栽培。

2. 附地菜（Trigonotis peduncularis, Benth.）紫草科

二年生。草本。高至二十公分。莖叢生。根葉卵形，有長葉柄。莖葉稍狹而尖。花細小，淡碧色，有花梗。嫩葉供食用。

3. 川穀（Coix agrestis, Loup.）禾本科

一年生。草本。高至一公尺餘。葉與麥類之葉相似。花單性，穗狀花序。穎果。其果實供食用。

4. 稗 (Panicum Crus Galli, L.) 禾本科

一年生。草本。高至一公尺餘。葉細長而尖，有平行脈。莖葉皆平滑。花小，圓錐花序，穀上有芒。果實可供家畜之飼料。

5. 菰 (Zizania aquatica, L.) 禾本科

多年生。草本。高至二公尺許。葉細長而尖。梢上開花，花單性，大圓錐花序。其種子及嫩芽供食用。

6. 毛連菜 (Picris hieracioides, L. var. japonica Rgl.) 菊科

二年生。草本。高至一公尺許。莖與葉皆有硬毛。葉披針形，有鋸齒。莖頂着花，花細小，黃色。其嫩葉可供食用。

7. 鷄兒腸 (Asteromaea indica. Bl.) 菊科

多年生。草本。高至六十公分。葉長橢圓形。葉端尖銳，有疏鋸齒。頭狀花序，周圍之花冠舌狀，青紫色。中部爲筒狀花冠，黃色。其嫩葉供食用。

8. 泥胡菜 (Saussurea affinis, Spr.) 菊科

二年生。草本。高至一公尺許。葉甚大，羽狀分裂，下面密生白色綿毛。枝梢開花，紫紅色，頭狀花序。

9. 馬蘭 (Aster trinervius, Roxb. var. adustus, Maxim.) 菊科

多年生。草本。高至一公尺。葉長橢圓狀披針形，具不整齊粗鋸齒，有短葉柄。花白色，花梗長，頭狀花序。

10 剪刀股 (Lactuca debilis, Maxim.) 菊科

多年生。草本。莖匍匐地上。葉爲根出葉，長橢圓形或倒披針形，具缺刻，葉柄長。花黃色，頭狀花序。

11 牡蒿（Artemisia japonica, Thunb.）菊科

多年生。草本。高至一公尺。平滑。葉楔形，先端有缺刻狀尖鋸齒。花小，淡褐色，圓錐花序。

12 小巢菜（Vicia hirsuta, Kkoch.）豆科

二年生。蔓草。高至十餘公分。葉羽狀複葉，小葉通常五對或八對，前端有卷鬚。葉腋抽長花軸，花小，白色。莢果，有毛。

13 苜蓿（Medicago denticulata, Willd.）豆科

二年生。草本。平臥地上，長至六十公分許。葉羽狀複葉，由三小葉而成。葉腋生花軸，着生三花或五花。花小，黃色。莢果，有刺，頗尖銳。

14 野豌豆（Lathyrus Maritimus, Bigel. var. Thunb. erganus. Miq.）豆科

多年生。草本。卧於地面，長約三十公分。葉爲羽狀複葉，葉端有卷鬚，托葉頗大。自葉腋抽出花軸，生數花，初呈淡紫色，後變濃紫色。莢果。

15 紫雲英（Astragalus sinicus, L.）豆科

二年生。草本。蔓塌地上。葉爲羽狀複葉，小葉全緣。花紫色，繖形花序。莢果。栽培。

16 蔊菜（Nasturtium monlanum, Wall.）十字花科

多年生。草本。高至十公分許。葉長橢圓形，羽狀分裂，亦有不分裂者。葉緣有不整齊缺刻及鋸齒。花小，黃色，總狀花序。

17 薺（Capsella Bursa-pastoris, Moench.）十字花科

二年生。草本。高至二十公分。根葉叢生，羽狀分裂。莖葉箭形，有疏鋸齒。花白色。果實三角形。

18 菾菜(Beta vulgaris, L.)藜科

二年生。草本。高至一公尺餘。根葉闊而大，卵形，其基部略呈楔形，有長葉柄。莖葉漸次狹小，無葉柄，花黃綠色，穗狀花序。栽培。

19 藜(Chenopodium album, L.)藜科

一年生。草本。高至五六十公分。葉長卵形或廣卵狀菱形，有不整齊鋸齒，葉面具粉狀之小體，葉柄長。梢上簇生小花，無花瓣，具黃綠色小形之萼。

20 通泉草(Mazus rugosus, Lous. var. macranthus, Fr. et. Sav.)元參科

多年生。草本。枝平臥。葉匙狀，亦有倒卵形者，互生或對生。花白紫色。蒴果。其葉可供食用。

21 石蒜(Lycoris radiata, Herb.)石蒜科

多年生。草本。高至二十公分許。葉線形，深綠色。花赤色，花蓋六片，深裂，反捲。

22 酸模(Rumex acetosa, L.)蓼科

多年生。草本。高至四十公分許。全體有酸味。幼苗莖葉帶紅色。葉具箭形。花細小，淡綠帶赤，總狀花序，單性，雌雄異株。

23 苦蕎麥(Polygonum thunbergii, S. et Z.)蓼科

多年生。草本。高至六十公分。莖上密生細刺，粗糙，亦有平滑者。葉戟形，托葉如鞘狀。花小，白色。

24 酢漿草(Oxalis corniculata, L.)酢漿草科

多年生。草本。莖傾臥於地上。高約十公分許。葉爲掌狀複葉，小葉三片，倒心臟形，葉柄頗長。自春至秋，抽出花軸，着生一花或數花，花小，黃色。蒴果。

25 馬齒莧(Portulaca oleracea, L.)馬齒莧科

一年生。草本。高至三十公分許。全體多肉性。莖之基部偃臥地上。葉楔狀長橢圓形。葉腋生花，黃色。

26 林檎(Pirus malus, L, var. tomentosa, Koch.)薔薇科

落葉喬木。高至四公尺。葉卵形，葉端尖，葉緣有毛狀鋸齒，花白色，略帶紅暈。梨果。栽培。

27 安石榴(Punica Granatum, L.)安石榴科

落葉小喬木。高至四公尺。枝針狀。葉長橢圓狀披針形，全緣，花通常紅色。萼厚肉質，赤色，有六七個分裂，花瓣縐縮，約六七片。果實球形。栽培。

28 山蒜(Allium nipponicum, Fr. et Sov)百合科

多年生。草本。高至四十公分。葉細長。花白色，有短花梗，排列成繖形花序。球莖。

29 野莧(Amarantus Blitum, L.)莧科

一年生。草本。高至六十公分許。葉長卵形。梢上着生穗狀花序，花小。綠色，單性，雌雄同株。

丁、觀賞植物

此類植物以栽培者爲最多，茲於草本及木本植物中，選擇若干種，分述於後：——

1. 秋牡丹(Anemone japonica, S. et. Z.)毛茛科

多年生。草本。高至五十公分。掌狀複葉，自三小葉而成。莖梢分枝開花，花大，淡紅色。

2.飛燕草(Delphinium ornatum, Bouch.)毛茛科

一年生。草本。高至四十餘公分。葉分裂爲線形或針形。花有白，碧，淡紅等色。栽培。

3.金魚草(Antirrhinum Majus, L.)元參科

多年生。草本。高至七十餘公分。葉披針形或廣線形，對生或互生。花色有紅，黃，白，等等。花冠爲假面狀。蒴果。栽培。

4.美人蕉(Musa coccinea, Andr.)曇華科

多年生。草本。高至三公尺許。葉大，長橢圓形，倒舟狀。花穗直立，花色有紅，黃等等。

5.沿堦草(Ophiopogon japonicus, Ker.)百合科

多年生。常綠草本，葉狹長而叢生，長約三十餘公分。花莖自葉叢中抽出，花小，淡紫色，有短花梗，總狀花序。漿果，青紫色。栽培。

6.卷丹(Lilium maximowiczii, Regl.)百合科

多年生。草本。高至一公尺。葉披針形。葉腋生珠芽，花大，赤黃色，花瓣上有許多暗紫色細斑點。栽培。

7.寶鐸草 (Disporum sessile, Don.)百合科

多年生。草本。高至四十公分。通常分二三枝。葉心臟形。莖梢生花，淡黃色。栽培。

8.紫花地丁 (Viola Patrinii, Dc. var Chinensis, Ging.) 菫菜科

多年生。草本。高至十五公分許。葉長卵形，或長橢圓形，叢生，有長葉柄。花莖頂端着生一花，五瓣，不整齊，青紫色，但一枚花瓣有長距。蒴果。栽培。

9. 白花地丁(Viola Patrinii, Dc. var. typica, Maxim.) 堇菜科

多年生。草本。葉形與紫花地丁相似。花小，白色。花瓣基部有紫色條紋。側瓣內面有毛，並有短距。蒴果。

10 地膚(Kochia scopania, Schrad.) 藜科

一年生。草本。高至七十公分。極枝甚多。葉細小，披針形，有細毛。每一葉腋生小形花二朵，微綠色或紫紅色。栽培。

11 石竹(Dianthus chinensis, L.) 石竹科

多年生。草本。高至四十公分。葉線形。花大，花色有種種。花瓣有淺分裂。苞呈短葉狀。栽培。

12 麗春花(Papaver Rhoeas, L.) 罌粟科

一年生或二年生。草本。莖葉均有細毛。葉爲羽狀，深裂，裂片略呈披針形，有銳鋸齒。花巨大，深紅色。蒴果。栽培。

13 虎耳草(Saxifraga sarmentosa,L.) 虎耳草科

多年生。草本。高至三十餘公分。有粗毛。生紫紅色絲狀匍匐枝。根葉圓狀腎形，具十餘個淺裂或圓裂，有長葉柄。葉面綠色，並有白色斑紋。下面淺紅色，平滑。頂端生總狀花序，花瓣五枚，上面三片小卵形，淡紅色，有四紅點及二黃點，下面二片長而大，披針形，白色。

14 紫酢漿草(Oxalis Violacea, L.) 酢漿草科

多年生。草本。平滑。莖爲紡綞形黑色鱗莖。小葉倒心臟形。花淡紫色，並有紫色條紋。栽培。

15 景天(Sednm Purpureum, Link.) 景天科

多年生。草本。高至三十公分許。葉橢圓形，肉質，有粗鋸齒，無柄。葉上集生小花，白色，帶紫紅色。栽培。

I6 猩猩草(Euphorbia heterophylla, L.) 大戟科

一年生。草本。高至一公尺。葉具特殊之缺刻，有短柄。夏秋間，枝梢數葉呈紅色，並於其間簇生數小花，黃綠色，不甚顯著。栽培。

17 射干 (Belamcanda cbinensis, Lem.) 鳶尾科

多年生。草本。高至六十公分。葉廣劍狀。花小，花瓣六片，同大，黃赤色，有濃紫色細斑點。

18 蝴蝶花 (Iris japonica ,Thumb.) 鳶尾科

多年生。常綠草本。高至五十公分許。葉劍狀，有光澤。夏初，抽出花莖，分叉。花紫白色，花瓣上有刺毛。栽培。

19 牽牛子 (Pharbitis hederacea,L.) 旋花科

一年生。草本。纏繞莖。葉心臟形。通常有三裂，葉腋生花，花大，花色有紅，白，藍等等。

20 蔦蘿 (Quamoclit vulgaris, Chois.) 旋花科

一年生。蔓草。葉卵形，羽狀深裂，裂片狹線形。花深紅色。漏斗形。蒴果。栽培。

21 千日紅 (Gomphrena globosa,L.) 莧科

一年生。草本。高至六十公分。葉長橢圓形，有毛，對生。花穗球形。花色有紅，淡紅等等。栽培。

22 百日草 (Zinnia eiegans, L.) 菊科

一年生。草本。高至七十公分。有粗毛，葉心臟狀卵形，各葉略呈圍莖性。梢頂着生頭狀花序，花色有種種。栽培。

23 矢車菊 (Centaurea cyanus,L.)菊科

一年生。草本。高至一公尺許。有短毛。根葉羽狀深裂，裂片細長。莖葉線狀披針形。全緣。莖梢着生頭狀花序，有白，紫，紅等花色。栽培。

24大波斯菊（Cosmos bipinnatus, Cav）菊科

一年生。草本。高至二公尺。葉二三回羽狀分裂，裂片細線形。枝梢着生大形頭狀花序，白色或紫紅色。栽培。

25大麗菊（Dahlia variabilis, Desf.）菊科

多年生。草本。高至一公尺半。塊根。葉羽狀分裂，裂片卵形，有粗鋸齒。頭狀花序，花形，花色，大小等等，眞是千態萬狀。栽培。

26西番菊（Tagetes patula, L.）菊科

一年生。草本。高至六十公分許。莖之基部分岐。葉爲羽狀複葉，小葉有鋸齒。枝梢各生頭花序，花黃褐色。栽培。

27天人菊（Gaillardia pulchella, Foug.）菊科

一年生。草本。高至四十公分許。莖分岐，有毛。葉長橢圓形或倒披針形，有細鋸齒，或波狀分裂。枝梢開花，黃色，花瓣基部略呈紅色，頭狀花序。栽培。

28白鷄兒腸（Aster trinervius, Roxb. var. holophyllus, Maxim.）菊科

多年生。草本。高至一公尺。葉廣披針形，有粗鋸齒。花白色，頭狀花序。

29指天茄（Capsicum annuum, L.）茄科

一年生。草本。高至卅公分。葉卵形，葉端尖銳，全緣，有葉柄。花白色。果實心臟形，尖端向上，熟呈赤色。栽培。

30子龍身（Salvia nipponicq, Miq.）唇形科

多年生。草本。高至一公尺。方莖。葉卵狀戟形或三角形，有鈍鋸齒。花紅紫色。栽培。

31佛座（Lamium amplexicaule, L.）唇形科

二年生。草本。高至二十餘公分。匍匐地上。根葉葉柄細而長，葉呈心臟狀圓形。莖葉半圓形，有缺刻狀鈍鋸齒，無葉柄。葉腋生花，排列成輪狀，花冠細長，紅紫色。

32 鐵色箭（Lycoris sanguinea, Maxim.）石蒜科

多年生。草本。葉廣線形，白綠色。花黃赤色，花被淺分裂，各裂反捲。

33 玉簾（Zephyranthes candida, Herb.）石蒜科

多年生。草本。高至三十公分。葉叢生，狹長，直立。花莖頂端着生一花，花白色或淡紅色。

34 結縷草（Zoysia pungens, Willd.）禾本科

多年生。草本。匍匐莖，細而長，節節附地，各生細根，廣覆地面。葉細長而尖。花小，穗狀花序。庭園中常種之以爲草地。

35 知風草（Eragrostis ferruginea, Beauv.）禾本科

多年生。草本。高至六十公分。葉細長而尖，葉柄成鞘狀，圍於莖上。花小。穗狀花序。

36 蘆（Phragmites communis, Trin.）禾本科

多年生。草本。高至二三公尺。莖有心髓。花穗爲巨大圓錐狀，呈灰鼠色。

37 滿天星（Serissa foetida, Comm.）茜草科

常綠灌木。高至六十公分。枝甚多。葉卵狀披針形，叢生，稍有革質。葉腋生花，白色。花冠漏斗狀，五裂，內面密生白毛。栽培。

38 梔子（Gardania florida, L.）茜草科

常綠灌木。高至一公尺半。葉長橢圓狀廣披針形，葉端尖銳。葉柄短。單生花序。花白色。栽培。

39 水臘樹 (Ligustrum Ibota, Sich.) 木犀科

常綠灌木。高至四公尺。細枝甚多。幼條密生短毛。葉長橢圓形。葉端尖銳。下面密生短毛。頂端生花，白色，圓錐花序。栽培。

40 紫茉莉 (Mirabilis jalapa, L.) 紫茉莉科

多年生。草本。（亦有一年生者）高至一公尺。葉卵形，葉尖頗銳，有葉柄。花漏斗狀，並有花冠狀之合片萼，花色有紅，黃，白等等。栽培。

41 錦葵 (Malva sylvestris, L.) 錦葵科

多年生。草本。高至一公尺。葉是五裂或七裂。葉腋着生數花，有花梗，紫白色。栽培。

42 木槿 (Hibiscus syriacus, L.) 錦葵科

落葉灌木。高至三公尺。葉爲楔狀卵形，有疏鋸齒。自葉腋抽出短花梗，花爲淡紫色帶白色。蒴果。栽培。

43 木芙蓉 (Hibiscus mutabilis, L.) 錦葵科

落葉灌木。高至三公尺許。葉五角形，有長葉柄及細鋸齒。花大形，淡紅色或白色。蒴果。栽培。

44 十大功勞 (Berberis Bealei, Fort) 小蘗科

常綠灌木。高達一公尺。葉爲奇數羽狀複葉，小葉披針形，革質，有光澤，葉緣有疏鋸齒。夏秋之間，從其莖端葉叢中，抽出數花軸，花黃色，總狀花序。栽培。

45 南天竹 (Nandina domestica, Thunb.) 小蘗科

常綠灌木。高至二公尺許。葉奇數三回羽狀複葉，小葉卵狀披針形，頂生花穗，圓錐花序，花頗多，白色，漿果，紅色。栽培。

46黃瑞香(Edgeworthia chrysantha, Lindl.)瑞香科

落葉灌木。高至二公尺餘。莖之分枝如三叉狀。葉爲廣披針形。秋末葉落，枝梢各垂一個團圓狀花蕾，翊春開花，黃色，花謝則葉出。栽培。

47杜鵑(Rhododendro indicum, Su. var. macranthum, Maxim.)杜鵑花科

常綠灌木，高至三四公尺。幼條密生褐色剛毛。葉橢圓形或圓形，有葉柄。春葉披針形，秋葉倒披針形，花頂生花，淡紅色或紫紅色。花冠漏斗形，五裂。蒴果。栽培。

48玉蘭(Magnolia conspicus, Lalish.)木蘭科

落葉喬木，高至七八公尺。葉倒卵形，花白色，大形，有香氣。栽培。

49海州常山(Clerododrom trichotomum, Thunb.)馬鞭草科

落葉喬木，高至五公尺。葉卵形，尖頭，圓底，對生。花淡紅色，聚繖花序。核果，球形，熟時呈碧綠色。栽培。

50夾竹桃(Nerium odorum, Soland.)夾竹桃科

常綠小喬木。高至三公尺餘。葉通常三片，輪生，長披針形，革質，尖頭，狹底，花大，有紅，白等色。栽培。

51絡石(Trachelospermum jasminodes, Lemaire.)夾竹桃科

常綠木本，莖有氣根，藉以纏繞他物之上。葉長橢圓形，有光澤，對生。聚繖花序，花白色。栽培。

52山茶(Thea japonica, Nois.)山茶科

常綠灌木。高至三公尺餘。葉長橢圓形，有光澤。花大，花色有紅，粉紅等等。栽培。

53 落葉松(Larix leptolepis, Gord.)松杉科

落葉喬木。高至十餘公尺。葉針形，質柔，淡綠色，叢生於短枝上。花單性，雌雄同株。毬果。栽培。

54 羅漢松(Podocarpus chinensis, Well.)松杉科

常綠喬木。高至四五公尺。葉細長，葉端微尖，背面綠色，裏面青白色，互生。花單性，淡黃色。栽培。

55 含羞草(Mimosa pudica, L.)豆科

一年生。草本。高至八十公分。莖葉有刺。葉有羽狀複葉，小葉線狀長橢圓形。一受刺激，小葉閉合，總葉柄下垂。葉腋抽頭狀花序。花淡紫紅色。莢果，有刺。栽培。

56 紫藤(Kraunhia floribunda, of Taub.)豆科

藤本，葉奇數羽狀複葉，小葉卵形，銳頭。總狀花序，花紫色或白色，懸垂。莢果，密生短毛。栽培。

57 紫荊(Corcis chinensis, Bge.)豆科

落葉喬木。高至三公尺餘。葉圓狀心臟形而尖，平滑，有短葉柄。花深紅紫色或白色，先葉每節攢簇生花。莢果。栽培

58 月季花(Rosa indica, L.)薔薇科

灌木。高至二公尺許。莖嫩有刺。葉爲複葉。小葉自三片或五片而成，有光澤。花大，紅色或粉紅色。栽培。

59 梅(Prunus Mume, S. et. Z.)薔薇科

落葉喬木。高至十公尺。葉倒卵狀圓形，葉端尖銳，鈍底，有不整齊細鋸齒，葉柄短。花比葉先開，無花梗，有香氣，白色或紅色，花瓣圓形。核果。栽培。

第五屆至第八屆

類別	項目	男 成績	姓	乙 姓名	女 成績	丙 姓名
徑	五十公尺			朱德婆	8'	孫勳南
	百公尺	12' $\frac{3''}{10}$	李 朱	陳德卿	15' $\frac{3''}{10}$	呂婉芳
	二百公尺	26' $\frac{2''}{10}$	李 朱	王劍玉	33' $\frac{7}{10}$	呂婉芳
	四百公尺	1分1 $\frac{6''}{10}$	李			
	八百公尺	2分27 $\frac{2''}{10}$	李			
	千五百公尺	5分21'	查			
	三千公尺	11分35' $\frac{8''}{10}$	查			
賽	二百公尺低欄	32' $\frac{2''}{10}$	朱			
田	跳高	1.49	曾	王劍玉	1.10	賀藹輝
	跳遠	5.63	李	陳韻清	3.55	張亞鳳
	三級跳遠	10.14	王			
	撐竿跳高					
	鉛球	9.90	李	婁梅卿	7.0	阮淑琴
	鐵餅	22.39	曹			
	標鎗	39.27	李	婁梅卿		
賽	壘球			婁梅卿	25.67	王佩瑗
接	二百公尺				35' $\frac{4''}{10}$	女秋一
	四百公尺	53' $\frac{5''}{10}$	三	女秋三		
力	千六百公尺					
說明		本校第一，二				

60玫瑰(Rosa rugosa Thunb.)薔薇科

灌木。高至一公尺。枝條上生刺。葉奇數羽狀複葉，小葉五片或九片，鈍頭，上面多皺紋，下面與葉柄均生氈毛，托葉闊大。花紅紫色，果實球形。栽培。

61海棠(Pirus spectabilis, Ait.)薔薇科

落葉喬木。高至四公尺。葉長卵形或長橢圓形而尖，有鋸齒，嫩葉略帶赤色。花蕾呈赤色，花開時，外面半紅半白。內面粉紅色。萼呈黑赤色。栽培。

62木犀(Osmanthus fragrans, Lour.)木犀科

常綠喬木。高至七公尺餘。葉長橢圓形而尖。花是叢生葉腋，合瓣花冠，四裂，形小，黃赤色。(或淡黃白色)有芳香。栽培。

63正木(Euonymus japonica, Thunb.)衞矛科

常綠灌木。高至三公尺許。葉倒卵形或橢圓形，革質，有鈍鋸齒，上面有光澤。葉有黃色斑紋。花着生於枝梢，花色白綠。蒴果。栽培。

64垂柳(Salix babylonica, L.)楊柳科

落葉喬木。高至十餘公尺。枝條纖細下垂。葉披針形。穗狀花序，雄花有二雄蕊。栽培。

65義大利楊(Populus nigra, L. var. italica, Dw Roi)楊柳科

落葉喬木。高至十公尺許。葉心臟形，有鋸齒。兩面均平滑。栽培。

66海桐花(Pittosporum Tobira, Ait.)海桐花科

常綠灌木。高至三公尺許。葉倒卵形，鈍頭，楔底，葉緣反旋，革質，有光澤。花白色或黃色，有芳香。頂生聚繖花序。栽培。

67紫薇 (Lagerstroemia indica, L.) 千屈菜科

落葉喬木。高至三公尺餘。葉橢圓形。頂生花序，圓錘狀。花淡紅色。花瓣邊緣縐縮，有細裂狀銳鋸齒。栽培。

68金絲桃 (Hypericum chinense, L.) 金絲桃科

小灌木。高至一公尺餘。多枝。葉大，長橢圓形，鈍頭。花大，黃色。花瓣倒卵形。栽培。

69杠板歸 (Polygonum perfoliatum, L.) 蓼科

一年生。草本。莖及葉柄有許多疏而大之逆刺。葉三角形，楯狀，帶白色，平滑。托葉圓形。花小，紅白色。

70懸鈴木 (Platanus occidentalis, L.) 懸鈴木科

落葉喬木。高至十一公尺。葉有葉柄，每葉有三或五缺刻。裂片有不整齊波狀齒，托葉大。花單性，同株。杭俗稱法國梧桐。栽培。

71梧桐(Sterculia platanifolia, L.) 梧桐科

落葉喬木。高至十三公尺。葉大分裂爲掌狀，有二或四缺刻，葉基呈心臟形，葉柄長。花小，淡黃色，圓錐花序，單性，雌雄同株。栽培。

戊、工業植物

工業植物甚少，現述數種於後：——

1.烏臼 (Sapium Sebifenum, Roxb.) 大戟科

落葉喬木。高至十公尺。葉廣卵形，葉端尖銳。花黃綠色，單性，穗狀花序。種子外面被覆白粉，含脂肪甚多，可製蠟燭。其仁可榨油，供燈油之用。栽培。

2. 楮（Broussonetia papgrifera, Vent.）桑科

落葉喬木。高至十公尺。葉大形，粗糙，通常三裂至五裂，花淡綠色，單性。其樹皮之纖維可供製紙之料。

3. 鴨跖草（Commelina communis, L.）鴨跖草科

一年生。草本。高至五十公分許。葉披針形，有鞘。花藍色，有蜆殼狀的大包。其花可製藍色染料。

4. 茜草（Rubia cordiolia, L. var. mungista, Miq.）茜草科

多年生。蔓草。長達三公尺。莖方，有逆刺。葉四片輪生，有葉柄，心臟狀尖卵形。花黃白色，著生於葉腋或頂梢，聚繖花序。此植物之根可製染料。

5. 藎草（Srthraxon ciliare, Beauv.）禾本科

多年生。草本。高至四十公分。葉爲廣披針形，或長卵形，葉端尖。枝梢着花。長穗狀花序，通常數花序叢生，此植物之汁液，供黃色染料。

6. 棕櫚（Trachycarpus excelsa, Wendll.）棕櫚科

常綠，喬木狀。高至八公尺許。僅有一圓柱莖，無枝。葉甚大，扇狀分裂，有長柄，叢生莖端。花小，淡黃色，雌雄異株，棕毛能耐水濕，適於製繩，帚及蓑衣等。栽培。

II、其他植物

1. 黃花蒿（Artemisia annua, L.）菊科

一年生。草本。高至一公尺。平滑。莖多岐。葉二三回羽狀細裂，裂片羽毛狀。球形頭狀花序，花小，略呈黃色。

2.荻（Anaphalis yedoensis, Matsum.）菊科

多年生。草本。高至三十公分。葉線形，下面密生白毛。花黃色，頭狀花序。有銀白色鱗片狀總苞。

3.飛蓬（Erigeron acris, L. var. drocbachensis, Blytt.）菊科

多年生。草本。高至三十公分。葉披針形，有粗鋸齒。花著生枝梢。頭狀花序。外圍舌狀花冠，白色，中部筒狀花冠，黃色。

4.苦賣菜（Sonchus arvensis, L.）菊科

多年生。草本。高至一公尺。葉長橢圓形，有波狀尖鋸齒。頭狀花序，花黃色。

5.千里及（Senecio scandens, Ham.）菊科

多年生。草本。莖細長。葉卵形或卵狀長橢圓形，葉端甚尖，有鋸齒，葉柄長。頭狀花序。

6.鼠麴草（Gnaphalium multiceps, Wall.）菊科

一年生。草本。高至二十餘公分。莖分岐。全體纖軟，有白毛。葉線狀倒披針形。莖端着花，小頭狀花序，花小，花冠筒狀，金黃色。

7.知風草（Eragostis ferruginea, Beauv.）禾本科

多年生。草本。高至五十公分許。莖葉均甚强韌。花爲長卵形小穗花，紫綠色。

8.碎米知風草（Eragrostis japonica, Trin.）禾本科

多年生。草本。高至四十公分，葉小，線形。莖葉皆平滑。莖梢葉腋抽小穗花。

9.蒺草（Pennisetum japnicum, Trin.）禾本科

多年生。草本。高至一公尺。葉細長而尖。花集生於莖之上部。

10 豬殃殃（Galium Aparine, L.）茜草科

二年生。蔓草。莖方，細而長，質稍柔弱，有逆刺。葉通常八片，輪生，狹倒披針形或線形，葉緣有刺毛。花黃綠色，着生各節之葉腋。

11 囘囘蒜（Ranunculus acris, L. var. japonica, Maxim.）毛茛科

多年生。草本。高至三十餘公分。有毛，根葉有三個深裂，葉緣有銳鋸齒，莖葉漸次細長。花黃色，有光澤。

12 三白草（Saurus Loureiri Dcne.）三白草科

多年生。草本。高至六十公分許。葉長橢圓形，葉柄之基部圍於莖外，莖梢有二三葉變爲白色。自葉腋抽總狀花序，花色淡黃。

13 水虱草（Fimbitylis miliacea Vahl.）莎草科

一年生。草本。高至二十餘公分。葉自根叢生。花莖通常分岐二三囘，花褐色，呈球狀小穗。

14 蘋（Marsilia quadrifolia, L.）蘋科

多年生。草本。高至十五公分許。莖柔軟細長，匍匐土中，自莖之上抽出長葉柄之葉；向下生根。葉柄之頂端，輪生四片小葉，呈田字形。在葉柄的基部着生胞子果。

15 刺莧（Amaranthus spinosus, L.）莧科

一年生。草本。高至六十公分左右。葉卵形或略呈菱狀卵形，葉腋有刺。花細小，呈黃色。

16野胡蘿蔔（Osmorbiza japonica, s. et. Z.）繖形科

二年生。草本。高至一公尺。葉二回羽狀複葉，小葉橢圓形或卵形，有不整齊鋸齒。花小，白色。果實長，並有尖刺，能着人衣。

17竊衣（Torilis Anthrisecs, Gmel.）繖形科

一二年生。草本。高至六十公分許。有粗毛。葉二回羽狀複葉，全裂，裂片長橢圓狀楔形，有鋸齒。果實卵形，密生小刺。

18葎草（Humulus japonicus, S. et. Z.）桑科

多年生。蔓草。莖葉概生鉤刺。葉分裂如掌狀，五裂或七裂，兩面都有短毛，粗而澁。花黃綠色，單性，雌雄異株。果實呈球果狀，形小。

19黑三稜（Sparanium, Longifolium, Turcz.）香蒲科

多年生。草本。高至一公尺。葉細長而尖。莖梢抽白色小穗狀花，上部爲雄花，下部爲雌花。果實球狀，熟則呈黑色。

20塔花（Calamintha gracilis, Benth.）唇形科

多年生。草本。高至三十公分。方莖。葉對生，卵形，有鋸齒。花帶紅色，形小，有短梗。

21蛇莓（Duchesnea indica, Focke）薔薇科

多年生。草本。莖匍匐於地上。長至一公尺。有粗毛。葉三出葉，小葉倒卵形，有粗鋸齒，黃綠色。花黃色，花梗長。果實細小。花托呈球形。熟則紅色。

黨義與其他各科聯絡的研究

朱一青

中國國民黨，是以黨治國的，所以敎育政策的確立，是以黨義爲中心。這是每一個政黨執政時應有的基本政策。蘇俄的共產主義敎育，意大利的法西斯蒂主義敎育，正和我們中國的三民主義敎育一樣，因爲敎育的政策是以黨義爲中心的。所以各級學校的課程，也應以黨義爲中心。過去忽視了這一點重大的意義，在各級學校，均以爲設立黨義一科，已盡了實施黨義敎育的能事。七八年來黨義敎育，顯然的不能收到滿意的成効，不能不說這是一個重大原因。中央有鑒於此，將黨義科改爲公民，一方可以擴充黨義敎育的內容，另一方又可使三民主義敎育的標示益加顯明。詎知自改變以來，整個黨義敎育的目標，固然未能達到，反而使黨義科成績驟然中落。上屆中學會考，黨義科成績之差，是一個很好的例證。本中學社會科敎學研究會同人，咸以此種現象對於黨義敎育實多影響，爰特將公民科如何與史地等科聯絡，如何將黨義課程分佈於各科，作爲研究中心。半年來，就各級黨義公民敎育的經過，覺得原有黨義課程的內容，屬於公民科者固多，但亦有可屬於歷史者，亦有可屬於地理者，亦有可屬於國文者。玆分述於下：

(甲)屬於公民科者

(一)中山先生生活及軼事

(二)中山先生革命思想概況

(三)中山先生革命史略

(四)三民主義概論

1.三民主義之意義及其產生之時代背景

2.三民主義之演進及其特性

（五）民族主義

1.民族、家族、國族及民族與國族之區分。

2.民族主義之意義。

3.中國民族之由來與成分。

4.中國民族精神之銷沉。

5.恢復中國民族固有地位。

6.民族主義之完成。

（六）民權主義

1.民權之定義及由來幷其作用。

2.革命民權與天賦人權。

3.民權主義之意義。

4.權與能之分別。

5.政權治權之作用，及其關係。

6.民權主義之擴展。

（七）民生主義

1.民生之意義及其重要。

2.民生爲歷史之重心。
3.民生主義之意義。
4.民生主義與共產主義。
5.民生主義之實際辦法。
6.民生主義之終極目的。

(八)中國國民黨之組織及政策

(九)建國大綱之內容

1.建國大綱之由來及其意義。
2.以黨建國及以黨治國的意義。
3.建國之根據及程序。
4.建國三時期之意義及其工作。
5.地方政府與中央政府。
6.建國大功之完成。

(十)物質建設

1.實業計劃之意義。
2.實業計劃進行之原則與途徑、
3.開發交通與建造港埠。

4.興辦有關食衣住行之工業。

5.造林與移民。

6.中國實業權之喪失及收回。

(十一)心理建設

1.知行學說之由來。

2.行易知難之意義。

3.行易知難之十證。

4.能知必能行。

5.不知亦能行。

6.有志者事竟成。

(十二)精神教育

1.精神教育之意義。

2.智仁勇之涵義。

3.救人與救世。

4.殺身與成仁。

(十三)社會建設

1.民權主義與民權初步。

2.結會之性質。

3.動議之法則。

4.修正之性質與方法及其例外事件。

5.動議之順序。

6.權宜及秩序問題。

(十四)五權憲法。

1.各國憲法之比較。

2.五權憲法之內容。

3.三權憲法與五權憲法。

4.五權憲法與五院制。

5.國民政府與五院之組織。

6.中國憲法草案之約述。

(十五)地方自治

1.地方自治之範圍。

2.地方自治之目的與性質。

3.地方自治之程序。

4.地方自治之方法。

5.現行地方自治制度簡述。

6.地方自治與保甲。

(十六)總理倫敦蒙難記。

(乙)屬於歷史科者

(一)近代民權思想之演進。

(二)歐美各國民權制度之批評。

(三)中國初次試驗民權政治失敗之原因。

(四)產業革命之由來及影響。

(五)資本主義之產生與發達。

(六)中國國民黨史略及其現行組織。

(七)中國革命史略及討袁護法之經過。

(八)錢幣革命之理論及其實際。

(九)國恥簡史及不平等條約之內容。

(十)遠東問題與國際問題。

(丙)屬於地理科者：

(一)中國疆土變遷史略。

(二)割讓地之人文及經濟狀況。

(三)東北四省之人文及經濟交通狀況，

(四)邊患與國防

(丁)屬於國語科者：

1.總理自傳，

2.總理上李鴻章書，

3.同盟會宣言，

4.討袁檄文，

5.祭明太祖及黃花崗七十二烈士文。

6.孫文學說自序。

7.建國大綱宣言，

8.錢幣革命之通電，

9.中國國民黨之宣言(節讀)，

10中山先生之重要演說，

上面已將黨義課程的內容，及總理的重要遺敎，分別的支配於公民，歷史二科，敎學時可免了重複的缺點，而史地與國文等科各附以黨義材料，比諸在黨義科單獨的敎學，一定會有更多的興趣，較大的效率。

如何記憶地名

朱元松

記地名一事，學者多苦之，但地名在地理上之地位，有如歷史與英雄，歷史雖非全由英雄造成，顧無英雄則歷史幾不成其爲歷史，地名雖非僅記地名可完事，然地理無地名，地理亦難乎其爲地理矣。

地名在地理上旣若是其重要，記憶又如此其繁難，吾人可不想簡易之法以補之乎？蓋地理命名，多有一定之原則，吾人如能詳加分析，明其原義，則記憶時容易，且有興趣矣。

(一)地名與地位——譬如吾人知道日本之東京，當可想知其西京，知道中國之南京，當可想知其北京，有近東可想知其遠東，有西歐可想知其東亞，有東半球北半球可想知西半球南半球，提起北極可以想到南極，提起南美可以想到北美，提起東印度羣島可以想到西印度羣島，他若歐洲之北海南海，中國之廣東廣西安東安西，河南河北，湖南湖北，俄國之沿海州，非洲之開普敦；南美之合思角，伯爾能不角，其命名無一不依所居地位而來，知地位，卽所以知地名，知此可以知彼，至於在南北美之間者稱中美，在赤道之下者稱赤道國，中國浙江因瀕東海，沿岸縣名以海名者有六：海寧、寧海、鎭海、定海、海鹽、及臨海，亦趣事也。

(二)地名與人名——凡各地名之人名，其人在歷史上必有相當之地位，尤以君主與探險家爲多，故讀過中外歷史無形卽已知道中外許多地名。其最普通者如孫中山，康南海，黎黃坡，袁項城，段合肥，華盛頓，列寧格勒，君士坦丁，非力濱，卑斯麥克島，棱羅門島，亞力山大城，門羅維亞，麥哲倫海峽，達拉克海峽，逵維斯海峽，白令海峽，科克海峽，呼得遜河，哥倫比亞河，馬更些河，莫來河，達林河等，均爲人地共有之名詞，想夫人而知之矣。他若亞美利加洲哥倫比亞共和國，路易城，哈得遜灣，溫古華島，南極之羅斯海，僑治五世地，愛德華七世地，瑪利女皇地，哈康七世高原，北極之尼古拉二世地，亞爾伯特太子地，維多利亞女皇地，斯匹次培根島等，不是探險家之名，卽其國君之名，知地名卽所以知人名，知人名卽所以知地名。

（三）地名與民族——地名以所住民族之名而著稱者，中外地理上亦屢見不鮮之事，在亞洲者，如蒙古，印度，波斯、阿富汗，土耳其，韃靼海峽，馬來半島，馬來羣島、苗嶺，猓山、大猺山等，在歐洲者如芬蘭，波蘭，英格蘭，法蘭西，日耳曼，匈牙利，露西亞，羅馬尼亞，斯干的納維亞島等，在美洲者如印第安那州，巴他哥尼亞高原，黑人共和國，拉丁亞美利加洲等，固均以其所住民族之名而見稱之地名也。至於中國鄉鎮名稱，聚李姓而居者曰李家村，聚張姓而居者曰張家村，推而至於黃家村，白家村，羅家埠，姚家埠，石家莊，蔣家莊等等，誠不知有數千萬也。

（四）地名與物產——某地特富某物，即以其物之名名地名，知物產即所以知地名，知地名即所以知其地之物產，事甚有趣，如非洲之黃金海岸，象牙海岸，奴隸海岸，鄂蘭吉河，中國之阿爾泰山，金沙江，珠江，雲南省大理縣，廣西省桂林與柳州，檀香山之珍珠港，日本之硫礦島，中亞西亞之鹽海，美國之舊金山，澳洲之新金山，中美之奇斯特里加國，南美之阿根廷共和國，其例實不勝舉。

（五）地名與氣溫——緯度與地形之高低，與氣溫高低成正比例，愈高則愈冷，如大白山，白顏山，長白山，小白山，大雪山，希瑪拉雅山，尼華達山，阿爾卑斯山，布朗克峯，夏威夷島之瑪那山等，及冰洲，格林蘭島，涼州，冷州之類，不在高緯與崇峻高原，或終年少見冰雪之地，當絕無此種地名，反之，有此地名，即可想知其地名之緯度與高度矣。

（六）地名與色擇——以色擇不同而起之地名，獨多見於河海與山脈，如紅海，黃海，黑海，白海，青海，紅河，黃河，黑河，藍尼羅河，白尼羅河，大青山，大白山，黃山，白山等，例頗不少，推原其起名之因而記之，記之既易而且饒興趣，以前讀歐洲地理至門的哥羅，阿爾巴尼亞等國，甚感敖牙難記，後知其原因 Monteneyro 與

Albania之原意，乃一記而不忘矣。

（七）地名與新舊——陸地發現有先後，地名隨之有新舊，新大陸地方襲用舊大陸之地名而冠以一新字者殊多，如新英格蘭，新蘇格蘭，新不列顛，新倫敦，新格斯哥，紐約（紐即New之釋音）紐俄連斯，紐拆爾西，紐罕什爾，紐絲倫，紐凡內亞，新威爾士，新希布列得斯羣島，新哈爾多尼亞羣島等是，吾人讀美洲，大洋洲，以及南北極地理，遇其地名冠有新字者，則可知舊大陸上必有此地名也。記一可以知二，豈不便乎？

（八）地名與文字——世界各國文字不同，地名遂須有各種異狀，其語尾有「次克」字樣者，必爲俄國之地名如伊爾庫次克，沃木次克，多木次克等是也，次克者俄文「城」也。語尾有「堡」字樣者，多爲德奧之地名，漢堡，馬德堡，梅克林堡，沙斯堡等是也。「堡」者德奧之「城」也。語尾有「什爾」或茅斯字樣者，必爲英美之地名，如補次茅斯，普里茅斯，雅爾茅斯，紐罕什爾等是也。什爾者，英文城也，茅斯者英文口也，英爲海島國，河口港口大城甚多，故多此種縮尾名，此外見里約與巴義亞等字樣者，卽可決其爲西葡之地名，里約者西文河也，巴義亞者西文港也，如南美拉巴拉他河，美墨間格蘭德河，巴西首都里約熱內盧，巴西商港巴義西，阿根廷商港布蘭加巴義亞等是也，見維拉結尾者，必爲法國地名，維拉者法文城也，見科濱結尾者必爲瑞典地名，科濱者瑞典文市鎮也。

（九）地名與宗教——有宗教意味之地名，特以新大陸爲多，蓋探險家遠涉重洋歷盡艱險，一旦尋獲陸地，自有一番祝福與伸謝耳，如墨西哥之委納古盧斯，美國之三藩布，巴西之聖保羅，山多斯，尼加拉瓜與波爾多，黎各之聖周，安巴哈厤羣島中與薩爾瓦多國之聖薩爾瓦多城等，一一皆爲感謝上帝及祝福平安而起之紀念地名也。其例亦不勝枚舉。

地理命名，除上述九點而外，因其他原因而起者；想必尚有不少，教者學者能細心尋求之，於記憶不無裨益，與讀者亦不無幫助。

工藝科教材問題

楊 連 昌

現在生產教育的呼聲愈高，學校中的工藝科的教材愈覺難排，這不是我個人感覺如此，我每遇着吃同行飯的，問他們取何種教材，用何種方法，莫不異口同聲的說道：難以應付。蓋社會人士，把普通教育的工藝科看得太專門了。以爲學校裏有工藝科，便可以製造出許多物品來，除自己應用外，還當銷賣市場，否則便存着全無價值的心理。學生實習的時候，也常非有實用品不做的要求。詎知學習一種極簡易的工藝品也須有相當的練習時間，否則決無善果。我們普通中學又不能專習某一種工藝，初中學生由進校到畢業。工藝鐘點排足也不過一百六十小時，在這短少時間之內，要學習竹工籐工土工木工金工等等，自然談不到樣樣學得同那三年徒弟四年幫工的工匠一樣。所以我們祇有根據教育原理來排定教材，練習各種的基本工作，並培養勞作的興趣，爲將來從事職業的準備。

竹工一學期教完。竹材纖維平直，宜於劈削，當注重劈削的練習，削圓削方削平削直的題材，可規定十分之六，雕刻練習的題材，可規定十分之二，反簧練習，可規定十分之一，竹材練習，可規定十分之一。

土工、一學期教完。普通學校，大都無轆轤設備，可把手造，彫塑、塑造、型造，諸法的練習時間平均支配，每種方法，必須命作二種。手造法，如製花瓶，水盂，茶壺，茶杯之類，彫塑法可取蔬菜或花或葉作題材。塑造法可借動物標本做對像，型造法可翻印各種玩具。素燒釉燒練習時間，可規定十分之一。

金工、一學年教完。第一學期針金板金練習。針金工、方形絞編法，圓形絞編法，可各製一種日常用品，實習時間，規定十分之三。洋鐵或亞鉛板工可各製日常用品二三種，以練習板金灣曲銲接，實習時間規定十分之三。銅柏工實習時間十分之三，練習穿孔鎚展大銲刻花等法。製品油漆着色練習時間，可規定十分之一。第二學期鍛金，鑄金練習。鍛金工實習時間規定十分之七，練習鍛鐵，淬火及穿扎，製螺螄等工作。鑄金工實習時間規定十分之三，練習製模翻砂。

木工、一學年敎完。第一學期當注重施用工具方面，題材須盡量顧到鋸、鉋、穿孔等練習，採用木料不可太硬，以減殺學生練習時間。第二學期注重製作置圖、設計，及取材方面，置圖設計實習時間，規定十分之一，製作文具，日用品玩具等實習時間規定十分之八，油漆練習時間規定十分之一。

以上各敎材的排列，是根據我敎過的學校的設備，倘環境不同，設備特殊的學校，自當顧到實際情形，有自由活用的餘地。

初中音樂科敎學上應改善的幾點

顧宗鵬

年來初中學生的音樂成績，日趨惡劣，考初中畢業生，學了三年音樂，連樂譜沒有認識清楚者比比皆是，拿起譜來，望着便唱者，百無一二，懂得音樂常識者，絕對沒有，初中學生的音樂成績，所以糟到如此程度者其原因當然很多，但音樂敎師敎學之不得法，做事之不認眞，實爲造成今日這般惡劣成績之最大原因。所以今後如果要初中音樂，納入正軌，漸次進展，則敎學方面，實有多處，應極力改善。茲就愚見所及，略述如下：

一 工認眞敎授讀法：按現在一般音樂敎師敎授讀譜法似欠認眞，上焉者將讀譜法講完就算了事，或發幾頁講義讓學生自閱，下焉者爲省事起見，讀譜法常略去不敎，敎唱歌時常於正譜下面附註簡譜，或用簡譜敎學，因爲現在一般音樂敎師，對於讀譜法如此忽視，則又何怪學生不識樂譜哉。故今後初中不敎音樂則已，要敎音樂，必須先敎讀譜法，而且不敎則已，敎則必須認眞除明白講解外，還須多出練習題令學生練習，如有機會，還須提出問題，令學生解答，務使人人了解，個個明白而後已。

Ⅱ改善教唱歌的辦法：一般音樂教師教學生唱歌常注意聽覺的訓練，而忽於視覺的訓練，祇知令學生依樣模仿，不知扶植學生自習的興趣，祇知教幾個歌，以敷衍時間，很少有教練習曲以培養學生唱歌的能力者。所以先生教一曲，學生才懂一曲，不教永遠不懂，這樣的教法，乃是養成學生的惰性，磨滅學生的理知，倘不改善，則貽誤實非淺鮮。所以今後教唱歌，不宜墨守舊法，對於學生的聽覺與視覺，都應施以適當的訓練，令學生模仿以外，還須時時授學生以自習的機會，在練習唱歌以外，更須酌量時間，教授練習曲以培養唱歌的能力。譬如欲使學生看譜敏捷，則教以視唱練習曲；欲使學生聲音高低正確，則教以音階課程等練習曲，欲使學生能自己擊節而歌，則教以節奏練習曲……。用這樣的方法，以訓練學生唱歌，倘能持以三年之久，而無良好成績收獲，我不信也。

Ⅲ愼重選擇唱歌材料：敎授音樂，不單是敎學生以音樂上的知識與技能卽爲了事，此外尙須使學生得到音樂之良好的薰陶，而受其感化，所以唱歌敎材之選擇自不得不十分愼重。依愚見選擇樂曲與歌詞，須有適當的範圍，並須有適當的標準，用適當的標準，在適當的範圍以內選擇樂曲與歌詞，當不致陷於錯誤。玆將樂曲與歌詞兩方面擬就數條以作選擇的標準與範圍。

a. 選擇樂曲到應具有下列條件之一者方爲合格；

1. 有音樂上的價値者。
2. 曲風純正高雅者。
3. 曲調活潑流利合於靑年人的口胃者。
4. 曲趣雄壯嚴肅合於靑年人的脩養者。
5. 哀而不傷樂而不狂者。

b. 選擇歌詞至少應具有下列條件之一者方爲合格：

1. 有文學上的價值者。
2. 能振作民族精神者。
3. 合於新生活原則者。
4. 能提高個人人格者。

不過近年來有許多音樂教師，將靡靡之音，鄙俗之詞都搬入學校而作音樂教材矣。關心改革音樂教育者將作何感想?!

Ⅳ 盡力灌輸音樂常識：欲使學生走進音樂之門，必須教授讀譜法，欲使學生對於音樂有更深切的認識，必須教授音樂常識，二者不可偏廢，不過一般音樂教師常略去音樂常識而不教，實爲有虧責守。今後凡新課程標準所規定的音樂常識，應切實教授不可略去，倘時間允許倘須教一些和聲學的初步知識。

Ⅴ 今後應採用教本教學：採用教本教學有很多好處：

a. 教本的編制，都合於課程標準，程度當然由淺入深，由易反難，必能使學者按步就班向前進步。

b. 教本上的樂譜，一定謄寫清楚，且經校閱，錯誤必少。於學生視唱方面，必多方便。

c. 教本內容，不限於歌曲、練習曲亦必混合編進在內，所以用教本教學，不特維持唱歌的興趣，並可增進唱歌的能力。

e. 用活葉歌本教本，常有散失，與破爛之虞，用教本則決無此流弊。

e. 教本一定經教育部審定，取材及編輯兩方決非草率從事，所以採用教本教學比較自選材料教學，來得妥當。

因爲採用教本教學有這許多好處，我是主張採用教本教學的，願我同行不要自作聰明，不用教本自選教材教學，致有貽誤之處。

現行章則擇要

本中學組織大綱

第一條　本中學定名爲杭州市立初級中學。

第二條　本中學分設兩部，第一部專收男生，第二部專收女生。

第三條　本中學設校長一人，由杭州市政府呈荐浙江省教育廳委任，總轄全校校務。

第四條　本中學設教務主任一人，由本中學專任教員兼任，商承校長，掌理課程支配，查核各教員服務狀況，考查學生成績，辦理註冊統計，採擇圖書，儀器等，及其他關於教務上一切事宜。

第五條　本中學設訓育主任一人，由本中學專任教員兼任，商承校長，掌理全校學生品性陶冶，生活指導，及其他關於訓育上一切事宜。

第六條　本中學設事務主任一人，由本中學專任教員兼任，商承校長，掌理編製預算決算，及管理校產，支配校舍，辦理庶務會計文書購置等一切事宜。

第七條　本中學設體育主任一人，由本中學專任教員兼任，商承校長及各處主任，掌理各項運動，指導學生健康，及其他關於體育上一切事宜。

第八條　本中學每學級，設主任一人，商承校長，教務主任，訓育主任，處理教學上訓育上一切事宜，其服務細則另訂之。

第九條　本中學設會計，事務員，書記若干人，秉承校長，各處主任，辦理教務上，訓育上，事務上一切事宜。

第十條　本中學設校醫一人，商承校長，及各處主任，辦理一切衞生醫藥事宜。

第十一條　本中學設校務會議，以校長，全體教員，校醫，及會計組織之，討論及議決全校一切興革事宜。每學期開會二次，以校長爲主席。

第十二條　本中學設教務會議，以校長及全體教員組織之，討論教學及圖書購置事宜，每月開會一次，以校長爲主席，校長缺席時以教務主任爲主席。

第十三條　本中學設訓育會議，以校長，各處主任，各級任，及校醫組織之。討論一切訓育及管理事項。每月開會一次，以校長爲主席。校長缺席時，以訓育主任爲主席。

第十四條　本中學設事務會議，以校長各處主任及全體職員組織之。討論一切事務進行事項。每月開會一次，以校長爲主席。校長缺席時，以事務主任爲主席。

第十五條　本中學設左列各科教學研究會，以各科教員及教務主任組織之，每學期至少開會三次，主席由各該科教員推舉之。

一、國文科教學研究會，

二、英語科教學研究會，

三、算學科教學研究會，

四、自然科教學研究會，

五、社會科教學研究會，

六、藝術科教學研究會。

第十六條　本中學設左列各種委員會。

一、經濟稽核委員會，由校務會議選舉專任教員五人組織之。

二、訓育指導委員會，由校長，各主任，各專任教員及校醫組織之。負指導學生日常生活，及自治活動之責。開會時校長爲主席。

三、招生委員會，由校長各處主任，校醫，及由校長聘請教員若干人組織之，以校長爲主席。校長缺席時，以教務主任爲主席。

四、升學就業指導委員會，以校長各處主任及由校長聘請教員三人至五人組織之。以校長爲主席。

五、圖書儀器委員會，由教務主任，各學科主席，圖書儀器管理員組織之。以教務主任爲主席。

六、出版委員會，由校長聘請職教員若干人組織之。

七、健康指導委員會，由各處主任校醫，及由校長聘請職教員若干人組織之。以體育主任爲主席。

八、校景佈置委員會，由校長聘請職教員若干人組織之。

第十七條　本中學除各種委員會外，於必要時設置臨時委員會。

第十八條　本中學各種會議，及委員會，於必要時得召開臨時會。

第十九條　各種委員會委員，除臨時委員會委員外，任期均爲一學期，連選得連任。

第二十條　各項會議規則及辦事細則另訂之。

第二十一條　本大綱如有未盡事宜，由校務會議通過修正之。

第二十二條　本大綱由校務會議通過，呈准杭州市政府施行。

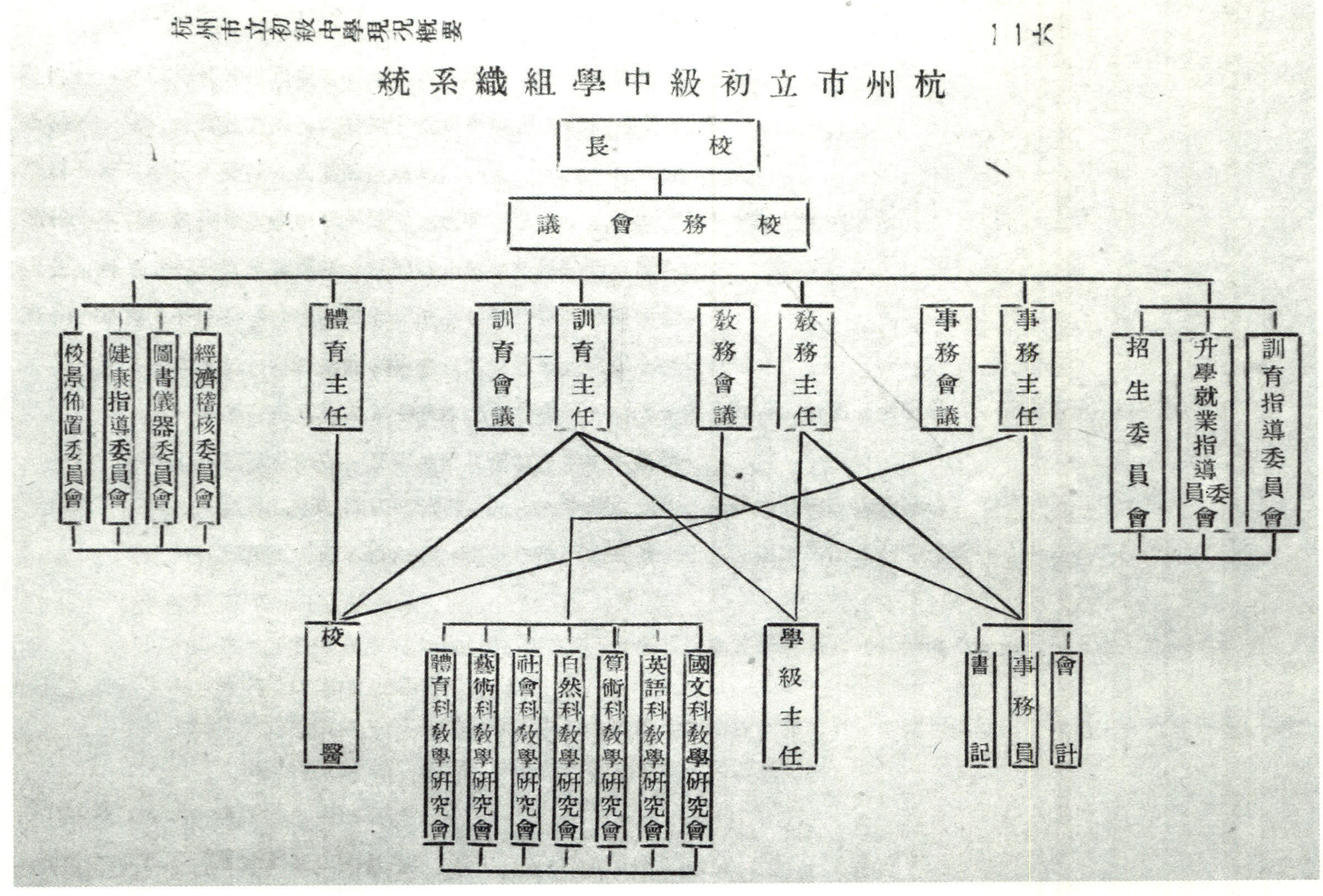
杭州市立初級中學組織系統
校長
校務會議
校景佈置委員會
健康指導委員會
圖書儀器委員會
經濟稽核委員會
體育主任
訓育會議
訓育主任
教務會議
教務主任
事務會議
事務主任
招生委員會
升學就業指導委員會
訓育指導委員會
校醫
體育科教學研究會
藝術科教學研究會
社會科教學研究會
自然科教學研究會
算術科教學研究會
英語科教學研究會
國文科教學研究會
學級主任
書記
事務員
會計

校務會議規則

第一條　本會根據本中學組織大綱第十一條之規定由校長全體教員校醫及會計組織之。以校長爲主席。

第二條　本會議爲本中學最高議事機關其職權如左：

一、決定本中學教育方針及每年度具體計畫。

二、審議本中學之預算決算。

三、製定或修訂本中學重要章則。

四、審議其他各會議各研究委員會重要建議事項。

五、審議校長交議事項。

六、審議學生重大獎懲事項。

七、選舉經濟稽核委員會。

八、其他對內對外重要事項。

第三條　本會議每學期開會二次遇必要時得開臨時會均由校長主席召集之。

第四條　本會議以全體會員過半數之出席爲法定開會人數。

第五條　本會議以出席會員之過半數爲法定可決人數。

第六條　本會議之決議案執行時如發生窒碍得由本會會員三分之一以上之提議提交覆議但以一次爲限。

第七條　本規程如有未盡事宜經本會會員三分之一以上之同意得提出修正之。

第八條　本規則經校務會議通過呈准　杭州市政府施行。

教務會議規則

第一條　本規則根據本中學組織大綱第十二條之規定制定之。

第二條　本會議由校長全體教員組織之。

第三條　本會議開會時以校長爲主席校長缺席時以教務主任爲主席。

第四條　本會議之職權如左：

一、決定教學方針及實施辦法。

二、審定每學期教務上進行計畫。

三、審定每學期各科教材及其程序。

四、制定及修正教務上各項章則。

五、審議教務處及各教員建議事項。

六、計劃圖書設備事項。

七、討論處理其他教學上一切重要事項。

第五條　本會議之議決案交教務處執行之如遇窒碍時提交覆議但以一次爲限如仍不能解決應提請校務會議核議。

第六條　本會議每月開會一次遇必要時得召開臨時會議。

第七條　本會議以全體會員過半數之出席爲法定開會人數。

第八條　本會議以出席會員過半數爲法定可決人數。

第九條　本規則經校務會議通過後施行。

訓育會議規則

第一條　本規則根據本中學組織大綱第十三條之規定制定之。

第二條　本會議由校長各處主任各級任及校醫組織之。

第三條　本會議開會時以校長爲主席校長缺席時以訓育主任爲主席。

第四條　本會議之職權如左：

一、決定訓育方針及實施辦法。

二、審定每學期訓育上進行事項。

三、制定及修訂訓育上各項章則。

四、規劃訓育上一切改進事項。

五、審定學生操行成績。

六、審核學生之奬懲事項。

七、審議訓育處及各級任提交事項。

八、審議學生訓育上請求事項。

九、審議其他關於訓育上重要事項。

第五條　本會議之議决案交訓育處執行之遇窒礙時得提交覆議但以一次爲限如仍不能解决應提請校務會議核議。

第六條　本會議每月開會一次遇必要時得開臨時會議。

第七條　本會議以全體會員過半數之出席爲法定開會人數。

第八條　本會議以出席會員之過半數爲法定可決人數。

第九條　本規則經校務會議通過後施行。

事務會議規則

第一條　本規則根據本中學組織大綱第十四條之規定制定之。

第二條　本會議由校長各處主任及全體職員組織之。

第三條　本會議開會時以校長爲主席校長缺席時以事務主任爲主席。

第四條　本會議之職權如左：

一、决定本中學每學期事務上之計劃。

二、本中學每年度之預算。

三、制定及修訂事務上各項章則。

四、審議校舍校具之支配修築事項。

五、審議圖書儀器文件之保管整理事項。

六、審議全校衛生消防警衛事項。

七、審議校景佈置事項。
八、審議事務處及各會議各委員會建議事項。
九、審議其他事務上之重要事項。

第五條　本會議之決議案交事務處執行之遇窒碍時得提交覆議但以一次爲限如仍不能解決應提請校務會議核議。

第六條　本會每月開會一次遇必要時得召開臨時會議。

第七條　本會議以全體會員過半數之出席爲法定開會人數。

第八條　本會議以出席會員過半數爲法定可決人數。

第九條　本規則經校務會議通過後施行。

訓育標準

第一　誠實

「綱要」爲人之道，首在誠實，無論做事，說話居心，均須眞實不欺。

「細目」一、爲團體服務，爲他人做事，均應盡心竭力。

二、誠心接受師長及領袖的指導。

三、不說謊，單獨時不作不可告人的卑劣行爲。

四、考試時，不作弊，平時練習，不託人代做不抄襲他人。

五、他人的物件，不論大小多少，非事先得到允許，不亂動擅取。

六、拾到遺物，立卽依法處理不自隱藏。
七、不作不負責任的言論和字畫。
八、無故不請假，到校不逾時約定不爽約，勵行守信的習慣。
九、言行知有錯誤卽向訓育處申述並從此改過。
十、自己的行動，當和自己的思想，言語相同。
十一、不取笑他人，不欺侮他人，不說他人背話，不叫他人綽號。
十二、學校內，一切規約，不論在校內和校外有人看見和沒人看見，均眞心遵守。

第二　忠孝

「綱要」對國家須盡忠，對父母應盡孝。

「細目」一、誓以忠誠愛護中華民族，中國國民黨，學校及家庭。
二、知道我們是肩負着復興民族的責任，所以應該鍛鍊勇毅的精神，養成規律的習慣。
三、願意養成忠實的，進取的，犧牲的，爲中華民族幸福而奮鬥的戰士。
四、民族利益與個人利益衝突的時候，情願犧牲個人的利益，求取民族的利益。
五、知道我們國家的恥辱，就是自己的恥辱。
六、深切認識三民主義，絕對信仰中國國民黨。
七、篤信行易知難的學理，確認總理是我們唯一的導師。
八、知道學校名譽該十分尊崇，言行，及服裝，均須時時注意。

九、願意爲學校服務，並竭力謀學校之擴展及光大。

十、對父母應當誠意恭敬，父母的話，更應切實順從。

十一、遇到危險的地方，忽寒忽熱的時候，自己知道注意，不使父母躭憂。

十二、在學校知道力求自己知識道德，體格之健全，以使父母滿意愉快。

第三　助人

「綱要」竭己之力，扶助他人，每日祇少行一善事，不受酬，不居功。

「細目」

一、努力事功，造福社會，以求達到道德上之最高目的。

二、服務時應當捐棄「人」「我」的觀念。

三、救護死傷，防禦水旱，及戰爭警備之常識，平日應充分學習。

四、服務時應有協力合作的精神。

五、遇到老幼殘廢，不能爲的事，該替他們代做。

六、別人有急難的時候，該竭力幫助。

七、他人有死傷或有危險之虞時，當首先救護。

八、水旱，火災，或戰爭警備時，當出全力爲社會服務。

九、社會有修路，造林，水利，衞生，識字，等運動時，應努力參加工作。

十、貧窮或有痛苦之人，當以精神或物質安慰援助之。

十一、助人的事不應計較大小，總求有益於團體或他人。隨時注意實行，以達到「日行一善」之目的。

十三、助人以後不應受取他人酬報，及希望他人譽贊或表示矜誇。

第四　仁愛

「綱要」待親戚朋友須親愛，衆人須和善，對無害於人之生物須愛護。

「細目」一、尊重自己及他人的人格。

二、對人不厭惡不鄙視。

三、富有惻隱及同情心。

四、有互助合作的精神。

五、不壓制僕役及其他苦力勞工。

六、對人不疾言厲色，與人以難堪。

七、他人有過則婉勸之，不譏諷亦不冷眼旁觀。

八、設法安慰不幸或有病之人。

九、人有憂患之時，不大聲喜笑或演奏音樂。

十、愛護花卉及有益動物。

十一、寬恕他人無心之錯誤。

十二、能以物質接濟貧苦的人。

第五　禮節

「綱要」待人須有禮貌，凡應對進退，均應合乎規矩。

「細目」一、遇到唱黨歌校歌，及升旗落旗時均肅立致敬。

二、淸晨及途遇師長，行禮致敬，對同學應相互敬禮。

三、上課下課均應起立敬禮，發問對答，及點名應到必起立。排隊時必立正。

四、集會時應嚴肅端敬，除軍帽外不戴帽及不披圍巾。

五、入室必先打門，向教職員有所請求或陳述，應先敬禮再發言。

六、早操或在操場集會時，如遇有演講報告，應立正靜聽。

七、言笑舉止要和悅有禮，處處要表現出溫良謙讓的態度。

八、得罪了人家要道歉，有勞了人家要致謝。

九、我和別人並行的時候，常常留心同步伐。

十、走路向左走，車船上下均依先後不擁擠。

十一、坐車乘船，讓老幼先坐先走，坐時應注意姿態，不可佔人座位。

十二、帽子戴正，領扣扣好，襯衫襯褲，不可露出衣外。

第六　公平

「綱要」明事理，辨是非，待人公正，處事和平。

「細目」一、對任何人都依著公理，平等看待。

二、處理事務純以法理爲根據，不徇情通融，不受錢物誘惑，時以淸白自持。

三、不自私自利，以妨害他人及團體。

四、服務時不爭意氣，不以感情用事。
五、對於別人正當的建議，要犧牲個人的成見。
六、對於和自己不同的意見，也同樣的尊重。
七、別人和我爭論，我平心靜氣，與之講理。
八、不講私情，不阿私好，不要有狹窄的小團體思想。
九、我自己不願做的事，不叫別人去做。
十、對於一切違反公理的事件，抱厭惡或批評的態度。
十一、見人被人家欺惡，要主張公道。
十二、參加各種競賽，要保持公正的態度。

第七　服從

「綱要」對於團體紀律，須確實遵守，對於國家法令，須確實服從。

「細目」一、確守訓育標準及一切公約須知。
二、對於學校佈告命令，及團體決議，領袖指導，均絕對服從。
三、聽見信號立即遵行上課開會集隊時，態度嚴肅，坐立恭敬。
四、集會討論時，嚴守民權初步規定。
五、依照學校規定穿着服裝鞋襪及帶帽佩校徽并依定式剪髮。
六、上課聽講或工作，均須專心認眞，不遲到，或中途出室，及有談笑，看小說，做課外工作，或有精神不振情事。

七、自修時靜心工作，不高聲發言，不擅自出室，或在室內任意走動，及有精神不振，或嬉弄閒談，妨礙他人自修等情事。

八、會食時依照規定，排隊出入及起膳停膳不談話，不爭菜，及有擅自掉菜添菜情事。

九、就寢熄燈後，起身前，不談話，不閒食，不呻吟。起身後帳毯被枕，均依照規定摺放。

十、課外活動或運動時，均須依照規定時間及次序，認眞從事，不爭先恐後，遲到早退，及存心敷衍情事。

十一、早操，晨跑，散步均依照規定時間辦法做去，不凌亂無序，及有服裝不整情事。

十二、被委任或選任輪流服務工作時，均須努力認眞不辭勞怨，不稍懈怠。

第八　快樂

「綱要」心常快愉，時露笑容，無論遇何困難，均應處之泰然。

「細目」一、每日必行適度之課外運動及休閒娛樂。

二、暇時常到公共娛樂室並喜參加各樣競賽或音樂演奏。

三、至少能懂得一種樂器並每日使用。

四、放假日喜歡遊覽名勝，或野外散步及爬山，划舟乘車騎馬等。

五、遇不如意事，不發脾氣或陰隱不言笑。

六、不牢記失意事，不作無謂的勞思焦慮。

七、功課或其他事情極忙時，仍能閑靜有序。

八、不妒忌，不憂鬱，不煩悶，不抱悲觀。

九、面態和悅，音調愉快，使人樂於交換。

十、做事的時候要充滿着愉快活動的精神。

十一、樂受他人忠告。

十二、喜參加童軍露營遠足，旅行及各種活動。

第九　勤儉

「綱要」好學力行，刻苦耐勞，不浪費時間，不妄用金錢。

「細目」一、有埋頭苦幹的精神，有作息有序的習慣。

二、有事卽做，今日了之事，不移至明日，毫不泄沓延挨。

三、上課自修，不使寸陰空費。

四、雙手萬能，不以勞動爲恥，自己的事，自己能了。

五、要有量入爲出及記賬的習慣，非有要用不向人借錢。

六、摒除一切奢侈品確認整潔簡樸是美的最高點。

七、利用餘閒，每日有課外閱覽書報的習慣。

八、使用公物和使用自己的東西一樣。

九、飲茶用水，均依量取用，不浪費蹧蹋，離開教室自修室時，如室內無人，卽將電燈關閉。

十、書籍簿冊，均知愛護省用，不任意撕毀及弄污。
十一、養成儲蓄的習慣，除點心外，不購零食，除要事外不坐車。
十二、星期日上午除有事赴約外，仍做有關學科的工作。

第十　勇敢

「綱要」義所當爲，毅然爲之，不爲利誘，不爲威屈，成敗在所不計。

「細目」一、能服從正義，做事不避艱難。

二、有奮發蹈厲的精神，使人一見卽爲有朝氣之青年。

三、任何失敗，決不灰滅自己的意志。

四、强者抑之，弱者扶之。

五、胆要大，心要細。

六、當做的事，立刻就做，不觀望，不畏懼。

七、見人危急，盡力施救。

八、不偏執己見不一意孤行。

九、責任所在，不避勞怨。

十、有冒險嘗試的精神。

十一、做錯了事，知道立刻就改。

十二、能刻苦耐勞，不羞怯懦弱。

第十一　清潔

「綱要」身體服裝住所用具，須整齊清潔，言語須溫雅簡單，心地須磊落光明。

「細目」一、服裝要經常整潔，髮膚常加盥沐梳理。

二、帳，毯，被，褥，枕，巾，鞋，襪，應時常洗滌，按置均依一定處所。

三、書籍用品桌椅抽屜書架書廚，應隨時整潔，不使凌亂堆棄，及灰塵滿積。

四、盥洗用具，應置於盆內，盥洗後即將布罩套好，面盆底，及手巾應時加擦洗。

五、指甲不使留長，沐浴依照定時，不問寒暑。

六、上課自修除當時應用物品外，桌上不置任何雜物。

七、箱籠內衣物應洗滌清爽，摺疊整齊，不可凌亂雜置。

八、隨時隨地保持居室及公共地方的整潔。

九、換下衣服或洗或藏，應迅速處理，不使留置床沿床下或帳上。

十、言語舉止要溫雅簡潔，不使人感到粗魯冗煩。

十一、清潔不僅外表，內心，尤宜光明，不應有絲毫卑劣的心理。

十二、深信要使人格高尚，惟有實踐清潔的美德。

第十二　公德

「綱要」愛惜公物，保護公共利益，勿因個人便利，妨礙公衆。

「細目」一、不做損壞學校團體或社會國家的事情。

二、不隨地涕唾，向盂吐痰時，必對正盂孔。
三、隨時隨地注意公衆之安甯秩序清潔衞生。
四、不將果肉楂壳及廢紙雜物隨手丟棄。
五、花草樹木，不採摘攀折及踐踏。
六、牆壁，玻璃，桌面椅背等不隨手刻畫。
七、見到不整潔的地方，卽爲整理修潔。
八、公共物件用過必歸置原處。
九、閱覽公共書報，不久執，不剪損，不拋棄，或私移室外。
十、不妨礙他人睡眠及交通。
十一、向他人借用物件不稍汚損。
十二、見有妨碍團體或校譽等情立卽報告訓育處。

學業成績考查辦法

第一條 本中學學業成績考查，分平日積分，臨時試驗，學期試驗三種。

一、平日積分　就平日答問、測驗、作品、或實驗報告定之。

二、臨時試驗　每隔四週舉行一次，一學期作二十週計，應共舉行四次。但得視各學程每周敎學時數之多寡，將試驗次數酌量增減之。

三、學期試驗，在學期終了前，由教務處定期舉行之。

第二條　計分暫用百分法，一學程分數，滿六十者爲及格。五十分以上者得於學期開學時補考一次。五十分以下者不准補試，補試分數以九折計之。

第三條　計算平均分數，以平日積分，臨時試驗分數，合佔百分之六十。學期試驗分數佔百分之四十。

第四條　一學期中各科缺席時數，如逾其規定授課時三分之一者，不得與試。滿三十小時者扣除該總平均分數一分，類推。

第五條　無故缺課者三倍計算，滿十小時者退學。

第六條　學生因不得已事故請假，不能受各項試驗者，經教務主任允許後，得予補試，其辦法如下：

一、缺臨時試驗者，應於一星期內，向教務處領取補試證，自至授課教師處請求補試。無補試證者，不得直接向教師請求補試。

二、缺學期試驗者，應在本學期開學時，教務處公佈之補試時間內，補試逾期不得補試。

第七條　學業成績等篇，以學業成績分數之高下爲標準，依法計算之。

一、學業成績分數在八十分以上者爲甲等

二、學業成績分數在七十分以上者不足八十分者爲乙等

三、學業成績分數在六十分以上者不足七十分者爲丙等

四、學業成績分數不足六十分者爲丁等

第八條　遇有下列情事之一者應令留級

一、一學期中學業成績有三科不及格者

二、二科不及格但其科目爲國文英文算學勞作四科中之任何二科者

三、一科不及格或雖二科而其科目非如前條所規定經附讀一學期考試後仍不及格者

第九條　本細則由教務會議通過後施行如有未盡善處得於教務會議中提出修正之。

操行成績考查辦法

一、本校學生操行等級，由訓育處彙集學級主任，及各教職員之評定成績決定之。

二、學生操行總分數，每學期定爲四五〇分，以（一）（二）（三）（四）（五）（六）（七）（八）（九）九級分別之，每等作五十分。

三、學生操行分數之加減，根據獎懲規程，第五條規定如下：

1.大功加一百五十分，小功加五十分，嘉獎加三十分。

2.大過減一百五十分，小過減五十分，警告減十分，嚴重警告減三十分，公開警告減四十分。

3.早操晨跑缺席一次扣五分，自修缺席一次扣十分，違反穿着校服統一辦法扣五分，違反寢室自修室教室盥洗處整潔規定及學生集會缺席一次扣二十分，校外集會缺席一次，扣四十分（核准請假者不扣）。

四、學生操行不及第五級者，於學期終得令其試讀或退學。

五、畢業班學生操行總平均等級，列在第四級者不得畢業。

六、學生操行得第九級者得酌量情形獎勵之。

七、學生操行應根據訓育標準，及各項公約，須知，辦法等評定之。

八、教職員對於學生之操行，應依照上列辦法，根據上課，或平時視察所得評定之。

九、學級主任對於學生之操行，除依照教職員評定方法，並宜參酌團體活動，實際情形決定之。

十、訓育處對於學生之操行評定，應根據平時行動考查，及課外活動，懲獎情形決定之。

十一、評定學生操行，除上列辦法外，並應參考中小隊長之報告或批評。

十二、學生操行評定計算如下。

（各教職員評定分數＋學級主任評定分數＋訓育處評定分數）÷3＝一個學生操行成績

十三、本辦法經訓育會議通過後施行，修正亦如之。

體育成績考查辦法

一、體育成績分標準運動，課內體育，課外運動，早操、晨跑、及運動道德與努力五項考查之。

二、體育成績以百分法計之八十分以上者爲甲等，七十分以上者爲乙等，六十分以上者爲丙等，不滿六十分者爲丁等，丁等爲不及格。

三、每學期體育成績依照左列比例核算之。

A.標準運動佔百分之三十五

B.課外運動佔百分之十五

C.早操晨跑佔百分之十五

D.課內體育佔百分之二十

E.運動道德與努力佔百分之十五

四、學生除標準運動，及課內體育，不及格，而致體育成績不及格者，得於來學期重考一次，其餘均不得重考。

五、各項成績之考查及扣分辦法規定如下：

a. 標準運動考查法：

1. 依照各級學生之體重、身高、年齡、學級四項指數之和，分爲甲、乙、丙、丁、四組。（女生無丁組）男生指數之組，在四十七以上者爲甲組，三十七至四十六者爲乙組，三十至三十六者爲丙組，二十九以下者爲丁組。女生指數之和在四十五以上者爲甲組，三十五至四十四者爲乙組，三十四以下者爲丙組，（分組表另行公佈）

2. 標準運動考查項目規定如下：

甲、男生標準運動項目：

子、體力——雙臂伸屈，引體向上。（二項中任選一項）

丑、競跑——五十公尺，百公尺

寅、跳躍——急行跳遠

卯、擲重——鉛球（甲乙組八磅，丙丁組六磅）

乙、女生標準運動項目：

子、體力——仰臥起坐，雙膝全蹲（二項中任選一項）

丑、競跑——五十公尺，百公尺

寅、跳躍——急行跳遠。

卯、擲重——鉛球（甲、乙、丙組均用六磅）

3. 各項目及格分數，與及格標準，及得分比率，依照組別規定如下表。（表另附）

b. 課外運動，早操晨跑考查及缺席曠課扣分辦法：

1. 課外運動，除缺席曠課外，以各生平日所選習之球類運動考查之，其考查法如下：

甲、籃球以傳遞合法，投籃準確，動作敏捷，姿勢優美，四項考查之，

乙、足球除加遠度外餘與籃球同，

丙、網球以發球擊法、準確、三項考查之，

丁、排球除加傳遞外，餘與網球同。

2. 早操晨跑除缺席曠課外，以平日練習之努力及姿勢之準確，與否考查之。

3. 凡課外運動，或早操晨跑缺席一次，即在各該項成績中扣分數一分，一學期缺席次數逾全學期總次數三分之一者不給分數。

4. 曠課一次作缺席五次計算，曠課達六次以上者不給分數，

c. 課內體育及運動道德與努力考查法：

1. 課內體育以柔輭操動作（包括敏捷、姿勢、準確）及步法考查之。

2. 運動道德與努力，視平日對於運動道德是否遵守，練習是否守時及努力考查之。

標準運動男生技術類考查標準表

類別＼項目＼及格標準＼組別		甲	乙	丙	丁	及格分數	比率
競跑	五十公尺	$8\frac{3''}{5}$	9″	$9\frac{2''}{5}$	$9\frac{4''}{5}$	60	每速慢$\frac{1''}{5}$加減三分
	百公尺	$15\frac{3''}{5}$	$16\frac{1''}{5}$	$16\frac{4''}{5}$	$17\frac{2''}{5}$	60	同上
跳躍	跳遠	12呎6吋	11呎10吋	11呎2吋	10呎6吋	60	每遠近1吋加減一分
擲重	鉛球	18呎	16呎	17呎	15呎	60	每遠近4吋加減一分
備註		鉛球……甲、乙組八磅，丙、丁組六磅					

標準運動男生體力類考查標準表

項目	次數	及格分數	比率
兩臂伸屈	15	60	每增減一次加減四分
引體向上	3	60	每增減一次加減十分
備註	每人任選一項		

標準運動女生技術類考查標準表

類別	項目（及格標準／組別）	甲	乙	丙	及格分數	比率
競跑	五十公尺	$10\frac{2''}{5}$	$10\frac{4''}{5}$	$11\frac{1''}{5}$	60	每遲慢$\frac{1''}{5}$加減三分
跳躍	跳遠	9呎	8呎6吋	8呎	60	每遠近一吋加減一分
擲重	鉛球	15呎	13呎	11呎	60	每遠近四吋加減一分
備註		鉛球………甲乙丙三組均用六磅				

標準運動女生體力類考查標準表

項目	次數	及格分數	比率
仰臥起坐	20	60	每增減一次加減四分
雙膝全蹲	40	60	每增減一次加減二分
備註	每人任選一項		

童子軍管理實施辦法

本辦法依據浙江省中等學校童子軍管理辦法及本中學原有童訓設施實際狀況參酌擬定之

第一章　總則

一、爲發展學生作事能力，養成良好習慣，使其人格高尙，常識豐富，體魄健全，成爲智仁勇兼備之青年，各級學生均行童子軍管理。學生之日常生活，及一切行動，均依本辦法施行。

二、爲使童子軍訓練推行有效起見，特將訓育標準，訓練組織，一律與童軍訓練一致，以資統一。

三、爲使童軍訓練與自治活動打成一片，特暫將原有學生自治市市政府改爲金沙（棲霞）自治會，其組織另定之。

四、全體教職員，均應依照本辦法，及原有校規，切實訓導，及督促學生。

五、按照系統表，上級對於下級均用命令，下級應絕對服從。

第二章　組織

六、原有訓育會議及團務委員會議，合併改爲童訓委員會議。原有訓育處及童軍團部，合組爲童軍管理處，原有級任會議，改爲管理會議。

七、校長爲童訓委員會主席。訓育主任爲童軍管理處主任，童軍團長爲副主任。「教務」「事務」「體育」「三主任」暨「學級主任」「童軍教練」「校醫」爲童訓委員會委員。

八、童軍團長，應實際負訓育處各種訓導及考核事宜。

九、每一學級編爲一中隊，正副級長改爲正副中隊長，每中隊分若干小隊，（以六人至九人編制）通學生仍依照級次分別編入本級任校各小隊。

十、中小隊長由級任保荐，經童訓委員會常委認可，提請童訓委員會委任之。

十一、膳廳，寢室，教室，自修室，盥洗處之席號，一律依照中小隊編制。

十二、正小隊長，任自修室室長，副小隊長，任寢室室長，或組長。多組之寢室，以第一組長爲室長。以教室爲自修室之各學級，即由正中隊長担任室長。正副中隊長應分工合作，正中隊長管理教室，自修室，寢室之秩序。副中隊長，管理教室，自修室，盥洗處之整潔。而各小隊長則分任專責。

十三、早操，晨跑，以及參加各集會，結隊，一律按照中小隊排列。

十四、依照上列組織，童訓管理之系統有如下圖。

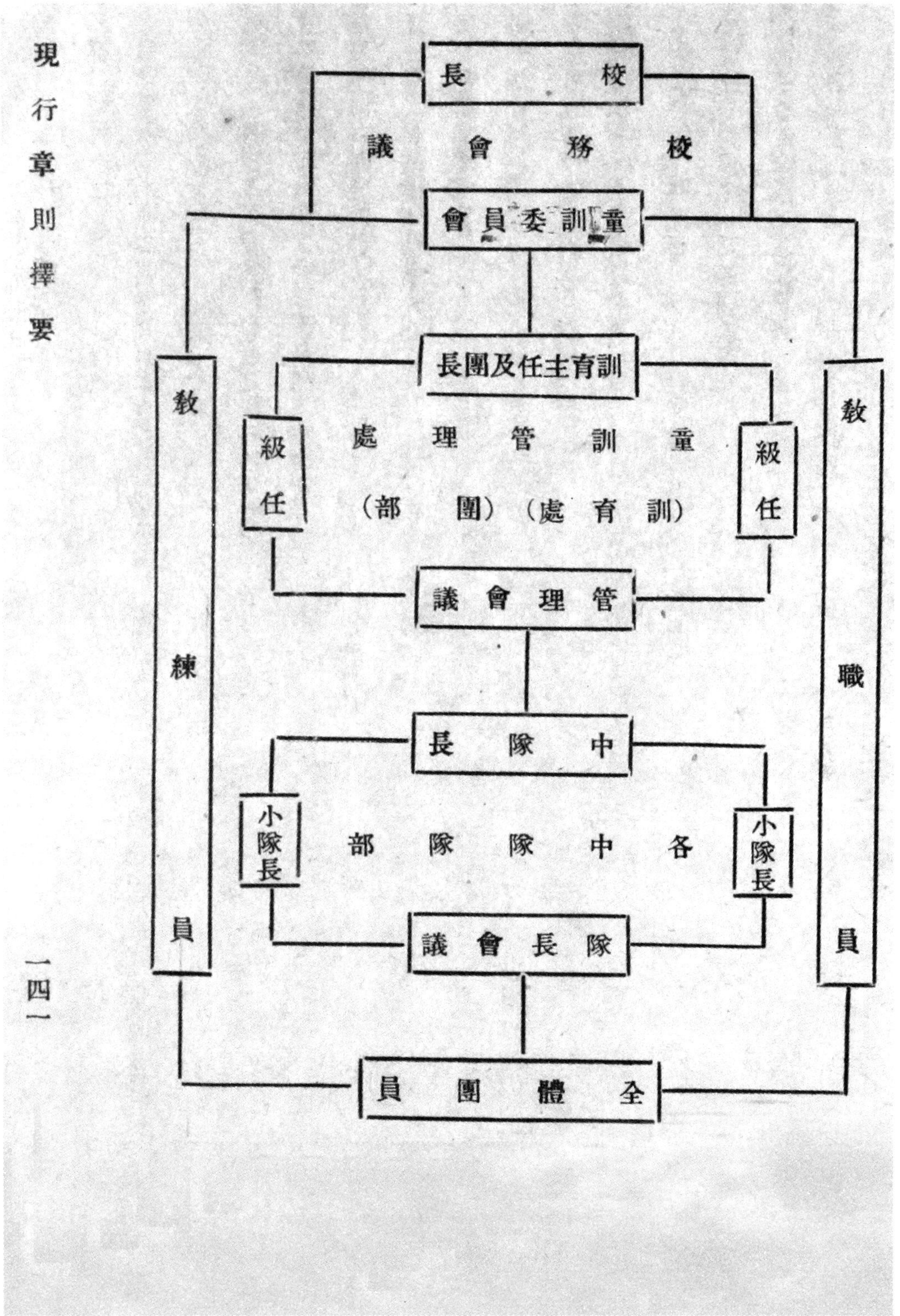

校長
校務會議
童訓委員會
訓育主任及團長
級任
童訓管理處
(訓育處)(團部)
級任
管理會議
中隊長
小隊長
各中隊隊部
小隊長
隊長會議
教練員
教職員
全體團員

第三章　任務

十五、童訓委員會籌劃童訓合一之一切設施，並處理各隊員違犯重大之紀律事項，凡訓育會議及團務委員會之各種工作，均由本會主辦之。

十六、管理處主任，除辦理訓育主任原有之職務外，實施下列工作。

1. 負主持童訓管理計劃，并考核全團訓導之責。
2. 會同童軍隊長編定隊伍。
3. 參加童軍各項活動工作。
4. 處理全團獎懲事宜。
5. 召集管理會議。
6. 督促及考核各中隊訓練，及服務狀況。
7. 逐日審核各中隊服務報告表。

十七、管理處副主任除主持團部日常工作外，應施行下列之工作。

1. 主持實施全團訓練，及各種活動。
2. 協同主任編定隊伍，及分配各小隊工作。
3. 每週舉行隊長訓練。
4. 協同主任召集隊長會議。
5. 參加訓育上各項考核，指導自治，及活動工作。

6.檢閱各中隊，服務報告。

7.主持訊號事。

8.主持團部用具之保管，及收發登記事宜。

十八、級任除辦理原有之職務外，應施行下列之工作。

1.主持一中隊之童軍訓導及考核事宜。

2.監督隊員，輪流施行午後操作。

3.指揮中隊長，施行集隊，點名，及各室整潔檢查。

4.傳達命令，督促所屬中隊，切實遵行。

5.參加童軍各項活動工作。

6.注意各隊員之禮節，整潔，紀律，及服務勤惰狀況。隨時予以鼓勵，及糾正。

7.逐日核閱中隊長服務報告表。

8.商承管理處主任，處理本中隊奬懲事宜。

十九、中隊長除辦理級長原有之職務外，應施行下列之工作。

1.主持全隊之紀律，及各種活動事宜。

2.傳達上級命令，至所屬小隊，指揮其實行。

3.稽查各小隊長，點名，及填送服務報告表。

4.集隊，及上課，下課時司令，並報告出席及缺席人數於敎師。

5. 報告各小隊之活動情況。
6. 稽查及處理所屬各小隊長，及隊員之不正當行動。
7. 監督各隊員，輪流施行晨間，及午後操作。
8. 依照規定，舉行整潔檢查。

二十、小隊長除辦理室長原有之職務外，應施行下列之工作。
1. 主持一小隊之紀律，及各種活動事項。
2. 傳達上級命令，至所屬之隊員，指揮其實行。
3. 分配並督促所屬小隊隊員之工作。
4. 集合結隊時，點名並報告出席，及缺席人數於中隊長。
5. 稽查及處理所屬隊員之不正當行動。
6. 考核所屬各隊員服務之勤惰。
7. 檢查所屬各隊員之整潔。
8. 報告各隊員之特殊善行，及過失。

第四章　會議集隊

二十一、每逢單週星期三，舉行管理會議，管理處正副主任，各級任，均應出席。

二十二、每逢雙週星期三舉行隊長會議，各正副中隊長均應與會。管理處正副主任，團長出席指導，遇需要時得令小隊長列席。

三十三、每月第一星期，舉行童訓委員會議。管理處正副主任級任均應作工作報告。

二十四、上列三種會議遇必要時，均得召集臨時會議。

二十五、中隊會議，臨時由中隊長呈准級任決定之。

二十六、小隊會議，臨時由小隊長呈准中隊長決定之。舉行時並應先向級任登記。遇必要時得請敎職員出席指導。

二十七、起床，升旗，集會，會食，及就寢，均應集隊點名。遇天雨於升旗時間，在室內集隊。遇校外寫生，及採集，各級均應列隊出發。

二十八、「起床」「就寢」點名時，由中隊長喊「立正」「看齊」「報數」口令後，報由值日隊長轉報告出席及缺席人數於管理處值日敎師。最後再由敎練員，或值日中隊長發「立正」「解散」口令。

二十九、升旗，點名時，依照上項口令，及報告人數後，再由敎練員喊「敬禮」「禮畢」口令。

三十、「會食」「集會」點名依照上項（第二十八）口令，及報告人數後，再由敎練員發向左（右）轉口令。

第五章　服裝

三十一、服裝均應照敎育廳頒發之浙江省中等學校學生制服統一辦法辦理。

三十二、服裝穿着及更換時期，均應一律依照本中學校服穿着統一辦法實行。

三十三、服裝檢查，除隨時考查外，並規定於每日升旗前在操場由級任督同中小隊長辦理之。檢查時，除注意整齊外，並應特別注意清潔。（天雨或早操停止時，在室內集隊處檢查。）

三十四、寢室置放服裝應依照規定辦法處理之。

三十五、領巾，手帕，襪子，襯衫，襯褲，必須自己洗滌。

三十六、各様服裝可以做標識者，均應加以團號。

第六章　禮節

三十七、日常集會，及上課下課，應對進退，一律均應行童子軍禮。

三十八、升旗落旗時，全體隊員均須到場致敬。（升旗早操前，落旗在課外運動後舉行。）

三十九、隊員對教職員或隊長有所陳述，或詢問時，必須先致敬。

四十、室外訓話，或演說時，必須嚴肅立正，非有命令不得稍息。

四十一、外出時，須儀容端正，尤須表現童子軍之精神。

四十二、其他一切禮節，應參照本中學訓育標準，及童子軍課程中之禮節禮儀行之。

第七章　膳廳

四十三、聞就膳訊號，即至集合處集合。由各中隊長檢查人數後，再由教練員或值日隊長按次帶入膳廳。

四十四、全體入膳廳後，由教練員或值日隊長發「坐下」口令，全體就坐；再發「開動」口令，方可就食。就食時不得談話。

四十五、每小隊用膳畢，得由小隊長率領退出膳廳。至規定時間，由教練員或管理處值日教師發號令，各小隊依次一律退出。

四十六、碗筷均須自己洗滌。

第八章　寢室

四十七、寢室必須整潔簡樸。

四十八、每日起身應將蚊帳翻起，被褥枕毯安置整齊。（被方摺，白裏向外。一部第一二三宿舍被一律置於南首，第四宿舍置於北首。蚊帳被褥按規定時間洗滌，枕衣及毯布，每三星期洗一次。）就寢時，聞訊號須迅赴集合處，聽候點名。

四十九、寢室窗戶，必按照規定時啓閉。

五十、如隊長發生疾病，不能起床者，須於點名前由小隊長逐級報告。

五十一、寢室檢查，每日於早操後五分鐘，先由小隊長檢查，再由級任督令中隊長考查。遇有不整潔者，卽行紀錄懲處，檢查時各隊員一律在室，每星期並舉行週查一次。

五十二、寢室整潔，每室或每組應由副小隊長，依照團號自製圓形旋轉板，分別週次及姓名，妥爲排定，値週隊員一人，輪流担任洒掃及啓閉揩抹窗戶事宜。勤惰考查，用小隊長執行，隨時報告級任，洒掃時間，每日早操前。

第九章　敎室自修室

五十三、授課時須端正嚴肅，振作精神，專心靜聽。（或工作）如有詢問，須俟敎師講畢或告段落時，始得起立詢問。如敎師有所垂詢，應卽起立作答。

五十四、敎師到達敎室時，由正中隊長發下列之口令，一「起立」，二「敬禮」，後報告上課人數及缺席者姓名，再發「禮畢」「坐下」口令。

五十五、敎室整潔，由副中隊長依照隊次，團號，自製圓形旋轉板，分別週次，及姓名，妥爲排定，値週隊員三人，輪流担任記載日誌，揩抹黑板，啓閉窗戶等事宜外。每日午膳後，及夜自修後，各洒掃一次。

五十六、敎室內桌面及抽屜，須隨時保持淸潔。離室時必須將坐椅輕置于桌下。

五十七、自修室置放書籍用品地位，均須依照規定辦法處之。

五十八、自修時，必須潛心自修，遇有疑難，可與同室同學，共同研究，或向教師詢問。

五十九、自修室整潔，由正小隊長派定隊員，於夜自修後，輪流洒掃一次。次日上午早自修前，由級任督令中隊長舉行整潔檢查。

第十章　盥洗處

六十、盥洗處用具，除手巾掛於上線外，其餘應一律置放盆內，並將盆套套好。

六十一、手巾面盆，應時常擦洗，擱板亦應時常揩抹。

六十二、每日早操後，由級任督令副中長長檢查清潔。

六十三、傾倒汚水，應依指定地方。

第十一章　值日服務

六十四、值週隊員，或值日隊長，應依照以上各章所規定之職責，切實執行。

六十五、值日中隊長佩值日帶。

六十六、值週隊員，或值日隊長，如因事不能執行其任務時，須先請隊員代理，並詳細報告級任。

六十七、值週隊員，或值日隊長，於任務完畢後，應塡具服務報告表，逐級呈閱後，逕送管理處。

第十二章　出入

六十八、請假外出，必須依照本中學請假離校須知，報告小隊長，繕具請假單，由小隊長逐級報告，呈經級任核准，再由請假隊員，向管理處值日敎師領取准許證出校。

六九、隊員遇重要事故，或因病必須請假者，須有證明文件，方得准許。

七十、銷假時應將出校證，繳呈管理處值日教師，如已逾時，應塡逾時報告單。

七一、外出除憑出校准許證外，並應持有名牌，方得放行。

七二、外出時，必須服裝完備，及整潔，方得放行。

七三、例假及散步，外出祇憑名牌。

七四、通學生之出入，得照規定時間辦理；攜帶名牌。

七五、凡攜帶物品出外，必須向學校事務處，領取放行單。

第十三章　其他

七六、除上課下課外，日常作息訊號，一律加奏軍號。惟二部除升旗外，仍暫沿用鐘聲。

七七、調製個性考查表，分發各科教師應用。

七八、印製點名考查手冊，分發各級任，及正副中隊長應用。另製小隊記事冊，分發各小隊長應用。

七九、每月至少舉行比賽表演各一次，以增進其各種技能，並應隨時舉行緊急集合，及避災練習，以養成其機警習慣。

八十、每星期六下午三至六，星期日上午七時至下午六時，均由團長於學期開始時，依照全團調製輪流表，派定隊員輪流站崗，以練習服務。並測驗精神禮節，及考查出校隊員服裝之是否完全整齊清潔。

第十四章　附則

八一、本辦法如有未盡事宜，或有更改之處，得由童訓委員會主席提請校務會議修改之。

八二、本辦法由校務會議通過後，呈請杭州市政府核准後公佈施行。

少年少女團訓練實施辦法

第一條　本辦法根據浙江省少年團大綱訂定之。

第二條　男女各編直轄中隊，分別成立少年少女團。

第三條　編組依照省頒二三制，辦理之。

甲、八人爲一班，設班長一人。

乙、三班爲一小隊，設小隊長小隊附各一人。

丙、三小隊爲一中隊，設中隊長中隊附各一人。

丁、直轄中隊編設一團，設團長一人，副團長二人。

第四條　編隊依照年齡，體格，智識，技能，各種條件，就各學年混合編定之。

第五條　訓練之目的規定如下：

甲、信仰三民主義。

乙、擁護革命領袖。

丙、服從長官命令。

丁、遵守團體紀律。

戊、努力身心修養。

己、準備爲國犧牲。

第六條　訓練之實施分下列六種：

甲、精神訓練。

乙、體格訓練。

丙、德性訓練。

丁、智識訓練。

戊、技能訓練。

己、紀律訓練。

第七條　精神訓練，以三民主義爲準則，其主旨及實施事項如下。

甲、主旨

1. 增强民族意識。

2. 發揚尙武犧牲精神。

3. 確定積極的人生觀。

4. 認識國家民族之領袖。

乙、實施

1. 講述歷來民族英雄殺身成仁之故事，及參謁墓像，以培養武士節操之精神。

2. 訓導以樹之偉大國家之志願，及養成偉大人格的決心，以培養大國民之風度。

3. 闡明本身和國家民族之關係，及先賢毀家紓難之事蹟，以啓發其愛國家愛民族之觀念。

4.講解中華民族革命光榮史，及世界各弱小民族復興之史實，以堅其復興民族之自信力。

5.介紹中華民族之偉人，及當今最高領袖，及其他各民族復興之領袖，以養成尊崇領袖，服從領袖之精神。

6.使明瞭民族地位之危險，及歷來國恥國難之史實，以增强其衞國抗敵之决心。

第八條　體格訓練，採取集體運動方式，以普遍提高青年體格之健全爲原則。其主旨及實施事項如下：

甲、主旨

1.鍛鍛健全之體魄，及優美活潑之姿勢。

2.培植英勇奮發之精神。

3.灌輸保健衞生之常識。

4.養成嗜好正常運動，及刻苦耐勞，忍飢耐寒之習慣。

乙、實施

1.早操時訓練耐久之跑步。

2.體育教材，採用教部所編之學體育教授細目，特別注意姿勢之矯正。

3.舉行武裝賽跑，剪刺射擊，武器使用，假練習。（如擲手溜彈比遠，試放空槍等），障碍跑等，各種特種運動。

4.定期舉行競走，爬山，划船，游泳，旅行，郊遊，露營等各種野外活動。

5.定期舉行以小隊爲單位之耐久跑步比賽。

6. 注意衞生，及平時各種姿勢之矯正。

第九條　德性訓練以新生活運動綱要，及須知爲準則。在日常生活中，以作個人及團體之訓練，其主旨及實施事項如左：

甲、主旨

1. 培養高尙熱烈之情緒，坦白純潔之心胸。
2. 樹之「犧牲小我」，「敬長慈幼」之倫理觀念。
3. 養成「有禮貌」，「守秩序」，「明禮義」，「知廉恥」，等善良習性。
4. 激發「犧牲」，「奮鬥」，「創造」，「進取」之積極的，實幹的，精神。

乙、實施

1. 依照新生活方案分期實行。
2. 舉行服用國貨宣誓。
3. 舉行德育演講。
4. 規定靑年修養閱讀書籍，並定期作閱讀比賽。
5. 設置儲金救國櫃，令學生自由捐輸。
6. 舉行思想測驗，及生活調查。
7. 參加校內外各種勞動服務。

第十條　智識訓練以與各科教學聯絡，及休閒活動之方式，鼓勵自動研究。其主旨實施事項如左：

甲、主旨

1.培植求知慾。

2.使認識中國本位文化之深切意義。

3.使瞭解實學才能救國，及教育與政治之關係。

4.訓練以科學精神，爲治學之方法。

乙、實施

1.介紹閱讀民族英雄，及科學名人傳記。

2.指導閱讀日報，及政治刊物。

3.舉行本國史地常識，系統講演。

4.舉行有關政治問題之時事報告，或演講會，座談會等，使明瞭國家大勢，政治情形，及國際現狀。

5.介紹閱讀各種靑年軍事常識書籍。

6.舉行學術講演，及參觀圖書館，博物館，展覽會等。

7.參謁先賢先烈之祠廟，或遺跡，利用鄉邦文獻，使其欽仰嚮往之餘，能油然生見賢思齊之心。

第十一條　技能訓練以國防爲中心，其主旨及實施事項如左：

甲、主旨

1.訓練軍事上之防護技能

2.指導輔助軍事之各種技能。

3. 教學各種自衛技能。

4. 養成非常時期全國動員時，共同服務之觀念。

乙、實施

1. 防護訓練如警報，警衛機種識別，救護，消防，防毒及消毒，通訊，燈火管制，避難統制，交通管理。

2. 特種訓練：如野戰練習，機警練習，嚮導，情報，星象，偵察，化裝，追縱，運輸。

3. 技術訓練：如汽車駕駛，騎乘，攝影，電信，印刷，國術。

4. 少女團特重救護，及情報之訓練。其他各項，由團部分期實施，令各團員選修之。

第十三條 紀律訓練，以啓發誘導爲主，而輔以反省與制裁等方式。其主旨及實施事項如左：

甲、主旨

1. 遵守團規。

2. 服從命令。

3. 敬長上。

4. 愛同志。

乙、實施

1. 舉行本團「守則」考查。

2. 注意日常生活中之一切行動，予以督導。

3. 童訓管理。

4. 嚴緊組織，絕對服從。

5. 遵守「團規」，「校規」，及一切法規

第十三條 訓練之時間，規定如下：

甲、課外時間。

實施「技能」「體格」「智識」訓練。

乙、早操及集隊時間。

實施「精神」「德性」「紀律」訓練。

丙、課外運動時間。

實施「技能」，「體格」，訓練。

丁、例假日。

實施「技能」，「體格」，「紀律」訓練。

戊、紀念週及其他革命紀念日，并各種集會時。

實施「精神」，「德性」，「智識」，「紀律」，訓練。

第十四條 其他奬懲及團員應守格言，守則，信條，誓行，均依照青年團大綱實施。

第十五條 本辦法經校務會議通過施行，修改亦為之。

廿年度特種教育實施辦法

1.以每星期三下午爲訓練特種學科之時間。

2.以每星期六下午爲訓練特種技能及勞動服務之時間。

3.課程暫定左列各組。

a.防空組　注重燈火管制，警報信號，交通管制，避難統制等項。

b.警衛組　注重警察，消防，斥堠，保衛偵緝等。

c.救護組　注重急救，看護，担架，防毒公共衛生等項。

d.民衆組織　注重宣傳，組織，救濟，印刷慰勞，募集物品，各項調查，緊急集合等項。

e.交通運輸組　注重郵電，通訊（電話電報機之使用），駕駛，管理車輛，牲口，船隻，輜重運輸等項。

4.前條課程，每個學生必須選有一種。

5.體育方面，特重爬山，健足，長跑，划船，騎馬等項。

6.「遵守紀律」，「服從命令」，「尊敬領袖」爲一切精神訓練之中心。

7.其餘悉遵照部頒特種敎育綱要辦理。

特種教育課外分組選習辦法

一、警衛組——注重偵緝法，指紋常識，保衛，斥堠等訓練，每學期預定二十小時，內講授十小時實習十小時本組僅限二三年級男生選習。

二、救護組——注重急救法，消毒法，看護法，綳帶術，病人處置法訓練，每小學期預定二十小時，內講授十小時，實習十小時，本組僅限二三年級女生選習。

三、交通運輸組——暫設通訊訓練，注重郵電之傳遞檢查，電話電報機之使用，有線及無線電之收發，每學期預定廿小時，內講授十小時，實習十小時，本組二三年級男女學生均得選習。

四、技術組——暫設甲、攝影及乙測量二項，每週學期授課二十時，實習與理論並重。但甲乙二項，不能同時並選。

五、民衆組織組——暫設宣傳，組織，調查，及緊急集合等訓練，每週一小時。

六、凡二年級及三年級第一學期學生每學期必須選習一組，並以一組爲限。

七、各組選習人數之最低額爲二十人，最高額爲四十人，不滿定額，不開班，超過定額，得令改選。

八、各組選定以後，不得中途退出。

九、選科科目俟結束時，定期考核，並爲學業操行之參考。

十、本辦法如有未盡事宜，得由特種教育委員會修訂之由教務會議通過施行。

全校學生各科會考辦法

一、本中學爲引起學生學習興趣，及提倡學業競進起見，各科每學期得定期舉行會考一次。

二、各科會考，得依照年級分爲若干組舉行之。

三、各科命題範圍，以各組已授教材爲標準。

四、各科命題方式，及記分比例，由各科教學研究會分別決定之。

五、命題及閱卷，各各科任課教師分別担任之。

六、凡各科會考成績優良之學生，由學校酌給獎品，以示鼓勵。

七、本辦法由教務會議通過後施行。

附讀生補習辦法

一、凡本中學附讀生，均須遵照本辦法之規定施行補習。

二、補習科目暫以國文，算學，英語，物理，化學，生物，歷史，地理八科為限。

三、上列各科於學期開始時，由任課教師擬定複習綱要，或命題，分發學生先行分期溫習。

四、學生在複習時，如遇疑難問題，得隨時請求任課教師指導之。

五、每隔二週，由任課教師舉行各科集合指導一次。

六、遇每一階段複習完畢時，由任課教師舉行考試一次。

七、各次考試成績之平均數，即為附讀生之補考成績。

八、凡第二條所列各科目，前學期成績僅能及格學生，及本學期月考不及格者，得自動請求任課教師准予參加補習，

九、本辦法由教務會議通過施行。

平時考試不及格學生假期自修辦法

一、本辦法依據不及格學生補救原則擬定之。

二、適用本辦法之學生：

1. 英，國，算，三科中有一科不及格者。

2. 非上列各科有二科不及格者。

上列各科不及格一次，應連續假期自修三次，如在假期自修期內，考試已及格，則即可停止此項自修。

三、自修之時間：

1. 星期六下午三時十分起至五時止。（五時後在校休息不得出校）

2. 星期日上午六時二十分至七時。及八時至十二時（十二時後准許出校）

上項自修之上課下課，仍如平日之聲號。

四、自修之地點：

1. 一部第三四教室。

2. 二部勞作教室。

上項之座號，均由訓育處公佈之。

五、假期自修之學生，應注意下列事項：

1. 上課應準時，中途絕對不准出室，點名時如有私自出室者，則延續假期自修一次，無故不到者另行處分。

2. 自修時非經訓育處值日人員特許，均限自修不及格之功課。

3. 規定自修時間以內，不許會客及接電話。

4. 非有婚喪大故，不准請假。

5. 規定自修時間，如擅自出校，則依逃課及私出校門二項處分。

6. 規定在校休息時間，如擅自出校，則依私出校門處分。

六、通學生亦應按上列第三項之時間，到校自修及離校。

七、假期應在校自修之學生，訓育處除公佈外，並通知家屬以便接洽。

八、本辦法經童訓管理會議，決由訓育處公佈試行之。

各科野外教學實施辦法

第一條　本中學爲促進學生健康增進教學效能起見，特訂定本辦法。

第二條　野外教學，各科均須採用，每科最低限度次數，規定如左：

1, 公民，英語，歷史每學期一次。

2, 國文，地理每學期二次。

3, 動物，植物每學期三次。

4, 圖畫，童軍每學期四次。

5, 其餘各科斟酌行之。

第三條　凡任課敎師欲舉行野外敎學須先時通知敎務處以便登記。

第四條　野外敎學以不調動他課爲原則如須調動須先一日函知敎務處。

第五條　野外敎學敎具應由任課敎員令學生攜帶及保管。

第六條　野外敎學地點由任課敎員自行決定，但不得妨碍他課作業。

第七條　如有特殊教材或成績應由任課教員報告敎務處。

第八條　本辦法經敎務會議通過施行修正時同。

各科教員教學參觀辦法

一、本中學爲促進教學方法，增高教學效能起見，訂定辦法。

二、教學參觀，分左列三種：

1. 校內參觀
2. 市內參觀
3. 外埠參觀

三、校內參觀，以同科教員互相參觀爲原則，每學期分科舉行至少一次。

四、市內參觀，以本市著名各中學爲對像，選擇一科或數科，分科參觀。每學年舉行一次。

五、外埠參觀之範圍，地點，及舉行次數，得依照各科需要，與學校經費斟酌决定。

六、校內參觀，以完畢某科教學之一單元爲原則，本市參觀以二日爲限。外埠參觀，則依照需要斟酌臨時定之。

七、本市參觀與外埠參觀之最低限度之經費，由學校負擔之。

八、參觀的所缺功課，得移於其他時間，或例假日講授之，并以授足爲原則。

九、參觀時一切接洽事宜，由敎務處主持之。

十、參觀結果須向敎務會議提出報告，并將結果作成書面報告，存校備查。

十一、本辦法經教務會議通過施行。

教員請假補課辦法（見進展狀況）

精神教育訓練實施辦法

一、善導學生，使認識民族前途之危機，以培植爲社會服務及爲民族犧牲的意志。

二、各種訓練均以振作學生精神，培養學生朝氣爲目標。

三、學生遇有暮氣輕浮，應立卽予以個別談話，俾便改進。

四、善導學生使具有堅忍不拔的精神，勸阻學生在各種課業作品內不得有悲觀及消極的論調。

五、嚴格訓練學生終年穿着規定制服，頭髮則男生一律剪光頭，女生長不得過耳根，鞋子規定黑色，襪子規定黑白兩種，手帕限用白色，均以堅牢樸素爲主，上等及挖花皮鞋絲襪，綢巾，花襪之類，一律加以取締。

六、喜吃閒食之學生，設法調查，並加以勸阻。

七、學生在途或校內，早晨遇見敎職員，及上課下課，或在其他地方，有事詢問時必須行禮。

八、學生掉菜添菜熱菜罰菜，均嚴格取締。遇有確係不合衞生之菜蔬，需要更換時，則應經訓育員處職員簽字，方可更掉。

九、指導學生星期日及假日作有益身心之休閒生活。

十、學生每日之起居作息及被單枕褥之摺疊按置，均須依照規定，不得特異。

十一、在實行集團精神訓練時，遇有違反紀律者，立卽加以嚴格制裁不稍寬貸。

十二、星期六及例假前夜間，規定學生照常自修，星期日上午則獎勵學生複習各科。
十三、每週（一部星期三二部星期四）舉行精神訓話，以養成學生奮勇嚴整的團體精神。
十四、隨時舉行緊急集合，及避災練習等，使學校軍隊化。
十五、校內外任何集會，均須遵守時刻，尊重紀律。

勤勞訓練實施辦法

一、寢室自修室教室，除事務處規定之掃除日外，均由値日生每日洒掃，並定時考査。（自修室上午七時前，寢室上半八時前，教室下午四時後。）
二、獎勵學生自行洗滌衣服巾襪。
三、規定學生星期三下午自行揩抹桌椅。
四、指令各級學生，每星期五下午四時後，輪流掃除學校附近道路。
五、獎勵學生加入健足隊。
六、每學期舉行大掃除，每月舉行整潔總檢査，均由全體學生參與工作。
七、分配學生於農場校園及其他隙地，擔任農事園藝實習工作。
八、劃全校爲若干區，分配各級學生按小隊長，輪流於指定各區內擔任除草，及平時整潔事宜。區之劃分如下：
一部第一區（秋一）辦公室及教室前後。第二區（秋二）花壇四週及甬道。第三區（春二）合作社前及膳廳盥洗室前，第四區（秋三）操場及金沙溪畔，第五區（春三）第三四宿舍前後天井。

二部：第一區（秋一）合作社前天井及園門內，第二區（秋二）紀念廳及操場上與家庭前，第三區秋三辦公室前後。

九、上項各種整潔考查，除由訓育處各級任隨時督促外，並由各區佐理坊長，衞生股分別負責。並隨時報告。

十、實行勞績分制規定每生每學期應得之勞績分數以作操行成績之一部。

十一、本辦法由訓育會議通過施行。

禮義訓練實施辦法

一、目標

1. 養成學生有優良的禮貌

2. 養成公民應有的禮儀

3. 養成大中華民族應有的氣度

二、實施項目

甲、對集會

1. 唱國歌黨歌校歌，身體要立正，聲音要協和。

2. 向國黨旂校旂　總理遺像以及先賢先烈行禮，身體的屈度以兩手及膝爲止。

3. 升旂時應立正舉手敬禮，其時間以國旂升至旗竿頂點爲止。

4. 恭讀　總理遺囑及靜默，或舉行宣誓典禮，身體端正，態度要嚴肅。

5. 遇師長來賓或同志演說報告上下時，均應起立致敬，有時可鼓掌歡迎，在開會時不應有遲到早退，打欠伸及談笑等，其他失禮舉動。

6.散會時應照會場順序，魚貫而出，不應爭先恐後。

乙、對師長

1.上課退課，均應起立致敬。

2.對師長點名應起立答應，聲音要清而短。

3.在敎室自修室或膳廳內，倘向師長質疑，或有所請求，應以和藹的態度，起立發問。

4.在敎室自修室或寢室內倘被師長指問，應以和藹的態度，起立對答。

5.每天早晨第一次碰到師長應敬禮。

6.到辦公室或私室內向師長接洽事情，應先敬禮而後陳述意見。

丙、對朋友

1.戲笑要有節度，

2.辯論是非要不傷感情，

3.路上碰到時要互相點頭招呼，

4.信扎往來及文字發表，要彼此尊重。

5.勸善規過，態度要誠懇，語言要謙和。

丁、對工役

1.吩咐做事，要體恤其辛苦，不應躁急。

2.遇有過失，要好意開導，不宜任意苛責。

3.對工役的招呼，應該答禮，不宜稍有傲慢。

戊、對起居飲食及其他

1.在校應穿制服佩校徽。

2.領扣紐扣要隨時扣好。

3.襯衫下端不宜露在制服下面。

4.暑熱不宜赤膊或赤足。

5.不當路吃閒食。

6.飲食應該從容安祥。

7.除上課或自修時間外，倘遇來賓入室參觀應起立致敬。

8.對師友談話及入室時均須脫帽。

9.入人私室應先以手指輕輕敲門，俟答應後方可入內。

10在公共場所如火車站輪船碼頭遊藝場等處，應遵守共公秩序。

11舟車上下倘遇婦女老幼應讓路讓席。

12行路時要靠左走在樓梯上下及地板上往來脚步要輕。

13路遇有人問津，應好好指示。

14與人相約，應絕對遵守信用。

15吉凶吊慶應力避繁文縟節，而側重精神。

16對先聖先賢先烈的祠墓造像等應致敬。

己、考查方法由全體教職員隨時考查並加以登記，以作操行成績之一部。

中小隊長訓練辦法

一、本辦法爲訓練實行童軍管理各中小隊長實際管理技能起見擬定之。

二、訓練人員爲各正副中小隊長，疾病大故外，任何原因不得缺席。

三、訓練時間自　月　號起至十二號止，每日下午四至六，課外運動時舉行之。

四、訓練科目分「禮節禮儀」，「訊號口令」，「管理法」，「隊長須知」，「集合須知」「服務常識」，五項，每日並規定十五分鐘，請校長童軍指導員及請童訓委員爲精神講話時間。

五、訓練地點，上課均在一部紀念廳，其任習練，在一部操場或蘇堤公園。

六、受訓練時，應一律帶自來水筆，及筆記簿，以便摘錄。

七、訓練時之排列座次，均依中小隊隊次。

八、訓練完畢後，舉行測驗或檢閱一次，成績優良者得增加外活動總績點，並給予名譽，或實物之奬勵。

九、本辦法由童訓委員會議通過施行。

學生姿勢比賽辦法

一、姿勢比賽，各中隊隊員須一律參加。
二、比賽分團體及個人二種，團體以中隊爲單位，優勝者團體給予獎詞，個人則在童子軍成績比賽項下給分。
三、比賽項目分直立姿勢及走步跑步姿勢，動作姿勢三種，考驗標準如左：
甲、直立姿勢考驗標準
1.頭部——正直否？
2.肩部——聳起否？
3.駝背——駝背圓背否？
4.胸部——平胸否？
5.腹部——凸起否？
6.膝部——正直否？
乙、走步姿勢考驗標準
1.全身——僵硬否？重量支配適當否。
2.臂動——擺動自然合度否？
3.足——成八字形否？
4.步調——起落自然否？速度適當否？無關鷄步等習慣否？
丙、動作姿勢考查標準
1直立二臂前上舉由側下垂還原（垂是否向前垂）

2.二臂前平舉，上體向前，下灣，（背腰姿勢正確否）

3.二手叉腰，上體向左（右）灣，（全身能成一平面否）

4.二手叉腰雙足下蹲（上體直否）。

四、凡上述十六項除胸部，頭，臂，步調四項正常時給十分外，其餘正常者均給六分，各項分數並得視其不正常情形，酌量減少。（總成績爲一百分）

五、團體分數以各中隊出席比賽人數除該隊中隊總分數，所得平均分數爲總分數，（無故出席者，亦須加入計算）

六、各種姿勢均由童訓管理處定期考驗之。

七、本規則先由童訓管理處公佈試行。

值日隊長服務須知

一、值日隊長依照中隊隊次，各正副中小隊長，依次輪流，第一六中隊長指定爲領袖隊長，不輪流值日。但各中隊長輪流之交接，及服務之工作，均應指導。遇值日隊長缺席時，由領袖隊長自代，或指定其他小隊長代理之。

二、值日隊長應注意担任軍號隊員吹奏之是否準時。

三、早操前十五分鐘，應督查各中隊，教室寢室自修室服務隊員之整潔，操作。

四、早操後五分鐘，應巡視各中隊之整潔檢查。

五、注意各中隊之集隊秩序，並接受中隊長之報告，轉陳值日教師。會合集會時，並應指導隊伍前進。

六、會合時下「坐下」「開動」「立正」口令。

七、稽查各隊員服裝之是否完全整齊清潔。
八、下午課後十五分鐘，應督查各中隊教室之午後操作。
九、課外運動時，稽查隊員是否認眞及有無早退遲到情事。
十、收集中隊長服務報告表，於夜自修完了時，分別持赴學級主任檢閱。翌晨再交管理處主任。
十一、注意其他各中隊之特殊及偶發事項。
十二、星期六、日之值日隊長，除照常工作外，並應注意站崗隊員之交替與精神。
十三、本須知經童訓委員會通過施行，

値周隊員服務須知

一、教室値周隊員：
1.開閉教室窗戶
2.掃除汚物，揩拭桌椅，及講台黑板。
3.塡寫教室日誌整理室內一切用具。
4.協助隊長辦理學校指定之行政事項。
5.勸告隊員注意整潔及秩序。
6.報告本隊員發生之臨時事項。
二、自修室値周生隊員：

1.開閉本室窗戶。

2.掃除汚物，揩拭桌椅。

3.整理室內一切用具。

4.協助隊長辦理學校指定之行政事項。

5.勸告隊員及注意清潔及秩序。

6.報告本隊員發生臨時事項。

三、寢室值周隊員

1.開閉寢室窗戶。

2.負室內整潔之責。

3.勸告隊員注意整潔及秩序。

4.協助隊長辦理學校指定之行政事項。

5.注意患病隊員之飲食就診事項。

6.報告本隊員發生之臨時事項。

新生入學須知

一、錄取新生統限於榜示規定日期，偕同保證人，親自來校註冊。逾期即以備取生遞補。

二、業經繳納預存費諸生，統限於　月　日起至二日止，憑校發繳費單，向杭州太平坊浙江地方銀行繳費，掣取繳費收據。

三、業經繳費諸生統限於　月　日來校報到，並注意下列手續。

1.持銀行所發繳費收據，至本校事務處換取註冊證。並請填明膳廳席號。

2.持註冊證至教務處，請填教室坐號。

3.持註冊證至訓育處，請填寢室及盥洗室號次。

4.將註冊證繳呈學級主任，報到入舍。

四、學生入校時應帶之物品如下：

1.被(裏子須白色)褥枕及白色蚊帳(圓頂帳不用)布毯或線毯。

2.飯碗及不同式之筷二雙，調匙，手巾，(祇須一塊，來校時有分發)帳竿竹，及面盆漱口杯等。(面盆限用三十四寸白捲面盆，漱口杯限用九寸機口杯，均在新市場國貨陳列館下，中華琺瑯廠內出賣。)

五、學生入校時應注意事項如下：

1.男生頭髮須一律軋光，不得留有西式平頂圓頂，來校時須一律穿白色襯衫，黃短褲，鞋襪一律黑色。(鞋式不論)

2.女生頭髮長不得過耳垂，來校一律穿白色短衫。(府綢或布)黑色短裙。(綢製不得有花)黑跑鞋，(不得挖花及貼皮)白襪，(不許絲襪)

六、學生入學時應繳家長「入學通知函」一件，函中必須註明之事項如左：

1.入校後學生請假，專憑家屬函件，抑保證人函件亦可通用：

2.本市生，星期六夜間，是否回家住宿？

3. 外籍生，遇例假回家時，須經家屬先期通知否？

4. 學生在家時，其品性之優點及缺點。

5. 家中規定學生每月或每週，零用若干？

6. 家屬對於子女「養護」及「訓導」之意見，或其他「特殊習慣」，「特種疾病」等 欲向訓育處有所委託 或通知之事項。

7. 是項函件應由家長蓋章，（嗣後請假卽憑此章）封面寫明呈交訓育處。

經濟分項預算決算辦法（見進展狀況）

校工訓練辦法（見進展狀況）

管理廚房辦法（見進展狀況）

青年訓練用具保管及使用辦法

一、青年訓練開始時，由少年少女團團部備條向事務處領取用具，結束時由團部點交事務處。

二、日常保管，由團部指定保管幹事二人負責。

三、青年訓練用具，少年少女團團員均有借用之權利，但以加入之各組及在規定練習時間內，使用者爲限。

四、借用物品，由組長出名，除應在借用物品備查簿上登記外，並應出具借用單。返還時應將借用單收回，否則卽憑借用單負賠償之責。

五、借用人如將物品借與他組隊員使用，因而有損害時，仍由原借用人負責，不得推諉。

六、青年訓練用具先行設備下列各種。

弓箭　汽槍　遊艇　救生圈

七、本辦法由訓育指導委員會通過施行。

軍樂隊組織及用具保管辦法

一、本隊組織，以發揚軍容，及激勵童軍精神爲目的。

二、本隊就各中隊志願加入隊員，經審核合格者，編爲下列三隊。

1.第一隊(一部)鼓號隊，設大鼓一人，小鼓四人，軍號八人，三角鈴一人。另設總領隊，一人，鼓號領隊各一人。

2.第二隊(二部)琴笛隊，設大鼓一人，小鼓四人，琴笛各八人，三角鈴一人，另設總領隊一人，琴笛領隊各一人。

3.第三隊(鼓號預備隊)，設大鼓二人，小鼓四人，軍號八人，另設總領隊一人，鼓號領隊各一人。

三、總領隊及領隊有處理本隊「出發」，「練習」，及樂器「保管」，「整理」，等事宜。

四、本隊個別練習時間暫定如下：

1.每日早操時間(祇限號隊)。

2.星期三、六下午三時至六時。

3.每日四時至六時無課外運動時間。

五、本隊指導練習時間，由童訓管理處會同軍樂指導師決定之。

六、練習地點一部暫定校園，二部暫定操場。（琴笛設在音樂室）

七、樂器之保管暫定如下：

1.大小鼓保存於指定處所，使用時由鼓隊領隊取用。鼓鎚皮帶，由打鼓隊員自行保管。

2.號，笛，琴，均由總領隊備案向事務處領取。發交各隊員自行保管。發交時應向隊員取回領條。軍號安置，應在指定地點。

八、隊員加入後不得退出，及服務時有故意規避情事。

九、隊員如損壞或遺失樂器，均應照價賠償。

十、隊員應絕對服從領隊，及總領隊之指導命令。

十一、本辦法經訓育指導委員會通過施行。

校務計劃及統計

校務計劃及統計

二十五年度校務進行計劃

（一）教育目標

1. 實施特種教育

2. 勵行青年訓練

本年度除繼續上年度目標特注重上列二者。

（二）實施原則

1. 一切智能訓練以特種教育爲中心。

2. 一切技術及體格訓練均集中於少年團少女團組織之下。

3. 繼續施行童軍管理及勞働服務。

（三）實施事項

甲　教務方面

I　關於智能訓練之實施：

1. 訂定特種教育實施辦法

2. 設置特種選課，擬訂課程綱要，及選習辦法。
3. 設置特種教育實施委員會，主持並探討實施計劃及辦法。
4. 一二年課程遵照部頒新標準實施。
5. 三年級課程照舊，編排日課，須酌留適當空間，以便實施特種教育。
6. 各科教育，應在可能範圍內，隨時顧及特種訓練。

Ⅱ 精神德性訓練之實施：

1. 教學時教師應特別注意個人言論，以作青年學生之楷模。
2. 隨時糾正學生消極，悲觀，及偏激等不正當之思想。
3. 指導學生閱讀關於身心修養方面有益之課外讀物。
4. 改進督修辦法，嚴勵督促課外自修，以養成學生好學之習貫。
5. 加嚴平時成績考查，力戒學生僥倖心理。
6. 聘請實際教育者，演講關於精神德性有益之問題。
7. 採用含有刺激性之偉人傳記，爲國文社會各科之教材，以促進積極進取之精神。
8. 以「服從命令」，「尊敬領袖」爲本學年重要信條，使學生隨時注意紀律。

Ⅲ 智識訓練之實施：

1. 研究並改進教學方法，以提高學生程度。
2. 注意各科平均發展，凡與學生個性相近者，應予以特別指導。

3. 繼續舉行國文，英語，算學，及自然四科會考，以促進學業成績之進步。
4. 物理，化學，生物三科特重實驗，以引起學生研究科學之興趣。
5. 重訂附讀生補習辦法，以減少留級人數。
6. 擬訂教員校外參觀，及互相參觀辦法，以促進教學效能。

Ⅲ 關於技能訓練之實施：

1. 藉通訊，救護，警衛，民衆組織四組選科，訓練學生特殊技能。
2. 各科教學分別注重書法，計算，攝影，繪圖，及裝修電具之訓練。
3. 勞作科特重國防模型，及日常用具等製造。
4. 女生家事特重實習，以便將來服務社會。
5. 定期舉行音樂演奏會，以提高學生音樂技能，及欣賞興趣。
6. 定期舉行家事，勞作，圖畫，展覽會，以促進技能科成績。

Ⅴ 關於體格訓練之實施

1. 繼續施行童軍管理，一年級學生偏重體格之基本訓練。
2. 組織少年團，少女團，注重二三年級學生關於健康上之各種活動。
3. 各科教育酌量施行野外教學。
4. 定期率領學生赴各衛生機關參觀，以增進學生對於健康之智識及注意。
5. 更變作息時間，試行午睡，以保持學生體力。

6.定期舉行運動會。

Ⅵ 其他關於改進教務行政之事項

1.調製教務所用各種圖表，務求簡便而收實效。

2.每周實行工作報告，力謀各種工作有快幹實幹之精神。

3.每日檢查學生缺課統計表，每週統計公佈一次。

4.隨時檢閱各科教材進度表，務期各科按時塡寫。

乙 訓育方面

Ⅰ 精神訓練之實施：

1.每週舉行精神講話。

2.參謁民族英雄之墓像。

3.口號及軍歌之演習。

4.領袖名言及先烈事蹟之介紹。

5.揭示日報及政治刊物之有關國恥國難事實。

Ⅱ 體格訓練之實施

1.每日舉行分級整隊跑步比賽。

2.舉行武裝賽跑，射擊，兵器使用假練習之各種特種運動。

3.繼續舉行各種爬山，競走，游泳 郊遊，露營等之各種野外活動。

4. 各種集隊舉行精神及姿勢考查。
5. 例假日舉行各種自由參加之野外活動。
6. 每週舉行整隊訓練。
7. 設計擬定適合營養之定期菜單。
8. 設法改進衛生設備，並時作嚴密之視察。
9. 獎勵各小隊之單獨課外活動。

Ⅲ 德性訓練之實施：

1. 擬印學生日常操行狀況及家庭狀況檢錄簿。
2. 繼續每週揭示勵言。
3. 舉行德智講演。
4. 規定青年修養閱讀書籍，並定期作閱讀比賽。
5. 舉行思想測驗，及生活調查。
6. 規定時期施行個別談話，及學級談話。

Ⅲ 技能訓練之實施：

1. 每日舉行童軍課程分項比賞。
2. 舉行急速行軍。
3. 舉行野戰演習，偵察，代裝，追蹤等之各種特種訓練。

4. 繼續注重緊急集合，及分組划船，騎乘，攝影，國術，健足等練習。
5. 舉行戒嚴演習，指導警報，警衞，通訊，交通管理之實施方法。
6. 加緊各種童軍基本課程之熟練。

Ⅴ 紀律訓練之實施：

1. 童子軍實行「規律」考查，少年少女團實行「守則」考查。
2. 切實注意隊員與隊長間之禮貌，及服從。並繼續施行隊長訓練。
3. 實行星期六，日，學生囘校點名辦法。
4. 每週舉行內務分項細密檢查。
5. 舉行隊長會議，注重隊員生活狀况之報告。
6. 勵行隊長逐級報告制度。
7. 值日職員在就寢集隊應將一日視察之所得，作簡短之奬評。

Ⅵ 其他有關訓育行政改善之事項：

1. 每級級任均設置學生生活狀况，家庭狀况檢錄簿。
2. 改善請假登記辦法。
3. 每月舉行整隊總檢查。
4. 每週之星期五舉行童訓管理定期會議。
5. 調查畢業生狀况。

6.自修出席每週公佈，每日幷爲之統計。
7.値週隊員工作之勤惰，每週奬懲之。
8.注重性教育之指導。
9.勵行新生活實踐及操行考查。

丙　事務方面

工　關於校舍者

1.一部前樓二座，西樓修造，東樓翻造，已呈准市府於七月十五日開工，八月二十六日完工。
2.呈准市府指撥上年度臨時餘款三百七十餘元，修理下列各項。
A.粉飾全校牆垣，
B.修理一二兩部膳廳，
C.修理一部自修室，及寢室，並將自修室五間加以油漆裱糊。
D.複油課桌椅，及飯桌凳。
E.修理划船。
以上五項除E項外均於開學前竣工
3.呈請市府翻造二部廚房，盥洗室，浴室，並遷移厠所。
4.計劃新建一部膳廳兼會客室平房七大間。
5.提撥學生膳餘，修理二部廚房。（此係上項計劃未實現前之臨時辦法現已竣工）

6.提撥學生體育費，新建乒乓室，及女生更衣室，共三間，現已竣工。

II 關於用具及圖書者。

1.呈請市指撥上年度經常費款五百餘元，擴充童軍設備。
2.修具校具，並整理上年度財產目錄。
3.擬編查校具，每學期一次。
4.擬擴充圖書儀器標本，每學期二次。
5.擬新編卡片圖書目錄。

III 關於整潔者

1.擬添設二部女生行李儲藏室。
2.擬添設飯桌檯布，更換學生面盒套。
3.擬更換二部各室窗簾，及各部公用茶壺。
4.擬酌換木浴盆爲水泥浴盆。
5.擬照上年度例，發給校工工服及廚工圍裙。

IIII 關於校園者

1.擬在校園新建土山一坐，以種山地植物。
2.擬擴充花房，並添設地下溫室。
3.擬整理荷花池畔假山。

V 關於事務行政者

1.擬在秋季開賞菊大會一次。

2.擬厲行領用物品辦法。

3.擬厲行分項算及決算辦法。

二十五年度第一學期行事歷

週次	日期	例行及擬辦事項				
		校長方面	教務方面	童訓方面	體育方面	事務方面
第一週	8.23—8.29	1.廿五日開學，廿六日上課， 2.廿七日先師孔子誕辰紀念懸旗誌慶並舉行紀念式放假一天	1.排定本學期各級課程表 2.購置各級教科用書 3.辦理入學註冊 4.擬定本學期教務實施計劃	1.編排各級室號數 2.舉行新生談話	1.計劃本處購置及革興事宜 2.舉行第一次體育談話會	1.第一次大掃除 2.布置各場所準備開學 3.發給學生用書及用品 4.舉行事務人員談話會
第二週	8.30—9.5	1.九月三日總理第一次起義紀念日懸旗紀念並派代表參加當地高級黨部集會 2.二日（星期三）補行始業式 3.舉行第一次校務會議	1.排定各教師夜自修督課表 2.舉行學生補考 3.分送各科教育進度表	1.生活調查 2.編組小隊 3.童訓會議	1.整理運動場 2.擬訂體育用具預算表	1.前樓二座修造完工 2.自本週起趕造上年度財產目錄 3.開第一次事務會議 4.舉行第一次校工廚工訓練

第三週	第四週	第五週	第六週	第七週
9.6—9.12.	9.13—9.19	9.20—9.26	9.27—10.3	10.4—10.10
1.十日(星期四)校慶舉行紀念式放假一天	1.呈報各種表冊	1.九月廿一日先烈朱哲信先生殉國紀念日下半旗誌哀並派代表參加當地高級黨部集會	1.市中訓育開始編輯 2.舉行第一次名人演講	1.十日(星期六)國慶紀念舉行紀念式放假一天 2.查閱級任學生談話簿
1.開第一次教務會議 2.成立各科教學研究會 3.開始辦理本學期實施特種教育事宜	1.開第一次英語算學二科教學研究會 2.造送報廳表格 3.收集學生假期作業分送各教師評閱	1.開第一次國文社會二科教學研究會 2.繼續造送報廳表格 3.調查製學生學籍表及登記成績 4.分送分數單	1.舉行第一次月考 2.補充各項統計圖表 3.開第一次自然藝術二科教學研究會	1.調查各科教育進程 2.統計各科第一次月考不及格學生
1.隊長訓練 2.自治會職員選舉 3.職員敘談會(金)	1.訓育指導會議(金) 2.精神訓話開始 3.童軍分項課程比賽	1.管理會議(金) 2.整潔總檢查 3.划船比賽 4.三年級出發露營	1.德育演講 2.郊遊 3.職員聚談會(金)	1.隊長訓練 2.旅行及遠足 3.職員敘談會(金) 4.少年少女團舉行入伍式
1.早操開始 2.編排課外運動	1.課外運動開始 2.舉行第一次健康指導委員會	1.網球級際比賽 2.舉行體格檢查	1.網球級際比賽	1.田徑級際比賽
1.招商承辦學生秋季服裝 2.添闢二部女生行李儲藏室	1.添購圖書儀器第一次 2.舉行第一次經濟稽核委員會	1.發給學生秋季服裝 2.第二次大掃除	1.在本週起於植物園中建築土山	1.本週準備童軍赴南京大檢事宜

第八週	第九週	第十週	第十一週	第十二週
10.11—10.17	10.18—10.24	10.25—10.31	11.1—11.7	11.8—11.14
1.十一日（星期日）總理倫敦蒙難紀念懸旗紀念並派代表參加當地高級黨部集會	1.編輯市中訓育竣事 2.市中教務開始編輯	1.卅一日（星期六）先烈黃克强先生逝世紀念日下半旗誌哀並派代表參加當地高級黨部集會	1.五日（星期四）地方紀念日懸旗誌慶舉行紀念式 2.舉行第二次名人演講	1.十二日（星期四）總理誕辰紀念日懸旗慶祝舉行紀念式放假一天
1.調查各級學生各科學習狀況	1.舉行國文科會考	1.開第二次教務會議	1.開第二次英語算學二科教學研究會 2.舉行第二次月考	1.開第二次國文社會二科教學研究會
1.訓育會議（金） 2.各級跑步比賽	1.爬山比賽 2.職員敘談會（金）	1.童軍分項課程比賽 2.思想測驗 3.二年級露營出發 4.職員敘談會（金）	1.管理會議（金） 2.（緊急集合） 3.整潔總檢查	1.隊長訓練 2.郊遊 3.職員敘談會（金）
1.田徑級際比賽 2.舉行第二次體育談話會	1.排球級際比賽	1.排球級際比賽	1.籃球級際比賽 2.舉行第二次健康指導委員會	1.籃球級際比賽
1.開第二次事務會議 2.舉行第二次經濟稽核委員會	1.自本週起開始編查校具限三週竣事 2.第三次大掃除 3.招商承辦學生冬季制服	1.呈送上年度決算書及財產目錄 2.舉行第二次校工廚工訓練 3.第一次催繳學生欠費	1.發給學生冬季服裝 2.舉行菊花大會	1.添購圖書儀器第二次 2.舉行第三次經濟稽核委員會

第十三週	第十四週	第十五週	第十六週	第十七週
11.15—11.21	11.22—11.28	11.29—12.5	12.6—12.12	12.13—12.19
1.市中教務編輯竣事	1.市中事務開始編輯 2.十八日（星期六）舉行第二次音樂會	1.五日（星期六）肇和兵艦舉義紀念日懸旗紀念並派代表參加當地高級黨部集會	1.市中事務編輯竣事 2.舉行第三次名人演講	1.十七日（星期四）會考學生學期試驗開始
1.統計各科第二次月考不及格學生 2.開第二次自然藝術二科教學研究會	1.舉行算學科會考	1.舉行第三次月考	1.舉行英語科會考 2.統計各科第三次月考不及格學生	1.開第三次教務會議 2.舉行自然科會考 3.舉行音樂演奏會
1.自由車比賽 2.職員聚談會	1.訓育會議（金） 2.德育演講 3.少年少女團檢閱	1.騎乘表演 2.划船比賽 3.職員聚談會	1.隊長訓練 2.各級跑步比賽 3.時事測驗 4.職員聚談會（金）	1.管理會議（金） 2.大掃除 3.整潔總檢查
1.足球級際比賽 2.早操會操	1.競走級際比賽	1.越野跑級際比賽	1.乒乓球級際比賽 2.舉行第三次體育談話會	1.測驗體育成績
1.第四次大掃除 2.擴充花房增設地下溫室 3.第二次催繳學生欠費	1.開第三次事務會議	1.修剪樹木	1.結束學生欠費 2.舉行第四次經濟稽核委員會	1.第五次大掃除 2.自本週起裝設火爐及火盆

第十八週	第十九週	第二十週	第二十一校	第二十二週
12.20—12.26	12.27—1.2	1.3—1.9	1.10—1.16	1.17—1.18
1.廿二日（星期二）會考學生學期試驗完畢 2.廿五日（星期五）雲南起義紀念日懸旗紀念並派代表參加當地高級黨部集會	1.廿六年一月一日（星期五）中華民國成立紀念日懸旗紮彩誌慶一日至三日放年假三天	1.查核各級任學生談話簿	1.一月十二日（星期二）學期試驗開始 2.舉行第二次校務會議	1.一月十七日（星期日）學期試驗完畢 2.一月十八日（星期一）寒假開始
1.開第三次英語算學二科教學研究會	1.開第三次國文社會二科教學研究會	1.舉行第四次月考 2.統計各科第四次月考不及格學生 3.開第三次自然藝術二科教學研究會	1.一月十二日（星期二）學期試驗開始十七日完畢 2.開第四次教務會議	1.一月十八日寒假開始 2.寄發學生本學期學業成績單 3.結束本學期教務事宜
1.戒嚴演習 2.職員聚談會（金）	1.緊急集合 2.郊遊 3.職員聚談會（金）	1.精神訓話停止 2.負重行軍 3.職員敘談會（金） 4.公佈懲獎及請假統計並整潔總評	1.訓育指導會議 2.考核自治工作 3.評核學生操行	1.訓育會議 2.填發學生操行報告單 3.結束本學期訓育事宜
1.測驗體育成績	1.測驗體育成績 2.結束體育用費	1.舉行第三次健康指導委員會	1.將體育用費布告學生	
1.結算本年度上半年度各項賬目	1.自本週起編製本年度上半年度各項事務統計 2.準備師生同樂會事宜	1.舉行第三次校工廚工訓練 2.報告本處員工考核結果 3.準備下學期應辦事件	1.舉行第五次經濟稽委員會 2.舉行第六次大掃除 3.開第四次事務會議 4.發還學生繳費餘款	1.修理校具限假期內完竣

廿五年度第二學期行事歷

例行及擬辦事項＼週次 日期	第一週 1.31.—2.6.	第二週 2.7.—2.13	第三週 2.14—2.20	第四週 2.21—2.27
校長方面	1.二月一日開學 2.二日（星期二）舉行始業式開始上課	1.舉行第三次校務會議	1.十八日（星期四）國民革命軍克復浙江紀念日縣旗誌慶並派代表參加當地高級黨部集會	1.編輯市中體育
教務方面	1.排定本學期各級課程表 2.編製購置各級教科用書 3.辦理學生入學註冊 4.擬定本學期實施教務計劃	1.排定各教師夜自修督課表 2.舉行學生補考 3.分送各科教學進度表	1.開第五次教務會議 2.成立各科教學研究會 3.開始辦理本學期實施特種教育事宜	1.開第一次英語算學二科教學研究會 2.造送報廳表格 3.收集學生假期作業分送各級教師評閱
童訓方面	1.編排各級室舍號次 2.上學期操行較差學生談話	1.生活調查 2.編組小隊 3.訓育會議（全）	1.隊長訓練 2.自治會改選 3.精神訓話開始 4.職員聚談會（全）	1.郊遊 2.管理會議
體育方面	1.整理運動場 2.擬訂體育用具預算表	1.舉行體育談話會	1.早操開始 2.編排課外運動	1.課外運動開始 2.舉行第一次健康指導委員會
事務方面	1.第一次大掃除 2.發給學生用書及用品	1.第一次事務會議 2.舉行第一次校工廚工訓練	1.招商承辦學生服裝 2.撤除火爐及火盆	1.第一次添購圖書儀器 2.舉行第一次經濟稽核委員會

第五週	第六週	第七週	第八週	第九週
2.28—3.6	3.7—3.13	3.14—3.20	3.21—3.27	3.28—4.3
1.重訂學則呈請備案 2.查核級任學生談話簿	1.三月十二日（星期五）總理逝世紀念下半旗停止娛樂放假一天 2.舉行第四次名人演講	1.三月十八日（星期四）北平民衆革命紀念日下半旗誌哀并派代表參加本地高級黨部集會	1.三月廿三日（星期二）先烈鄧仲元先生殉國紀念日下半旗誌哀並派代表參加本地高級黨部集會 2.廿七日（星期六）舉行第一屆運動會	1.三月廿九日（星期一）革命先烈紀念日舉行紀念日放假一天 2.四月一日（星期四）春假開始
1.開第一次國文社會二科教學研究會 2.繼續造送報廳表格 3.調製學生學籍表及登記表成績 4.舉行第一次月考	1.補充各項統計圖表 2.開第一次自然藝術二科教學研究會	1.調查各科教學進程 2.統計各科第一次不及格學生	1.調查各級學生各科學習狀況 2.舉行第二次月考	1.本週起開始徵集圖工成績
1.整潔總檢查 2.童軍分項課程比賽 3.職員聚談會（金）	1.職員叙談會（金） 2.德育演講 3.參謁民族英雄墓像 4.二年級露營出發	1.隊長訓練 2.爬山比賽 3.職員聚談會	1.訓育會議 2.（緊急集合） 3.童子軍檢閱及課程比賽	1.參加全省大露營
1.籃球級際比賽	1.小足球級際比賽 2.籃球級際比賽	1.籌備春季運動會 2.跳繩級際比賽	1.舉行春季運動會	1.舉行第二次體育教員談話會
1.第二次大掃除 2.發給學生服裝	1.準備學生露營費用及用具	1.補植樹木 2.準備春季運動會事宜	1.開第二次事務會議 2.舉行第二次經濟稽核委員會	1.第三次大掃除

第十週	第十一週	第十二週	第十三週	第十四週
4.4—4.10	4.11—4.17	4.18—4.24	4.25—5.1	5.2—5.8
1.四月七日（星期三）春假終了 2.舉行第五次名人演講	1.四月十二日（星期一）清黨紀念日懸旗紀念並派代表參加當地高級黨部集會	1.令教務處積極徵集圖畫勞作家事成績	1.五月一日（星期六）舉行第四屆音樂會	1.五月三日（星期三）革命政府紀念日懸旗慶祝並派代表參加當地高級黨部集會
1.開第六次教務會議 2.舉行國文科會考 3.統計各科第二次月考不及格學生	1.開第二次英語算學二科教學研究會	1.第開二次國文社會二科教學研究會	1.舉行第三次月考 2.開第二次自然藝術二科教學研究會	1.舉行算學科會考 2.統計各科第三次月考不及格學生
1.調查畢業生狀況	1.管理會議（金） 2.臨時整隊檢閱 3.風箏比賽	1.各級跑步比賽 2.青年修養書籍閱讀比賽 3.職員敘談會（金）	1.隊長訓練 2.自由車賽 3.職員敘談會（金）	1.訓育會議（金） 2.大掃除 3.整潔總檢閱 4.急速行車
1.越野跑級際比賽 2.排球級際比賽	1.加緊訓練各選手隊 2.排球級際比賽	1.加緊訓練各選手隊	1.加緊訓練各選手隊 2.舉行第二次健康指導委員會	1.加緊訓練各選手隊 2.早操會議
1.第一次催繳學生欠費 2.舉行第三次校工廚工訓練	1.舉行第三次經濟稽核委員會	1.自本週起開始編查校具限三週竣事 2.第二次添購圖書儀器	1.第四次大掃除 2.第二次催繳學生欠費	1.開第三次事務會議

第十五週	第十六週	第十七週	第十八週	第十九週
5.9—5.15	5.16—5.22	5.23—5.29	5.30—6.5	6.6—6.12
1.五月九日（星期日）國恥紀念日下半旗停止娛樂宴會誌哀舉行紀念儀式	1.五月十八日先烈陳英士先生殉國紀念日下半旗誌哀並派代表參加當地書張黨部集會	1.廿九日（星期六）舉行第二屆圖工成績展覽會	1.六月三日（星期四）派代表參加當地禁煙紀念式 2.舉行第六次各人演講	1.六月七日（星期一）會考學生學期試驗開始至十二日（星期二）完畢 2.查核級任學生談話簿
1.舉行英語科會考 2.開第七次教務會議	1.舉行自然科會考 2.徵集成績竣事 3.籌備圖工成績展覽事宜		1.舉行第四次月考	1.開第三次英語算學二科教學研究會 2.統計各科第四次月考不及格學生
1.德育演講 2.爬山比賽 3.職員聚談會（金）	1.射擊表演 2.事時測驗 3.職員聚談會（金）	1.隊長訓練 2.郊遊 3.職員聚談會（金）	1.管理會議 2.划船比賽 3.整潔總檢閱	1.緊急集合 2.職員聚談會
1.網球級際比賽	1.網球級際比賽	1.游泳級際比賽 2.舉行第三次體育談話會	1.測驗體育成績	1.測驗體育成績 2.結束體育費用
1.舉行第四次經濟稽核委員會		1.第五次大掃除	1.結束學生欠費 2.準備師生同樂會	

第二十週	第二十一週	第二十二週
6.13—6.19	6.20—6.26	6.27—6.3
1.六月十六日（星期三）總理廣州蒙難紀念日懸旗紀念並派代表參加當地高級黨部集會	1.六月廿三日（星期三）學期試驗開始 2.舉行第四次校務會議	1.六月廿九日（星期二）學期試驗完畢 2.六月卅日（星期三）暑假開始
1.造送畢業學生成績 2.開第三次國文社會二科教學研究會	1.開第三次自然藝術二科教學研究會 2.開第八次教務會議	1.寄發學生本學期學業成績單 2.結束本學期教務事宜
1.精神訓話停止 2.各級跑步比賽 3.職員聚談會 4.公佈懲獎及請假統計並整潔總評	1.訓育指委會 2.考核自治工作 3.評核學生操行	1.同樂會暨歡送秋三畢業生同樂會 2.訓育會議 3.結束本學期訓育事宜
1.測驗體育成績 2.舉行第三次健康指導會議	1.將體育費用佈告學生	
1.舉行第三次廚工校工訓練 2.舉行第五次經濟稽核委員會	1.第六次大掃除 2.開第四次事務會議 3.發還學生繳費餘款	1.自本週起編製本年度各項事務統計 2.報告本處員工考核結果 3.準備下學期應辦事宜 4.修理校舍及校具限假期內竣事

廿五年度學生自治活動指導綱要

第一　指導原則

1. 要有陶冶身心的意義，
2. 要有增益智能的作用，
3. 要有實際工作的表現，

4.要有服務技能的訓練，

5.要與特種教育各種活動密切聯絡。

第二　指導人員

1.全部工作集中於童訓管理處，

2.全體教員均須參加指導工作，

3.一部學生自治活動，由訓育主任總其成，二部學生自治活動，由二部主任總其成。

4.工作分配，採用派定，及聘請二種。

第三　指導要項

甲、關於一般的

1.演示及練習民權初步。

2.演講最近市縣自治組織概況。

3.講演國民代表選舉法，及其應認識之事項。

4.指導勞働服務，及推行新生活。

5.指示服務須知，及對人接物態度。

乙、關於分類的

一、幹事會，

1.指導改變組織以符法令。

2. 指導分配工作以收分工之效。
3. 指導各項活動，須適應現時環境。
4. 指導編制預算，決算，及實施辦法。

二、事務股

1. 指導處理日常文件收發，歸卷辦法。
2. 指導呈文，函件，通告，佈告，撰擬方法。
3. 指導簿記出納，及核算。
4. 指導用具登記，編號，及交代。
5. 指導督促膳食，衞生事宜。

三、智育股

1. 指導管理圖書閱覽室，及協助管理員。
2. 指導圖書分類，及卡片製作法。
3. 指導按月製作閱書，人數，及書類統計。
4. 指導學生定期舉行演講，及比賽。
5. 指導各級，定期編繕壁報。
6. 指導于學期終，裝訂壁報彙刊。
7. 指導管理民衆問字及民衆閱報事宜。

四、德育股

1. 指導學生相互督促善行。

2. 指導稽查并記載違約事項。

3. 指導舉行德育演講。

4. 指導閱讀關于修養有益之書報，並作報告。

5. 指導考查日行一善紀載。

五、體育股

1. 指導參加各種健康活動。

2. 指導分區實施整潔工作。

3. 指導各種救急法，及普疾病預防。

4. 指導各種日常藥品服用法。

5. 指導每月製成疾病統計。

6. 指導協助校醫，管理診察室。

7. 指導舉行各種球類比賽。

8. 指導辦助體育處，管理體育用品，及早操，晨跑，課外活動等事。

六、羣育股

1. 指導舉行緊急集合，

2. 指導協助園丁整理校園，

3. 指導實施警衛服務。

4. 指導協助勞働服務。

5. 指導辦理消費合作社。

七、美育股

1. 指導舉行整潔比賽，

2. 指導舉行大掃除，

3. 指導組織各種音小組練習。

4. 指導管理樂器方法。

5. 指導學生其他遊藝娛樂事項。

第四　工作報告

1. 各股指導工作，

2. 一、二、部指導工作，

3. 每學期由訓育主任綜其大要，向訓育指導委員會報告一次。

九年來學生數及班級數比較表

年度	學期	男生人數	男生班級數	女生人數	女生班級數	合計人數	合計班級數
十七	上	58	2	0	0	53	2
	下	80	2	0	0	80	2
十八	上	120	3	76	2	210	5
	下	141	4	70	2	211	6
十九	上	193	5	131	4	324	9
	下	181	5	122	4	303	9
二十	上	215	5	160	5	375	10
	下	183	5	146	5	329	10
二十一	上	199	5	167	5	366	10
	下	183	5	132	5	315	10
二十二	上	178	5	144	3	322	8
	下	162	5	130	3	292	8
二十三	上	176	5	120	3	296	8
	下	157	4	112	3	269	7
二十四	上	215	4	120	3	344	7
	下	188	4	111	3	299	7
二十五	上	202	4	139	3	341	7
	下	174	4	121	3	295	7

九年來畢業生人數統計表

年度	學期	畢業屆次	畢業人數	性別	男女生數
十九	上			男	
				女	
	下	1	21	男	21
				女	
二十	上	2	22	男	22
				女	
	下	3	91	男	41
				女	50
二十一	上	4	16	男	16
				女	
	下	5	62	男	34
				女	28
二十二	上	6	37	男	37
				女	
	下	7	36	男	14
				女	22
二十三	上	8	14	男	12
				女	2
	下	9	41	男	22
				女	19
二十四	上	10	15	男	13
				女	2
	下	11	64	男	40
				女	24
總計人數		419		男生合計	272
				女生合計	147

三年來招考錄取小學畢業生統計表

年度	學期	本市小學畢業生		外籍小學畢業生	
		男	女	男	女
二十三	上	16	18	34	18
	下				
二十四	上	59	28	43	25
	下				
二十五	上	34	32	17	19
	下				

各屆學生歷學期學業成績等級百分比

學期	成績等第	二十年度春季入學生	二十一年度秋季入學生	二十一年度春季入學生	二十二年度秋季入學生	二十三年度秋季入學生	二十四年度秋季入學生	二十五年度秋季入學生
第一學期	甲	27.2	6.2		5.1	10.5	16.3	28.0
	乙	54.5	68.7	83.3	43.6	71.1	60.5	64.0
	丙	18.3	25.1	16.7	51.3	18.4	23.2	8.0
	丁							
第二學期	甲	25.0	4.5		5.1	13.1	23.2	
	乙	62.5	54.5	61.5	46.1	55.3	62.8	
	丙	12.5	41.0	38.5	46.3	31.6	14.0	
	丁				2.5			
第三學期	甲	12.5	9.1		20.0	13.9	9.3	
	乙	37.5	50.0	53.3	65.0	65.4	67.4	
	丙	50.0	31.8	46.7	15.0	20.7	23.3	
	丁		9.1					
第四學期	甲	4.7		5.9	7.5	44.2		
	乙	28.5	54.4	70.5	62.5	56.5		
	丙	66.8	45.6	23.6	30.0	9.3		
	丁							
第五學期	甲		25.0		25.0	34.9		
	乙	50.0	70.8	47.1	60.0	58.2		
	丙	50.0	4.2	52.9	15.0	6.9		
	丁							
第六學期	甲	21.1	40.7	40.0	34.9			
	乙	63.1	33.3	50.0	62.8			
	丙	5.3	22.3	10.0	2.3			
	丁	10.5	3.7					

〔附記〕二十年度秋季以前入學生學業成績不列入

各屆學生歷學期操行成績等級百分比

學期	成績等第百分比	二十年度春季入學生	二十一年度秋季入學生	二十一年度春季入學生	二十二年度秋季入學生	二十三年度秋季入學生	二十四年度秋季入學生	二十五年度秋季入學生
第一學期	甲	20.8	18.3	24.3	26.3	20.4	14.9	9.2
	乙	47.4	58.7	48.5	53.6	52.8	68.1	64.8
	丙	28.5	23.0	27.2	20.1	53.5	17.0	25.1
	丁	3.3				3.3		9
第二學期	甲	18.7	24.7	15.6	19.5	18.4	26.4	
	乙	46.5	48.4	53.8	50.7	60.2	54.5	
	丙	34.8	26.9	30.6	29.8	18.6	16.9	
	丁					2.8	2.2	
第三學期	甲	24.6	20.5	9.6	15.2	21.6	9.3	
	乙	38.6	44.3	61.9	56.5	54.1	43.2	
	丙	36.8	35.2	23.7	26.1	24.3	46.4	
	丁			4.8	2.2		1.1	
第四學期	甲	19.5	18.7	11.8	35.2	11.9		
	乙	60.7	47.7	64.5	50.4	64.5		
	丙	19.8	33.6	23.7	14.4	23.6		
	丁							
第五學期	甲	25.8	13.3	7.7	40.4	15.0		
	乙	45.6	53.3	61.5	50.2	65.0		
	丙	23.6	30.1	30.8	9.4	17.5		
	丁		3 3			2.5		
第六學期	甲	38.4	40.4	24.8	54.6			
	乙	38.8	48.3	55.4	30.2			
	丙	22.8	11.3	19.8	15.2			
	丁							

〔附記〕二十年度秋季以前入學生操行成績不列入

三年來學生家屬職業統計表

年度	學期	農		工		商		學		黨		政		軍		警		律師		醫		其他	
		人數	百分比	人數	百分比	人數	百分比	人數	百分比	人數	百分比	人數	百分比	人數	百分比	人數	百分比	人數	百分比	人數	百分比	人數	百分比
二十三年度	上	三三	一一・四	四	一・三八	九六	三三・一	四七	一六・二	一	・三四	五三	一八・二七	一八	六・二	二	・六九	一	・三四	七	二・四	二八	九・六五
	下	一九	七・二	九	三・四	八四	三二・八二	四三	一六・二八			五二	一九・三	一七	六・四四	三	一・一三			八	三・〇三	三	一一・七四
二十四年度	上	三〇	八・七七	一三	三・八	一〇六	三一	四九	一四・三			七六	二二・二	一八	五・二六	一	・二九	一	・二九	一四	四・〇九	三四	九・九四
	下	二七	九・〇六	一三	四・三六	九〇	三〇・二	三八	一三・七五	一	・三三	六七	二三・四八	一七	五・七	一	・三三	一	・三三	一一	三・六九	三三	一〇・七三
二十五年度	上	一六	四・七	一七	五・〇	一一〇	三二・三五	四五	一三・二三	一	・二九	七〇	二〇・五九	一七	五・〇	四	一・一七	三	・八八	一二	三・五六	四五	一三・二三
	下	一三	四・〇七	一五	五・〇八	九七	三二・八八	四〇	一三・五六	一	・三四	六〇	二〇・三四	一六	五・四二	四	一・三五	三	一・〇二	八	二・七二	三九	一三・二三

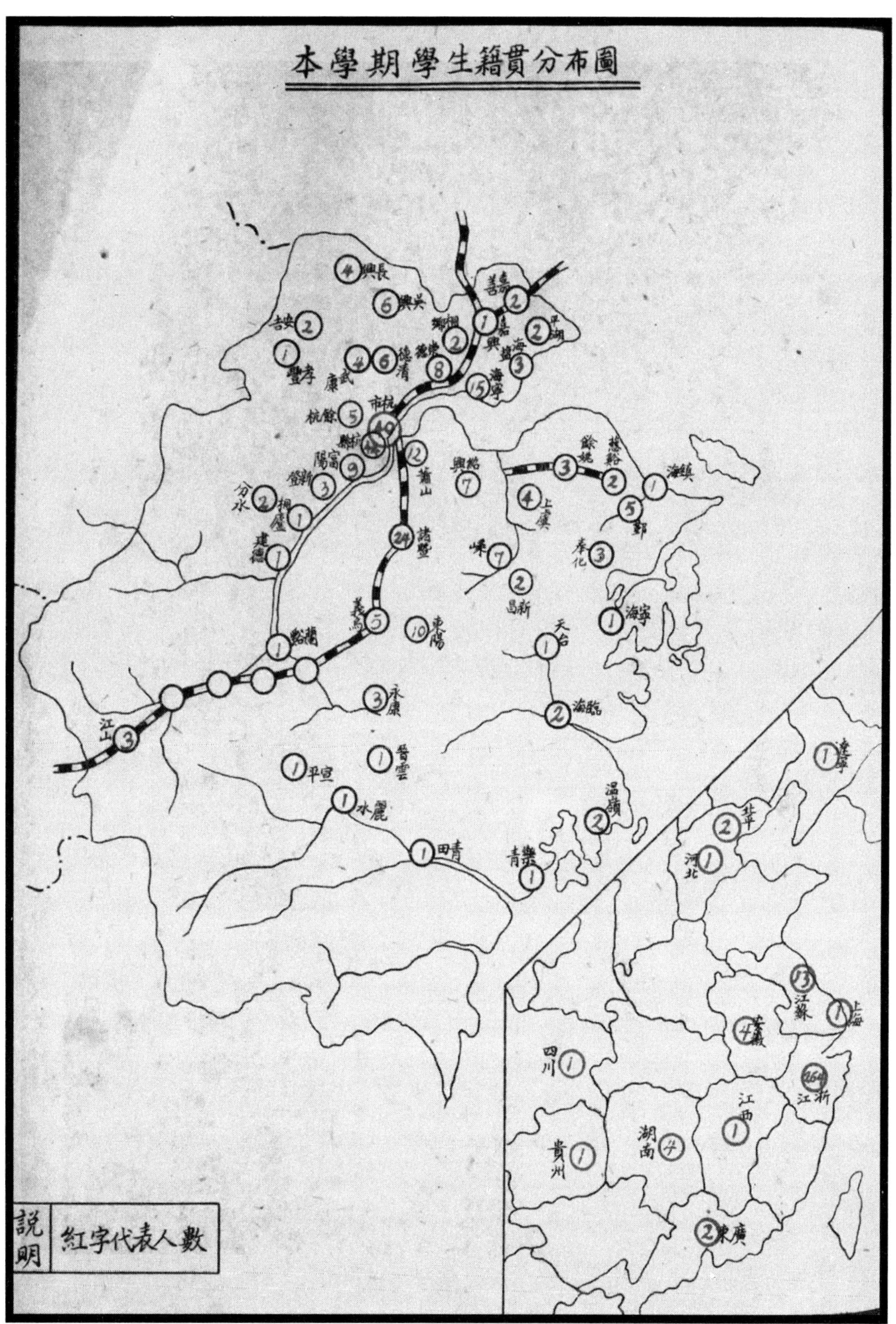
本學期學生籍貫分布圖
說明
紅字代表人數

附録

七年來臨時費與學級對照表

二十六年三月事務處製

年度	臨時費										學級	
	建築費		房屋修理費		地面整理費		校具設備費		合計		級數	每級佔經費數
	金額	百分比	金額	百分比	金額	百分比	金額	百分比	金額	百分比		
十九	11,83684	79%	82269	6%			2,30645	15%	14,96598	100%	9	1,66289
二十			95500	62%			58500	38%	1,54000	100%	10	15400
二十一			61400	100%					61400	100%	9½	6466
二十二			1,00000	100%					1,00000	100%	8	12500
二十三			53057	59%	19127	21%	18452	20%	90636	100%	7½	12085
二十四			65850	68%	30370	32%			96220	100%	7½	12830
二十五			3,30000	97%			10000	3%	3,40000	100%	7	38659
總計	11,83684	51%	7,88098	34%	49497	2%	3,17597	13%	23,38876	100%	58½	2,64229
平均	1,66241	51%	1,12585	34%	7071	2%	45371	13%	3,34125	100%	8½	39981

附記
〔1〕十七、十八兩年度臨時費無冊可稽，本表從略。
〔2〕十九、二十兩年度逐年增添學級，建築西式磚牆樓屋八間，並新置校具，故支領臨時費較多。
〔3〕二十三、二十四年度中之地面整理費，係填池，平地，鋪水泥方磚路，並鋪草皮，又新闢植物園之用。
〔4〕二十五年度之房屋修理費，係翻造一部東樓七間及修造西樓五間之用。
〔5〕各年度臨時費均經按工程部門，事先呈准，事後驗收，故表內所列即爲報銷確定之金額。

各學期經常費支出一覽表

二十六年三月事務處製

科目		二十三年度				二十四年度				二十五年度			
		上期		下期		上期		下期		上期		下期	
俸給	薪金	3,583	50	3,562	50	2,546	00	2,342	70	2,314	20		
	修金	8,122	30	7,471	75	8,532	95	8,055	60	8,197	75		
	工資	804	50	802	50	794	00	790	50	789	00		
辦公費	紙張	166	20	218	05	151	66	216	35	110	68		
	筆墨	30	99	28	96	41	40	48	48	38	20		
	簿籍	19	54	6	33	8	09	4	40	7	38		
	雜品	56	53	52	97	54	14	36	35	34	60		
	郵費	30	00	21	00	25	00	21	00	19	00		
	電費	105	81	103	10	106	98	105	27	110	40		
	燈火	433	44	493	31	513	03	513	70	474	54		
	茶火	345	00	397	00	404	79	400	00	405	30		
	薪炭	23	06	28	66	49	93	19	84	37	29		
	試驗實習	14	75	9	23	28	26	90	14	36	62		
	印刷	111	66	46	70	146	16	64	34	143	19		
	房屋修繕	242	28	218	99	325	80	277	67	194	79		
	器具修繕	200	84	33	90	110	91	25	70	166	39		
	雜支	275	27	315	21	305	62	213	90	264	06		
購置費	器具	178	32	593	77	64	46	797	17	133	28		
	圖書	328	78	209	50	151	63	251	74	115	63		
	儀器標本			1,017	48	31	39	588	48	65	00		
總計		15,072	77	15,630	91	14,394	20	14,863	34	13,656	94		

附記：二十四年度上學期有特班生學費$88000，下期有$78400，均由本校自行收支，不計入經常費內。

各學期學生雜費支出一覽

二十六年三月事務處製

項目	二十三年度				二十四年度				二十五年度			
	上期		下期		上期		下期		上期		下期	
1.診察室用藥品	129	65	35	50	88	29	49	69	39	07		
2.童軍活動用費	92	60	142	84	115	20	133	01	334	75		
3.高年級生旅行津貼	24	77	28	00	82	00						
4.各級遠足津貼	14	00	12	00	17	60						
5.教職員津貼及臨時僱員薪水					30	00						
6.員工因公車力津貼	8	54			18	57	15	93	12	84		
7.運動會費補助	5	17	44	13			53	44				
8.師生同樂會補助					7	00	10	00				
9.成績展覽會費補助							93	80				
10.操場設備及修理費補助	15	00	21	48	13	00			60	95		
11.用具修理費補助			14	99	5	00	21	98	5	00		
12.購置費補助			58	10			19	60				
13.學生自治會費補助							10	00				
14.茶水費補助									8	20		
15.裝修電燈及添配電料	119	57	50	25								
16.裝配玻璃	27	07	8	96								
17.補助印刷費及刻學生名戳	12	78			7	35	5	10	4	41		
18.紀念日麵點及校務會議茶點					16	10	10	60	22	66		
19.招包制服及招考書記廣告					3	60	8	58	8	40		
20.獎品、送禮、及捐助							9	35				
21.校園設備及維持費	50	12	35	53	92	18	109	29	93	55		
22.校工服裝及廚工圍裙							13	40				
23.校工節賞及清理廁所津貼	48	00	48	00	48	00	53	00	54	00		
24.其他支出	24	78	13	59	30	95	41	99	15	86		
總計	572	05	513	37	574	24	658	76	659	09		

各學期學生體育費支出一覽

二十六年三月事務處製

項目	二十三年度		二十四年度		二十五年度	
	上期	下期	上期	下期	上期	下期
1.修理場地及新建跑道	153 50		177 69	11 04		
2.新建乒乓室及女生更衣室三間					166 00	
3.新建二部運動場旗桿一支		13 92				
4.新置單槓一副及跑欄十只				48 49		
5.新置運動背心,短袴,女衫等	17 00	12 20		42 71	17 10	
6.新置跑鞋球鞋		8 00			36 80	
7.添置體育用具	221 48	203 78	218 02	186 31	198 72	
8.修理體育用具	8 30		10 08	6 66	6 60	
9.本校運動會費用	13 83	38 81		52 97		
10.參加省或區運動會費用		84 46		88 27		
11.茶點膳食			4 00	5 24	22 56	
12.車費	21 00	29 84	9 25	41 82	6 99	
13.照相			4 00	16 00	22 53	
14.補助童軍活動費				21 64	14 00	
15.零星雜支	27 39	17 66	6 74	7 54	11 92	
總計	462 50	408 67	429 78	528 69	503 22	

各學期學生繳費統計

二十六年三月事務處製

類別		二十三年度		二十四年度		二十五年度	
		上期	下期	上期	下期	上期	下期
學生總數		296—288	269—261	344—327	299—290	341—333	
繳費總額		17,180.00	15,384.00	21,461.60	16,943.10	20,308.90	
繳費遲納	人數	19	43	20	15	16	
	銀數	760.00	1,157.00	428.20	443.70	497.40	
繳費少補	人數	114	22	25	21	57	
	銀數	468.00	73.00	37.21	34.53	50.73	
繳費多還	人數	174	239	302	269	284	
	銀數	883.41	906.03	1,475.12	870.40	2,293.18	
每生平均用費	秋一甲	65.69	56.70	67.81	56.05	61.23	
	秋一乙	57.93	57.17	68.90	55.29	64.78	
	秋一丙			74.70	60.78		
	秋二甲	59.56	56.22	56.55	55.54	46.96	
	秋二乙	51.33	55.68	52.81	57.10	48.37	
	秋二丙					52.47	
	秋三甲	61.77	51.13	55.26	50.08	49.07	
	秋三乙	54.79	50.10	51.39	50.72	50.03	
	春二	56.38					
	春三	54.93	61.11	46.49			
	全校	58.04	57.20	59.50	55.32	53.14	

本學期各級學生繳費分項預算表

項目 \ 金額 \ 班級		三年級甲班	三年級乙班	二年級甲班	二年級乙班	二年級丙班	一年級甲班	一年級乙班	備註
應徵費	學費	十一元	仝上	仝上	仝上	十六元	十一元	仝上	
	雜費	二元	仝上	仝上	仝上	仝上	仝上	仝上	
	體育費	一元五角	仝上	仝上	仝上	仝上	仝上	仝上	
	童軍活動費	一元	仝上	仝上	仝上	仝上	仝上	仝上	
	自治會費	四角	仝上	仝上	仝上	仝上	仝上	仝上	
	合計	十五元九角	仝上	仝上	仝上	二十元九角	十五元九角	仝上	
代書	幾何上冊 中華			五角另四厘					
	幾何下冊 中華	五角另四厘	仝上						
	代數上冊 世界						五角七分六厘	仝上	
	代數下冊 中華				五角另四厘	仝上			
	四位算學用表 中華	三角六分	仝上	仝上	仝上	仝上			
	外史下冊 商務	四角三分二厘	仝上						

籍費課								
中史第四冊 中華			三角二分四厘	仝上	仝上			
中史第二冊 中華						三角二分四厘	仝上	
外地下冊 中華	五角另四厘	仝上						
中地第二冊 中華						三角二分四厘	仝上	
物理下冊 中華	三角六分	仝上	仝上	仝上	仝上			
物理實驗教程 中華			二角七分	仝上	仝上			
動物下冊 中華						四角六分八厘	仝上	
植物下冊 中華						四角三分二厘	仝上	
公民第四冊 正中			二角四分	仝上	仝上			
活葉文選	三角	仝上	仝上	仝上	仝上	仝上	仝上	係約計數
課外讀物	五角	仝上	仝上	仝上	仝上	仝上	仝上	係約計數
以上書籍費小計	二元九角六分	仝上	二元八角五分八厘	仝上	仝上	二元九角二分四厘	仝上	
作文簿一本	六分	仝上	仝上	仝上	仝上	仝上	仝上	
國語筆記簿一本	六分五厘	仝上	仝上	仝上	仝上	仝上	仝上	
小楷簿一本			六分五厘	仝上	仝上	仝上	仝上	

辦

課業品費	日記簿一本			六分五厘	仝上	仝上	仝上	仝上	
	算學科練習簿二本	一角六分	仝上	仝上	仝上	仝上	仝上	仝上	每本八分
	各科練習簿七本	二角八分	仝上	仝上	仝上	仝上	仝上	仝上	每本四分
	拍紙簿二本	八分	仝上	仝上	仝上	仝上	仝上	仝上	每本四分
	圖畫用具及材料	一元	仝上	八角	仝上	仝上	五角	仝上	係約計數
	工藝用具及材料	一元五角		一元		一元	八角		係約計數
	講義費	一元五角	仝上	八角	仝上	仝上	四角	仝上	約係計數
	以上課業品費小計	四元六角四分五厘	三元一角四分五厘	三元三角七分五厘	二元三角七分五厘	三元三角七分五厘	二元四角七分五厘	一元六角七分五厘	
服裝費	童軍服一套			二元	仝上	仝上			
	童軍皮鞋一雙						二元六角		
	童軍零件甲類四種						一元五角	仝上	猎刀小刀警笛笛帶四種
	童軍零件乙類四種	一元	仝上	仝上	仝上	仝上	仝上	仝上	團號臂章黑襪三色帶四種
	黑制服一套			二元一角		二元一角	仝上		
	女生制服二件							二元五角	長衫短衫各一件
	白襯衫二件						一元四角六分	仝上	

費

項目	一	二	三	四	五	六	七	備註
以上服裝費小計	一元	仝上	五元一角	三元	五元一角	八元六角六分	六元四角六分	
膳費：膳費	二十六元	仝上	仝上	仝上	仝上	仝上	仝上	每月五元二角以五個月計
膳費：膳食預備費	一元	仝上	仝上	仝上	仝上	仝上	仝上	
膳費：以上膳費小計	二十七元	仝上	仝上	仝上	仝上	仝上	仝上	
雜項用費：理髮費	六角	七角五分	六角	七角五分	六角	六角	七角五分	男生七次每次八分五厘，女生五次每次一角五分
雜項用費：被單包袱洗濯費	三角	仝上	仝上	仝上	仝上	仝上	仝上	洗單被五次每次五分，洗包袱二次每次二分半
雜項用費：洗面毛巾二塊	二角八分	仝上	仝上	仝上	仝上	仝上	仝上	
雜項用費：定閱浙江青年半年	三角五分	仝上	仝上	仝上	仝上	仝上	仝上	
雜項用費：畢業生紀念刊	五角	仝上						係約計數
雜項用費：百年教育基金	三角	仝上	仝上	仝上	仝上	仝上	仝上	奉令徵收
雜項用費：總預備費	一元一角六分五厘	一元五角一分五厘	一元九角三分七厘	一元八角八分七厘	一元九角三分七厘	一元二角一分一厘	一元零四分一厘	
雜項用費：以上雜項用費小計	三元四角九分五厘	三元九角九分五厘	三元七角六分七厘	三元八角六分七釐	三元七角六分七厘	三元零四分一厘	三元零四分一厘	
合計	三十九元一角	三十八元一角	四十二元一角	三十九元一角	四十二元一角	四十四元一角	四十一元一角	
繳費總計	五十五元	五十四元	五十八元	五十五元	六十三元	六十元	五十七元	

本校各級繳費，在二十三年度以前，規定新生六十四元九角，舊生五十八元九角。自二十三年度第二學期起，採按

級遞減制，新生仍規定六十四元九角，內學費十一元（丙班加五元）雜費二元，體育費一元五角，自治會費四角，膳費二十六元，書籍及課業用品費八元，服裝費十四元，預存費二元；一年級第二學期及二年級各減繳服裝費六元，繳費總數計五十八元九角；三年級又減繳服裝費六元，繳費總數計五十二元九角。

現爲謀切合實際情形，與適應需要現狀計，特向第三次事務會議提出改訂各級繳費意見，經議決採用按班級分項目之詳密預算制，使切合各級各班之實際情形，適應各年度各學期之需要現狀，且分項列目，將學，雜，膳諸費分別載明，同時又將一切用書，用品，服裝及雜件亦逐一列舉，使負擔繳費者能澈底明瞭繳費之全部內容。本處根據此意，調製斯表，自信此項繳費新制，當較以前任何辦法完密。查貴家長之子弟現編　年級　班，照表內所開各項預算，應共繳　　，至希于開學時如數繳納爲要。

再，表中代辦費包括書籍，課業用品，服裝，膳食，雜項用費等，統俟學期終了時，按照支出實數，編爲決算，多還少補。

通學生雜費減半，膳費全免；半膳生雜費膳費均減半。

附繳費手續如次：

1. 校中所發繳費證，由學生自將姓名班級塡寫明白後，逕向本市太平坊浙江地方銀行繳納表內各費。
2. 所繳各費由地方銀行製給臨時收據。學生持此收據，到校報到註冊，並于二星期內向事務處換給各項正式收據。
3. 未繳費者一律不准入校。

杭州市立初級中學事務處

二十六年一月十七日

七年來各學期教職員月薪分配統計表

二十六年三月事務處製

年度	學期	第八級 20元以下	第七級 21—40	第六級 41—60	第五級 61—80	第四級 81—100	第三級 101—120	第二級 120—140	第一級 141—160	人數合計
十九	一	1	4	3	5	8	4	1	2	28
	二	1	9	7	6	3	2	4	1	33
二十	一	0	12	7	6	6	3	1	1	36
	二	0	9	12	5	6	3	0	1	36
二十一	一	0	8	10	6	6	4	0	1	35
	二	0	9	10	6	5	3	1	1	35
二十二	一	0	9	8	5	6	1	1	1	31
	二	0	8	7	5	6	3	0	1	30
二十三	一	2	10	3	7	1	5	1	1	30
	二	4	8	4	4	2	6	0	1	29
二十四	一	3	7	4	3	4	4	2	2	29
	二	2	7	7	2	3	2	1	3	27
二十五	一	0	13	3	4	2	4	1	1	28
	二	0	13	4	2	3	2	3	1	28
總計		13	126	89	66	61	46	16	18	435
平均		1.0	9.0	6.3	4.7	4.4	3.3	1.1	1.3	31.1
百分比		3%	29%	20%	15%	14%	11%	4%	4%	100%

月薪均數：$5967　　月薪中數：$5772　　月薪衆數：$3740

附記：最初二年度（十七，十八）薪修分配無冊可稽，故不列入，又各員所領薪修均按折實數統計。

九年來各學期校工工資統計表

二十六年三月事務處製

年度	學期	人數	工資總數	每人平均工資
十七	一	3	216.00	12.00
	二	3	216.00	12.00
十八	一	8	546.00	11.38
	二	8	546.00	11.38
十九	一	11	776.00	11.64
	二	12	824.42	11.45
二十	一	14	924.00	11.00
	二	14	936.00	11.15
二十一	一	14	936.00	11.15
	二	14	936.00	11.15
二十二	一	12	836.10	11.61
	二	12	813.00	11.30
二十三	一	12	804.50	11.17
	二	12	802.50	11.15
二十四	一	12	794.00	11.02
	二	12	792.00	11.00
二十五	一	12	789.00	10.97
	二	12	791.00	10.99
總計		197	13,379.02	203.51
平均		10.9	743.82	11.32

普通用具分類統計表

二十六年三月事務處製

類　　別	原有	修成	新置	破毀	現有	比較
1. 桌　類	510	10	39	25	534	+24
2. 椅　類	756	16	24	56	740	−16
3. 凳　類	421	5	93	43	476	+55
4. 几　類	14	2	2		18	+ 4
5. 床　類	852		20	74	798	−54
6. 櫥　類	120		16	5	131	+11
7. 箱　類	25	5	4		34	+ 9
8. 櫃　類	3	1			4	+ 1
9. 架　類	217	17	65	16	283	+66
10. 板　類	30	3	3	2	34	+ 4
11. 盆　類	27		13	16	24	− 3
12. 桶　類	111		18	12	117	+ 6
13. 缸　類	22	2	8		32	+10
14. 壺　類	5		6		11	+ 6
15. 鍋　類	59		17	18	58	− 1
16. 梯　類	2	2			4	+ 2
17. 壇　類	7	1			8	+ 1
18. 鏡　類	2		1		3	+ 1
19. 時鐘類	10		3	45	9	− 1
20. 屏風類	5				5	平
21. 火爐類	14		1	2	13	− 1
22. 舟車類	2		2	2	2	平
總　　計	3,214	64	335	275	3,338	+124

每生估數：　11.2件

附註：——（1）本表各項數字，以件為單位。

（2）原有數係23年份童任移交數，現有數係26年2月份編查之數。

（3）比較欄係表示原有與現有之差。

各學期新置普通用具比較

二十六年三月事務處製

類別	件數						價值
	念三年度上期	念三年度下期	念四年度上期	念四年度下期	念五年度上期	合計	
桌類	6	30	2	1		39	225.90
椅類	10		1	7	6	24	50.50
凳類		65	16	12		93	86.18
几類					2	2	2.60
床類		20				20	34.00
櫥類	2	8		4	2	16	319.00
箱類					4	4	7.60
架類	19	19	11	7	9	65	106.80
板類	3					3	15.00
盆類	4	2	5	2		13	9.11
桶類	4	3		2	9	18	18.40
缸類	3	4		1		8	15.33
壺類	2	1	3			6	21.49
鍋類			8		9	17	17.52
鏡類		1				1	2.00
時鐘類		1	2			3	17.76
火爐類			1			1	9.70
舟車類	1				1	2	71.50
總計	54	154	49	36	42	335	930.39

教科用具分類統計表 二十六年三月事務處製

類別			原有	新置	破毀	現有	比較
生物	標本		303	517		820	+ 517
	模型及掛圖		96			96	平
	器械		145	101		246	+ 101
	小計		544	618		1,162	+ 618
物理	教師用	量法及力學	124	17		141	+ 17
		熱學	34	7		41	+ 7
		聲學	15	4		19	+ 4
		光學	54	7		61	+ 7
		電磁學	80	21		101	+ 21
	學生實驗用			324		324	+ 324
	小計		307	380		687	+ 380
化學器械			562	958	430	1,090	+ 528
算學模型及器械			10	13		23	+ 13
工藝	金工		71	86	24	133	+ 62
	竹木工		98	257	65	290	+ 192
	粘土工		57	3	6	54	− 3
	小計		226	346	95	477	+ 251
家事用具			39	28	8	59	+ 20
圖畫模型及用具			81	42	9	114	+ 33
音樂用具			5		2	3	− 2
童子軍用具			596	528	137	987	+ 391
總計			2,370	2,913	681	4,602	+ 2,232

每生佔數： 15.5件

各學期新置教科用具統計

二十六年二月事務處製

類別	件數						價值	
	廿三年度上期	廿三年度下期	廿四年度上期	廿四年度下期	廿五年度上期	合計		
生物標本		517				517	254	60
生物器械			101			101	65	69
力學儀器		10				17	120	26
熱學儀器		5		2		7	89	65
聲學儀器		4				4	25	85
光學儀器		1		6		7	26	05
電磁學儀器		16		5		21	173	09
學生實驗儀器				824		324	397	75
化學器械		699	178	81		958	264	88
算學用具		8		5		13	29	60
金工器械	4	79		1	2	86	71	82
竹木工器械	51	179	3		24	257	89	88
粘土工器械		3				3	1	50
家事用具		3	12	9	4	28	114	48
圖畫用具		42				42	20	42
童軍用具		180	39	61	239	528	1,064	78
總計	55	1,755	335	501	260	2,913	2,810	30

圖書分類統計表

二十六年四月事務處製

類　　別	原　　有	新　　置	遺失或改編	現　　有	比　　較
1. 總　　類	141	200	— 4	337	+ 196
2. 哲　　學	124	5	+ 70	199	+ 75
3. 宗　　教	14		— 12	2	— 12
4. 社會科學	559	118	+ 16	693	+ 134
5. 語文學	237	64	— 166	135	— 105
6. 自然科學	231	160	— 156	235	+ 4
7. 應用技術	117	67		184	+ 67
8. 美　　術	170	18	+ 5	193	+ 23
9. 文　　學	367	230	+ 169	766	+ 399
10. 史　　地	125	358	— 438	545	— 80
11. 萬有文庫	1,948	1,594		3,542	+1,594
12. 初中學生文庫		595		595	+ 595
13. 小朋友文庫		200		200	+ 200
14. 古今圖書集成		514		514	+ 514
15. 四部叢刊		215		215	+ 215
16. 初中教科書			+ 532	532	+ 532
17. 雜　　誌	1,765	1,065	— 84	2,756	+ 991
總　　計	6,298	5,413	— 68	11,643	+5,345

每生估數：39.2冊。

附記：一1.本表各項數字以冊爲單位。　2.原有數係23年7月份童任移交數，現有數係26年4月份編查數。　3.最近改編圖書目錄，重行分類，故各類冊數頗多變動。　4.比較欄係表示原有與現有之差。

各學期全校電燈度數及銀數統計表

二十六年三月事務處製

時間		電燈度數					電燈費		
年度	學期	總數			每月平均數	每一學期每生估數	總數	每月平均數	每一學期每生估數
		一部	二部	全校					
22	1	1,855	1,448	3,303	551	10.3	606.03	101.01	1.88
	2	1,935	1,299	3,234	539	11.1	569.13	94.86	1.83
23	1	1,619	1,032	2,651	442	9.0	466.53	77.76	1.58
	2	1,435	860	2,295	383	8.5	413.81	68.97	1.54
24	1	1,571	899	2,470	412	7.2	435.38	72.56	1.27
	2	1,520	877	2,397	399	8.0	421.79	70.30	1.41
25	1	1,319	868	2,187	364	6.4	384.89	64.15	1.13
	2								

附記：

(1)二十一年度以前電燈統計材料無從收集，故從略。

(2)二十二年度十月份以後電費按每度二角八折計算，另加公益捐一成，即每度$0176。

(3)每學期每生估數欄，表示每學期電燈度數總數或電費總數對於同期學生總數之比，茲將各學期學生數記如次：22上期，322人；22下期，292人；23上期，296人；23下期269人；24上期，344人，24下期，299人：25上期，341人；25下期，297人。

各學期油印品分類統計表

二十六年三月事務處製

類別	各學期細數					總數	平均	每學期中所佔一級學數
	念三年度上學期	念三年度下學期	念四年度上學期	念四年度下學期	念五年度上學期			
校長辦公用	525	1,383	1,788	700	1,686	6,082	1,216	164
教務用	3,156	4,175	3,738	1,264	2,180	14,513	2,903	392
訓育用	4,823	7,361	12,111	4,519	8,975	37,789	7,558	1,021
事務用	1,680	5,392	1,721	1,855	2,684	13,332	2,666	360
體育童軍用	2,767	2,474	2,045	4,046	3,100	14,432	2,886	390
圖書館用	905	864		452	454	2,675	535	72
各科考試用	25,733	17,283	14,163	32,501	16,099	105,779	21,156	2,859
招生用	2,530	2,700	3,500	298	1,120	10,148	2,030	274
印講義用	21,960	14,730	14,153	20,306	10,434	81,583	16,317	2,205
同樂會校友會用	3,124		1,273	850	64	5,311	1,062	144
其他	376	270	45	706	366	1,763	353	49
合計	67,579	56,692	54,537	67,477	47,172	293,457	58,691	7,921

附記：本表各欄數目，均以白報紙八開爲單位，鉛印及石印之印刷品不計在內。

二十四年種文具在五個學期中之消耗量

二十六年三月事務處製

品名	單位	五學期總數	每學期平均數	每學級在一學期中所佔之平均數
1.迴形針	盒	54	11	1
2.鋼絲釘	盒	54	11	1
3.鋼票夾	隻	76	15	2
4.油墨	罐	84	17	2
5.墨	錠	97	19	3
6.草賬簿	本	103	21	3
7.十行紅格簿	本	115	23	3
8.打印水	瓶	115	23	3
9.紅藍墨水	瓶	210	42	6
10.圖釘	盒	218	44	6
11.鉛筆	支	292	58	8
12.漿糊	盒	351	70	9
13.粉筆	盒	364	73	10
14.毛筆	支	533	107	14
15.鋼筆桿及筆尖	支	641	128	17
16.呈文紙及封套	張	730	146	20
17.道林紙	大張	841	168	23
18.毛邊紙	大張	2,154	431	58
19.十行紅格紙	張	3,174	635	86
20.布告紙	張	3,709	742	100
21.臘紙	張	7,300	1,460	197
22.便條紙	張	13,270	2,654	359
23.白報紙	大張	46,093	9,019	1,354
24.信箋及信封	張	52,038	10,408	1,406

附記：—1.品名按其消耗量之大小為序。 2.實際上使用之文具不止此二十四種，表中所列僅舉其最重要而最普遍者。 3.第16,24兩種數量中有一部分為封套，其單位應兼以個計，又第15種數量中，有一部分為筆尖，其單位應兼以只計。

二十種物料在五個學期中之消耗量

二十六年三月事務處製

品名	單位	五學期總數	每學期平均數	每學級在一學期中所佔之平均數
1.石炭酸	磂	23	5	1
2.毛巾	條	24	5	1
3.電珠(手電筒用)	粒	34	7	1
4.洋燭	封	34	7	1
5.抹布	疋	41	8	1
6.鉛壺及鉛桶	只	50	10	1
7.玻璃茶杯	只	60	12	2
8.肥皂	塊	62	12	2
9.毛紙	捆	72	14	2
10.白鐵畚箕	張	107	21	3
11.拖帚	把	113	23	3
12.栗炭	簍	123	25	3
13.鷄毛帚	把	132	26	4
14.小洋鎖	把	146	29	4
15.小燈籠	盞	147	29	4
16.乾電(手電筒用)	節	172	34	5
17.鉛絲	兩	252	50	7
18.白粉布及藍布	尺	301	60	8
19.電燈炮	只	642	128	17
20.掃帚	把	918	184	25

附記：—1.品名按其消耗量之大小爲序。 2.實際使用之物料，不止此二十種，表中所列僅其最重要而最普遍者。 3.二十二年度以前材料無從收集，本表所列自二十三年度上期至本年度同期止，共五個學期。

本校各屆運動會男女生田徑最高紀錄表

第五屆至第八屆

類別	項目	男子部			女子部		
		成績	保持者	屆次	成績	保持者	屆次
徑賽	五十公尺	7秒	李裕基	七屆	7秒5	朱德璘	六屆
	百公尺	12秒3	李子貞 朱彤	八屆 七屆	15秒2	朱德璘	六屆
	二百公尺	26秒2	李子貞 朱彤	八屆 七屆	32秒	王劍玉	七屆
	四百公尺	1分1秒6	李華林	五屆			
	八百公尺	2分27秒2	李華林	五屆			
	千五公尺	5分19秒4	邵占甫	八屆			
	三千公尺	11分35秒8	查海沂	六屆			
	二百公尺低欄	32秒2	朱彤	七屆			
田賽	跳高	1.49公尺	曾良海	五屆	1.165公尺	王劍玉	七屆
	跳遠	5.63公尺	李子貞	八屆	4.03公尺	錢毓華	五屆
	三級跳遠	10.48公尺	方憲章	六屆			
	鉛球	9.90公尺	李子貞	八屆	8.14公尺	孫汝嫻	八屆
	鐵餅	22.39公尺	曹志璠	八屆	20.17公尺	朱辰	五屆
	標槍	39.27公尺	李華漢	八屆	19.35公尺	樓梅卿	七屆
	壘球				37.25公尺	孫汝嫻	八屆
接力	二百公尺				35秒5	女秋乙	五屆
	四百公尺	53秒5	三甲	七屆	65秒	三乙	七屆
	千六百公尺						
備註		1.男子部三千公尺，三級跳遠，撐竿跳高及女子部鐵餅自第七屆起已廢除。					

三年來校園進展狀況

二十三年度上學期

事項

1.開闢一部樓屋廢基爲大花壇。

2.新建花房一間，內裝花架二座。

3.塡平二部紀念廳前方池一口。

4.掘平一部大門外沿湖土墩一座。

5.修建竹籬二道。

6.添植新種花木三十種，又栽培菊花三百盆。

面積

1.原有面積五一〇公方，僅佔全校千分之二十六。

2.新增面積四四〇公方。

3.共計面積九五〇公方，佔全校千分之四十八。

經費

1.由學生雜費項下支出五〇・一二元。（小數點・以下爲角分，餘仿此。）

2.由學生膳餘項下支出五三・四〇元。

3.由臨時費項下支出一九一・二七元。

4.共計支出二九三・七九元。

二十三年度下學期

事項

1.開闢一部大門外路南隙地約二畝，及路北隙地約半畝爲校園。

2.新砌花壇十六個。

3.新舖草皮十七英方。

4.新舖煤屑園路四條。

5.添植新種花木三十三種。

6.在操場四周及校路旁添植行道樹五十株。

面積

1.新增面積二〇〇〇公方。

2.共計面積二九五〇公方，佔全校千分之一百五十。

經費

1.由學生雜費項下支出三五·五三元。

2.由學生膳餘項下支出六〇·九九元。

3.由經常費項下支出二·三二元。

4.共計支出九八·八四元

二十四年度上學期

事項

1.拆除一部大花壇，復擴充餘地，改舖爲草地，圍以水泥方磚行路，共計五十五英方。

2.修築一部荷池及校林四周道路，使與草地連貫。

3.修建竹籬一道。

4.新建刺鉛絲籬一道。

5.添植新種花木二十七種。

6.栽培菊花一千盆，開菊花大會一次。

面積

1.新增面積一二八〇公方。

2.共計面積三二三〇公方，佔全校千分之一百七十。

經費

1.由學生雜費項下支出九二·一八元。

2.由經常費項下支出五·七〇元。

3.由臨時費項下支出二三五·〇〇元。

4.共計支出三三二·八八元。

二十四年度下學期

事項

1.開闢校園東隙地約二畝爲植物園，築花畦九十八塊，掘水田一坵。

2.新建沿路竹籬一道，計二十四丈。

3.新建沿湖刺鉛絲籬一道，計四十丈。

4.新栽冬青籬二道，計四十丈。

5.新舖煤屑園路四條。

6.新建船亭式園門，紫籐花棚，坑棚各一所。

7. 新置石桌，石凳，石鼓十四只。
8. 添植新種花木七十種。

面積

1. 新增面積一二〇〇公方。
2. 共計面積四四三〇公方，佔全校千分之二百二十五。

經費

1. 由學生雜費項下支出一〇九・二九元。
2. 由經常費項下支出四四・八〇元。
3. 由臨時費項下支出六八・八〇元。
4. 共計支出二二二・八九元。

二十五年度上學期

事項

1. 在植物園中新築土山一座。
2. 添建花房一間，花架二座。
3. 新舖煤屑園路二條。
4. 添植新種花木四十七種。
5. 栽培菊花一千二百盆，舉行菊花命名雅集一次。

面積

與上期同

經費

1. 由學生雜費項下支出九三・五五元。
2. 由報名費餘款項下支出四四・二四元。
3. 共計支出一三七・七九元。

二十五年度下學期（截至五月份止）

事項

1. 修理荷池畔假山。
2. 添砌大小花壇十五個。
3. 修理煤屑園路四條。
4. 添植新種花木五十三種。

面積

與上期同

經費

本期經費截至五月份止，計由學生雜費項下支出八九・三一元。

現任教職員錄

姓名	字	籍貫	職務	任職年月	通訊處
葉桐	秋逸	東陽	校長	二十三年八月	杭州市岳坟東山衖慈園
何其魯	守愚	義烏	敎務主任物理敎師	二十四年八月	義烏東河或杭州市西湖岳坟街六十號之已
朱一青		杭州	訓育主任公民敎師	十九年八月	本市裏西湖陶社
應懷新		嵊縣	事務主任算學敎師	二十三年八月	嵊縣城內市山衖二四號
徐聲孚		富陽	體育主任童軍敎練	二十四年八月	富陽縣橋西或杭州市西湖岳坟街六十號之丁
戚維翰	墨緣	浦江	三甲級任國文敎師	二十三年八月	浦江黃宅市交戚宅
許正芳	佩蘅	東陽	二甲級任算學敎師	二十五年八月	浙贛路蘇溪站轉佛堂轉許宅
周百皆		金華	二丙級任英文敎師兼圖書儀器管理員	二十五年八月	金華四牌坊四六號
倪楨棠		浦江	一甲級任生物敎師	二十四年八月	諸暨馬劍郵箱轉
林詩閑		福建	二部主任三乙級任英語敎師	二十三年八月	南京江蘇路陳家巷三號
阮樸眞		紹興	二乙級任國文敎師	二十六年二月	紹興哨唫
夏逸	芬滌	江蘇嘉定	一乙級任女生體育敎師	二十六年三月	嘉定南翔後米巷二九號

朱元松		義烏	史地教師	二十三年八月	浙贛路義亭站轉畈田朱
羅繩武		河南信陽	國文歷史教師	二十六年二月	
方慧珍		廣東	英語教師	二十年八月	杭州市岳王路和平村二號
蔣振銑	文蓀	東陽	生物教師	二十三年八月	東陽蔣壽邢律師事務所
陳望斗		諸暨	圖書教師	十九年二月	諸暨陳蔡鎭
楊連昌		諸暨	工藝教師	二十二年八月	杭州市岳坟錢公祠
馬淑羣		定海	家事教師	二十五年八月	同上
方德生	達仁	蘭溪	男生體育教師	二十四年十月	蘭溪春茂號轉三峯殿口
顧宗鵬	綺之	江蘇吳江	音樂教師	二十五年二月	吳江同里富貴橋
葉詩安		四川	特種教育警衛教官	二十五年八月	杭州市茅廊巷省會公安局消防總隊
裘冲曼		嵊縣	特種教育測量教官	二十六年二月	杭州市舊藩署浙江陸軍測量局
林昭榮		山東	特種教育軍樂教官	二十五年九月	浙江省政府軍樂隊
楊郁生		吳興	校醫兼特種教育看護教官	二十四年八月	杭州市聖塘路西湖醫院
茹鈺麒	石麟	杭州	會計	二十三年八月	本市十五奎巷井衕二六號
朱良佐		義烏	教訓員	二十三年八月	浙贛路義亭站轉畈田朱

邢承藻	傳炎	嵊縣	事務員	二十六年二月	嵊縣太平鄉坎流莊
魏敬莊	智珠	湖南	事務員	二十五年二月	杭州市馬市街一五六號
方嶧卿		建德	文牘員	二十五年八月	建德東門街方宅
王少波		河南開封	書記	二十六年四月	開封北土街劉家胡同五號或南陽趙河鎮西後街十五號

九 年 來年三月事務處製

時期		經			學級	
年度	學期	俸給		辦公	級數	每級估經費數
		金額	百分比	金額		
17	1	2,016.00	66%	780.00	1	3,076.00
	2	3,216.00	75%	780.00	2	2,138.00
18	1	6,356.00	64%	2,850.00	5	1,981.40
	2	7,356.00	67%	2,850.00	6	1,818.00
19	1	13,199.00	76%	2,703.00	9	1,932.11
	2	14,424.00	76%	2,904.00	9	2,093.33
20	1	15,384.00	77%	2,904.00	10	1,979.70
	2	15,576.00	77%	2,904.00	10	1,998.90
21	1	15,576.00	79%	2,664.00	10	1,968.10
	2	15,030.00	80%	2,530.98	9	2,071.00
22	1	13,077.70	79%	2,606.80	8	2,068.63
	2	12,733.80	79%	2,547.90	8	2,016.37
23	1	12,733.80	79%	2,547.90	8	2,016.37
	2	11,351.07	78%	2,441.75	7	2,086.67
24	1	12,069.05	75%	2,305.65	8	2,001.13
	2	11,150.85	75%	2,257.20	7	2,132.48
25	1	11,363.00	77%	2,280.00	7	2,112.08
	2	11,475.00	77%	2,280.00	7	2,139.00
總計		204,087.27	77%	43,137.18	131	38,234.17
平均		11,383.18	77%	2,396.51	7	2,035.20

附註 1.表內經常費各欄金額，自19年度，無從確定，又查
九五折實領係自21年度第二學期

2.前四年(17至20年度)預算編制，，茲特將此費提出
，另別一欄，俾與最近四年度編

3.二十四年度添設特別學級一級，備費欄所列金額，
即係該級所繳學費(每名16元)供

杭州市立初級中學現況概要

杭州市立初級中學編輯

杭州中國印書館承印

民國二十六年五月出版